中华传统文化国粹
经典文库

名家导读版

吕氏春秋

［战国］吕不韦 ○ 主编
田秉锷 ○ 导读

中国民族文化出版社
北京

图书在版编目（CIP）数据

吕氏春秋 /（战国）吕不韦主编；田秉锷导读. -- 北京：中国民族文化出版社有限公司, 2024.12
（中华传统文化国粹经典文库：名家导读版）
ISBN 978-7-5122-1710-2

Ⅰ.①吕… Ⅱ.①吕… ②田… Ⅲ.①《吕氏春秋》 Ⅳ.① B229.2

中国国家版本馆 CIP 数据核字（2023）第 126152 号

吕氏春秋
LUSHI CHUNQIU

主　　编	［战国］吕不韦
导 读 者	田秉锷
责任编辑	何敬茹
责任校对	颜小虎
出 版 者	中国民族文化出版社　地址：北京市东城区和平里北街 14 号 邮编：100013　联系电话：010-84250639　64211754（传真）
印　　装	三河市祥达印刷包装有限公司
开　　本	710 mm × 1000 mm　16 开
印　　张	33
字　　数	575 千
版　　次	2024 年 12 月第 1 版
印　　次	2024 年 12 月第 1 次印刷
标准书号	ISBN 978-7-5122-1710-2
定　　价	46.80 元

版权所有　侵权必究

中华传统文化国粹经典文库

品文化经典　通古今智慧

李继勇

策划人、出版人、北京书香文雅图书文化有限公司董事长。专业从事图书策划，儿童文学、儿童阅读推广，国内文化交流等。已成功策划"儿童文学光荣榜"系列、"爱阅读课程化丛书"系列、"文学百年·名家散文典藏"系列、"科幻文学群星榜"系列、"绘本里的世界"系列、"童诗百年"系列等多种类型出版物。

于润琦

中国现代文学馆研究员、中国作家协会会员。总主编《插图本百年中国文学史》（3卷），主编《清末民初小说书系》（10卷）、《海派作家作品精选》（16册），校、注古典小说《型世言》《金屋梦》《中国古典文学海外珍稀本文库》30余种，参与编选《明、清、民国时期珍稀老北京话历史文献整理与研究》（30册）、《中国现代文学百家》（116册），以及《北京的门礅》《老北京的门楼》北京民俗著述多种。

（按姓名音序排列）

◎ **薄克礼**
文学博士，天津城建大学教授。攻文史，好四书。

◎ **陈鹏程**
历史学博士，天津师范大学文学院副教授。

◎ **陈世旭**
当代作家，曾任中国作家协会主席团委员、江西省文联主席兼作家协会主席。

◎ **陈喜儒**
作家，著名翻译家，曾任中国作家协会外联部副主任、中国外国文学学会日本文学研究分会会长。

◎ **冯蒸**
首都师范大学文学院教授，博士生导师，北京国际汉字研究会理事、副会长。

◎ **官铎**
管子思想理论和应用资深研究学者。

◎ **关四平**
哈尔滨师范大学文学院教授，博士生导师。主要从事中国古代小说及戏曲等研究。

◎ **韩小蕙**
著名作家，中国作家协会会员，中国散文学会副会长，南开大学文学院兼职教授。

◎ **侯忠义**
北京大学教授，曾任北京大学图书馆古籍整理研究室主任。主要从事先秦两汉文学史、文言小说研究。

◎ **李海涛**
天津师范大学历史文化学院教授，天津市孙子兵法研究会荣誉会长。

◎ **李瑞兰**
天津师范大学历史文化学院教授，曾任中国先秦史学会理事。

◎ **李树果**
资深《易经》研究者，中国散文诗学会理事，《中华时报》记者。

◎ **李硕儒**
作家，著名编剧。合著长篇历史小说《大风歌》获重庆市"五个一工程"奖。

◎ **廉玉麟**
天津中医药大学第一附属医院主任医师，教授。

◎ **林海清**
天津师范大学国际教育交流学院副教授，天津市红楼梦研究会副秘书长兼理事，中国三国演义学会、中国水浒学会会员。

◎林 骅
天津师范大学文学院教授，曾任古典文献研究所所长，天津市红楼梦研究会顾问。

◎马文大
首都图书馆研究馆员、北京地方文献中心主任，北京史研究会副会长。

◎孟昭连
南开大学文学院中国语言文学系教授，中国东方文化研究会理事。

◎宁稼雨
南开大学英才教授、博士生导师，2017年度国家社科基金重大项目"全汉魏晋南北朝小说辑校笺证"首席专家。

◎宁宗一
南开大学学术委员会委员、中国武侠文学学会名誉会长、中国儒林外史学会副会长。

◎牛 倩
天津大学国际教育学院副教授，硕士研究生导师。

◎欧阳健
福建师范大学文学院教授，曾任《明清小说研究》杂志主编。

◎潘务正
安徽师范大学文学院教授，教育部人文社会科学重点研究基地安徽师范大学中国诗学研究中心副主任，中国韵文学会赋学专业委员会（中国辞赋学会）副会长。

◎乔卉林
中国城乡金融报社记者。其作品曾多次获得奖项。

◎尚学峰
又名尚学锋。文学博士，北京师范大学文学院教授。

◎邵永海
北京大学中文系教授。主要从事汉语史方面的教学和研究工作。

◎石定果
北京语言大学人文学院教授，汉语言文字学博士。著有《说文会意字研究》等多部作品。

◎石 厉
原名武砺旺。著名诗人，文艺理论家。《诗刊》编委，《中华辞赋》杂志总编辑，中华诗词学会副会长。

◎石 麟
湖北师范大学文学院教授。中国水浒学会会长。

◎孙立仁
曾任《中国老年报》社长，发表多篇小说、诗歌、散文、报告文学等。当代篆刻家。

◎孙钦善
北京大学中文系教授，全国高等院校古籍整理研究工作委员会委员，中华炎黄文化研究会理事。

◎田秉锷
江苏省文艺评论家协会顾问，徐州市孔子学会顾问，江苏师范大学客座教授。

◎王建新
中国历史文献研究会理事，中原传媒集团出版部副主任。

◎王 蒙
著名作家、学者，文化部原部长。茅盾文学奖获得者。多年来致力于传统文化研究。2019年获"人民艺术家"国家荣誉称号。

◎王晓华
民国史专家，中国第二历史档案馆研究馆员。中央广播电视总台、北京电视台、湖北卫视等多个栏目主讲嘉宾。

◎吴 波
湖南农业大学教授、党委委员、副校长，中国儒林外史学会副会长，湖南省古代文学学会副会长。

◎武道房
安徽师范大学中国诗学研究中心教授。

◎徐 刚
诗人，作家。曾获鲁迅文学奖、郭沫若散文奖、中国报告文学终身成就奖等。

◎俞 前
中国作家协会会员，苏州市吴江区南社研究会会长，苏州南社文化研究院副院长。

◎查洪德
文学博士，南开大学中国语言文学系教授，博士生导师。内蒙古元代文学学会会长。主要从事元明清文学与文献研究。

◎张秋升
曲阜师范大学历史文化学院教授，主要研究儒家史学理论。

◎张世林
新世界出版社编审，著有《大师的侧影》等著述。

◎张弦生
中州古籍出版社编审、副总编辑。

◎郑铁生
天津外国语大学教授，原中国三国演义学会常务副会长兼秘书长，曾任中国红楼梦学会学术委员会委员、北京曹雪芹学会副会长。

◎周传家
北京联合大学应用文理学院教授，中国昆剧古琴研究会副会长，中国戏剧文学学会顾问，中国戏曲学会常务理事。

◎卓 然
原名王坤元，笔名卓然。作家，诗人。著有中短篇小说集《我记忆中的河》、散文集《天下黄河》等作品。

名家导读

可以这样申明：有机会阅读《吕氏春秋》一定是一种幸运。早读早醒，迟读迟悟，不读浑然，也是百年。

一、从故事说起："一字千金"是哪里来的气概？

《吕氏春秋》成书后，主编吕不韦在咸阳搞了一次推介活动。据司马迁《史记·吕不韦列传》记载："吕不韦以秦之强……乃使其客人人著所闻……以为备天地万物古今之事，号曰《吕氏春秋》。布咸阳市门，悬千金其上，延诸侯、游士、宾客有能增损一字者，予千金。"

有今人算过一笔账，"千金"假如是"千两黄金"，折合成人民币，大抵为682万元（姑妄言之，姑妄听之）。一个字呀，值这么多钱，牛不牛？

在《吕氏春秋·季冬纪·序意》中，编纂者如是说："维秦八年，岁在涒滩，秋甲子朔。朔之日，良人请问十二纪。文信侯曰……"

《序意》虽然没有放在全书前面，学者们还是倾向于将它视为《吕氏春秋》的"序言"。如此点明成书纪年，这在先秦诸子百家的著作中，或是"唯一"。

对这一年，后人主要有两种判定：一是指秦王政八年（公元前239年），此年，秦王嬴政年满二十周岁，开始亲政；一是指秦灭东周后第八年，即秦王政六年（公元前241年），"岁在涒滩"是"太岁在申"的另一种说法，即为"庚申年"。公元前241年到公元前239年，前后相差仅仅两年，也算是比较精确的数字了。在这个节骨眼上，作为"仲父""丞相""文信侯"的吕不韦，正处在"一人之下，万人之上"的制高点上，他领衔编纂出版了《吕氏春秋》。故而《吕氏春秋》的问世，有意无意间，大抵都是作为秦王嬴政的"成人礼"献上去的。因而，我们若将《吕氏春秋》视为"丞相书"（作者立场）、"帝王书"（秦王读本）、"治国书"（文化战略）、"牧民书"（庶民效应）看待，都不无道理。

回到那个时代，天下书籍也是汗牛充栋。而当权、在位、有势如吕不韦者，几无一人。自视甚高，自视甚贵，那种踌躇满志、趾高气扬当然就能理解了；进而夸下海口，增损一字即予千金，真的还能说到做到、立马兑现的。问题是没有人敢挑这个刺。所以，千金虚置，无人认领，《吕氏春秋》遂名扬天下。

说这段旧事，没有贬低《吕氏春秋》的意思，只是为了"情景再现"，让读者知道，大家面对的这本书曾经是先秦时代的"网红"畅销书。

吕不韦的炒作虽然有些"过"，但平心而论《吕氏春秋》的编纂群体人才济济，资料占有得天独厚，编纂过程优哉游哉，著作立意高出世俗，一旦成稿，局外人只能望洋兴叹了。

二、一网打尽的"全覆盖"构思

看看《吕氏春秋》的命名，即知编纂者野心不小。此前，称名"春秋"的书是孔子写的。孔子的《春秋》以鲁国视角记录了从鲁隐公元年（公元前722年）到鲁哀公十四年（公元前481年）这240多年间东周各国的大事。因而一部《春秋》几乎装下半部东周历史。

吕不韦将自己主持编纂的书以"春秋"命名，并加"吕氏"二字，一是揭示了"覆盖性"，二是宣示了"著作权"。这一"覆盖性"笼罩的不是具体的历史事件，而是他认为有影响、有价值的古代典籍和诸子著作中所阐发的人生哲学、道德伦理及思想观念等。比较而言，孔子的《春秋》倾向于历史事件的记录，吕不韦的《吕氏春秋》倾向于意识形态的集纳。因而本导读认为《吕氏春秋》更像一部先秦时代关于中国人思想、学术、哲学、伦理的"百科全书"。

吕不韦在编纂《吕氏春秋》之前，肯定有过若干的构思预案，经过论证，他选择了目前我们看到的这一结构模式：将全书分为十二纪、八览、六论这三个板块，各板块再加以分隔，则为二十六卷、一百六十篇〔十二纪每纪五篇，共六十篇；八览每览八篇（《有始览》少一篇），共六十三篇；六论每论六篇，共三十六篇；另有《序意》一篇，置"纪"与"览"之间。故全书仍为一百六十篇〕。因此，后人又称《吕氏春秋》为"吕纪""吕览"或"吕论"。板块、卷、篇的层层辐射与步步推进，自然就形成了"宏观笼罩"与"微观透视"遥相呼应的格局。

作个具象比喻，《吕氏春秋》像一个分格储物箱，因其"类"而成"列"，顺其"势"而定"位"，条分缕析，各呈其姿。

"十二纪"是以"时间轴"展开的，内容按春生、夏长、秋杀、冬藏的自然节律，将天时变迁与人世规划作统一打理，体现了上古时代"天人合一"的观念。这也等于是将生命放在时间里，顺时而生，顺天而动，顺势而壮，顺性而成，自天子、三公、九卿、诸侯、大夫而至于庶民，莫不如此。该书所提供的生命参照，亦即历代圣贤与诸子百家所阐发的至德要道。

"八览"是以"空间面"展开的。这八个"空间面"呼应了中国古人的八方概念，但又不是纯然的空间。其中有自然界的三维空间，但主要还是人们思维的抽象空间。明为"览"，即"看"，但《吕氏春秋》的"览"还是闭上眼的"精神浏览"，亦即思考。其思考的中心，主要是人性、人情、人之观念、人之关系、人之修养等。

"六论"是以"思维态"展开的。好像"纪""览"言之未尽，编纂者复以"论"的形态继续探究。探究的重心，依然是做人与处事，如君子志行、处事准则、外部条件等。最后安排"六论"三十六篇，也有呼应"览"六十四篇的主观意向。

这样的结构，既利于宏观控御，又利于微观切入，一网撒向江湖，则诸子百家尽收其中。这正如《序意》所谓："尝得学黄帝之所以诲颛顼矣：'爰有大圜在上，大矩在下，汝能法之，为民父母。'盖闻古之清世，是法天地。凡十二纪者，所以纪治乱存亡也，所以知寿夭吉凶也。上揆之天，下验之地，中审之人，若此则是非可不可无所遁矣。天曰顺，顺维生；地曰固，固维宁；人曰信，信维听。三者咸当，无为而行。"这段自白揭示了《吕氏春秋》的主题及资料来源，表明其立足于探寻治乱存亡之经验，寿夭吉凶之因由，故寻证于前贤，验证乎天地。其旨也正，其心也善。

三、贯通百家而旨归道家

《吕氏春秋》博采众家而成，这是毫无疑义的。倾向性的评价是：《吕氏春秋》以儒家学说为主干，以道家学说为基础，以名、法、墨、农、兵、阴阳家学说为要素，兼容春秋战国诸子百家学说于一炉，形成了群星辉耀、大智互证的思想场。于是，《吕氏春秋》以其包容性避免了偏执与狭隘，进而上升为先秦人文精神的"全书"。"此书所尚，以道德为标的，以无为为纲纪。"高诱对《吕氏春秋》的学术定位基本正确。

其实，《吕氏春秋》的编纂者对自己博采众家是十分清醒的。《审分览·不二》云："老聃贵柔，孔子贵仁，墨翟贵廉，关尹贵清，子列子贵虚，陈骈贵齐，阳生贵己，孙膑贵势，王廖贵先，儿良贵后。"面对先秦诸子，吕不韦等编纂者审视其优长，汲取其精粹，超出门户之见而将这些不同门派的思想统一起来。原因是："一则治，异则乱；一则安，异则危。"

如其天道观，借鉴于道家，又摒弃了道家思想中的唯心成分，而对宇宙本原有了物质性体认："天地有始，天微以成，地塞以形。"溯其源，或接受了老子"天道自然"的影响。

如其政治观，既借鉴了道家的"无为"而提出"君道无为"，又在接近孟子的"民为贵"思想后，超越性提出："天下，非一人之天下也，天下之天下也。"

如其民本思想，虽取法儒家，但在表述上则更为直接而明达："主之本在于宗庙，宗庙之本在于民""人主有能以民为务者，则天下归之矣"。

如其仁爱观，取法于儒家，但界定更为明晰："仁于他物，不仁于人，不得为仁；不仁于他物，独仁于人，犹若为仁。"

此外，《吕氏春秋》还保留了先秦时代诸多的战争思想、医学知识、音乐资料、天文资料、历法资料、农学思想和农业技术资料。先秦诸子中有些专著失传者，如杨朱、宋钘、尹文、惠施、公孙龙等，均可在《吕氏春秋》中寻到有关他们的珍贵资料。补春秋战国文献之缺，《吕氏春秋》自有其特殊历史价值。

博采百家而不死守一家，《吕氏春秋》形成了自己博大精深的特色。

后人评价《吕氏春秋》者众多，褒之者有理，贬之者有据，盖因《吕氏春秋》的资料多源。褒之者看重其汇纳百家，熔铸一体，赞为"大出诸子之右"（高诱语）；贬之者看轻其收纳之功，评为"不足以成一家言"（梁启超语）。

盛赞《吕氏春秋》者，如许维遹，申言："夫《吕览》之为书，网罗精博，体制谨严，析成败升降之数，备天地名物之文，总晚周诸子之精英，荟先秦百家之眇义，虽未必一字千金，要亦九流之喉襟，杂家之管键也。"（《吕氏春秋集释自序》）

贬低《吕氏春秋》者，如冯友兰，则宣称："哲学必有其中心观念（即哲学家之见）。凡无中心观念之著述，即所谓杂家之书，如《吕氏春秋》《淮南子》之类，不可为哲学史之原始的史料。"（《中国哲学史》）

本导读对《吕氏春秋》持正面认同态度：《吕氏春秋》以儒家、道家为基底而兼容诸子思想，囊括千年学术，在先秦典籍中无可取代。

四、阅读《吕氏春秋》的"三级跳"

阅读《吕氏春秋》，可以浅读，可以深思。因人而异，不必强求。本导读认为，因基础不同、兴趣有别、目的悬殊，读者可以从如下三个层面开辟门径。

第一，品读故事，感受趣味。

据有心人统计，《吕氏春秋》全书中的寓言故事共有二百多则。它们大都脱胎于中国古代神话、传说与历史故事，被引入《吕氏春秋》时，又加入了编纂者的再创造。这些寓言故事是中国文学史的瑰宝，艺术性与思想性俱佳。阅读它们，就等于打开一扇通往寓言世界、神话世界、历史深处的大门：趣味在其中，教训在其中，哲理在其中。如刻舟求剑、引婴投江、循表夜涉、掩耳盗铃、伊尹辅商、傅说拜相、伯禽封鲁、假道伐虢、曹沫劫盟等，至今皆有文化魅力。

第二，寻觅警句，领悟智慧。

《吕氏春秋》的名言警句都有所依托，或出乎编纂者议论，或出乎人物之口，或系于寓言故事，一言既出，语惊四座。如——

《察今》："察己则可以知人，察今则可以知古。古今一也，人与我同耳。"

《举难》："尺之木必有节目，寸之玉必有瑕瓋（tì）。"

《先己》："欲胜人者，必先自胜；欲论人者，必先自论；欲知人者，必先自知。"

《诚廉》："石可破也，而不可夺坚；丹可磨也，而不可夺赤。"

《尽数》："流水不腐，户枢不蝼，动也。"

《赞能》："得十良马，不若得一伯乐；得十良剑，不若得一欧冶；得地千里，不若得一圣人。"

阅读《吕氏春秋》，如果沿着寻觅名言警句的路子走，虽然有"割裂经典"之嫌，但借此而阅读全书，得一句是一句，得十句是十句，积少成多，由量变到质变，兴趣来了，即可进入精读、深思的层面。

第三，寻找源头，勘破经典。

鉴于《吕氏春秋》是一部集纳性的巨著，所以意欲把握《吕氏春秋》的来龙去脉，就必须逐卷、逐篇、逐段、逐句地解构其资料来源。待读者将"资料源"梳理清楚，则自然会对该书的成书过程、资料取舍、基本倾向、主题确立等作出深度解析。到了那一步，阅读一部《吕氏春秋》就等于阅读先秦诸子的群体著作。不再是"事半功倍"，而可能是"事半数倍"。

阅读《吕氏春秋》，肯定会是一种有趣的精神旅行。

五、秦王政错过，我们不再错过

本导读第一段就提到，《吕氏春秋》是吕不韦作为给秦王政的"成人礼"而编纂的。这是一个不被人注意的话题。

吕不韦与秦王政的关系，是一个具有商业背景、传奇色彩的故事。限于篇幅，此处不再叙述。不能否定的是，秦王政与其父秦庄襄王之所以走上王位，吕不韦功不可没。秦庄襄王崩逝后，秦王政继承王位，那时他才是个十三岁的少年。吕不韦辅政，视秦王政为己出，这几乎不是历史秘密。

因而我们可以断定，《吕氏春秋》的编纂，决然不是吕不韦与战国四君子在门客多少上、名望上一决高下。总结千年经验，著成一书，留于小秦王，作其"资治通鉴"，这是再正常不过的了。

吕不韦在历史上是一个名声不高的人，《吕氏春秋》又被《汉书·艺文志》定位为"杂家"，这都影响了《吕氏春秋》的传播。开卷有益，读而自知。

翻开《吕氏春秋》，其《孟春纪》的第一篇《孟春》，首先说的就是关于"天子"的居处、斋戒、籍田等事，接着又说"王布农事"，其立足点，着眼点都是怎样作"天子"、怎样作"王"。"天子"先不说，这"王"肯定不是山东六国之"王"。要坐实，只有"秦王政"。

《孟春纪》的第二篇《本生》，继续说"天子"之动，及"天子而不骄"即为"全德之人"。这都有明确的"教化"目标。

《孟春纪》的第三篇《重己》，依然围绕"天子""先王""圣王"的基本修养展开。殷殷之意，溢于言表。

总之，对"王"的关注、规范，几乎弥漫全书。

可惜的是，秦王政对这份"成人礼"并不看重。他诛杀了嫪毐，放逐了吕不韦，由"秦王"而"秦始皇"，这位始皇帝的精神世界似乎与《吕氏春秋》的精神格格不入。假设秦始皇看过并认同《吕氏春秋》，他就不可能犯执政后期那些错误。

写给秦王政的书，秦王政不读。所以尽管做了"皇帝"，因与历史智慧和人间正道阻绝，个人身死，王朝毁灭，期于必然。

今天，读者阅读《吕氏春秋》已经没有了成就"王业"的期待，但传承历史文化与历史智慧则是有益于人生的。秦王政错过，我们不再错过。

司马迁在《报任安书》中写道："盖文王拘而演《周易》；仲尼厄而作《春秋》；屈原放逐，乃赋《离骚》；左丘失明，厥有《国语》；孙子膑脚，《兵法》修列；不韦迁蜀，世传《吕览》；韩非囚秦，《说难》《孤愤》；《诗》三百篇，大氐贤圣发愤之所为作也。"让我们珍视圣贤们的"有为"之作，借助阅读进而成就自己的"有为"人生。

田秉锷

目录

孟春纪第一 / 001
  孟 春 / 002
  本 生 / 006
  重 己 / 009
  贵 公 / 012
  去 私 / 015

仲春纪第二 / 019
  仲 春 / 020
  贵 生 / 023
  情 欲 / 027
  当 染 / 030
  功 名 / 033

季春纪第三 / 037
  季 春 / 038
  尽 数 / 041
  先 己 / 044
  论 人 / 047
  圜 道 / 050

孟夏纪第四 / 055
  孟 夏 / 056
  劝 学 / 059

  尊 师 / 062
  诬 徒 / 066
  用 众 / 069

仲夏纪第五 / 073
  仲 夏 / 074
  大 乐 / 076
  侈 乐 / 079
  适 音 / 082
  古 乐 / 085

季夏纪第六 / 091
  季 夏 / 092
  音 律 / 095
  音 初 / 098
  制 乐 / 100
  明 理 / 104

孟秋纪第七 / 109
  孟 秋 / 110
  荡 兵 / 112
  振 乱 / 115
  禁 塞 / 117
  怀 宠 / 120

仲秋纪第八 / 125

仲　秋 / 126

论　威 / 129

简　选 / 132

决　胜 / 135

爱　士 / 137

季秋纪第九 / 141

季　秋 / 142

顺　民 / 144

知　士 / 147

审　己 / 150

精　通 / 153

孟冬纪第十 / 157

孟　冬 / 158

节　丧 / 161

安　死 / 164

异　宝 / 168

异　用 / 170

仲冬纪第十一 / 175

仲　冬 / 176

至　忠 / 179

忠　廉 / 182

当　务 / 185

长　见 / 188

季冬纪第十二 / 193

季　冬 / 194

士　节 / 196

介　立 / 199

诚　廉 / 201

不　侵 / 203

序　意 / 206

有始览第一 / 209

有　始 / 210

应　同 / 214

去　尤 / 217

听　言 / 220

谨　听 / 223

务　本 / 226

谕　大 / 229

孝行览第二 / 233

孝　行 / 234

本　味 / 238

首　时 / 242

义　赏 / 246

长　攻 / 250

慎大览第三 / 255

慎　大 / 256

权　勋 / 260

下　贤 / 264

报　更 / 268

顺　说 / 272

先识览第四 / 277

先　识 / 278

观　世 / 282

知　接 / 286

悔　过 / 290

乐　成 / 293

审分览第五 / 299

审　分 / 300

君　守 / 304

任　数 / 308

勿　躬 / 312

知　度 / 316

慎　势 / 320

审应览第六 / 327

审　应 / 328

重　言 / 332

精　谕 / 335

离　谓 / 339

淫　辞 / 343

离俗览第七 / 347

离　俗 / 348

高　义 / 352

上　德 / 356

用　民 / 360

适　威 / 364

恃君览第八 / 369

恃　君 / 370

长　利 / 373

知　分 / 376

召　类 / 380

达　郁 / 384

开春论第一 / 389

开　春 / 390

察　贤 / 393

期　贤 / 395

爱　类 / 398

贵　卒 / 401

慎行论第二 / 405

慎　行 / 406

无　义 / 410

疑　似 / 412

壹　行 / 415

求　人 / 418

察　传 / 421

贵直论第三 / 425

  贵   直 / 426

  直   谏 / 430

  知   化 / 432

  过   理 / 435

  壅   塞 / 438

  原   乱 / 441

不苟论第四 / 445

  不   苟 / 446

  赞   能 / 449

  自   知 / 452

  当   赏 / 454

  博   志 / 457

  贵   当 / 460

似顺论第五 / 465

  似   顺 / 466

  别   类 / 469

  有   度 / 472

  分   职 / 475

  处   方 / 479

  慎   小 / 482

士容论第六 / 487

  士   容 / 488

  务   大 / 491

  上   农 / 494

  任   地 / 498

  审   时 / 501

◎ 孟春纪第一 ◎

孟 春

[题解]

本篇阐述了养生的思想，与春天生养之季相契合。孟春指农历正月，春季属木阳气盛，万物复苏生长。因此，天子的政令要宽厚仁慈，不要杀生；天子要鼓励农业生产，以身作则，抚恤幼孤，赈济贫困等。

一曰：

孟春之月，日在营室①，昏参中，旦尾中。其日甲乙，其帝太皞②，其神句芒③，其虫鳞，其音角，律中太蔟④。其数八，其味酸，其臭⑤膻⑥，其祀户，祭先脾。东风解冻，蛰虫始振，鱼上冰，獭祭⑦鱼，候雁北。天子居青阳⑧左个，乘鸾辂⑨，驾苍龙，载青旂，衣⑩青衣，服青玉，食麦与羊，其器疏以达。

是月也，以立春。先立春三日，太史谒⑪之天子，曰："某日立春，盛德在木。"天子乃斋。立春之日，天子亲率三公⑫、九卿⑬、诸侯、大夫，以迎春于东郊；还，乃赏公卿、诸侯、大夫于朝。命相布德和令⑭，行庆施惠，下及兆民。庆赐遂行，无有不当。乃命太史，守典奉法，司天日月星辰之行，宿离不贷⑮，无失经纪。以初为常。

是月也，天子乃以元日⑯祈谷于上帝。乃择元辰⑰，天子亲载耒耜⑱，措⑲之参于保介之御间，率三公、九卿、诸侯、大夫，躬耕帝籍田⑳。天子三推，三公五推，卿、诸侯、大夫九推。反㉑，执爵㉒于太寝㉓，三公、九卿、诸侯、大夫皆御，命曰"劳酒"。

是月也，天气下降，地气上腾，天地和同，草木繁动。王布农事，命田舍东郊，皆修封疆，审端径术。善相丘陵阪险原隰，土地所宜，五谷所殖，以教道民，必躬亲之。田事既饬，先定准直，农乃不惑。

是月也，命乐正入学习舞。乃修祭典，命祀山林川泽，牺牲无用牝，禁止伐木；无覆巢，无杀孩虫、胎夭、飞鸟，无麛无卵；无聚大众，无置城郭，掩骼霾髊。

是月也，不可以称兵，称兵必有天殃。兵戎不起，不可以从我始。无变天之道，无绝地之理，无乱人之纪。

孟春行夏令，则风雨不时，草木早槁，国乃有恐；行秋令，则民大疫，疾风暴雨数至，藜莠蓬蒿并兴；行冬令，则水潦为败，霜雪大挚，首种不入。

【字词注解】

① 营室：即室宿，同下文的"参""尾"都属于二十八宿。

② 太皞：伏羲氏，又叫作木德之帝。

③ 句芒：太皞氏的儿子，木官之神。

④ 太蔟：即阳律。古人把乐律与历法相结合，一年十二个月与十二律相配。

⑤ 臭：气味。

⑥ 膻（shān）：五臭之一。膻、焦、香、腥、朽为五臭。春为膻。

⑦ 獭祭：水獭吃鱼时，把鱼陈列在水边，如陈物而祭。

⑧ 青阳：古时候宫殿面向东方的厅堂。

⑨ 辂（lù）：古代的大车。

⑩ 衣：穿。

⑪ 谒：禀告。

⑫ 三公：指太师、太傅、太保。

⑬ 九卿：指冢宰、司徒、宗伯、司马、司寇、司空、少师、少傅、少保。

⑭ 布德和令：宣布德教和禁令。布，宣布。和，通"宣"。

⑮ 忒（tè）：差错。

⑯ 元日：吉日。

⑰ 元辰：良辰，吉辰。

⑱ 耒（lěi）耜（sì）：古代耕地的农具，即原始的犁。耒，犁上的柄。耜，

犁的铧。

⑲措：放置。

⑳帝籍田：即籍田，古代天子有千亩的籍田，征用民力进行耕种，用来生产祭祀上天所用的黍稷。

㉑反：同"返"，即返回朝中。

㉒爵：古代酒器，青铜制。

㉓太寝：帝王的祖庙。

㉔田：即田畯，官名，是古代掌管农事、田法的官员。后泛指农民。

㉕相：察看，判断。

㉖隰（xí）：低而湿的地方。

㉗道：通"导"，引导。

㉘饬：通"敕"，告诫的意思。

㉙准直：用来测定物体平直的器具，引申为言论、行动的标准和准则。这里指农产品的价格。

㉚乐正：官名，周代的乐官之长。

㉛牝：雌性的鸟或兽。

㉜孩虫：指幼虫，初生的虫子。

㉝胎夭：指刚出生和尚未出生的小动物。

㉞飞鸟：指刚学会飞的小鸟。

㉟麛（mí）：幼鹿。

㊱霾：古同"埋"。

㊲骴（cī）：古同"胔"，肉未烂尽的骸骨。

㊳水潦（lǎo）：大雨，雨水。

【精彩解说】

第一：

孟春一月，太阳的位置在营室宿，黄昏时参宿出现在南方中天，黎明时尾宿出现在南方中天。孟春天干属甲乙，主宰之帝是太皞，佐帝之神是句芒，应时的动物是龙鱼之类的鳞族，声音是五音中的角音，音律则与十二律中的太蔟相合。这个月的代表数字是八，味道是酸味，气味是膻气，要举行户祭，祭祀时要先奉上脾脏作为祭品。春风融解了冰雪，蛰伏的动物开始苏醒活动，鱼儿从水深处向上游到冰层下，水獭捉到鱼把它们像祭品一样整齐摆放在河边，大雁由南向北飞回来。天子居住在东向明堂的左侧室，乘坐青凤车，驾着青色的高头大马，在车上插着青色的龙旗，穿着青色的衣服，佩戴青色的玉饰，吃麦子与羊肉，使用纹理空疏而通透的器物。

在这个月立春。在立春前三天，太史要禀告天子："某日立春，盛德在木。"于是天子就开始斋戒。立春当天，天子率领三公、九卿、诸侯、大夫到都城东郊去迎接春天的到来；回来后，还要在朝廷上赏赐公卿、诸侯和大夫。天子命令三公广布德教并宣读禁令，对百姓行善施恩。仁政的施行，不要有不妥当的地方。天子还命令太史要好好守住国家的六典、八法，主管推算日月星辰运行的工作，并观察记录日月星辰的运行，不能出差错，不要漏载。要一直好好贯彻，就像刚开始从冬至点做起一样。

在这个月，天子要挑选吉日向上天祈求五谷丰登。还要选择良辰，亲自用车拉着农具，放在参乘的武士和车夫之间，带领三公、九卿、诸侯、大夫到帝籍田亲自耕作。天子推三下农具，三公推五下，卿、诸侯、大夫各推九下。返回宫后，天子在祖庙中举杯饮酒，慰劳群臣，三公、九卿、诸侯、大夫都要参加。这叫作"劳酒"。

在这个月，天上的清轻之气下降，地上的重浊之气上升，天地之气合一，草木开始繁殖生长。天子要布置农业生产的事情，命令田畯要住在田地的东边，要修整田的界限，修好田间的小路；仔细研究丘陵、山地、平原和低湿地，根据地形来种植五谷，要好好教导百姓，天子要亲自过问。农业生产的命令既然要下达，就要先确定标准，这样农民才不会产生疑惑。

在这个月，天子要命令乐正率领公卿子弟进入学校学习乐韵歌舞。要修整祭祀的法典，命令祭祀山林川泽，祭品不要用雌性鸟兽，要禁止伐木；不要打翻鸟巢，不要杀死幼虫和雏鸟，不要杀死小鹿，不要获取鸟蛋；不要聚集多人无所事事，不要修筑城郭，要把暴露在外的尸骨掩埋好。

在这个月，不能大举兴兵，发动战争就一定会发生天灾人祸。不要兴起战争，不要从我这里发起战争。不要改变上天的规律，不要漠视土地的常理，不要搅乱人的纲纪。

在孟春一月如果推行本应在夏天实行的政令，那么风雨的到来就会不合乎时节，草木很早就会枯萎，国家就会有大的恐慌事件发生；如果推行本应在秋天实行的政令，百姓当中就会暴发大的疫情，狂风暴雨就会数次来袭，而且各种各样的杂草会蓬勃生长；如果推行本应在冬天实行的政令，就会发生大的水灾，霜雪会大量到来，种下的种子也不会深入土壤而扎根。

本 生

〔题解〕

"本生"是保全生命根本的意思。作者认为外物可养生也可伤生，正确处理人与物的关系，顺应天性可保生。圣人重生轻物，以物养性；富贵之人重物轻生，以性养物，这样必导致伤生亡国。本篇是规劝君主不要骄奢淫逸。

二曰：

始生之者，天也；养成之者，人也。能养天之所生而勿撄①之谓天子。天子之动也，以全天为故者也。此官之所自立也。立官者，以全生也。今世之惑主，多官而反以害生，则失所为立之矣。譬之若修兵者，以备寇也。今修兵而反以自攻，则亦失所为修之矣。

夫水之性清，土者抇②之，故不得清。人之性寿，物者抇之，故不得寿。物也者，所以养性也，非所以性养也。今世之人，惑者多以性养物，则不知轻重也。不知轻重，则重者为轻，轻者为重矣。若此，则每动无不败。以此为君，悖；以此为臣，乱；以此为子，狂。三者国有一焉，无幸必亡。

今有声于此，耳听之必慊③已，听之则使人聋，必弗听。有色于此，目视之必慊已，视之则使人盲，必弗视。有味于此，口食之必慊已，食之则使人喑④，必弗食。是故圣人之于声色滋味也，利于性则取之，害于性则舍之，此全性之道也。世之贵富者，其于声色滋味也，多惑者。日夜求，幸而得之则遁⑤焉。遁焉，性恶得不伤？

万人操弓，共射一招⑥，招无不中。万物章章，以害一生，生无不伤；以便一生，生无不长。故圣人之制万物也，以全其天也。天全，则神和矣，目明矣，耳聪矣，鼻臭矣，口敏矣，三百六十节皆通利矣。若此人者，不言而信，不谋而当，不虑而得；精通乎天地，神覆乎宇宙；其于物无不受也，无不裹也，若天地然；上为天子而不骄，下为匹夫而不惛⑦。此之谓全德之人。

贵富而不知道，适足以为患，不如贫贱。贫贱之致物也难，虽欲过之，奚⑧由？出则以车，入则以辇，务以自佚⑨，命之曰"招蹶之机⑩"。肥肉厚酒，务以自强，命之曰"烂肠之食"。靡曼皓齿⑪，郑卫之音，务以自乐，命之曰"伐性之斧"。三患者，贵富之所致也。故古之人有不肯贵富者矣，由重生故也；非夸以名也，为其实也。则此论之不可不察也。

【字词注解】

① 撄（yīng）：触犯。

② 汩（gǔ）：搅浑，搅乱。

③ 慊（qiè）：满足。

④ 喑（yīn）：哑。

⑤ 遁：放纵，此指没有节制。

⑥ 招：箭靶。

⑦ 惛（mèn）：通"闷"，忧愁。

⑧ 奚：怎么。

⑨ 佚：安逸舒适。

⑩ 招蹶之机：招来腿脚毛病的器具。蹶，跌倒，此指腿脚不便之病。

⑪ 靡曼皓齿：指美色。靡曼，皮肤细腻。皓，洁白。

【精彩解说】

第二：

最初之时，产生万物的是天；养育万物的是人。能保养天所产之物而不摧残它们的人是天子。天子的职责就在于把保全人的生命当作第一要务，这也是设立官职的初衷。设立官职就在于保全生命。现在的君主真是糊涂，滥设大量官职，不但没有保全生命，反而涂炭生灵，妨害生命，这样设立官职的本来意义就丢失了。就好像操练军队，是为了防备贼寇。现在操练军队却反而用来攻击自己，那么也就失去了操练军队的作用了。

水的属性是清澈的，用土搅浑，就不再清澈了。人本来是长寿的，被外物干扰，就不再长寿了。外物本是用来滋养生命的，不是被生命所养的。现在的人，糊涂得多以其生命养物，这就是不懂得轻重。不懂得轻重，则应该重视的成了被轻视的，应该被轻视的成了被重视的。像这样，每次做事都必定失败。以这种方式担当国君，做事就会违背大道；以这种方式做臣民，就会造反叛乱；以这种方式做儿子，就会狂妄。这三种人只要国家有其中一种，就会遭到不幸而灭亡。

比如好听的声音，耳朵听了一定会满足，但是如果听了会使人耳聋，就肯定不去听了。比如美色，眼睛看了一定会满足，但是如果看了会使人眼瞎，就肯定不去看了。比如美味，嘴巴吃了一定会满足，但是吃了之后会使人变哑，就肯定不去吃了。所以圣人对于声、色、滋味，对生命有利的话就去利用，对生命有害的话就舍弃，这是保全生命的方法。世上富贵的人，大多被声、色、滋味所迷惑。他们日夜不停地追求，一旦有幸得到后就没有节制。没有节制，生命怎么能不受到伤害呢？

一万人持弓，共同射一个靶子，靶子肯定会被射中。万物共同去伤害一种生命，这种生命肯定会受到伤害；万物共同扶助一种生命，这种生命肯定能够生长。所以圣人对待万物，是遵循自然的规律。遵循了自然规律，则精神平和，眼睛明亮，听力清晰，鼻子灵敏，嘴巴灵活，三百六十个关节都通畅舒服。像这样的人，不用说话人们就信服他，还不用谋划就很恰当了，还不用考虑就有所收获了；"精"通于天地，"神"弥漫于宇宙；万物都能吸取"精""神"，都能包含它们，就像天地一样；这样的人做了天子也不会骄纵，做了凡人也不会糊涂。这就是所谓全德的人。

富贵而不懂得养生之道，正足以成为祸患，与其这样，还不如贫贱。贫贱的人获得东西很难，即使想要过度地沉湎于物质享受之中，又从哪儿去弄到呢？出门乘车，进门坐辇，务求安逸舒适，这种车辇应该叫作"招致脚病的器具"。吃肥肉，喝醇酒，互相极力勉强吃喝，这种酒肉应该叫作"腐烂肠子的食物"。迷恋女色，陶醉于淫靡之音，极尽享乐，这种美色、音乐应该叫作"砍伐生命的利斧"。这三种祸患都是富贵所招致的。所以古代就有不肯富贵的人了,这是重视生命的缘故;并不是用轻视富贵钓取虚名来夸耀自己,而是为保全生命。既然这样,以上这些道理是不可不明察的。

重己

〔题解〕

"重己"就是重视自己的意思。本篇旨在告诫君主要珍惜生命。顺其自然,节制欲望,才能生命长久。从养生角度来说,顺生节欲的思想有一定合理性。

三曰:

倕①,至巧也。人不爱倕之指,而爱己之指,有之利故也。人不爱昆山之玉、江汉之珠,而爱己之一苍璧小玑②,有之利故也。今吾生之为我有,而利我亦大矣。论其贵贱,爵为天子,不足以比焉;论其轻重,富有天下,不可以易之;论其安危,一曙失之,终身不复得。此三者,有道者之所慎也。

有慎之而反害之者,不达乎性命之情也。不达乎性命之情,慎之何益?是师③者之爱子也,不免乎枕之以糠;是聋者之养婴儿也,方雷而窥之于堂。有殊弗知慎者?

夫弗知慎者,是死生存亡可不可未始有别也。未始有别者,其所谓是未尝是,其所谓非未尝非。是其所谓非,非其所谓是,此之谓大惑。若此人者,天之所祸也。以此治身,必死必殃;以此治国,必残必亡。

夫死殃残亡,非自至也,惑召之也。寿长至常亦然。故有道者不察所召,而察其召之者,则其至不可禁矣。此论不可不熟。

使乌获㊄疾引牛尾，尾绝力勩㊄，而牛不可行，逆也。使五尺竖子引其棬㊅，而牛恣所以之，顺也。世之人主贵人，无贤不肖，莫不欲长生久视，而日逆其生，欲之何益？凡生之长也，顺之也；使生不顺者，欲也。故圣人必先适欲。

室大则多阴，台高则多阳；多阴则蹶㊆，多阳则痿。此阴阳不适之患也。是故先王不处大室，不为高台，味不众珍，衣不燀㊇热。燀热则理塞，理塞则气不达；味众珍则胃充，胃充则中㊈大鞔㊉，中大鞔而气不达。以此长生可得乎？昔先圣王之为苑囿园池也，足以观望劳形而已矣；其为宫室台榭也，足以辟㊋燥湿而已矣；其为舆马衣裘也，足以逸身暖骸而已矣；其为饮食酏㊌醴也，足以适味充虚而已矣；其为声色音乐也，足以安性自娱而已矣。五者，圣王之所以养性也，非好俭而恶费也，节乎性也。

【字词注解】

① 倕（chuí）：相传是尧时的巧匠，一说是黄帝时的巧匠。
② 小玑：不圆的小珠子。
③ 师：盲人乐师。此指盲人。
④ 乌获：秦武王的力士，据说能举千钧。
⑤ 勩（dān）：同"殚"，力尽。
⑥ 棬（juàn）：同"桊"，牛鼻环。
⑦ 蹶（jué）：此指一种寒症，即手足蹶冷。
⑧ 燀（dǎn）：通"亶"，厚。
⑨ 中：胸腹。
⑩ 鞔（mèn）：古通"懑"，闷胀。
⑪ 辟：通"避"。
⑫ 酏（yí）醴（lǐ）：用黍粥酿成的甜酒。

【精彩解说】

第三：

倕是最巧的工匠，但是人们都不爱惜他的手指而爱惜自己的手指，这是利于自己的缘故。人们不爱昆山上的玉石、江汉两条河水里的明珠，却爱惜自己的一颗次等玉石和一颗不圆的小珠子，这是利于自己的缘故。如今我的生命属我所有，而给我带来的好处也很多。以它的贵贱来讨论，即使是贵为天子，也不足以和它相比；以它的轻重来讨论，即使是富有天下，也不能交换到生命；以它的安危来讨论，一旦失去了它，就永远不可能再得到。因为这三个方面，所以有道之士对待生命都很谨慎小心。

有人虽然谨慎小心但反而损害了生命，这是没有通晓生命的天性之理。不通晓生命的天性之理，对它谨慎小心又有什么用？这就像盲人虽然疼爱儿子，但免不了让他枕在谷糠上；这就像聋人养育婴儿，正在打雷的时候却让他在堂屋里向外观望。这比起不知道谨慎小心的人有过之而无不及。

不知道谨慎小心的人，对生死存亡、行不行从来没有辨别清楚。没辨别清楚的人，他们认为的正确不一定是正确的，他们所谓的错误也未必是错误的。正确的被叫作错误的，错误的被叫作正确的，这就叫非常糊涂。像这样的人是上天降祸的对象。用这种态度修身，必定死亡，必定遭祸；用这种态度治理国家，必定衰败，必定灭亡。

这种死亡、遭祸、衰败和灭亡不是自动找上门来的，而是糊涂招来的。长寿也常常是这样。所以有道行的人，不察看招致的结果，而察看引起它的原因，那么其达到的结果就不可遏止了。这个道理不能不彻底理解。

假如大力士乌获用力拽拉牛尾，即使尾断力尽，牛也不会前行，因为这违背了牛的习性。让一个孩子牵着牛鼻环，牛就会随他而走，因为这顺应了牛的习性。世上的君主权贵，无论贤与不贤，都想生命长久，但是他们整天地违背天性，那么有这样的欲望有什么用呢？生命的长久都是顺应自然之道的，使生命不能够顺应自然之道的是人的欲望。所以圣人必定先要节制自己的欲望。

房屋大了，阴气就会多；楼台高了，阳气就会多。阴气多了就会招致蹶疾，阳气多了就会得痿病。这就是阴阳不能调适所带来的后果。因此，先王不在过大的房屋里居住，不建设过高的楼台，膳食不要太丰盛，穿衣不要过于厚暖。过厚过暖都会使脉理闭塞，脉理闭塞就会使阴阳之气不畅通；膳食过于丰盛，胃就会饱撑，过于饱的话胸腹就会憋闷，胸腹憋闷就会使阴阳之气不通畅。这样怎么能实现长生长寿的愿望呢？古代的圣王修建花园泉池，只要能游园眺望，活动身体就好；建造宫殿楼台，只要能够躲避太阳，遮挡风雨就好；制作车辇衣衫，只要能够使身体安适暖和就好；吃饭饮酒，只要能够适合口味填饱肚子就好；欣赏音乐歌舞，只要能安抚性情、舒心快意就好。以上五种情况，圣王的目的都是养护生命，调适性情，并不是喜好节俭，厌恶奢侈，而是为了调节性情使它适度。

贵 公

[题解]

"贵公"就是以公正为贵的意思。本篇主要讲述君主治国理政、平天下"必先公"之理,先做到"公"才能实现"天下平",并指出天地至公的精神,劝说君主效法天地,并指出"天下,非一人之天下也,天下之天下也",明显针对君主而说,但仍是强调"万民之主,不阿一人",而不是强调天下人来治理天下。

四曰:

昔先圣王之治天下也,必先公。公则天下平矣。平得于公。

尝试观于上志①,有得天下者众矣,其得之以公,其失之必以偏。凡主之立也,生于公。故《鸿范》曰:"无偏无党,王道荡荡。无偏无颇,遵王之义。无或作好,遵王之道。无或作恶,遵王之路。"

天下,非一人之天下也,天下之天下也。阴阳之和,不长一类;甘露时雨,不私一物;万民之主,不阿一人。

伯禽将行,请所以治鲁。周公曰:"利而勿利也。"

荆人有遗弓者,而不肯索,曰:"荆人遗之,荆人得之,又何索焉?"孔子闻之曰:"去其'荆'而可矣。"老聃闻之曰:"去其'人'而可矣。"故老聃则至公矣。

天地大矣,生而弗子,成而弗有,万物皆被其泽,得其利,而莫知其所由始。此三皇五帝之德也。

管仲有病，桓公往问之，曰："仲父之病矣。渍②甚，国人弗讳，寡人将谁属国？"管仲对曰："昔者臣尽力竭智，犹未足以知之也；今病在于朝夕之中，臣奚能言？"桓公曰："此大事也，愿仲父之教寡人也。"管仲敬诺，曰："公谁欲相？"公曰："鲍叔牙可乎？"管仲对曰："不可。夷吾善鲍叔牙。鲍叔牙之为人也，清廉洁直；视不己若者，不比于人；一闻人之过，终身不忘。勿已，则隰朋其可乎？隰朋之为人也，上志而下求，丑不若黄帝，而哀不己若者。其于国也，有不闻也；其于物也，有不知也；其于人也，有不见也。勿已乎，则隰朋可也。"

夫相，大官也。处大官者，不欲小察，不欲小智，故曰：大匠不斫③，大庖④不豆，大勇不斗，大兵不寇。

桓公行公去私恶，用管子而为五伯长；行私阿所爱，用竖刀而虫⑤出于户。

人之少也愚，其长也智。故智而用私，不若愚而用公。日醉而饰服，私利而立公，贪戾⑥而求王，舜弗能为。

【字词注解】

① 上志：指古代典籍。
② 渍：病。
③ 斫（zhuó）：砍。
④ 庖：厨师。
⑤ 虫：尸虫，尸体腐烂所生的虫子。
⑥ 戾：凶暴。此指贪得无厌。

【精彩解说】

第四：

以前，先代圣王治理天下的时候，一定会把公正无私放在第一位。实现了公正无私，那么天下就太平了。天下太平得自公正无私。

我曾经试着查阅古代的典籍记载，取得天下的人很多，如果他们取得天下是因为公正无私，那么他们失去天下一定是因为偏狭有私。大凡立君主的本意，都是出于公正无私。所以《鸿范》里说道："不偏私，不结党，先王之道平坦宽阔。不偏私，不倾侧，遵守先王的法则。不要滥逞个人的偏好，遵守先王的正道。不要滥逞个人的怨怒，遵守先王的正路。"

天下不是某一个人的天下，而是天下人的天下。阴阳相和，不只生长一种物类。甘露时雨，不偏私一种生物。万民之主，不偏袒某一人。

（周公的儿子）伯禽（被封为鲁国国君）将要赴任时，（向父亲）请教用来治理鲁国的方法，周公说："（为政要考虑）利民而不要（只考虑）利己。"

楚人遗失了弓箭却不肯去寻找，他说："楚国人遗失了弓箭，（必是）楚国人得到它，又何必去找它呢？"孔子听到这话，说："去掉'荆楚'这一国别就好了。"老聃听到孔子的话，说："去掉'人'这一限制就好了。"所以说老聃才是最具有公心的人。

天地够伟大了，生育了万物，而不把它们作为自己的子女；使万物生长，而不把它们据为己有。万物都蒙受天地的恩泽，享受天地的利益，却不知道这些是从哪里来的。这就是三皇五帝的德政。

管仲得了重病，齐桓公去探问他，说："仲父您的病愈加重了。国内百姓都已经无法避讳这件事，我将把国家托付给谁呢？"管仲回答说："以前我尽心竭力，尚不知可以托付国家的人选，如今重病，命在旦夕，我怎么能说得出呢？"齐桓公说："这是国家大事，希望仲父您指点我啊。"管仲恭敬地回答说："您打算让谁担任宰相呢？"齐桓公说："鲍叔牙可以吗？"管仲回答说："不行。我和鲍叔牙交情很好。鲍叔牙为人清正廉洁，刚直不阿，看到不像自己（那样正直）的人，便不去接近人家；一旦听到别人的过错，一辈子也不能忘记。不得已的话，那么隰朋可以吗？隰朋的为人，对胜过自己的贤人追羡不已，对赶不上自己的人则劝勉不息，（常常）以自己赶不上黄帝为羞愧，对赶不上自己的人表示同情。对于国政，细枝末节处他不去过问；对于事物，不需要了解的他就不去了解；对于别人，他不刻意去找小毛病。一定要我推荐宰相人选的话，那么隰朋是合适的。"

一国的宰相可是个大官。当大官的人，不要只看小事，不要耍小聪明。所以说大工匠只注意总体设计，而不亲自挥斧弄凿；大厨师只着意调和五味，而不亲自拨弄锅碗瓢盏；大勇士只指挥战斗，而不亲自临阵厮杀；正义的军队只征讨叛逆，而不骚扰百姓。

齐桓公厉行公正，摒弃个人爱憎，重用（同自己有仇的）管仲，终成五霸之首；但后来因为有所偏私，庇护所爱，重用竖刁以至于身死国乱，不得殡殓，尸虫流出户外。

人在年轻时幼稚无知，长大后就聪明。但是如果聪明却重用小人，那还不如蒙昧而主持公道。整日沉湎饮酒却要整饬其装束,务求私利而想做到公正,贪婪残暴而想成就王业,就是舜也做不到。

去 私

〔题解〕

"去私"就是去除私心的意思。本篇从尧舜禅让、祁奚荐贤、腹䵍诛子几个事例出发,从各个方面阐述了什么叫作去私,并指出君主只有除暴去私,才能获得人心,成就事业。

五曰:

天无私覆也,地无私载也,日月无私烛①也,四时无私行也。行其德而万物得遂长②焉。

黄帝言曰:"声③禁重,色禁重,衣禁重,香禁重,味禁重,室禁重。"

尧有子十人,不与其子而授舜;舜有子九人,不与其子而授禹:至公也。

晋平公问于祁黄羊曰:"南阳无令,其谁可而为之?"祁黄羊对曰:"解狐可。"平公曰:"解狐非子之雠④邪?"对曰:"君问可,非问臣之雠也。"平公曰:"善。"遂用之。国人称善焉。居有间⑤,平公又问祁黄羊曰:"国无尉,其谁可而为之?"对曰:"午可。"平公曰:"午非子之子邪?"对曰:"君问可,非问臣之子也。"平公曰:"善。"又遂用之。国人称善焉。孔子闻之曰:"善哉,祁黄羊之论也!外举不避雠,内举不避子。"祁黄羊可谓公矣。

墨者有钜子⑥腹䵍⑦，居秦，其子杀人。秦惠王曰："先生之年长矣，非有他子也，寡人已令吏弗诛矣。先生之以此听寡人也。"腹䵍对曰："墨者之法曰：'杀人者死，伤人者刑。'此所以禁杀伤人也。夫禁杀伤人者，天下之大义也。王虽为之赐，而令吏弗诛，腹䵍不可不行墨者之法。"不许惠王，而遂杀之。子，人之所私也。忍所私以行大义，钜子可谓公矣。

庖人调和而弗敢食，故可以为庖。若使庖人调和而食之，则不可以为庖矣。王伯之君亦然。诛暴而不私，以封天下之贤者，故可以为王伯。若使王伯之君诛暴而私之，则亦不可以为王伯矣。

【字词注解】

① 烛：照明。
② 遂长：成长。
③ 声：音乐。
④ 雠（chóu）：仇敌。
⑤ 有间：有一定时间。
⑥ 钜（jù）子：墨家对学有成就的人称"钜子"。
⑦ 腹䵍（tūn）：人名。腹，姓。䵍，名。

【精彩解说】

第五：

上天公正无私，没有出于私心覆盖的；大地公正无私，没有出于私心承载的；太阳和月亮公正无私，没有出于私心照耀的；春夏秋冬四个时节也是公正无私的，没有出于私心自己更迭交替。它们施其恩德，于是万物得以受到恩惠生长。

黄帝曾说："音乐禁止淫靡，色彩禁止炫目，衣服禁止厚热，香料禁止浓烈，饮食禁止丰美，宫室禁止高大。"

尧有十个儿子，却不把帝位传给儿子而授于舜；舜有九个儿子，却不把帝位传给儿子而授于禹：这是最大的公正了。

晋平公向祁黄羊问道："南阳没有县令（地方官），有谁可以担任呢？"祁黄羊回答说："解狐可以担任。"晋平公说："解狐不是你的仇人吗？"祁黄羊回答说："您问的是可以做地方官的，不是问我的仇人呀。"晋平公说："好啊。"于是就让解狐做了地方官。国人对解狐都很称赞。过了不久，晋平公又问祁黄羊："国家没有管军事的官，有谁能担任呢？"祁黄羊回答说："祁午可以担任。"晋平公说："祁午不是你的儿子吗？"祁黄羊回答说："您问的是谁可以担任管军事的官，不是问我的儿子呀。"晋平公说："好啊。"于是又让祁午做了管军事的官。国内的人民对祁午也都很称赞。孔子听到了这件事说："祁黄羊说的话，太好了！推荐外人不回避仇人，推荐家里人不回避自己的儿子，祁黄羊可以称得上公了。"

　　墨家有个叫腹䵍的钜子，客居在秦国，他的儿子杀了人。秦惠王说："先生的年岁大了，也没有别的儿子，我已经命令官吏不杀他了。先生在这件事情上要听我的。"腹䵍回答说："墨家的法规规定：'杀人的人要处死，伤害人的人要受刑。'这是用来禁绝杀人伤人，是天下的大义。君王虽然为这事对我加以照顾，让官吏不杀他，我却不能不行使墨家的法规。"腹䵍没有答应秦惠王，最终杀掉了自己的儿子。儿子是人们所偏爱的，忍心割去自己所偏爱的而推行大义，腹䵍可称得上大公无私了。

　　厨师烹调各种食物而自己却不敢随意食用，所以才可以做厨师。如果厨师烹调各种食物而随意食用，这样的人就不能做厨师。立志建立霸业的君主也是这样。诛除暴虐却不把战利品掠为己有，而用来封赏天下贤能的人，所以才他能成为建立王霸事业的君主。如果立志建立霸业的君主诛除暴虐却把战利品掠为己有，而不是用来封赏天下贤能的人，那么也就不能成为建立王霸事业的君主。

拓展阅读

开诚布公

　　三国时期，蜀国的丞相诸葛亮是一个很有智谋的军事家和政治家，他对蜀主刘备非常忠心，因此深得刘备的信任和重用。刘备临终前将诸葛亮叫到身边，说："你的才能是曹丕的十倍，是不可多得的治国安邦的人才。我就将我的儿子刘禅托付给你了。如果他能被辅佐那你就辅佐他，如果他实在不成器，那就不要顾及情面，你就取而代之吧！"

刘备死后，刘禅即位。诸葛亮用尽全力来辅佐刘禅治理国家，可是生性懦弱无能的刘禅整天只知吃喝玩乐，根本没有心思去理朝政。尚书令李严见状，劝诸葛亮进爵称王，不料诸葛亮非常严肃地对他说："先帝将刘禅托付给我，是对我的信任。他如此器重我，让我做丞相，我怎能辜负他的托付，谋权篡位，进爵称王？那我岂不成了不忠不孝之人？"

诸葛亮治国治军一向以理服人，大公无私。参军马谡是他非常器重的一位将军，他与诸葛亮的感情也非常好。但由于马谡违反军规，导致街亭失守，诸葛亮严守军规，挥泪将他斩首。马谡在临刑前给诸葛亮上书说："虽死，无恨于九泉。"

街亭的失守，导致赵云、邓芝也在箕谷打了败仗，诸葛亮承担了指挥不当的责任，主动上书连降三级，降为右将军。他还主动要求下属给他指出缺点和错误。他相信，只要认真吸取经验和教训，那么"事可定，胜利可望"。

234年，诸葛亮由于积劳成疾，病死在军中。他一生清贫，没有给自己的家人和后代留下多少资产。

《三国志》的作者陈寿说诸葛亮"开诚心，布公道"，就是对他一生的总结。

仲春纪第二

仲 春

〔题解〕

仲春是农历二月。本篇介绍了仲春之际的天文地理、植物动物、饮食服饰等状况。劝诫君主要爱护众生,减轻刑罚,不要杀生,要重视祭祀活动。

一曰:

仲春之月,日在奎①,昏弧中②,旦建星中③。其日甲乙,其帝太皞,其神句芒,其虫鳞,其音角,律中夹钟④。其数八,其味酸,其臭膻,其祀户,祭先脾。始雨水,桃李华⑤,苍庚⑥鸣,鹰化为鸠⑦。天子居青阳太庙,乘鸾辂,驾苍龙,载青旂,衣青衣,服青玉,食麦与羊,其器疏以达。

是月也,安萌牙,养幼少,存诸孤;择元日,命人社⑧;命有司⑨,省囹圄⑩,去桎梏⑪,无肆掠,止狱讼。

是月也,玄鸟⑫至。至之日,以太牢⑬祀于高禖⑭。天子亲往,后妃率九嫔御,乃礼天子所御,带以弓韣⑮,授以弓矢,于高禖之前。

是月也,日夜分⑯,雷乃发声,始电。蛰虫咸动,开户始出。先雷三日,奋铎⑰以令于兆民曰:"雷且发声,有不戒其容止者,生子不备⑱,必有凶灾。"日夜分,则同度量,钧⑲衡石,角㉒斗桶㉔,正权概㉕。

是月也,耕者少舍,乃修阖扇。寝庙必备。无作大事㉗,以妨农功。

是月也,无竭川泽,无漉㉙陂池,无焚山林。天子乃献羔开冰,先荐㉚寝庙。上丁㉛,命乐正入舞舍㉜采㉝;天子乃率三公、九卿、诸侯,亲往视之。中丁,又命乐正入学习乐。

是月也，祀不用牺牲，用圭璧，更皮币。

仲春行秋令，则其国大水，寒气总㉞至，寇戎来征；行冬令，则阳气不胜㉟，麦乃不熟，民多相掠；行夏令，则国乃大旱，暖气早来，虫螟为害。

【字词注解】

① 日在奎：指太阳的位置在奎宿。奎，二十八宿之一，在今仙女座。

② 弧：星宿名，又叫弧矢，在鬼宿之南，今属大犬座和船尾座。

③ 建星：星宿名，在斗宿之上，今属人马座。

④ 夹钟：十二律之一。

⑤ 华：花，开花。

⑥ 苍庚：黄鹂的别名。

⑦ 鸠：此处可能指布谷鸟。

⑧ 社：土神，意思是祭祀土神，以祈求五谷丰登。

⑨ 有司：主管的官吏，这里指掌管刑罚的官吏。

⑩ 囹（líng）圄（yǔ）：监狱。此处指监狱中的犯人。

⑪ 桎梏：刑具，古代木制的脚镣和手铐。

⑫ 玄鸟：燕子。相传有娀氏女简狄吞下玄鸟卵而生契，因此后人把它作为男女婚娶的征兆，在它到来时会祭祀媒神以求后嗣。

⑬ 太牢：祭品中牛羊豕（猪）三牲都具备叫"太牢"。

⑭ 高禖（méi）：指媒神。

⑮ 弓韣（dú）：弓袋。

⑯ 日夜分：白天和夜晚的时间相等。

⑰ 奋铎：奋，振动的意思。铎，指木铎，以木为舌的大铃。古代宣布政教法令时要巡行，巡行时会振鸣木铎来引起众人的警觉。

⑱ 不备：指所生的小孩存在先天残疾。

⑲ 钧：同"均"。

⑳ 衡：秤杆。

㉑ 石：重量单位，一百二十斤为一石。

㉒ 角：平，均。

㉓ 斗：量器。也是容量单位，十升为一斗。

㉔ 桶：古代量器名。方形的斛，容量为六升。

㉕权：秤。概：量谷物时刮平斗斛的器具。

㉖少舍：稍稍地休息。

㉗大事：这里指战争。

㉘漉：使干涸，竭尽。

㉙陂（bēi）池：池沼。

㉚荐：向鬼神进献，祭祀。

㉛上丁：每月上旬的丁日。下文中的"中丁"即每月中旬的丁日。

㉜舍：放置。

㉝采：指彩帛。

㉞忽：忽然。

㉟胜：经受得住。

【精彩解说】

第一：

仲春二月，太阳的位置在奎宿，黄昏时弧矢星出现在南方中天，黎明时建星出现在南方中天。仲春天干属甲乙，主宰之帝是太皞，佐帝之神是句芒，应时的动物是龙鱼之类的鳞族，声音是五音中的角音，音律则与十二律中的夹钟相合。这个月的代表数字是八，味道是酸味，气味是膻气，要举行户祭，祭祀时要先奉上脾脏作为祭品。这个月开始下雨，桃树李树开始开花，黄鹂开始鸣叫，天空中的老鹰逐渐被布谷鸟代替。天子居住在东向明堂的正室，乘坐青凤车，驾着青色的高头大马，在车上插着青色的龙旗，穿着青色的衣服，佩戴青色的玉饰，吃麦子和羊，使用纹理空疏而通透的器物。

在这个月，要保护植物的萌芽，养育儿童和少年，抚恤众多的孤儿；选择好的日子，命令老百姓祭祀土神；命令司法官减少关押的人犯，去掉手铐脚镣，不要杀人暴尸和鞭打犯人，制止诉讼之类的事情。

在这个月，燕子来到。燕子来到的那天，用牛羊豕三牲祭祀高禖之神。天子亲自前往，后妃率领宫中所有女眷陪从，在高禖神前为与天子合欢而有孕的女眷举行礼仪，给她们戴上弓套，并授给她们弓和箭。

在这个月，日夜平分，开始打雷，有闪电。蛰伏的动物都苏醒了，开始从洞穴中钻出来。打雷的前三天，振动木铃向老百姓发布命令说："凡是不警戒房中之事，在响雷时交合的，生下的孩子必有先天残疾，而且必有凶险和灾祸。"日夜平分,所以要统一和校正各种度量衡器具。

在这个月,耕作的农夫稍事休息,然后修整门户。祭祀先祖的寝庙一定要完整齐备而没有毁坏。不要兴兵征伐,以免妨害农事。

在这个月,不要弄干河川沼泽及蓄水的池塘,不要焚烧山林。天子向司寒之神献上羔羊,打开冰窖,然后把冰先献给祖先。上旬的丁日,命令乐正进入国学教练舞蹈,把彩帛放在前边行祭祀先师的礼节;天子率领三公、九卿、诸侯亲自去观看。中旬的丁日,又命令乐正进入国学教练音乐。

在这个月,祭祀不用牲畜做祭品,而用玉圭、玉璧,或者用皮毛束帛来代替。

在仲春二月,如果推行本应在秋天实行的政令,国家就会洪水泛滥,寒气就会突然到来,敌寇就会来侵犯;如果推行本应在冬天实行的政令,阳气就经受不住,麦子就不能成熟,人民中间就会频繁出现劫掠的事;如果推行本应在夏天实行的政令,国内就会出现干旱,热气过早来到,庄稼就会遭受虫害。

贵 生

〔题解〕

"贵生"在此篇中意思是珍惜生命、重视生存的价值。本篇重在讲述养生。害生之事不做,此为养生之法。作者的思想受到杨朱学派"贵己"说的影响,而在文章末尾阐发道家"迫生为下"观点时提出了不义而生不如为义而死的思想,这是明显的儒家思想的反映。

二曰:

圣人深虑天下,莫贵于生。夫耳目鼻口,生之役①也。耳虽欲声,目虽欲色，鼻虽欲芬香，口虽欲滋味，害于生则止。在四官者不欲，利于生者则弗为。由此观之，耳目鼻口不得擅行，必有所制。譬之若官职，不得擅为，必有所制。此贵生之术也。

尧以天下让于子州支父，子州支父对曰："以我为天子犹可也。虽然，我适有幽忧之病，方将治之，未暇在天下也。"天下，重物也，而不以害其生，又况于他物乎？惟不以天下害其生者也，可以托天下。

越人三世杀其君，王子搜患之，逃乎丹穴②。越国无君，求王子搜而不得，从之丹穴。王子搜不肯出。越人薰之以艾，乘之以王舆。王子搜援③绥登车，仰天而呼曰："君乎！独不可以舍我乎？"王子搜非恶为君也，恶为君之患也。若王子搜者，可谓不以国伤其生矣。此固越人之所欲得而为君也。

鲁君闻颜阖得道之人也，使人以币先焉。颜阖守④间，鹿布之衣，而自饭牛。鲁君之使者至，颜阖自对之。使者曰："此颜阖之家耶？"颜阖对曰："此阖之家也。"使者致币，颜阖对曰："恐听缪而遗使者罪，不若审之。"使者还反审之，复来求之，则不得已。故若颜阖者，非恶富贵也，由重生恶之也。世之人主多以贵富骄得道之人，其不相知，岂不悲哉？

故曰：道之真，以持身；其绪余，以为国家；其土苴⑤，以治天下。由此观之，帝王之功，圣人之余事也，非所以完身养生之道也。今世俗之君子，危身弃生以徇⑥物，彼且奚以此之也？彼且奚以此为也？

凡圣人之动作也，必察其所以之与其所以为。今有人于此，以随侯之珠⑦弹千仞之雀，世必笑之。是何也？所用重，所要轻也。夫生，岂特随侯珠之重也哉！

子华子曰："全生为上，亏生次之，死次之，迫生为下。"故所谓尊生者，全生之谓。所谓全生者，六欲皆得其宜也。所谓亏生者，六欲分⑧得其宜也。亏生则于其尊之者⑨薄矣。其亏弥甚者也，其尊弥薄。所谓死者，无有所以知，复其未生也。所谓迫生者，六欲莫得其宜也，皆获其所甚恶者。服是也，辱是也。辱莫大于不义。故不义，迫生也。而迫生非独不义也，故曰迫生不若死。奚以知其然也？耳闻所恶，不若无闻；目见所恶，不若无见。故雷则掩耳，电则掩目，此其比⑩也。凡六欲者，皆知其所甚恶，而必不得免，不若无有所以知。无有所以知者，死之谓也，故迫生不若死。嗜肉者，非腐鼠之谓也；嗜酒者，非败酒之谓也；尊生者，非迫生之谓也。

【字词注解】

① 役：役使。
② 丹穴：采丹的矿井。
③ 援：拉。
④ 守：居住。
⑤ 土苴（jū）：渣滓，糟粕。此处比喻微贱的东西，犹如土芥。
⑥ 徇：同"殉"，为了某一个目的而死。
⑦ 随侯之珠：相传随侯见到一条大蛇受伤了，就给它敷药，后来大蛇从江中衔来一颗明珠给他作为报答。后人就把这颗明珠称作"随侯之珠"。
⑧ 分：一半。
⑨ 尊之者：指生命的天性。
⑩ 比：相似。

【精彩解说】

第二：

圣人对天下深思熟虑，也比不上他对生命的重视。人的耳朵、眼睛、鼻子、嘴巴，这些都是为生命服务的。耳朵虽然想听到声音，眼睛虽然想看到色彩，鼻子虽然想嗅到芳香，嘴巴虽然想尝到滋味，但是这些只要危害到了生命就应该制止。对于这四种器官不想做的事，要是对生命有利的话就不能按它们的意思去做。由此看来，耳朵、眼睛、鼻子、嘴巴不能擅自随意行动，一定要有所控制。这就好像当上了官，就不能擅自妄为，一定要有所控制一样。这是珍惜生命的方法。

尧把天下让给子州支父，子州支父回答说："让我做天子还行。但我现在正害着忧劳深重的病，正要治疗，没有余暇顾及天下。"天下是最珍贵的，可是圣人不因它而危害自己的生命，又何况其他的东西呢？只有不因天下而危害自己生命的人，才可以把天下托付给他。

越国人连续杀了他们的三代国君，王子搜对此很忧惧，于是逃到一个山洞里。越国没有国君，寻找王子搜却没找到，一直追寻到山洞。王子搜不肯出来，越国人就用燃着的艾草熏他出来，让他乘坐国君的车。王子搜拉着登车的绳子上车，仰望上天呼喊道："国君啊！这个职位怎么偏偏让我来干啊？"王子搜并不是厌恶做国君，而是厌恶做国君招致的祸患。像王子搜这样的人，可说是不肯因国家伤害自己生命的了。这也正是越国人想要找他做国君的原因。

鲁国国君听说颜阖是个有道之人，想要请他出来做官，就派人带着礼物先去致意。颜阖住在陋巷，穿着粗布衣裳，亲自喂牛。鲁君的使者来了，颜阖亲自接待他。使者问："这是颜阖的家吗？"颜阖回答说："这是我的家。"使者进上礼物，颜阖说："我怕您把名字听错了而给您带来处罚，不如搞清楚再说。"使者回去查问清楚了，再来找颜阖，却找不到他了。像颜阖这样的人，并不是本来就厌恶富贵，而是由于看重生命才厌恶它。世上的君主，大多凭借富贵傲视有道之人，他们如此地不了解有道之人，难道不太可悲了吗？

因此说：道的实体用来保护身体，它的剩余用来治理国家，它的渣滓用来治理天下。由此看来，帝王的功业是圣人闲暇之余的事，并不是用以全身养生的方法。如今世俗所谓的君子损害身体、舍弃生命来追求外物，他们这样做将达到什么目的呢？他们又将采用什么手段达到目的呢？

大凡圣人有所举动的时候，必定明确知道所要达到的目的和达到目的所应采用的手段。假如有这样一个人，用随侯之珠去弹射千仞高的飞鸟，世上的人肯定会嘲笑他。这是为什么呢？因为他所耗费的太贵重，所追求的太轻微了啊！至于生命，其价值岂止像随侯珠那样贵重呢！

子华子说："全生是最上等，亏生次一等，死又次一等，迫生是最低下的。"因此所谓尊生，说的就是全生。所谓全生，是指六欲都能得适宜。所谓亏生，是指六欲只有一半得到适宜。生命受到亏损，生命的天性就会被削弱。生命亏损得越厉害，生命的天性削弱得也就越厉害。所谓死，是指没有办法知道六欲，等于又回到它未生时的状态。所谓迫生，是指六欲没有一样得到适宜，六欲所得到的都是它们十分厌恶的东西。屈服属于这一类，耻辱也属于这一类。在耻辱当中没有比不义更大的了。因此，行不义之事就是迫生。但是构成迫生的不仅仅是不义，因此说迫生不如死。根据什么知道是这样的呢？耳朵听到讨厌的声音，不如什么也没听到；眼睛看到讨厌的东西，不如什么也没见到。所以打雷的时候人们就会捂住耳朵，闪电的时候人们就会遮住眼睛。迫生不如死就像这类现象一样。六欲都知道自己十分厌恶的东西是什么，如果这些东西一定不可避免，那还不如什么都不知道。什么都不知道就是死，因此迫生不如死。喜爱吃肉，不是说连腐臭的老鼠也吃；喜爱喝酒，不是说连变质的酒也喝；珍惜生命，不是说连迫生也算。

情 欲

〔题解〕

"情欲"就是七情六欲，本篇旨在讲述节欲养生。文章提出圣人和俗主不同之处：圣人"得其情"并能珍重自己的生命；俗主则"亏情"，不懂要如何珍视自己的生命。文章中还提出了生命和功业不能两全等思想。

三曰：

天生人而使有贪有欲。欲有情，情有节。圣人修节以止欲，故不过行其情也。故耳之欲五声，目之欲五色，口之欲五味，情也。此三者，贵贱、愚智、贤不肖，欲之若一，虽神农、黄帝其与桀、纣同。圣人之所以异者，得其情也。由贵生动，则得其情矣；不由贵生动，则失其情矣。此二者，死生存亡之本也。

俗主亏情，故每动为亡败。耳不可赡①，目不可厌②，口不可满；身尽府种③，筋骨沉滞，血脉壅塞，九窍寥寥④，曲⑤失其宜，虽有彭祖，犹不能为也。其于物也，不可得之为欲，不可足之为求，大失生本；民人怨谤，又树大雠。意气易动，跤然⑥不固；矜势好智，胸中欺诈；德义之缓，邪利之急。身以困穷，虽后悔之，尚将奚及？巧佞之近，端直之远，国家大危，悔前之过，犹不可反。闻言而惊，不得所由。百病怒⑦起，乱难时至。以此君人，为身大忧。耳不乐声，目不乐色，口不甘味，与死无择⑧。

古人得道者，生以寿长，声色滋味能久乐之，奚故？论⑨早定也。论早定则知早啬⑩，知早啬则精不竭。秋早寒则冬必暖矣，春多雨则夏必旱矣。天地不能两⑪，而况于人类乎？人之与天地也同。万物之形虽异，其情一体也。故古之治身与天下者，必法天地也。

尊，酌者众则速尽。万物之酌大贵之生者众矣，故大贵之生常速尽。非徒万物酌之也，又损其生以资天下之人，而终不自知。功虽成乎外，而生亏乎内。耳不可以听，目不可以视，口不可以食，胸中大扰，妄言想见，临死之上，颠倒惊惧，不知所为。用心如此，岂不悲哉？

世人之事君者，皆以孙叔敖之遇荆庄王为幸。自有道者论之则不然，此荆国之幸。荆庄王好周游田猎，驰骋弋⑫射，欢乐无遗，尽傅⑬其境内之劳与诸侯之忧于孙叔敖。孙叔敖日夜不息，不得以便⑭生为故⑮，故使庄王功迹著乎竹帛，传乎后世。

── • 【字词注解】

① 赡：充裕，足够。
② 厌：满足。
③ 府种：通"腑肿"，即浮肿。
④ 寥寥：空虚。
⑤ 曲：周遍。此处指全身上下。
⑥ 蹶（jué）然：流行疾速、不坚固的样子。
⑦ 怒：盛，猛烈。
⑧ 择：区别。
⑨ 论：指贵生的信念。
⑩ 啬：爱惜。
⑪ 两：两全。
⑫ 弋：用绳系在箭上射。
⑬ 傅：付。
⑭ 便：利。
⑮ 故：事。

── • 【精彩解说】

第三：

天生养人，使人有贪心、有欲望。人的欲望中有情感，情感中有节制。

圣人修行节制之道而抑制欲望，所以不过是使他的情感顺行。耳朵想听到五声，眼睛想看到五色，嘴巴想尝到五味，这是人之常情。这三个方面，人们无论富贵贫贱、愚昧智慧、贤与不贤，从人的内心角度来看就好像是同样的，所以即使是神农、黄帝，他们其实和夏桀、商纣在本质上是相同的。圣人之所以和一般人不同，是因为具有适度的情感。珍视自己的生命，就能具备适度的情感；不珍视自己的生命，就会失去适度的情感。这两个方面，是决定生死存亡的本源。

世俗的君主缺乏适度的情感，所以动辄灭亡。他们耳朵的欲望不可满足，眼睛的欲望不可满足，嘴巴的欲望不可满足，以致全身浮肿，筋骨积滞不通，血脉阻塞不畅，九窍空虚，全身都丧失了正常的机能。到了这个地步，即使有彭祖在，也是无能为力的。对于外物，世俗的君主总是想得到不可得到的东西，追求不可满足的欲望，这样必然大大丧失生命的根本；还会招致百姓的怨恨和指责，给自己树大敌。他们的意志容易动摇，变化迅速而不坚定；他们夸耀权势，好弄智谋，胸怀欺诈；不顾道德正义，追逐邪恶私利，最后搞得自己走投无路。等到身处困境，即使对此悔恨，还怎么来得及？他们亲近巧言令色、奸诈的人，疏远正直的人，致使国家处于极危险的境地，这时即使后悔以前的过错，已经不可挽回。闻知自己即将死去才惊恐，却仍然不知这种后果由何而至。各种疾病暴发出来，反叛内乱时有不断。靠这些治理百姓，只能给自身带来极大的忧患。以致耳听乐音而不觉得快乐，眼看彩色而不觉得高兴，口食美味而不觉得香甜，实际上这跟死没什么区别。

古代的得道之人，生命得以长寿，能长久地享受乐音、彩色、美味，这是什么缘故？这是由于尊生的信念早就确立的缘故。尊生的信念早确立，就可以知道及早爱惜生命，知道及早爱惜生命，精神就不会衰竭。秋天早寒，冬天就必定温暖；春天多雨，夏天就必定干旱。天地尚且不能两全，又何况人呢？在这一点上人跟天地相同。万物形状虽然各异，但它们的本性是一样的。所以，古代修养身心与治理天下的人一定效法天地。

酒樽中的酒，舀的人多，喝光得就快。万物消耗君主生命的太多了，所以君主的生命常常很快耗尽。不仅万物消耗它，君主自己又损耗它来为天下人操劳，而自己却始终不察觉。在外虽然功成名就，可是自身生命却已损耗。以致耳不能听，眼不能看，嘴不能吃，心中大乱，口说胡话，精神恍惚，临死之前，神经错乱，惊恐万状，行动失常。耗费心力到了这个地步，难道不可悲吗？

世上侍奉君主的人都把孙叔敖受到楚庄王的赏识看作是幸运的事。但是由有道之人来评论却不是这样，他们认为这是楚国的幸运。楚庄王喜好四处游玩打猎，跑马射箭，欢乐无余，而把治国的辛苦和做诸侯的忧劳都推给了孙叔敖。孙叔敖日夜操劳不止，无法顾及养生之事。正因为这样，才使楚庄王的功绩载于史册，流传于后代。

当 染

〔题解〕

"当染"就是合适的熏染。文章以素丝染色的例子，表现了环境对人的深刻影响。素丝染得得当则成，染得不得当则毁。君主和士的关系也如此：得贤士则事业成，得小人则事业亡。

四曰：

墨子见染素丝①者而叹曰："染于苍则苍，染于黄则黄，所以入者变，其色亦变，五入而以为五色矣。"故染不可不慎也。

非独染丝然也，国亦有染②。舜染于许由、伯阳，禹染于皋陶、伯益，汤染于伊尹、仲虺，武王染于太公望、周公旦。此四王者，所染当，故王天下，立为天子，功名蔽③天地。举天下之仁义显人，必称此四王者。

夏桀染于干辛、歧踵戎，殷纣染于崇侯、恶来，周厉王染于虢公长父、荣夷终，幽王染于虢公鼓、祭公敦。此四王者，所染不当，故国残身死，为天下僇④。举天下之不义辱人，必称此四王者。齐桓公染于管仲、鲍叔，晋文公染于咎犯、郄（xì）偃，荆庄王染于孙叔敖、沈尹蒸，吴王阖间染于伍员、文之仪,越王勾践染于范蠡、大夫种。此五君者,所染当,故霸诸侯,功名传于后世。范吉射染于张柳朔、王生,中行寅染于黄藉秦、高强,吴王夫差染于王孙雄、太宰嚭,智伯瑶染于智国、张武,中山尚染于魏义、偃(yàn)长,宋康王染于唐鞅、田不禋。此六君者,所染不当,故国皆残亡,身或死辱,宗庙不血食,绝其后类,君臣离散,民人流亡。举天下之贪暴可羞人,必称此六君者。

凡为君,非为君而因荣也,非为君而因安也,以为行理⑤也。行理生于当染。故古之善为君者,劳于论人而佚于官事,得其经也。不能为君者,伤形费神,愁心劳耳目,国愈危,身愈辱,不知要故也。不知要故,则所染不当。所染不当,理奚由至?六君者是已。六君者,非不重其国、爱其身也,所染不当也。存亡故不独是也,帝王亦然。

非独国有染也。孔子学于老聃、孟苏夔、靖叔。鲁惠公使宰让请郊庙之礼于天子,桓王使史角往,惠公止之。其后在于鲁,墨子学焉。此二士者,无爵位以显人,无赏禄以利人,举天下之显荣者,必称此二士也。皆死久矣,从属弥众,弟子弥丰,充满天下。王公大人从而显之。有爱子弟者,随而学焉,无时乏绝。子贡、子夏、曾子学于孔子,田子方学于子贡,段干木学于子夏,吴起学于曾子;禽滑(gǔ)釐(lí或xī)学于墨子,许犯学于禽滑釐,田系学于许犯。孔墨之后学显荣于天下者众矣,不可胜数,皆所染者得当也。

【字词注解】

① 素丝:本色的丝,白丝。
② 染:此处比喻熏陶、熏染。
③ 蔽:遮蔽。
④ 僇:侮辱。
⑤ 行理:施行大道。

【精彩解说】

第四:

墨子见到染素丝的人而叹息说:"放入青色染料,素丝就变成青色,放入黄色染料,素丝就变成黄色,所以染料的颜色一变,素丝的颜色也随之发生改变，染五次就会变出五种颜色。"所以，染色不能不慎重啊。

不仅染丝是这样，国家也有类似染丝这种情况的。舜受到许由、伯阳的熏陶，禹受到皋陶、伯益的熏陶，汤受到伊尹、仲虺的熏陶，武王受到太公望、周公旦的熏陶。这四位帝王，因为受到的熏陶适宜恰当，所以能够称王于天下，立为天子，功名覆盖天地。凡是列举天下仁义、显达之人，一定会说出这四位帝王来。夏桀受到干辛、歧踵戎的熏染，殷纣受到崇侯、恶来的熏染，周厉王受到虢公长父、荣夷终的熏染，周幽王受到虢公鼓、祭公敦的熏染。这四位君王，因为所受的熏染不得当，结果国破身死，被天下人耻笑。凡列举天下不义、蒙受耻辱之人，一定都举这四位君王。齐桓公受到管仲、鲍叔牙的熏陶，晋文公受到咎犯、郄偃的熏陶，楚庄王受到孙叔敖、沈尹蒸的熏陶，吴王阖闾受到伍员、文之仪的熏陶，越王勾践受到范蠡、文种的熏陶。这五位君主，因为所受的熏陶合宜得当，所以称雄诸侯，功业盛名流传到后代。范吉射受到张柳朔、王生的熏染，中行寅受到黄藉秦、高强的熏染，吴王夫差受到王孙雄、太宰嚭的熏染，智伯瑶受到智国、张武的熏染，中山尚受到魏义、榣长的熏染，宋康王受到唐鞅、田不禋的熏染。这六位君主，因为所受的熏染不得当，结果国家都破灭了，他们自身有的被杀，有的受辱，宗庙毁灭以致不能再享受祭祀，子孙断绝，君臣离散，人民流亡。凡列举天下贪婪残暴、蒙受耻辱之人，一定都举这六位君主。

大凡国君，不是为了从中获得显荣，也不是为了从中获得安适，而是为了实施大道。大道的实施产生于熏染合宜得当。所以，古代善于做国君的，把精力花费在选贤任能上，而对于官署政事则采取安然置之的态度，这是掌握了做国君的正确方法。不善于做国君的，伤身劳神，心中愁苦，耳目劳累，而国家却越来越危险，自身蒙受越来越多的耻辱，这是由于不知道做国君的关键所在的缘故。不知道做国君的关键，所受的熏染就不会得当。所受的熏染不得当，大道从何而至？以上六位君主就是这样。以上六位君主不是不看重自己的国家，也不是不爱惜自己，而是由于他们所受的熏染不得当啊。所受的熏染适当与否关系到存亡，不但诸侯如此，帝王也是这样。

不仅国家有受染的情形，士也是这样。孔子向老聃、孟苏夔、靖叔学习。鲁惠公派宰让向天子请示郊祭、庙祭的礼仪，桓王派名叫角的史官前往，惠公把他留了下来。他的后代在鲁国，墨子向他的后代学习。孔子、墨子这两位贤士，没有爵位使别人显赫，没有赏赐俸禄来给别人带来好处。但是，列举天下显赫荣耀之人，一定都称举这两位贤士。这两位贤士都死了很久了，可是追随他们的人更多了，他们的弟子越来越多，遍布天下。王公贵族因而宣扬他们。有爱子弟的，让他们的子弟跟随孔子和墨子的门徒学习，没有一时中断过。子贡、子夏、曾子向孔子学习，田子方向子贡学习，段干木向子夏学习，吴起向曾子学习；禽滑黎向墨子学习，许犯向禽滑黎学习，田系向许犯学习。孔子和墨子的后学在天下显贵尊荣的太多了，数也数不尽，这都是由于熏陶他们的人得当啊。

功 名

〔题解〕

本篇重点论述为君之道。要建立功业必"由其道"。要创造条件，学习方法，重视民本，团结人心，努力够了自然事成，否则徒劳无益。

五曰：

由其道，功名之不可得逃，犹表①之与影，若呼之与响。善钓者，出鱼乎十仞②之下，饵香也；善弋者，下鸟乎百仞之上，弓良也；善为君者，蛮夷反舌殊俗异习皆服之，德厚也。水泉深则鱼鳖归之，树木盛则飞鸟归之，庶草茂则禽兽归之，人主贤则豪杰归之。故圣王不务归之者，而务其所以归。

强令之笑不乐；强令之哭不悲；强令之为道也，可以成小，而不可以成大。

缶③醯④黄，蚋聚之，有酸；徒水则必不可。以狸致鼠，以冰致蝇，虽工，不能。以茹⑤鱼去蝇，蝇愈至，不可禁，以致之之道去之也。桀、纣以去之之道致之也，罚虽重，刑虽严，何益？

大寒既至，民暖是利；大热在上，民清是走。故民无常处，见利之聚，无之去。欲为天子，民之所走，不可不察。今之世，至寒矣，至热矣，而民无走者，取⑥则行钧也。欲为天子，所以示民，不可不异也。行不异乱，虽信令，民犹无走。民无走，则王者废矣，暴君幸矣，民绝望矣。故当今之世，有仁人在焉，不可而不此务；有贤主，不可而⑦不此事。

贤不肖不可以相分，若命之不可易，若美恶之不可移。桀、纣贵为天子，富有天下，能尽害天下之民，而不能得贤名之。关龙逢、王子比干能以要领之死争其上之过，而不能与之贤名。名固不可以相分，必由其理。

●【字词注解】

① 表：又称影表、晷表、圭表，古代测量日影以计时的标杆。

② 十仞：大约等于18米。古代以七尺或八尺为一仞，大致相当于1.8米。

③ 缶：盛酒的瓦器。

④ 醯（xī）：醋。

⑤ 茹：腐臭。

⑥ 取：通"趣"，趋向，奔赴。

⑦ 可而：可以。

●【精彩解说】

第五：

以正道追求功名，那么功名不会逃脱，就好像晷表和它的影子，呼唤之声和它的回应一样。擅长钓鱼的人，能钓到十仞水下的鱼，是因为鱼饵香；擅长射猎的人，能射下处于百仞高空的鸟儿，是因为弓箭好；善于当好君主的人，四面八方的人民都来臣服他，是因为他德行厚重、声望高。泉潭很深邃，那么鱼鳖就会游向那里；树木很茂盛，那么飞鸟就会飞向那里；众草很茂盛，那么禽兽就会奔向那里；君主很贤能，那么豪杰之士就会归附他。所以圣明的君主不是在归附自己的人上下功夫，而是致力于创造使人归附的条件。

强制出来的笑不快乐，强制出来的哭不悲哀，强制命令的做法只能成就虚名，而不能成就大业。

瓦器中的醋黄了，蚊子之类就会聚在那里，那是因为有酸味的缘故；如果只是水，就一定招不来它们。用猫招引老鼠，用冰招引苍蝇，纵然做法再巧妙，也达不到目的。用臭鱼驱除苍蝇，苍蝇会越来越多，不能禁止，这是由于用招引它们的方法去驱除它们的缘故。桀、纣企图用破坏太平安定的暴政求得太平安定的局面，惩罚即使再重，刑法即使再严，又有什么益处？

严寒到了，人民就追求温暖；酷暑当头，人民就奔向清凉之地。因此，人民没有固定的居处，他们总是聚集在可以看到利益的地方，离开那些没有利益的地方。想要做天子的人，对于人民奔走的原因不可不仔细察辨。如今的人世，寒冷到极点了，炎热到极点了，而人民之所以不奔向谁，是由于天下君主的所作所为都是同样的坏啊！想做天子的人，他给人民看的不可不与此有区别。如果君主的言行与暴乱之君没有什么不同，那么即使下命令，人民也不会趋附他。如果人民不趋附谁，那么成就王业的人就不会出现，暴君就庆幸了，人民就绝望了。因此，在今天的世上如果有仁义之人在，不可不勉力从事这件事；如果有贤明的君主在，不可不致力于这件事。

贤明的名声与不肖的名声全由自己的言行而定，不能由别人给予，这就像命运不可更改，美恶不可更换一样。桀、纣贵为天子，富有天下，能遍害天下的人，但是却不能为自己博得一个好名声。关龙逢、王子比干能以死谏诤其君的过错，却未能与君主共享贤明的名声。名声本来就不能由别人给予，它只能遵循一定的途径获得。

拓展阅读

巫蛊之祸

汉武帝年老时身体弱，好大喜功，沉迷于神仙方术，有疑心病。一次他梦到一个男人举剑砍他，他大惊，男人立即逃走了。醒后他不信只是梦，一定要搜查这个人，但没搜到什么。

汉武帝认为是个鬼怪，就叫直指绣衣使者江充来查办这件事。为了应付差事，江充说刺杀皇帝的人与丞相公孙贺父子有关。公孙父子很快获罪入狱，被江充折磨致死。

这件事没过多久，汉武帝又做了一个梦，梦到上千个木头小人拿着刀枪棍棒要来杀他，顿时被吓醒了。醒后只觉得浑身酸软，就把江充找了过来。

江充只好找了一个理由——巫蛊。

他向皇帝报告说，一定有人对皇帝不满，用巫蛊诅咒皇帝。

汉武帝害怕了，命江充彻查此事。于是江充率领着巫师在长安城里开始"挖小人"。无端被杀的有数万人。

太子刘据很讨厌他，几次和他产生冲突。江充担心太子登基以后，自己下场会很惨，于是决定除掉太子。汉武帝去了甘泉宫养病，江充一直等待的机会来了。

他带侍卫进入后宫，一路搜到了卫皇后和太子的宫中。最后，江充在太子的东宫中找出大量木偶和诅咒汉武帝早死的符咒，这些自然是江充安排好的。太子想去向汉武帝解释，可江充步步紧逼，太子最终杀了江充等人，又调动兵马防卫，长安城中顿时一片混乱。

汉武帝以为太子要造反，大怒，派兵"平乱"。太子举兵对抗，抵挡不住，躲了起来。后来走投无路，便自杀了。

巫蛊之祸牵连甚广，许多皇室成员、能臣干吏无辜枉死，汉朝出现了巨大的人才断层，后来虽经历了昭宣中兴，但毕竟元气已伤，为汉朝后来的衰败埋下了伏笔。

汉武帝的功绩越大，越想长生不老，继续享受无上权威。对长生不老的奢求使他沉迷于巫术，最终酿成错杀太子的大错。其实生老病死，包括万事万物都有一定的规律，不以人的意志为转移。如果一定要打破这个规律，只会物极必反，带来巨大的灾祸。

季春纪第三

季 春

[题解]

季春是指农历的三月。本篇论述了季春时节的天文地理、植物动物、饮食服饰等状况,提醒君主这个时节要清正廉洁,广施恩德,救济贫苦,选贤任能,禁止砍伐,重视劳动、礼乐和祭祀。

一曰:

季春之月,日在胃①,昏七星中,旦牵牛中。其日甲乙,其帝太皞,其神句芒,其虫鳞,其音角,律中姑洗。其数八,其味酸,其臭膻,其祀户,祭先脾。桐始华,田鼠化为鴽②,虹始见,萍始生。天子居青阳右个,乘鸾辂,驾苍龙,载青旂,衣青衣,服青玉,食麦与羊,其器疏以达。

是月也,天子乃荐鞠衣于先帝。命舟牧覆舟,五覆五反,乃告舟备具于天子焉。天子焉始乘舟。荐鲔于寝庙,乃为麦祈实。

是月也,生气方盛,阳气发泄,生者毕出,萌者尽达,不可以内。天子布德行惠,命有司发仓窌③,赐贫穷,振乏绝;开府库,出币帛,周天下;勉诸侯,聘名士,礼贤者。

是月也,命司空曰:"时雨将降,下水上腾;循行国邑,周视原野;修利堤防,导达沟渎,开通道路,无有障塞;田猎罼弋④,罝罘⑤罗网,喂兽之药,无出九门。"

是月也,命野虞无伐桑柘。鸣鸠拂其羽,戴任降于桑,具栚⑥曲⑦篱⑧筐⑨。后妃斋戒,亲东乡躬桑。禁妇女无观,省妇使,劝蚕事。蚕事既登,分茧称丝效功,以共郊庙之服,无有敢堕⑩。

是月也,命工师令百工审五库之量,金铁、皮革筋、角齿、羽箭干、脂胶丹漆,无或不良。百工咸理,监工日号,无悖于时,无或作为淫巧,以荡上心。

是月之末,择吉日,大合乐,天子乃率三公、九卿、诸侯、大夫,亲往视之。

是月也,乃合累牛、腾马、游牝于牧。牺牲驹犊,举书其数。国人傩⑪,九门磔禳,以毕春气。

行之是令,而甘雨至三旬。

季春行冬令,则寒气时发,草木皆肃,国有大恐;行夏令,则民多疾疫,时雨不降,山陵不收;行秋令,则天多沉阴,淫雨早降,兵革并起。

【字词注解】

① 胃:星宿名,二十八宿之一,在今白羊座。
② 鴽(rú):鹌鹑之类的鸟。田鼠化为鴽只是古人的一种传说。
③ 窌(jiào):地窖。
④ 罼(bì)弋:打猎。
⑤ 罝(jū)罘(fú):捕禽兽的网。
⑥ 椹(zhèn):搁架蚕箔的横木。
⑦ 曲(qū):蚕箔,用苇或竹编的养蚕器具。
⑧ 筥(jǔ):圆底竹筐。
⑨ 筐:方形盛物的竹器。
⑩ 堕:同"惰",懈怠。
⑪ 傩(nuó):古代的一种舞蹈,用于驱逐疫鬼的祭祀。

【精彩解说】

第一:

季春三月,太阳的位置在胃宿,黄昏时七星出现在南方中天,黎明时牵牛星出现在南方中天。季春天干属甲乙,主宰之帝是太皞,佐帝之神是句芒,应时的动物是龙鱼之类的鳞族,声音是五音中的角音,音律则与十二律中的姑洗相合。这个月的数字是八，味道是酸味，气味是膻气，要举行户祭，祭祀时要先奉上脾脏作为祭品。这个月梧桐树开始开花，田鼠不见了，小鸟多了起来，彩虹开始出现，浮萍开始生长。天子居住在东向明堂的右侧室，乘坐青凤车，驾着青色的高头大马，在车上插着青色龙旗，穿着青色的衣服，佩戴青色的玉饰，吃麦子和羊，使用纹理空疏而通透的器物。

在这个月，天子向太皞等先帝进献桑黄色的衣服，祈求蚕事如意。命令主管船只的官吏把船底翻过来检查，船底船身要反复检查五次，才向天子报告船只已经齐备。天子这才开始乘船。向寝庙进献鲜鱼，以祈求麦子籽实饱满。

在这个月，春天的生养之气正盛，阳气向外发散，植物的萌芽都长出来了，不能收纳财货。天子要施德行惠，命令主管官吏打开粮仓地窖，赐予贫困没有依靠的人，赈救缺乏资用衣食的人；打开储藏财物的仓库，拿出钱财，赈济天下；鼓励诸侯聘用名士，对贤人以礼相待。

在这个月，天子命令司空说："应时的雨水将要降落，地下水也将向上翻涌；应该巡视国都和城邑，全面视察原野；整修堤防，疏通沟渠，开通道路，清除障碍壅塞；打猎所需要的各种网具和毒药不能带出城去。"

在这个月，命令主管山林的官吏禁止人们砍伐桑树、柘树。此时，鸣鸠振翅高飞，戴任落在桑间。人们准备蚕箔、放蚕箔的支架以及各种采桑的筐篮。王后王妃斋戒身心，面向东方亲自采摘桑叶。这时要禁止妇女去游玩观赏，同时减少她们的杂役，鼓励她们采桑养蚕。蚕事已经完成，把蚕茧分给妇女，要她们缫丝，然后称量每人所缫之丝的轻重，考核她们完成任务情况，用这些蚕丝来供给祭天祭祖所用祭服的需要，不许有人懈怠。

在这个月，命令主管百工的官吏让百工仔细检查各种库房中器材的数量和质量，金铁、皮革兽筋、兽角兽齿、羽毛箭杆、油脂黏胶、丹砂油漆，不要质地不好的。各种工匠都从事自己的工作，监督百工的官员每日发布号令，使所制器物不违背时宜，不得制作过分奇巧的器物勾动上位者的奢望。

在这个月的月末，选择吉日，大规模地举行音乐舞蹈合演，天子亲自率领三公、九卿、诸侯、大夫前去观看。

在这个月，使公牛公马与母牛母马在放牧中交配。记下选作祭品的马驹和牛犊的头数。国人举行迎神驱鬼的仪式，在九门宰割牲畜禳除邪恶，以此来结束春气。

推行与这个月相应的政令，就会在三旬间分别降下及时雨。

在季春三月，如果推行本应在冬天推行的政令，那么寒气就会时时发出，草木就会枯萎，人民就会惶恐不安；如果推行本应在夏天实行的政令，那么人民就会多生瘟疫，应时之雨就不能按时降落，山陵上的庄稼就不能成熟收获；如果推行本应在秋天实行的政令，那么天气就会经常阴沉不晴，过多的雨就会过早降下，战事就会到处发生。

尽　数

〔题解〕

"尽数"是享受天年的意思。本篇论述养生之道。文章指出终其天年在于"去害"和"知本"，作者认为五味、五情和变化的自然环境，超过限度就会伤人，因此要学会辨察阴阳、万物。另外作者还提出了精气是宇宙万物之本的观点，还从运动角度阐述了疾病发生的根源。本篇有名言"流水不腐，户枢不蝼"，富有教育意义。

二曰：

天生阴阳、寒暑、燥湿、四时之化、万物之变，莫不为利，莫不为害。圣人察阴阳之宜，辨万物之利以便生，故精神安乎形，而年寿得长焉。长也者，非短而续之也，毕其数也。毕数之务，在乎去害。何谓去害？大甘、大酸、大苦、大辛、大咸，五者充形则生害矣。大喜、大怒、大忧、大恐、大哀，五者接神则生害矣。大寒、大热、大燥、大湿、大风、大霖、大雾，七者动精则生害矣。故凡养生，莫若知本，知本则疾无由至矣。

精气之集也，必有入也。集于羽鸟，与为飞扬；集于走兽，与为流行；集于珠玉，与为精朗；集于树木，与为茂长；集于圣人，与为夐明②。精气之来也，因轻而扬之，因走而行之，因美而良之，因长而养之，因智而明之。

流水不腐，户枢不蝼③，动也。形气亦然。形不动则精不流，精不流则气郁。郁处头则为肿、为风，处耳则为㨂④、为聋，处目则为蔑⑤、为盲，处鼻则为鼽⑥、为窒，处腹则为张、为疛⑦，处足则为痿、为蹶。

轻水所，多秃与瘿⑧人；重水所，多尰⑨与躄⑩人；甘水所，多好与美人；辛水所，多疽⑪与痤⑫人；苦水所，多尪⑬与伛⑭人。

凡食，无强厚，无以烈味重酒，是之谓疾首。食能以时，身必无灾。凡食之道，无饥无饱，是之谓五藏之葆。口必甘味，和精端容，将⑮之以神气，百节虞欢，咸进受气。饮必小咽，端直无戾。

今世上⑯卜筮祷祠，故疾病愈来。譬之若射者，射而不中，反修于招⑰，何益于中？夫以汤止沸，沸愈不止，去其火则止矣。故巫医毒药⑱，逐除治之，故古之人贱之也，为其末也。

【字词注解】

① 数：指寿数，人的自然寿命。

② 夐（xiòng）明：大智大慧。

③ 蝼：蝼蚁。此处指生虫蛀蚀。

④ 㨂（jū）：耳病。

⑤ 蔑（miè）：眼疾。

⑥ 鼽（qiú）：鼻病。

⑦ 疛：小腹疼痛。

⑧ 瘿（yǐng）：中医多指因郁怒忧思过度，气郁痰凝血瘀结于颈部，或生活在山区与水中缺碘有关的病。

⑨ 尰（zhǒng）：脚肿。

⑩ 躄（bì）：腿瘸。

⑪ 疽（jū）：痈疽，即恶疮。

⑫ 痤：痈。

⑬ 尪（wāng）：骨骼弯曲之症，此指鸡胸。

⑭ 伛：曲背病，驼背。

⑮ 将：样。
⑯ 上：崇尚。
⑰ 招：箭靶。
⑱ 毒药：这里指治病的药物，其味多苦辛，故称毒药。

【精彩解说】

第二：

天生出阴阳、寒暑、燥湿以及四时的更替、万物的变化，没有一样不给人带来益处，也没有一样不对人产生危害。圣人能洞察阴阳变化的合宜之处，能辨析万物的有利一面，以利于生命，因此精神安守在形体之中，寿命能够长久。所谓长久，不是说寿命本来短而使它延长，而是使寿命顺其自然。终其天年的关键在于避开危害。什么叫避开危害？过甜、过酸、过苦、过辣、过咸，这五种东西充满形体，那么生命就受到危害了。过喜、过怒、过忧、过恐、过哀，这五种东西和精神交接，那么生命就受到危害了。过冷、过热、过燥、过湿、过多的风、过多的雨、过多的雾，这七种东西摇动人的精气，那么生命就受到危害了。所以，凡是养生，没有比懂得这个根本更重要的了，懂得了根本，疾病就无从产生了。

精气聚集在一起，一定要有所寄托。聚集在飞禽上，便表现为飞翔；聚集在走兽上，便表现为行走；聚集在珠玉上，便表现为精美；聚集在树木上，便表现为繁茂；聚集在圣人身上，便表现为聪明睿智。精气到来，依附在轻盈的形体上就使它飞翔，依附在可以跑动的形体上就使它行走，依附在具有美好特性的形体上就使它精美，依附在具有生长特性的形体上就使它繁茂，依附在具有智慧的形体上就使它聪明。

流动的水不会腐恶发臭，转动的门轴不会生虫朽烂，这是由于不断运动的缘故。人的形体、精气也是这样。形体不活动，体内的精气就不运行，精气不运行，气就滞积。滞积在头部就造成肿病、风疾，滞积在耳部就造成揭疾、耳聋，滞积在眼部就造成矇疾、失明，滞积在鼻部就造成鼽疾、窒疾，滞积在腹部就造成腹胀、小腹疼痛，滞积在脚部就造成痿疾、蹶疾。

水中含盐分及其他矿物质过少的地方，多有头上无发和颈上生瘿的人；水中含盐分及其他矿物质过多的地方，多有脚肿和腿瘸的人；水味甜美的地方，多有美丽和健康的人；水味辛辣的地方，多有生长疽疮和痈疮的人；水味苦涩的地方，多有患鸡胸和驼背的人。

凡饮食，不要滋味过浓过重，不饮烈酒浓酒，因为它们是招致疾病的开端。饮食能有节制，身体必然没灾没病。饮食的原则，要保持不饥不饱的状态，五脏就能得到安适。一定要吃可口的食物，进食的时候要精神和悦并且仪容端正，用精气滋养，这样周身就舒适愉快，都受到了精气的滋养。饮食一定小口下咽，坐要端正，不要歪斜。

如今社会上崇尚占卜祈祷，所以疾病反而愈增。这就像射箭的人，射箭没有射中箭靶，不纠正自己的毛病，反而去修正箭靶的位置，这对射中箭靶能有什么帮助？用滚开的水阻止水的沸腾，沸腾越发不能阻止，撤去下面的火，沸腾自然就止住了。巫医、药物其作用只能驱鬼治病，所以古人轻视这些东西，因为这些东西对于养生只是细枝末节。

先 己

〔题解〕

君主治国首先要修身，此为"先己"之意。本篇论述修身在于无为、顺其自然，以至"身善""人善"，吏治清明，百姓得利。

三曰：

汤问于伊尹曰："欲取天下，若何？"伊尹对曰："欲取天下，天下不可取；可取，身将先取。"凡事之本，必先治身，啬其大宝。用其新，弃其陈，腠理①遂通。精气日新，邪气尽去，及其天年。此之谓真人。

昔者，先圣王成其身而天下成，治其身而天下治。故善响者不于响于声，善影者不于影于形，为天下者不于天下于身。《诗》曰："淑人君子，其仪不忒②。其仪不忒，正是四国。"言正诸身也。

故反其道而身善矣；行义则人善矣；乐备君道而百官已治矣，万民已利矣。三者之成也，在于无为。无为之道曰胜天，义曰利身，君曰勿身。勿身督听，利身平静，胜天顺性。顺性则聪明寿长，平静则业进乐乡，督听则奸塞不皇。

故上失其道，则边侵于敌；内失其行，名声堕于外。是故百仞之松，本伤于下而末槁于上；商、周之国，谋失于胸，令困于彼。故心得而听得，听得而事得，事得而功名得。五帝先道而后德，故德莫盛焉；三王先教而后杀，故事莫功焉；五伯先事而后兵，故兵莫强焉。当今之世，巧谋并行，诈术递用，攻战不休，亡国辱主愈众，所事者末也。

夏后相与有扈战于甘泽而不胜。六卿请复之，夏后相曰："不可。吾地不浅，吾民不寡，战而不胜，是吾德薄而教不善也。"于是乎处不重席，食不贰味，琴瑟不张，钟鼓不修，子女不饬③，亲亲长长，尊贤使能。期年而有扈氏服。故欲胜人者，必先自胜；欲论人者，必先自论；欲知人者，必先自知。

《诗》曰："执辔④如组。"孔子曰："审此言也，可以为天下。"子贡曰："何其躁也！"孔子曰："非谓其躁也，谓其为之于此，而成文⑤于彼也。"圣人组修其身而成文于天下矣。故子华子曰："丘陵成而穴者安矣，大水深渊成而鱼鳖安矣，松柏成而涂之人已荫矣。"

孔子见鲁哀公，哀公曰："有语寡人曰：'为国家者，为之堂上而已矣。'寡人以为迂言也。"孔子曰："此非迂言也。丘闻之，得之于身者得之人，失之于身者失之人。不出于门户而天下治者，其惟知反于己身者乎！"

【字词注解】

① 腠理：皮肤、肌肉的纹理。
② 忒：差错，过失。
③ 饬：通"饰"，指过分重视衣饰打扮。
④ 辔（pèi）：驾驭牲口的缰绳。
⑤ 文：花纹。

【精彩解说】

第三：

汤问伊尹："如何治理好天下？"伊尹回答说："太想要治理好天下的，反而治理不好；但天下是能治理好的，只是首先要修养自身。"做事的根本在于修治自身，爱惜自己的生命。吸纳新鲜之气，排除污浊之气，身体就会舒畅。这样体内的气息就会天天更新，污浊之气就会得到消除，人就会达到自然寿命。这种人就叫作"真人"。

古代圣王，修身养性以臻于德行完美，这样自然就成就了王道，治理好天下。所以，改善回音的人是不会致力于回音本身的，而是改善生成回音的声响；改变影子的人不会致力于影子本身，而是改变产生影子的物体；治理好天下的人不会致力于天下本身，而是修养自身。《诗》上说："美好善良的君子啊！他们的行为举止没有差错，可以垂范四方的国民。"说的就是自身的修养。

回到修养自身的道路才能自我完善；行为得当才能够令人为善；愿意遵循端拱垂衣的治国之道，百官就会恪尽职守，百姓得益。要实现以上三种情况在于无为。无为之道就是顺其自然，无为之义就是修养自身。无为之君就是指凡事不必亲自躬行。不亲自躬行就可以深藏不露而明断是非得失，不用过多的智慧就可以使百姓安宁，顺其自然就会顺应天性。顺应天性就会聪明长寿；平和清静就会事业发展，百姓乐于归附；不偏听就会奸邪不生，不会惶惑。

因此，国君治国无方就会导致敌国侵犯；这就是他们在朝暴乱、在外声名败坏的结果。因此，百仞的松树一旦根遭受伤害，就会枝叶枯槁。商、周正是由于谋略失误导致政事败坏。因此，考虑得当就能明辨事理，就能成就功业，就能获得盛名。五帝先行道而后施德，因而德行完美；三王先宣教而后颁布刑罚，因而功业稳固；五霸先礼后兵，因而军队才强大。当今世界，奸计遍施，诈术迭用，攻战不止，国家败亡和君主受辱之事日增，就是因为他们采取的是舍本求末的治国方法。

夏君启和有扈氏在甘泽决战，结果战败。六卿请求再战，夏君启说："不能再战了。我的国土并不小，百姓也不少，作战却败给了有扈氏，这是因为我的德行浅薄，教化不够好。"从此他坐不重席，食不重味，不设琴瑟，不用钟鼓，子女的衣饰简朴，亲近自己的亲人，尊敬年长的人，重用贤能之士。一年之后，有扈氏臣服。所以，想战胜别人，就必须先战胜自己；想要评论别人，就必须先评论自己；想要了解别人，就必须先清楚地了解自己。

《诗经》说："驾驭车马就像编织一样。"孔子说："明悉这句话就能治理好天下。"子贡说："这太急躁了！"孔子说："这不是急躁，而是说自己要得心应手地编织，就会有华丽的纹理。"圣人修身养性，就会政绩斐然，天下大治。所以子华子说："有山岭的地方穴居野兽就可以安心地活着，有深渊的地方鱼鳖就会安闲地生活，有松柏的地方旅者就可以乘凉。"

孔子见鲁哀公，哀公说："有人对我讲：'治理国家的人，治理好朝堂就可以了。'我认为这是不切合事理的说法。"孔子说："这并不是迂阔之言。我曾听说，能得到自身修养的人就可以得到人心，失去自身修养的人就失去人心。不出家门却能治理好天下的人，说的正是知道回到修养自身这条路上的人啊！"

论 人

〔题解〕

"论人"就是评论人的意思，既包括对自身的评价，也包括对他人的评价。本篇主要探讨君主如何"论人"：一是"反诸己"，向自身寻求，顺其自然，以至于无为，而悟事物的精微和事理的玄妙；二是"求诸人"，向他人寻求，听言观行，考察识别各种情况，"内则用六戚四隐，外则用八观六验"，通晓人的情伪、贪鄙、美恶等。

四曰：

主道约，君守近。太上反诸己，其次求诸人。其索之弥远者，其推之弥疏；其求之弥强者，失之弥远。

何谓反诸己也？适耳目，节嗜欲，释智谋，去巧故，而游意乎无穷之次，事心乎自然之涂②。若此则无以害其天矣。无以害其天则知精，知精则知神，知神之谓得一。

凡彼万形，得一后成。故知一，则应物变化，阔大渊深，不可测也；德行昭美，比于日月，不可息也；豪士时之，远方来宾，不可塞也；意气宣通，无所束缚，不可收也。故知知一，则复归于朴，嗜欲易足，取养节薄，不可得也；离世自乐，中情洁白，不可量也；威不能惧，严不能恐，不可服也。故知知一，则可动作当务，与时周旋，不可极也；举错③以数，取与遵理，不可惑也；言无遗者，集于肌肤，不可革也；谗④人困穷，贤者遂兴，不可匿也。故知知一，则若天地然，则何事之不胜？何物之不应？譬之若御者，反诸己，则车轻马利，致远复食而不倦。

昔上世之亡主，以罪为在人，故日杀僇而不止，以至于亡而不悟。三代之兴王，以罪为在己，故日功而不衰，以至于王。

何谓求诸人？人同类而智殊，贤不肖异，皆巧言辩辞以自防御，此不肖主之所以乱也。凡论人，通则观其所礼，贵则观其所进，富则观其所养，听则观其所行，止则观其所好，习则观其所言，穷则观其所不受，贱则观其所不为。喜之以验其守，乐之以验其僻，怒之以验其节，惧之以验其特，哀之以验其人，苦之以验其志。八观六验，此贤主之所以论人也。论人者，又必以六戚四隐。何谓六戚？父、母、兄、弟、妻、子。何谓四隐？交友、故旧、邑里、门郭⑤。内则用六戚四隐，外则用八观六验，人之情伪、贪鄙、美恶无所失矣。譬之若逃雨污，无之而非是。此先圣王之所以知人也。

【字词注解】

① 推：这里是离开、远离的意思。
② 涂：同"途"，路。
③ 错：通"措"，安放。
④ 谗：在别人面前说陷害某人的坏话。
⑤ 门郭：当作"门郎"，指左右亲近的人。

【精彩解说】

第四：

为君之道不仅办事须简约无为，而且还须注重自己的言行和操守。最好是向自身寻求，其次是向别人寻求。对别人的索求越深远，就会使别人更加疏远；对别人的要求越强烈，就会使自己失去得更多。

什么叫向自身寻求呢？使耳朵和眼睛所接受的东西适度，节制嗜好和欲望，放弃巧智计谋，去掉虚伪奸诈，让意识在无穷无尽的空间中畅游，让思想处于顺其自然的道路上，像这样就没有什么能伤害自身性命的了。没有什么能伤害性命就可以了解事物的细微之处，了解了事物的细微之处就能了解事物的绝妙神奇，了解了事物的绝妙神奇就叫作得道。

万事万物得道以后才能形成。因此，懂得了道，就能顺应万物的变化，心胸变得博大精深不可测度；道德行为就会显得美好，和太阳、月亮一样不可熄灭；豪杰义士不断前来，远方的国家都来归服，不可阻挡；意念、精气就会畅通，没有束缚，不可压抑。因此，懂得了得道的道理，就会重新回到朴素的状态，嗜好和欲望容易满足，求取的养生之物少而有节制，就会不去占有；就会超越尘世，自得其乐，不可玷污；就会威武不能使他害怕，严厉不能使他恐惧，不可屈服。因此，懂得了得道的道理，就能使所作所为都合乎时宜，能够随机应变，不可穷尽；就能举止有方，索取和给予都遵循情理，不会迷惑；说话没有过失，就像附在肌肤上，不可改变；谄媚之人就穷困了，贤明之人就兴旺了，不可隐藏。因此，懂得了得道的道理，就会如同天地一般，那么还有什么事不能承担，什么东西不能适应呢？比方说驾车的人，反求于自身，就会车也变得轻巧了，马也跑得快了，跑到很远的地方以后再吃饭也不会疲倦。

以往的亡国之君认为罪责在于别人，所以每天都杀戮不停，以至于亡了国还不醒悟。而夏、商、周三代振兴国家的君主，认为罪责在自己身上，所以每天都辛勤地为人民做事，从不放松，这才使他们成为天下的圣王。

什么叫向别人寻求？同样是人但智慧相差悬殊。不论贤明的人和不肖的人有多大的差异，都用花言巧语、辩解之词来保护自己，防范仇敌，这是不肖的君主之所以惑乱的原因。凡是评论一个人，如果他比较通达，就观察他都对什么人以礼相待；如果他显贵，就观察他都举荐什么人；如果他富有，就观察他供养的是哪些人；如果他听取别人的言论，就观察他的实际行动；如果他闲暇无事，就观察他爱好的是什么；如果他学习，就观察他说出来的都是什么话；如果他穷困，就观察他不接受的是什么；如果他贫贱，就观察他不去做的事情是什么。使他高兴，以检验他的操守；使他快乐，以检验他的邪僻；使他发怒，以检验他的气节；使他恐惧，以检验他的信念；使他悲哀，以检验他的性情；使他穷困，以检验他的意志。以上八种观察和六种检验，是贤明的君主用来评论人的标准。评论人又一定要注意他的六戚、四隐。什么叫六戚？就是父亲、母亲、兄长、弟弟、妻子、儿女这六种亲属。什么叫四隐？就是朋友、熟人、邻居、亲信这四种亲近的人。观察一个人的内在就用六戚四隐，观察一个人的外在就用八观六验去衡量，那么一个人的真诚和虚伪、贪婪与卑鄙、美好与丑恶就都不会判断错了。这就像在雨中奔跑，不被雨打湿是不可能的。这就是先代圣王据以识别人的原则。

圜 道

〔题解〕

　　"圜道"指周而复始、运而不穷的道理。本篇提及的"天"是一种自然物，非最高主宰，非人格化的上帝。文章以自然现象说明天道的规律和性质，还指出君道和臣道不可颠倒，君臣要各司其职，天下才能安定。

原文

五曰：

天道圜①，地道方。圣王法之，所以立上下。何以说天道之圜也？精气一上一下，圜周复杂②，无所稽③留，故曰天道圜。何以说地道之方也？万物殊类殊形，皆有分职，不能相为④，故曰地道方。主执圜，臣处方，方圜不易，其国乃昌。

日夜一周，圜道也。月躔⑤二十八宿，轸与角属⑥，圜道也。精行四时，一上一下，各与遇，圜道也。物动则萌，萌而生，生而长，长而大，大而成，成乃衰，衰乃杀，杀乃藏，圜道也。云气西行，云云然，冬夏不辍；水泉东流，日夜不休；上不竭，下不满；小为大，重为轻：圜道也。黄帝曰："帝无常处也，有处者乃无处也。"以言不刑蹇⑦，圜道也。人之窍九，一有所居⑧则八虚，八虚甚久则身毙。故唯而听，唯止；听而视，听止：以言说一，一不欲留，留运为败，圜道也。一也齐至贵，莫知其原，莫知其端，莫知其始，莫知其终，而万物以为宗。圣王法之，以全其性，以定其正，以出号令。令出于主口，官职受而行之，日夜不休，宣通下究，瀸⑨于民心，遂于四方，还⑩周复归，至于主所，圜道也。令圜，则可不可，善不善，无所壅矣。无所壅者，主道通也。故令者，人主之所以为命也，贤不肖、安危之所定也。

人之有形体四枝⑪，其能使之也，为其感而必知也；感而不知，则形体四枝不使矣。人臣亦然。号令不感，则不得而使矣。有之而不使，不若无有。主也者，使非有者也，舜、禹、汤、武皆然。

先王之立高官也，必使之方，方则分定，分定则下不相隐。尧舜，贤主也，皆以贤者为后，不肯与其子孙，犹若立官必使之方。今世之人主，皆欲世⑫勿失矣，而与其子孙，立官不能使之方，以私欲乱之也，何哉？其所欲者之远，而所知者之近也。

今五音之无不应也，其分审也。宫、徵、商、羽、角，各处其处，音皆调均，不可以相违，此所以无不受⑬也。贤主之立官有似于此。百官各处其职、治其事以待主，主无不安矣；以此治国，国无不利矣；以此备患，患无由至矣。

【字词注解】

① 圜：通"圆"，周而复始环绕，运行不穷。

② 杂：通"匝"，循环终始。

③ 稽：留止。

④ 相为：互相替代。

⑤ 躔（chán）：日月星辰运行时经过天空某一区域。月躔就是月球运行。

⑥ 属：连接。

⑦ 刑蹇：颠仆障碍，不能行进。

⑧ 居：这里是壅闭的意思。

⑨ 瀸（jiān）：洽，合。

⑩ 还：通"旋"，旋转。

⑪ 枝：通"肢"。

⑫ 世：父死子继叫世。

⑬ 受：这里是应和的意思。

【精彩解说】

第五：

天道圆，地道方。圣王取法天地之道，来定夺君臣上下的职分。为何说天道圆呢？阴阳之气升降自由，循环往复，没有停留，所以说天道圆。为何说地道方呢？万物种类各异，形体有别，皆有不同的功能，不能互相替代，所以说地道方。因此，君主执圆道，臣子处方道，方圆之道不相变易，国家就会昌盛。

昼夜循环，这是圆道。月亮周行二十八宿，从角宿始而终于轸宿，角宿与轸宿首尾相接，这是圆道。精气四时运行，一气上升，一气下沉，各自不同又交合转化，是圆道。物种因精气发动而萌发，萌发则会滋生，滋生则会发展，发展则会壮大，壮大则会成熟，成熟后就会衰败，衰败就会死亡，死亡则精气就会潜隐，这是圆道。云气向西移动，周旋往复；河水东流，日夜不休；云气在上不会衰竭，江河在下不会盈满；溪流奔流不息汇入大海，湿重之气上升为轻浮之云：这是圆道。黄帝说："天帝没有固定的居处，有固定居处正是无固定居处。"就是说要无所不在，这是圆道。人体有九窍，一窍闭塞就会八窍生病，长久之后就会毙命。应答着听人谈话时，应答就停止了；倾听别人谈话时四下张望，倾听就停止了：用此来形容道，道是不会停滞的，停滞就会一事无成，这是圆道。道是最珍贵的，没有人知道它的来源和起始，没有人知道它的归宿和终点，可万物都以它为根本。圣王效法道，以保全其本性，考定正曲，发号施令。法令出于君主之口，官员接受并去执行，日夜不休，广泛深入地下达四方，让百姓顺心称意，然后又把施行的效果汇报给君主，这是圆道。号令施行符合圆道，使不合适的转化为合适，使不好的转化为好，没有闭塞之处。君主就会通晓下情，广纳忠言。因此，法令是君主视为生命的东西，是决定君主贤明还是不肖，国家安定还是危殆的关键因素。

人的身体四肢能受人的指使，因为身体四肢可以感知事物；若是不能感知，那么身体四肢就不受支配了。臣民也是这样。号令不能被他们所响应，就不能指使他们。有这样不为所用的臣民，不如没有。君主应能指使原非自己所有的臣民，舜、禹、汤、武就是这样。

先王设置高官，一定使他们符合方道，符合方道就会确定职分，职分确定就不会出现臣下互相隐瞒的情况。尧舜是贤主，都选贤士作为自己的继承者，而不肯传位给子孙，犹如设置官员必定使他们符合方道一样。当今君主，都想世代不失去君主之位，就传位给子孙，设立官员不能使他们符合方道，因私欲而作乱，为何？因为他们奢望达到的太遥远，而自己的智识却太短浅。

如今五音无不相互应和，这是因为各自的分工明确。宫、商、角、徵、羽各当其位，音律都调准确，互不干扰，这是五音彼此应和的原因。贤明君主设立官制，与此类似。百官各司其职，以侍奉君主，君主无不安乐；用这一方法治理国家，国家无不受益；用这一方法防备祸患，祸患无不匿迹。

拓展阅读

李克荐魏成子

魏文侯对李克说："我记得你讲过'家贫思良妻，国乱思良相'，现在我要用人为相。你觉得魏成子和翟璜怎么样？"

李克回应说："下属不敢讨论尊长的事，外人不问亲属的事，臣在朝外为官，不便过问朝内之事。"

魏文侯说："眼下国相之位空缺，先生莫谦让，请讲讲。"

李克回答说："看人要从五个方面入手，一是观察他失意时不做何事，二是观察他贫困时不取何物，三是观察他卑微时向什么人靠近，四是观察他富贵时与哪种人交往，五是观察他腾达时举荐什么类型的人。以此判断便知其人优劣。大王何必定要我指出选谁呢？"

魏文侯说："哦！先生请回去吧。我心中已想好人选了。"

李克告辞回去，中途遇见了翟璜。翟璜问他说："我听说国君今天和你商量谁当国相的事，选的是谁？"

李克说："魏成子。"

翟璜听罢脸色突变，生气地说："国君想征伐中山国，我举荐了乐羊；中山国被攻克下来无人驻守，我举荐了先生您；国君对邺县很担忧，我举荐了西门豹。这些是大家都知道的事情。我为国君做了这么多，哪一点当不上国相！"

李克说："我之所以判断国君会选魏成子，是因为魏成子舍弃了自己俸禄的九成用来治国理事；他提拔了卜子夏、田子方、段干木这样的人才，他们全都能当国君的老师，而你举荐的五个人只能当作国君的臣属。这样看来，你还能和魏成子相提并论吗？"

翟璜听完，沉默片刻，然后向李克行礼，说："我真是无知啊，说话无礼，太惭愧了。我愿终身做先生的弟子。"

◎ 孟夏纪第四 ◎

孟 夏

〔题解〕

孟夏指农历四月,夏季属火,万物繁茂生长。本篇讲述了孟夏时节的天文地理、动物植物、饮食服饰等状况,告诉君主要根据季节特点采取适当的措施,要选贤任能,重视礼乐,鼓励农业生产,不要大兴土木,乱砍滥伐和大肆狩猎。

一曰:

孟夏之月,日在毕,昏翼中,旦婺女中。其日丙丁,其帝炎帝,其神祝融,其虫羽,其音徵,律中仲吕。其数七,其性礼,其事①视②,其味苦,其臭焦,其祀灶,祭先肺。蝼蝈鸣,蚯蚓出,王菩③生,苦菜秀④。天子居明堂左个,乘朱辂,驾赤骝,载赤旂,衣赤衣,服赤玉,食菽与鸡,其器高以觕⑤。

是月也,以立夏。先立夏三日,太史谒之天子曰:"某日立夏,盛德在火。"天子乃斋。立夏之日,天子亲率三公、九卿、大夫,以迎夏于南郊。还,乃行赏、封侯、庆赐,无不欣说。乃命乐师习合礼乐。命太尉赞杰俊,遂贤良,举长大;行爵出禄,必当其位。

是月也,继长增高,无有坏隳。无起土功,无发大众,无伐大树。

是月也,天子始絺⑥。命野虞出行田原,劳农劝民,无或失时;命司徒循行县鄙,命农勉作,无伏于都。

是月也,驱兽无害五谷,无大田猎,农乃升麦。天子乃以彘⑦尝麦,先荐寝庙。

是月也，聚蓄百药。糜草死，麦秋至。断薄刑，决小罪，出轻系⑧。蚕事既毕，后妃献茧，乃收茧税，以桑为均，贵贱少长如一，以给郊庙之祭服。

是月也，天子饮酎⑨，用礼乐。

行之是令，而甘雨至三旬。

孟夏行秋令，则苦雨数来，五谷不滋，四鄙入保；行冬令，则草木早枯，后乃大水，败其城郭；行春令，则虫蝗为败，暴风来格，秀草不实。

【字词注解】

① 事：指修身之事。
② 视：五事之一。古代统治者以貌恭、言从、视明、听聪、思睿为修身的五件事。
③ 王菩：王瓜，葫芦科，栝楼属多年生草质藤本植物，根和果实可入药。
④ 秀：开花。
⑤ 觕（cū）：同"粗"，条状物直径大。
⑥ 绤（chī）：细葛布。
⑦ 彘（zhì）：猪肉。
⑧ 轻系：轻罪。
⑨ 酎（zhòu）：反复酿成的醇酒。此指春天酿的醇酒。

【精彩解说】

第一：

孟夏四月，太阳的位置在毕宿，黄昏时翼星出现在南方中天，黎明时婺女星出现在南方中天。孟夏天干属丙丁，它的主宰之帝是炎帝，佐帝之神是祝融，应时的动物是有羽翅的凤鸟一类，声音是五音中的徵音，音律则与十二律中的仲吕相合。这个月的数字是七，以礼作为修养性情的主要方面，修身要求视明，味道苦涩，气味焦苦，要举行灶祭，祭祀时要先奉上肺脏作为祭品。蝼蝈开始鸣叫，蚯蚓钻出地面，王菩开始生长，苦菜开花。天子居住在南向明堂的左侧室，乘坐朱红色的车子，驾着红色的高头大马，在车上插着红色龙旗，穿着红衣，佩戴红玉，吃菽和鸡，使用高而粗大的器物。

在这个月立夏。立夏前三天,太史禀告天子说:"某日立夏,盛德在火。"天子于是斋戒。立夏这天,天子亲率三公、九卿、大夫来到国都南郊,敬迎夏天的来临。回朝后,天子大赏百官,封爵赐禄,群臣皆大欢喜。于是指派乐师合练礼乐。命令太尉推荐贤士,重用贤臣,并接见德行超群的人、身材魁伟的人;封爵授官,使其职位与能力相称。

在这个月,万物继续生长,不能破坏它们。不能大动土木,不能征发民役,不可砍伐树木。

在这个月,天子开始穿细葛布的衣服。命令野虞出外视察田地原野,慰劳农民,劝勉农事,不要错过农时;命令司徒外出巡视天子领地内的县邑,督促农民勤劳耕作,不许藏身在国都里。

在这个月,人们需要在田里驱逐野兽,不要让它们破坏庄稼,不得举行大规模的狩猎活动。农民会在这个月献上新收的麦子。天子就着猪肉品尝新麦,在尝之前要先献给寝庙。

在这个月,要收集各种草药。麋草枯萎,收麦子的时候到了。要处理那些需判轻刑的犯人,解决小的犯罪案件,释放不够判刑的犯人。蚕桑之事一结束,后妃就献给天子蚕茧,报告蚕事完毕,于是天子下令收取蚕税,按种桑的多少作为征税的标准,无论贵贱都是一样的。收上来的茧用来制作祭祀穿的礼服。

在这个月,天子要喝春天酿制的醇酒,观赏礼乐。

在这个月推行应时的政令,就会在三旬间分别降下及时雨。

在孟夏四月,如果推行本在秋天才实行的政令,秋雨就会频繁降下,五谷不生,边境的百姓就会为躲避敌寇而逃入城堡里;如果推行本应在冬天才实行的政令,就会导致草木早枯,出现大水毁城;如果推行本应在春天才实行的政令,就会造成蝗虫灾害,暴风来临,草木只开花不结果。

劝 学

[题解]

"劝学"就是劝勉学习之意。本篇主要论述如何勉励学习。人君希望臣子忠孝,臣子希望在人君面前获得荣耀,要实现忠孝、显荣就要学习、尊师。老师的义务在于教导学生理义。作者把颜渊侍奉孔子当作尊师的典范,宣扬"忠孝""显荣",表现了作者的儒家思想倾向。

二曰:

先王之教,莫荣于孝,莫显于忠。忠孝,人君人亲之所甚欲也;显荣,人子人臣之所甚愿也。然而人君人亲不得其所欲,人子人臣不得其所愿,此生于不知理义。不知理义,生于不学。

学者师达而有材,吾未知其不为圣人。圣人之所在,则天下理焉。在右则右重,在左则左重,是故古之圣王未有不尊师者也。尊师则不论其贵贱贫富矣。若此,则名号显矣,德行彰矣。

故师之教也,不争轻重尊卑贫富,而争于道。其人苟可,其事无不可。所求尽得,所欲尽成,此生于得圣人。圣人生于疾①学。不疾学而能为魁士名人者,未之尝有也。

疾学在于尊师。师尊则言信矣,道论矣。故往教者不化,召师者不化;自卑者不听,卑师者不听。师操不化不听之术,而以强教之,欲道之行、身之尊也,不亦远乎?

学者处不化不听之势，而以自行，欲名之显、身之安也，是怀腐而欲香也，是入水而恶濡②也。

凡说者，兑之也，非说之也。今世之说者，多弗能兑，而反说之。夫弗能兑而反说，是拯溺而硾③之以石也，是救病而饮之以堇也。使世益乱、不肖主重惑者，从此生矣。

故为师之务，在于胜理，在于行义。理胜义立则位尊矣，王公大人弗敢骄也，上至于天子，朝之而不惭。

凡遇合也，合不可必。遗理释义，以要不可必，而欲人之尊之也，不亦难乎？故师必胜理行义然后尊。

曾子曰："君子行于道路，其有父者可知也，其有师者可知也。夫无父而无师者，余若夫何哉！"此言事师之犹事父也。曾点使曾参，过期而不至，人皆见曾点曰："无乃畏④邪？"曾点曰："彼虽畏⑤，我存，夫安敢畏？"孔子畏于匡，颜渊后，孔子曰："吾以汝为死矣。"颜渊曰："子在，回何敢死？"颜回之于孔子也，犹曾参之事父也。古之贤者与，其尊师若此，故师尽智竭道以教。

【字词注解】

① 疾：努力，尽力。
② 濡：沾湿，润泽。
③ 硾（zhuì）：古同"缒"，拴上重物往下沉。
④ 畏：这里是横死的意思。
⑤ 畏：这里是被围困的意思。

【精彩解说】

第二：

在古代君王的政教中，最荣耀的是孝顺父母，最显达的是效忠君王。忠臣和孝子是君王和父母都希望看到的；声名远扬，是大臣和人子所愿意获得的。可是君王、父母得不到他们想要的忠臣孝子，忠臣人子不能扬名，这是因为他们不知理义。不知理义，是因为他们不学习。

爱学习的人求教于学识渊博的人，我相信能成为圣人。有圣人出现，则天下就会安宁。圣人出现在右方，右方的国家就会见重于天下；圣人出现在左方，左方的国家就会见重于天下。因此古代的圣王都尊敬老师。尊敬老师就不会计较他们的贵贱贫富。如果这样，就会声名远扬，德行显赫。

对学生的教化，不在于看重或看轻贵贱贫富，而在于学生接受道。一个人可以做到这样，其他的事就没什么不可做到的了。所要办的事都可完成，所希望的都可达成，这是由于得到圣人教化的原因。勤奋学习才成就圣人。不勤奋学习而成为杰出人才的人是从来没有的。

发奋学习就要尊敬老师。老师受到尊敬，他的言论就会被人接受，理义就会彰明。所以，老师上门教授的人不可教化，召唤老师前来教授自己的人不可教化，因为这样他们就不会听取老师的教诲。老师用不受感化的理义、不被听取的知识来勉强地教授学生，而希望理义实行、身受尊敬，不是太遥不可及了吗？

学习的人自身不愿受教化，不肯听取教诲，自行其是，这样想要成名、安身，不过是怀揣腐肉却希望芳香，在水中却嫌衣服湿，这是不可能的。

凡是说教的人，在于凭敏捷的言辞说服别人，而不是迎合取悦别人。现在的说教者，多数不能以言服人，反而迎合其意取悦别人。不能以言辞服人却去取悦别人，这就好似想救溺水的人却往他身上压石头，想救治生病的人却给他喝毒药。这种做法只能使世道更加混乱，使不肖的君主更加糊涂。

正是由于上述原因，所以当老师的关键就是以理服人，行其道义。理既服人，道义既行，就会地位尊贵，王公贵族不敢轻视他。即使是至尊的天子，要拜见他而不会觉得羞耻。

师徒相遇，未必融洽相处。如果有谁丢弃了道义事理而追求未必能实现的，想要人们尊重他，不是太难了吗？所以为师者必须以理服人，躬行道义，这样才会得到人们的尊重。

曾参说："君子走在路上，自然有他孝敬的父辈，有他尊敬的老师。如果一个人不孝敬父辈，不尊敬老师，他还有什么可以称道的呢！"这是说尊敬老师如同尊敬自己的父辈。曾点派儿子曾参外出，过了约定的日期，曾参还没有回来，人们看望曾点时说："怕是遇难了吧？"曾点说："即使他要横死，我还活着，他怎么敢自己不小心而遭遇横祸呢？"孔子被困于匡，弟子颜渊来迟。孔子说："我还以为你死了呢。"颜渊说："您还健在，我怎么敢去死呢？"颜渊服侍孔子，就像曾参侍候曾点那样。古代的贤人就是这样尊敬自己的老师，所以老师就会不遗余力地把自己的学问全部传授给他。

尊 师

〔题解〕

本篇主要讲述尊师与敬学之道。文章列举了许多事例告诉我们,圣人和普通人都要尊重老师,努力学习。作者认为教育是一件非常仁义的事,学习是一件聪明的事,说明儒家学派很重视教育和学习。作者细致列举了应该如何尊师,并认为那些不尊师的人即是"背叛之人",对他们给予了蔑视和嘲讽。

三曰:

神农师悉诸①,黄帝师大挠②,帝颛顼师伯夷父,帝喾(kù)师伯招,帝尧师子州支父,帝舜师许由,禹师大成贽(zhì),汤师小臣,文王、武王师吕望、周公旦,齐桓公师管夷吾,晋文公师咎犯、随会,秦穆公师百里奚、公孙枝,楚庄王师孙叔敖、沈尹巫③,吴王阖闾师伍子胥、文之仪,越王勾践师范蠡、大夫种。此十圣人、六贤者未有不尊师者也。今尊不至于帝,智不至于圣,而欲无尊师,奚由至哉?此五帝之所以绝,三代之所以灭。

且天生人也,而使其耳可以闻,不学,其闻不若聋;使其目可以见,不学,其见不若盲;使其口可以言,不学,其言不若爽④;使其心可以知,不学,其知不若狂。故凡学,非能益也,达天性也。能全天之所生而勿败之,是谓善学。

子张,鲁之鄙家也;颜涿聚,梁父之大盗也:学于孔子。段干木,晋国之大驵⑤也,学于子夏。高何、县子石,齐国之暴者也,指⑥于乡曲,学于子墨子。索卢参,东方之巨狡也,学于禽滑黎。此六人者,刑戮死辱之人也。今非徒免于刑戮死辱也，由此为天下名士显人，以终其寿，王公大人从而礼之，此得之于学也。

凡学，必务进业，心则无营⑦。疾讽诵，谨司⑧闻，观欢愉，问书意，顺耳目，不逆志，退思虑，求所谓，时辨说，以论道，不苟辨，必中法，得之无矜，失之无惭，必反其本。

生则谨养，谨养之道，养心为贵；死则敬祭，敬祭之术，时节为务。此所以尊师也。治唐圃⑨，疾灌寖⑩，务种树；织葩屦⑪，结罝⑫网，捆蒲苇；之田野，力耕耘，事五谷；如山林，入川泽，取鱼鳖，求鸟兽。此所以尊师也。视舆马，慎驾御；适衣服，务轻暖；临饮食，必蠲⑬洁⑭⑮；善调和，务甘肥；必恭敬，和颜色，审辞令；疾趋翔⑯，必严肃。此所以尊师也。

君子之学也，说义必称师以论道，听从必尽力以光明。听从不尽力，命之曰背；说义不称师，命之曰叛。背叛之人，贤主弗内⑰之于朝，君子不与交友。

故教也者，义之大者也；学也者，知之盛者也。义之大者，莫大于利人，利人莫大于教；知之盛者，莫大于成身，成身莫大于学。身成则为人子弗使而孝矣，为人臣弗令而忠矣，为人君弗强而平矣，有大势可以为天下正矣。故子贡问孔子曰："后世将何以称夫子？"孔子曰："吾何足以称哉？勿已⑱者，则好学而不厌，好教而不倦，其惟此邪！"天子入太学⑲祭先圣，则齿⑳尝为师者弗臣，所以见敬学与尊师也。

【字词注解】

① 悉诸：姓悉，名诸，传说是神农之师。
② 大挠：也作"大桡"，传说是黄帝的史官。
③ 沈尹巫：疑指沈尹筮，楚国大夫。"沈"是邑名，"尹"是官名，"筮"是名。
④ 爽：口伤病不能说话。
⑤ 驵（zǎng）：古代集市马匹交易的经纪人。
⑥ 指：指斥。
⑦ 营：通"荧"，惑乱。
⑧ 司：通"伺"，等候。
⑨ 唐圃：园地。

⑩ 寖：今作"浸"，灌溉。
⑪ 萉屦：即后人所说的麻鞋。
⑫ 罝（jū）：捕兔的网子。泛指捕鸟兽的网。
⑬ 临：治，备办。
⑭ 蠲（juān）：清洁。
⑮ 絜（jié）：同"洁"。
⑯ 趋翔：行走时步伐有节奏的样子。
⑰ 内（nà）：同"纳"，接纳。
⑱ 已：停止。
⑲ 太学：这里指明堂。明堂是古代帝王宣明政教的地方。
⑳ 齿：并列。

【精彩解说】

第三：

神农拜悉诸为师，黄帝拜大挠为师，帝颛顼拜伯夷父为师，帝喾拜伯招为师，帝尧拜子州支父为师，帝舜拜许由为师，禹拜大成贽为师，汤拜小臣为师，文王、武王拜吕望、周公旦为师，齐桓公拜管夷吾为师，晋文公拜咎犯、随会为师，秦穆公拜百里奚、公孙枝为师，楚庄王拜孙叔敖、沈尹巫为师，吴王阖闾拜伍子胥、文之仪为师，越王勾践拜范蠡、大夫文种为师。这十个圣人、六个贤人，没有不尊重老师的。现在的人，尊贵没有达到帝王的地位，智慧没有达到圣人的水平，却不尊重老师，怎么能达到帝、圣的境界呢？这正是五帝绝迹、三代不再现的原因。

上天造就人类，让人可以听到声音，不学习，尽管可以听见还不如听不见声音；让人可以看见东西，不学习，尽管可以看见还不如看不见东西；让人可以说话，不学习，尽管可以说话还不如不能说话；让人可以认识事物，不学习，尽管认识事物还不如什么都不知道。所以，学习不一定能够增加人的见闻、知识，不过是要达到人的美好天性。能够保全上天造就人时就有的本性而不损坏它，这就是善于学习。

子张本来是鲁国的卑贱小人，颜涿聚本来是梁父山的大盗：他们后来都跟从孔子学习。段干木本来是晋国的市场上的马匹交易经纪人，后来跟从子夏学习。高何、县子石本来是齐国性情暴戾的人，被乡邻所斥责，后来跟从墨子学习。索卢参本来是东方的大骗子，后来跟从禽滑黎学习。这六个人都是应该被处死、被人骂的人。但是后来他们不但没有被处死，没有留下骂名，反而成为天下的名人，终其天年，王公贵族对他们优礼厚待，这就是学习的结果。

凡是学习，一定要务求学业进步，心中没有疑惑。努力背诵诗文，小心伺候老师，有机会就仔细地聆听老师的教诲，看到老师高兴，就请教书中不懂的地方，要顺和老师的耳目，不能违背老师的意愿，告辞老师后要认真思考，寻求老师所讲的道理，要经常探讨，这样做是为了准确地明白老师所讲的道理，不能强辩，言语必须适合，有所得时不要骄傲得意，有所失时不要羞愧，务必回到为人之本上去。

老师活着的时候，要精心地伺候，伺候的方法主要是使老师心情舒畅；老师去世后要恭敬地祭祀他，恭敬的祭礼要遵循四时的礼仪制度。这就是尊敬老师的方法。帮老师整理园圃，努力浇灌，认真植树；给老师编织麻鞋、兽网、蒲苇；到田野去，努力耕作生产；到山林里猎取鸟兽，到江河里捕捉鱼鳖。这就是尊敬老师的方法。仔细检查老师乘坐的车马，小心驾驶；提醒老师穿衣合宜，务求轻暖；置办老师的饮食，要清洁卫生；要善于调味，使饮食甜美；恭敬地服侍老师，和颜悦色，言语谨慎；从老师身边经过时，要快步有节，神情严肃。这就是尊敬老师的做法。

君子在学习时，谈话中要引用老师的话来阐明道理，听从老师的教诲并发扬光大它。听了老师的话却不去全力执行，这种行为就叫背；谈到事理的时候不应用老师的话，这种行为就叫叛。背叛老师的人，贤君是不会让他在朝廷做官的，君子也耻于与他交友。

所以，教育人是仁义的事，学习是明智的事。最仁义的事莫过于有益于人，最有益于人的事莫过于教育人。最明智的事莫过于修养身心，修养身心最关键的莫过于学习。修养身心回到人的本性后，那么为人子的，不用被指使也会孝顺父母；做大臣的，不用被命令也会效忠国君；做君主的，不用勉强也会公正处事，于是具备优势条件的就能成为天子。子贡问孔子："后世的人会怎样称道您呢？"孔子说："我有什么能称道的呢？如果一定要谈及的话，大概会说'喜爱学习而不知厌烦，乐于教人而不知疲倦'，仅此而已吧！"天子来到明堂，祭祀先代圣人时，要和他过去的老师同站一列，而不能视他为臣，这是要体现敬重学习和尊敬老师。

诬 徒

〔题解〕

"诬徒"是欺骗学徒弟子的意思。本篇论述教学之道。作者认为教育不仅要重视教学效果,还要讲求教学方法。文章提出了"视徒如己,反己以教"的教学原则,还批评了一些老师不善于教学的现象。

四曰:

达师之教也,使弟子安焉、乐焉、休焉、游①焉、肃焉、严焉。此六者得于学,则邪辟之道塞矣,理义之术胜矣;此六者不得于学,则君不能令于臣,父不能令于子,师不能令于徒。

人之情,不能乐其所不安,不能得于其所不乐。为之而乐矣,奚待贤者?虽不肖者犹若劝②之。为之而苦矣,奚待不肖者?虽贤者犹不能久。反诸人情,则得所以劝学矣。

子华子曰:"王者乐其所以王,亡者亦乐其所以亡,故烹兽不足以尽兽,嗜其脯③则几矣。"然则王者有嗜乎理义也,亡者亦有嗜乎暴慢也。所嗜不同,故其祸福亦不同。

不能教者:志气不和,取舍数变,固无恒心,若晏④阴喜怒无处;言谈日易,以恣⑤自行;失之在己,不肯自非,愎过自用,不可证移;见权亲势及有富厚者,不论其材,不察其行,敺⑥而教之,阿而谄之,若恐弗及;弟子居处修洁,身状出伦,闻识疏达,就学敏疾,本业几终者,则从而抑之,难而悬之,妒而恶之。弟子去则冀终,居则不安,归则愧于父母兄弟，出则惭于知友邑里。此学者之所悲也，此师徒相与异心也。人之情，恶异于己者，此师徒相与造怨尤也。人之情，不能亲其所怨，不能誉其所恶。学业之败也，道术之废也，从此生矣。

善教者则不然。视徒如己，反己以教，则得教之情⑦也。所加于人，必可行于己，若此则师徒同体。人之情，爱同于己者，誉同于己者，助同于己者，学业之章明也，道术之大行也，从此生矣。

不能学者，从师苦⑧而欲学之功也，从师浅而欲学之深也。草木、鸡狗、牛马，不可谯诟⑨遇之，谯诟遇之，则亦谯诟报人，又况乎达师与道术之言乎？故不能学者：遇师则不中⑩，用心则不专，好之则不深，就业则不疾，辩论则不审，教⑪人则不精；于师愠，怀于俗，羁神于世；矜势好尤，故湛⑫于巧智，昏于小利，惑于嗜欲；问事则前后相悖，以章则有异心，以简则有相反；离则不能合，合则弗能离，事至则不能受⑬。此不能学者之患也。

【字词注解】

① 游：优游，悠闲自得。
② 劝：努力从事。
③ 脯（fǔ）：干肉。
④ 晏：天晴无云。
⑤ 恣：放纵，无拘束。
⑥ 敺（qū）：同"驱"，驰。
⑦ 情：这里指教育的真谛。
⑧ 苦（gǔ）：粗劣。
⑨ 谯（qiào）诟：粗暴、过分的意思。
⑩ 中：通"忠"。
⑪ 教：效法。
⑫ 湛（chén）：通"沉"，没，沉溺。
⑬ 受：成。

【精彩解说】

第四：

通达事理的老师，能够使学生安心、快乐、自适、悠闲、庄重、威严。如果教学时实践了这六个方面，歪邪道路就会被阻断，公道正义就会彰显；如果不能实践这六个方面，那么君主就不能命令大臣，父亲就不能支使儿子，老师就不能支使学生。

人不能从他所不安心的事中得到快乐，不能从他所不喜欢的事中有收获，这是人之常情。如果去做某件事会使人快乐，何必等贤人去做？即使是不肖的人也会积极地去做。如果做某件事使人痛苦，不要说不肖的人，即使是贤人也不会持久。从人之常情出发，人们就可以得到劝勉其学习的道理。

子华子说："成就王道的人愿意做成就王道的事，国破家亡的人也会做导致他灭亡的事，所以烹煮野兽不能把所有的兽都吃尽，能吃到自己喜欢吃的肉就行了。"既然如此，那么建立霸业的人喜欢道义，而灭国亡身的人喜欢暴虐。喜爱不同，各自得到的祸福结果就不同。

不善于教育人的老师：心志不平和，行事无原则，没有坚定的意志，心情就像天气阴晴变化一样，喜怒无常；言语反复，任意而为；做错了事也不肯承认，自以为是，不能接受意见而有所改变；看到权贵富人，不论有才与否，不考察他的德行，就去教他，奉承取悦，唯恐不及；对操守高洁、品行端正、博闻广识、勤学好问的那些将要完成学业的人，却有意地压制、责难、疏远他们，嫉妒、厌恶他们。这些学生想要离开却又希望能完成学业，在老师身边却又惶恐不安，回家会有愧于父母兄弟，出门会羞于见乡亲朋友。这是求学者的悲哀，也是师生异心的原因。人之常情，讨厌跟自己志趣不合的人，这是师生之间结怨的原因。人之常情，不会亲近所怨恨的人，不会称赞所厌恶的人。学业的衰败，道义的废弛，就是由此产生的。

善于教育的人不会是这样的。他们对待学生就像对待自己一样，全心全意地教导学生，因而能把握教育的真谛。善于教育别人的人，教给别人的东西自己首先要乐于接受，这样就会师生同心。人之常情，人都喜欢与自己志趣相投的人，称许与自己志趣相合的人，帮助与自己志趣相合的人，学术的繁荣，理义的畅行，就是由此产生的。

不善于学习的人，跟随老师学习粗心大意，却想学得精通；跟老师学习不求甚解，却想学得深入。草木、鸡狗、牛马不能用粗暴的行为对待它们，如果粗暴地对待它们，它们也会粗暴地报复人，又何况是精通教学的老师和道术的讲授呢？所以，不善于学习的人：对待老师不忠诚，用心不专一，爱好不深入，学习不努力，辩论起来分不清是非，效法他人不精深；对老师怨恨，安于凡庸，精神被时务所束缚；依仗权势为非作歹，因此沉迷于耍弄奸巧计谋，迷恋微小的利益，在嗜欲上惑乱；处理事情前后矛盾，作文章观点杂乱不一，即使简单也会有相反之处；分散的东西不能综合起来，综合的东西不会分析，重大的事来临却不能承受。这是不善于学习的人的毛病。

用 众

〔题解〕

"用众"就是学习众之所长。本篇主要讨论如何学习。文章阐述了博采众长的重要性，将善学和君道结合起来论证了这一观点。此外，文章还强调了民众的作用。

五曰：

善学者，若齐王之食鸡也，必食其跖①数千而后足；虽不足，犹若有跖。

物固莫不有长，莫不有短。人亦然。故善学者，假人之长以补其短。故假人者遂有天下。

无丑②不能，无恶不知。丑不能，恶不知，病③矣。不丑不能，不恶不知，尚矣。虽桀、纣犹有可畏可取者，而况于贤者乎？

故学士曰："辩议不可不为。"辩议而苟可为，是教也。教，大议也。辩议而不可为，是被褐④而出，衣锦而入。

戎人生乎戎、长乎戎而戎言，不知其所受之；楚人生乎楚、长乎楚而楚言，不知其所受之。今使楚人长乎戎，戎人长乎楚，则楚人戎言，戎人楚言矣。由是观之，吾未知亡国之主不可以为贤主也，其所生长者不可耳。故所生长不可不察也。

天下无粹⑤白之狐，而有粹白之裘，取之众白也。夫取于众，此三皇五帝之所以大立功名也。凡君之所以立，出乎众也。立已定而舍其众，是得其末而失其本。得其末而失其本，不闻安居。故以众勇无畏乎孟贲矣，以众力无畏乎乌获矣，以众视无畏乎离娄矣，以众知无畏乎尧舜矣。夫以众者，此君人之大宝也。

田骈谓齐王曰："孟贲庶乎患术⑥，而边境弗患。"楚、魏之王辞言不说，而境内已修备矣，兵士已修用矣，得之众也。

——●【字词注解】

① 跖（zhí）：此指鸡爪子。

② 丑：以……为耻。

③ 病：困窘。

④ 被褐：用兽毛或粗麻制成的短衣，古时贫贱之人所穿。这里比喻没有学问，愚昧无知。

⑤ 粹：纯一，不杂。

⑥ 庶乎患术：几乎苦于没有办法。

——●【精彩解说】

第五：

善于学习的人，如同齐王善于吃鸡，一定要吃很多鸡爪然后才满足，虽然有时不满足，仍然如同有鸡爪可吃一样。

万物本来无不有长处，无不有短处，人也一样。所以善于学习的人，善于借用、吸取别人的长处来弥补自己的短处。所以吸取、借用别人的长处的人能拥有天下。

不要把不能看作羞耻，不要把不知看作耻辱。把不能看作羞耻，把不知看作耻辱，就会陷入困境。不把不能看作羞耻，不把不知看作耻辱，就会学业上进。即使是夏桀、商纣王仍然有可以敬畏和借鉴的地方，更何况贤明的人呢？

所以学问广博的人说："求学之人不可与人论辩。"若可以论辩的话，那是对施教者来说的。施教才需要深入的辨析。求学之人如果不与人争辩，就会学有所成，好比出门时穿着破衣服，归来却穿着锦衣。

戎人生长在戎地，说戎语，而他们却不知道自己是怎么学会的；楚人生长在楚地，说楚语，而他们却不知道自己是怎么学会的。如果让楚人生长在戎地，让戎人生长在楚地，那么楚人说的就会是戎语，戎人说的就会是楚语。所以，我不相信亡国之君不能成为贤明君主，只不过是他所处的生长环境不允许而已。所以，不能不考察每个人所处的生长环境。

天下没有纯白的狐狸，却有纯白的狐裘，因为这是从许多白狐狸的纯白毛皮中取来制成的。善于吸取众人的长处，这正是三皇五帝建立霸业的原因。君主的确立，都是靠众人的支持实现的。君位一旦确立后，就舍弃支持他的众人，这就是舍本取末的做法。君主采取这种舍本取末的做法，其统治就不会长久。因此，依靠众人的勇气就不用惧怕孟贲了，依靠众人的力量就不用惧怕乌获了，依靠众人的视力就不用怕比不过离娄的视力了，依靠众人的智慧就不用担心比不上尧舜了。依靠和利用众人，这是统治百姓的法宝。

田骈对齐王说："就连勇猛的孟贲也会因为齐国民众的力量而没办法，所以不用害怕齐国边境会被侵扰。"楚王、魏王不善言辞，但他们国家的各项战备都已经完备，军队已训练有素而严阵以待，这全得益于民众的力量。

拓展阅读

孺子可教

张良，字子房。他原是韩国的公子，后来因为行刺秦始皇未遂，逃到下邳隐匿。

有一天，张良来到下邳附近的圯水桥上散步，遇到一位老人。那老人的一只鞋掉在桥下，看到张良走来，便叫道："喂！小伙子，你替我去把鞋捡起来！"张良下桥把鞋捡了起来。那老人见了，又对张良说："来！给我穿上！"张良恭敬地替老人穿上鞋。老人站起身，一句感谢的话也没说，转身就走了。

张良愣愣地望着老人的背影，猜想这老人一定很有来历。果然，那老人走了一段路，又转身回来，说："你这小伙子很有出息，值得我指点。五天后的早上，请到桥上来见我。"张良听了，连忙答应。

第五天早上，张良赶到桥上，老人已先到了。老人生气地说："跟老人约会，应该早点来。再过五天，早些来见我！"

又过了五天，张良起了个早，赶到桥上，不料老人又先到了。老人说："你又比我晚到，过五天再来。"

又过了五天，张良刚过半夜就摸黑来到桥上等候。天蒙蒙亮时，才看到老人一步一挪地走上桥来，并赶忙上前搀扶。老人这才高兴地说："小伙子，你这样才对！"老人说着，拿出一本《太公兵法》交给张良，说："你要下苦功钻研这部书，钻研透了，以后可以做帝王的老师。"说完飘然而去。

后来，张良研读《太公兵法》很有成效，为刘邦建立汉朝立下了汗马功劳。

仲夏纪第五

仲　夏

〔题解〕

仲夏指的是农历五月。本篇介绍了仲夏时节的天文地理、动物植物、礼乐祭祀、饮食服饰等状况,详细介绍了在这个月君主应该如何处理国事。

一曰:

仲夏之月,日在东井,昏亢中,旦危中。其日丙丁,其帝炎帝,其神祝融,其虫羽,其音徵,律中蕤宾。其数七,其味苦,其臭焦,其祀灶,祭先肺。小暑至,螳螂生,䴗① 始鸣,反舌无声。天子居明堂太庙,乘朱辂,驾赤骝,载赤旂,衣朱衣,服赤玉,食菽与鸡,其器高以觕,养壮狡。

是月也,命乐师修鼗② 鞞③ 鼓,均琴瑟管箫,执干戚戈羽,调竽笙埙箎,饬钟磬柷敔。命有司为民祈祀山川百原,大雩④ 帝,用盛乐。乃命百县雩祭祀百辟卿士有益于民者,以祈谷实。农乃登黍。

是月也,天子以雏尝黍,羞⑤ 以含桃,先荐寝庙。令民无刈蓝以染,无烧炭,无暴布,门闾无闭,关市无索。挺⑥ 重囚,益其食。游牝别其群,则絷腾驹,班马正⑦。

是月也,日长至⑧,阴阳争,死生分。君子斋戒,处必掩,身欲静无躁,止声色,无或进;薄滋味,无致和;退嗜欲,定心气,百官静,事无刑,以定晏阴之所成。鹿角解,蝉始鸣,半夏生,木堇荣。

是月也，无用火南方，可以居高明，可以远眺望，可以登山陵，可以处台榭。

仲夏行冬令，则雹霰伤谷，道路不通，暴兵来至；行春令，则五谷晚熟，百螣⁹时起，其国乃饥；行秋令，则草木零落，果实早成，民殃于疫。

【字词注解】

① 䴋（jú）：伯劳鸟，夏至开始鸣叫，冬至而止，鸣叫的声音很难听。
② 鼗（táo）：有小柄的鼓，俗称"拨浪鼓"。
③ 鼙（pí）：古代军中用的小鼓。
④ 雩（yú）：旱时求雨的祭祀。
⑤ 羞：进献。
⑥ 挺：缓。
⑦ 正：同"政"，政令。
⑧ 日长至：夏至。
⑨ 百螣（téng）：指各种类似蝗虫的害虫。

【精彩解说】

第一：

仲夏五月，太阳的位置在东井宿，黄昏时亢宿出现在南方中天，黎明时危宿出现在南方中天。仲夏天干属丙丁，它的主宰之帝是炎帝，佐帝之神是祝融，应时的动物是有羽翅的凤鸟一类，声音是五音当中的徵音，音律则与十二律中的蕤宾相合。这个月的数字是七，味道苦涩，气味焦苦，要举行灶祭，祭祀时要先奉上肺脏作为祭品。小暑到来，螳螂长成，伯劳开始鸣叫，反舌鸟不再出声了。天子居住在南向明堂的中央正室，乘坐红色的车子，驾着红色的高头大马，在车上插着红色的龙旗，穿着红衣，佩戴红玉，吃菽和鸡肉，使用高而粗大的器物，供养魁梧的壮士。

在这个月，天子命令乐师修整鼗鼓、鼙鼓，调节琴瑟管箫，加固干戚戈羽，调和竽笙埙篪，整饬钟磬柷敔，以备在将要来到的雩祭时使用。命令主管官员为百姓祷祀山川水源，然后由天子亲自主持隆重的雩祭，演奏盛大的乐舞，以祭祀天帝，祈求风调雨顺。于是，再下令天子领地内的各县大夫祭祀有功于百姓的前代君主公卿，祈求五谷丰登。农民会献上新收的黍。

在这个月，天子就着小鸡肉品尝新的黍，在品尝之前，要连同樱桃一道先敬献于寝庙。命令百姓不要割蓝草染衣，不要烧制木炭，不要暴晒布匹，不得关闭城间之门，不得在关卡和集市征税。宽缓重刑犯人，增加他们的饭食供养。在这时，要将怀孕的母马和群马分开放养，要拴住公马，以防伤害到母马，并要颁布有关养马的政令。

在这个月，夏至来到，阴阳争胜，死生交接。君子斋戒整肃，深居简出，身体宜静忌躁，也应当回避声乐美色，禁止后妃伺候；减少膳食，饮食勿苛求甘美调和；压制欲望，平心静气，保证身体器官静处安宁，慎察而后行事，以稳固所形成的阴阳。鹿的新角正在长出，蝉开始鸣叫，半夏草长出来了，木槿花开了。

在这个月，禁止在南方用火。人们可以居住在楼阁，可以眺望远方，可以登临山陵，可以居住在台榭。

在仲夏五月，如果推行本应在冬天才实行的政令，就会有冰雹降临，毁坏庄稼，导致道路阻塞，敌寇来犯；如果推行本应在春天才实行的政令，就会使五谷晚熟，虫害时常发生，国家就会出现饥荒；如果推行本应在秋天才实行的政令，就会导致草木零落，果实早熟，瘟疫肆虐，百姓受苦。

大 乐

〔题解〕

"大乐"指典雅庄重的音乐。本篇论述了音乐的产生历史。文章认为先王制定的"大乐"能让人欢欣，同时文章也反映了作者的天道观，认为"太一"是万物的本原。作者把宇宙运动变化的规律表述为"天地车轮，终则复始，极则复反"，是一种简单的循环论。

二曰：

音乐之所由来者远矣。生于度量，本于太一。太一出两仪，两仪出阴阳。阴阳变化，一上一下，合而成章。浑浑沌沌，离则复合，合则复离，是谓天常。天地车轮，终则复始，极则复反，莫不咸当。日月星辰，或疾或徐，日月不同，以尽其行。四时代兴，或暑或寒，或短或长，或柔或刚。万物所出，造于太一，化于阴阳。萌芽始震，凝寒①以形。形体有处，莫不有声。声出于和，和出于适。和适，先王定乐，由此而生。

天下太平，万物安宁，皆化其上，乐乃可成。成乐有具，必节嗜欲。嗜欲不辟，乐乃可务。务乐有术，必由平出。平出于公，公出于道。故惟得道之人，其可与言乐乎！

亡国戮民，非无乐也，其乐不乐。溺者非不笑也，罪人非不歌也，狂者非不武也，乱世之乐有似于此。君臣失位，父子失处，夫妇失宜，民人呻吟，其以为乐也，若之何哉？

凡乐，天地之和、阴阳之调也。始生人者，天也，人无事焉。天使人有欲，人弗得不求；天使人有恶，人弗得不辟②。欲与恶，所受于天也，人不得与焉，不可变，不可易。世之学者，有非乐③者矣，安由出哉？

大乐，君臣、父子、长少之所欢欣而说也。欢欣生于平，平生于道。道也者，视之不见，听之不闻，不可为状。有知不见之见、不闻之闻、无状之状者，则几于知之矣。道也者，至精也，不可为形，不可为名，强为之，谓之太一。

故一也者制令，两也者从听。先圣择④两法⑤一，是以知万物之情。故能以一听政者，乐君臣，和远近，说黔首，合宗亲；能以一治其身者，免于灾，终其寿，全其天；能以一治其国者，奸邪去，贤者至，成大化；能以一治天下者，寒暑适，风雨时，为圣人。故知一则明，明两则狂。

【字词注解】

①凓（hán）：同"寒"，凝冻。

②辟：通"避"，躲避。

③非乐：此处指墨家学派的非乐观。非，否定。

④ 择：弃。

⑤ 法：用。

【精彩解说】

第二：

音乐的产生是很久的事情了，它产生于度量，归源于太一。太一生成天地，天地又生成阴阳。阴阳变化，上下升降而生成兴替。天地刚开始时是混沌的，阴阳之气聚散不定，这就是自然运行的规律。天地就像车轮一样运转不停，反复周行。日月星辰，或快或慢地沿各自的轨道运行。四季交替，寒暑变易，昼夜长短调整，阴阳之气消长变化。万物的出现，始于太一，形成于阴阳。万物在太一的作用下萌生，因阴阳交汇而成形。万物都占有一定的空间，都可发出声音。声音产生于平和，平和产生于得宜。先王制定音乐正是从这一原则出发。

天下太平，万民安生而顺遂其君，音乐才能被创作。从事音乐需要一定的条件，就是必须节制欲望。只有嗜欲而不放纵，才可以专力于音乐创作。从事音乐有一定的方法，必须从平和生出。平和出于公正，公正出于得道。所以只能和得道的人谈论音乐。

被灭亡的国家，遭难的百姓，并不是没有音乐，只是他们的音乐不能算是真正的音乐。快要淹死的人不是不笑，但是笑得并不开心；犯人不是不能唱歌，但是他们唱得不舒畅；发疯的人不是不能手舞足蹈，可是跳得并不欢快。乱世的音乐就跟以上情况相似。如果音乐使君臣位置颠倒，父子辈分错乱，夫妻关系失当，百姓痛苦不堪，那么这样的音乐制作出来又有什么意义呢？

凡是音乐都是天地和谐、阴阳调和的产物。创造人的是天，人的本性也取决于天，听任天的安排。人生来就有欲望，所以人不能不追求欲望；人生来就有憎恶，所以人不能不有所回避。欲望和憎恶是天赋予人的，人不能自己决定，不能加以改变。社会上有的人排斥礼乐，他们是怎么想的呢？

音乐是君臣、父子、老少欢喜快乐的产物。欢喜产生于平和，平和产生于道。道是看不见听不到的，是不能描述其形状的。懂得有看不见的形体、听不到的声音、没有形状的物质的人就是接近懂得道了。道是很精微的,它的形状不能被描绘,不能命名,只能勉强叫它太一。

所以,一处于制约、支配的地位;两处于服从、听命的地位。先代圣王弃两用一,因此知道万物生成的真谛。所以能运用一处理政事的,就会使君臣融洽,远近和谐,百姓快乐,亲戚和睦;能用一修养身心的人,就会避免灾祸,终其天年,保全天性;能用一治理国家的人,就会使奸邪消除,贤人来归,政教彰明;能用一治理天下的人,就能使寒暑适宜,风雨适时,从而成为圣人。所以懂得一的人就聪明,否则就会迷乱。

侈 乐

〔题解〕

"侈乐"指声音洪大、乐调诡异的音乐,以及奢侈享乐的生活方式。本篇主要批判"侈乐"。"侈乐"通常违背合适原则,是乱世的产物,演奏它会导致人民生怨,伤及生命,所以要提倡养护性情的音乐。

三曰:

人莫不以其生生,而不知其所以生;人莫不以其知知,而不知其所以知。知其所以知之谓知道,不知其所以知之谓弃宝。弃宝者必离其咎。世之人主,多以珠玉戈剑为宝,愈多而民愈怨,国人愈危,身愈危累,则失宝之情矣。乱世之乐与此同。为木革之声则若雷,为金石之声则若霆①,为丝竹歌舞之声则若噪。以此骇心气、动耳目、摇荡生②则可矣,以此为乐则不乐。故乐愈侈,而民愈郁,国愈乱,主愈卑,则亦失乐之情矣。

凡古圣王之所为贵乐者，为其乐也。夏桀、殷纣作为侈乐，大鼓、钟、磬、管、箫之音，以巨为美，以众为观；俶诡③殊瑰④，耳所未尝闻，目所未尝见，务以相过，不用度量。宋之衰也，作为千钟；齐之衰也，作为大吕；楚之衰也，作为巫音。侈则侈矣，自有道者观之，则失乐之情。失乐之情，其乐不乐。乐不乐者，其民必怨，其生必伤。其生之与乐也，若冰之于炎日，反以自兵⑤。此生乎不知乐之情，而以侈为务故也。

　　乐之有情，譬之若肌肤形体之有情性也。有情性则必有性养矣。寒、温、劳、逸、饥、饱，此六者非适也。凡养也者，瞻非适而以之适者也。能以久处其适，则生长矣。生也者，其身固静，感而后知，或使之也。遂而不返，制乎嗜欲；制乎嗜欲无穷，则必失其天矣。且夫嗜欲无穷，则必有贪鄙悖乱之心、淫佚奸诈之事矣。故强者劫弱，众者暴寡，勇者凌怯，壮者慠幼，从此生矣。

【字词注解】

① 霆：疾雷。
② 生：性情。
③ 俶（chù）诡：奇异。
④ 殊瑰：奇伟瑰丽。
⑤ 兵：灾，伤害。

【精彩解说】

第三：

　　人没有不依赖自己的生命而存在的，但是却不了解他所依赖的根本所在；人都是依靠自己的智慧认识事物，但是不了解事物的根本。了解了所赖以认识事物的根本，就叫作懂得"道"；不了解所赖以认识事物的根本，就是舍弃了宝物，这样的人就会遭受灾祸。世上的君主，大都把珠宝戈剑作为宝物，这样的宝物越多，人民就越厌恶，国家就越危急，君主就会更加陷于危险状态，这就失去了宝物本来的意义了。乱世的音乐就像宝物一样。木革类的乐器发出的声音就像雷鸣，金石类的乐器发出的声音就像霹雳，丝竹类的乐器发出的声音就像喧嚷。用这样的音乐来震慑人的身心，扰乱人的耳目，动摇人的性情是可以的,把它当作音乐却不行。所以,音乐越奢侈放纵,百姓就越是沉郁,国家就越混乱,君主就越是卑鄙,这就失去了音乐本来的意义了。

古代的圣王之所以重视音乐,是因为它能使人快乐。夏桀、商纣制作奢侈放纵的音乐,用大鼓、钟、磬、管、箫等乐器合奏,要求场面宏大,人员众多,认为这样才壮观;一味地追求不曾看见、不曾听见的音乐,并认为这就是好的音乐,违背先王作乐的原则,不考虑度量的标准。千钟的制作导致宋国的衰败,大吕的制作导致齐国的衰败,巫音的制作导致楚国的衰败。这些音乐尽管盛大,但是在有道的人看来,却失去了音乐的本意,这样的音乐就不会使人快乐。如此,百姓就一定会厌恶他们的君主,君主的天性就会受到伤害。喜欢侈乐的君主,音乐对他的天性就像烈日对于冰块一样,成为伤害天性的罪魁祸首。这就是因为不知音乐的真谛而追求盛大音乐的结果。

音乐是有它的真谛的,就像肌肤形体具有天性一样。有天性就有保养天性的方法。寒冷、温暖、辛劳、安逸、饥饿、撑饱,这六种情况都是不符合天性的。讲究保养就是考察天性不得其宜的原因并使之合宜。能长时间保持天性的合宜,生命就会得到长久。生命本身是清静无知的,感受到外物后才有感知,是因为外物影响的结果。如果一直受到这种影响而不知回返,就会受到欲望的牵制;牵制产生,就必然丧失原本的天性。况且放纵自己的欲望便会有无穷无尽的欲望,这样就必定产生贪恋、卑劣、悖乱的想法,做出荒淫、奸诈的事情来。所以,强者欺凌弱者,多数压制少数,胆大的欺负懦弱的,强壮的轻视年少的,就是因为人的无尽欲望所产生的结果。

适 音

〔题解〕

"适音"指中和适合的音乐。本篇论述音乐的重要性。文章指出只有具备"心适""音适"才能实现"和乐",要做到"音适"就要使声音的大小、清浊适中。文章强调了音乐有移风易俗和教化等作用。

四曰:

耳之情欲声,心不乐,五音在前弗听;目之情欲色,心弗乐,五色在前弗视;鼻之情欲芬香,心弗乐,芬香在前弗嗅;口之情欲滋味,心弗乐,五味在前弗食。欲之者,耳目鼻口也;乐之弗乐者,心也。心必和平然后乐。心必乐,然后耳目鼻口有以欲之。故乐之务在于和心,和心在于行适。

夫乐有适,心亦有适。人之情:欲寿而恶夭,欲安而恶危,欲荣而恶辱,欲逸而恶劳。四欲得,四恶除,则心适矣。四欲之得也,在于胜理①。胜理以治身,则生全以;生全则寿长矣。胜理以治国,则法立;法立则天下服矣。故适心之务在于胜理。

夫音亦有适:太巨则志荡,以荡听巨则耳不容,不容则横塞,横塞则振;太小则志嫌②,以嫌听小则耳不充,不充则不詹,不詹则窕;太清则志危,以危听清则耳谿极③,谿极则不鉴,不鉴则竭;太浊则志下,以下听浊则耳不收,不收则不抟(zhuān),不抟则怒。故太巨、太小、太清、太浊,皆非适也。

何谓适?衷,音之适也。何谓衷④?大不出钧⑤,重不过石,小大轻重之衷也。黄钟之宫，音之本也，清浊之衷也。衷也者，适也。以适听适则和矣。乐无太，平和者是也。

故治世之音安以乐，其政平也；乱世之音怨以怒，其政乖也；亡国之音悲以哀，其政险也。凡音乐，通乎政而移风平俗者也。俗定而音乐化之矣。故有道之世，观其音而知其俗矣，观其俗而知其政矣，观其政而知其主矣。故先王必托于音乐以论其教。清庙之瑟，朱弦而疏越，一唱而三叹，有进乎音者矣。大飨⑥之礼，上玄尊而俎生鱼，大羹⑦不和，有进乎味者也。故先王之制礼乐也，非特以欢耳目、极口腹之欲也，将以教民平好恶、行理义也。

【字词注解】

① 胜理：任理，亦即依循事物的规律办事。
② 嗛（qiàn）：通"慊"，不满足。
③ 豀（xī）极：空虚疲困。
④ 衷：中。指声音大小清浊适中。
⑤ 钧：通"均"，古代度量钟音律度的器具。
⑥ 大飨（xiǎng）：合祀先王的祭礼。
⑦ 大羹：指不调和五味的肉汁。

【精彩解说】

第四：

耳朵是喜欢音乐的，但是如果心情不愉快，即使音乐在耳边也听不见；眼睛是喜欢彩色的，但是如果心情不愉快，即使彩色在眼前也不看；鼻子是喜欢芳香的，但是如果心情不愉快，即使芳香在身边也不闻；嘴是喜欢美味的，但是如果心情不愉快，即使美味在嘴边也不会吃。喜欢音乐、彩色、芳香、美味，是耳朵、眼睛、鼻子、嘴巴的本能，但是人的心情决定着快乐与否。心情平和了人才快乐，从而耳朵、眼睛、鼻子、嘴巴才能产生欲望。所以，快乐的关键在于平和人的内心，而平和的关键就在于行为适当。

快乐要适中，心情也要适中。人的本性是：都希望长寿而厌恶短命，希望安全而厌恶危险，希望荣耀而厌恶耻辱，希望安逸而厌恶辛劳。这四种希望能得到满足，四种厌恶能得以避免，人的心情就会愉快。实现希望的关键在于遵循事物的规律。遵循事物的规律来休养身心，就能保全天性；天性保全了寿命就会长久。按照事物的规律来管理国家，法令就会建立；法令建立了天下人就会服从。因此，让人的心情适中的关键所在就是遵循事物发展的规律。

音乐也有适中的问题：声音大了就会让人心烦意乱，用这样的心情来听过大的声音，耳朵就会不能承受，耳朵不能承受就会阻塞，进而心志就会摇荡；声音太小就会让人感觉不满足，在这样的心情下听过小的声音，耳朵就听不清，听不清就会感觉不够，人的心志就会不满足；声音太清了就会使人心志高扬，用这样的心来听过清的声音，耳朵就会感到空虚困顿，就会鉴别不清，在这种情况下人的心志就会衰竭；如果声音太混浊就会使人心志低下，用低下之心来听过混浊的声音，耳朵就不可能专一，这样听音乐时人就不能专一，就会动怒。所以，音乐的声音过大、过小、过清、过浊都是不适中的。

什么是合宜的呢？声音大小清浊适中就叫合宜。什么是大小清浊适中呢？钟音律度最大时没有超过钧的声音，钟的重量最重没有超过一石，这就是大小轻重适中。黄钟律的宫音是乐音的根本，是清浊的基准。合乎基准的就合宜。用适中的心情去听适中的声音，这样就和谐了。音乐的各个方面都不能过分，平正和谐才是合宜。

所以，天下太平的音乐安宁而快乐，是因为当时的政治平稳安定；动乱时代的音乐怨恨而愤怒，是因为当时的政治动荡不安；快要亡国的音乐悲痛而哀伤，是因为当时的政治危急险恶。凡是音乐，都与政治有着很大的联系，而且起着移风易俗的作用。风俗的形成就是音乐教化的结果。所以，政治清明的时代，根据音乐就知道它的风俗，根据风俗就知道它的政治，根据政治就知道它的君主。因此，先王必定通过音乐来传播教化。在宗庙里用来演奏用的瑟，镶有朱红色的弦，底部刻有小孔，在演奏宗庙之乐时，由一个人来领奏，另外三个人应和，其意义已经不仅限于音乐本身了。举行大飨祭礼时，酒器里盛的是水，食器中盛着的是生鱼，不用五味来调和肉汁，其意义已经超出滋味本身了。所以，君主制定礼乐时，不仅仅是用来满足人的耳目、口腹的欲望，还要教化人们分辨是非，使道义得到实施。

古 乐

〔题解〕

"古乐"是指传说中远古之乐以及周以前的乐舞,包括原始社会的乐舞和黄帝至周初的"六代之乐"。本篇论述了音乐的发展史。文中保存的传说多有神话色彩,对我们研究音乐产生和发展史帮助很大。本篇把音乐的产生和发展归结为是圣王的功绩,有一定的唯心主义音乐史观的局限性。

五曰:

乐所由来者尚①也,必不可废。有节,有侈,有正,有淫矣。贤者以昌,不肖者以亡。

昔古朱襄氏之治天下也,多风而阳气畜积,万物散解,果实不成,故士达作为五弦瑟,以来阴气,以定群生。

昔葛天氏之乐,三人操牛尾,投足以歌八阕:一曰《载民》,二曰《玄鸟》,三曰《遂草木》,四曰《奋五谷》,五曰《敬天常》,六曰《达帝功》,七曰《依地德》,八曰《总万物之极》。

昔阴康氏之始,阴多,滞伏而湛②积,水道壅塞,不行其序,民气郁阏而滞着,筋骨瑟缩不达,故作为舞以宣导之。

昔黄帝令伶伦作为律。伶伦自大夏之西,乃之阮隃之阴,取竹于嶰谿之谷,以生空窍厚钧者,断两节间——其长三寸九分——而吹之,以为黄钟之宫,吹曰舍少。次制十二筒,以之阮隃之下,听凤皇之鸣,以别十二律。其雄鸣为六,雌鸣亦六,以比黄钟之宫,适合。黄钟之宫皆可以生之。故曰:黄钟之宫,律吕之本。黄帝又命伶伦与荣将铸十二钟,以和五音，以施英韶③。以仲春之月，乙卯之日，日在奎，始奏之，命之曰《咸池》。

帝颛顼生自若水，实处空桑，乃登为帝。惟天之合，正风乃行，其音若熙熙凄凄锵锵。帝颛顼好其音，乃令飞龙作，效八风之音，命之曰《承云》，以祭上帝。乃令鱓④先为乐倡⑤。鱓乃偃⑥寝，以其尾鼓其腹，其音英英⑦。

帝喾命咸黑作为声，歌《九招》《六列》《六英》。有倕作为鼙、鼓、钟、磬、吹苓、管、埙、篪、鼗、椎、钟⑧。帝喾乃令人抃⑨，或鼓鼙，击钟磬，吹苓，展⑩管篪。因令凤鸟、天翟舞之。帝喾大喜，乃以康帝德。

帝尧立，乃命质为乐。质乃效山林溪谷之音以歌，乃以麋䇞（luò）置缶而鼓之，乃拊石击石，以象⑫上帝玉磬之音，以致舞百兽。瞽叟⑬乃拌⑭五弦之瑟，作以为十五弦之瑟。命之曰《大章》，以祭上帝。

舜立，命延，乃拌瞽叟之所为瑟，益之八弦，以为二十三弦之瑟。帝舜乃令质修《九招》《六列》《六英》，以明帝德。

禹立，勤劳天下，日夜不懈。通大川，决壅塞，凿龙门，降⑮通潦（liáo）水以导河，疏三江五湖，注之东海，以利黔首。于是命皋陶作为《夏籥》⑯九成，以昭其功。

殷汤即位，夏为无道，暴虐万民，侵削诸侯，不用轨度，天下患之。汤于是率六州以讨桀罪。功名大成，黔首安宁。汤乃命伊尹作为《大护》，歌《晨露》，修《九招》《六列》，以见其善。

周文王处岐，诸侯去殷三淫而翼文王。散宜生曰："殷可伐也。"文王弗许。周公旦乃作诗曰："文王在上，于昭于天。周虽旧邦，其命维新。"以绳⑰文王之德。

武王即位，以六师伐殷。六师未至，以锐兵克之于牧野。归，乃荐俘馘⑱于京太室，乃命周公作为《大武》。

成王立，殷民反，王命周公践⑲伐之。商人服⑳象，为虐于东夷。周公遂以师逐之，至于江南。乃为《三象》，以嘉其德。

故乐之所由来者尚矣，非独为一世之所造也。

【字词注解】

①尚：通"上"，久远。

② 湛：通"沉"，厚，浓。

③ 英韶：指华美之音。

④ 鳝：通"鼍（tuó）"，扬子鳄，又名猪婆龙。

⑤ 倡：始。

⑥ 偃：仰卧。

⑦ 英英：形容乐声和盛。

⑧ 钟：或作"衝"，"衝"疑是"衡"的讹字。衡，指悬钟的横木。

⑨ 抃（biàn）：两手相互击打。

⑩ 展：演奏。

⑪ 康：褒扬，赞美。

⑫ 象：模仿。

⑬ 瞽（gǔ）叟：舜的父亲。瞽，指盲人。

⑭ 拌（pàn）：分开。

⑮ 降：大。

⑯ 《夏籥（yuè）》：古乐名，即《大夏》。

⑰ 绳：赞誉。

⑱ 俘馘（guó）：生俘的敌人和被杀的敌人的左耳，也指被俘虏者。馘，古代战争中割掉敌人的左耳计数献功。

⑲ 践：往。

⑳ 服：奴使，驾御。

【精彩解说】

第五：

音乐的由来是很久远的事情了，无论如何不能废弃。音乐当中有的适中，有的奢侈，有的纯正，有的淫邪。贤明君主依靠它而发达昌盛，不贤能的君主因为它而国破家亡。

古时候，朱襄氏统治天下时，经常刮风从而使阳气过盛并且逐渐积累，导致万物散落，果实不能成熟，所以士达制造出五弦瑟，引来阴气安定护养众生。

从前，葛天氏的音乐是由三个人手持牛尾，一边踏着脚一边歌唱八支舞乐：第一支是《载民》，第二支是《玄鸟》，第三支是《遂草木》，第四支是《奋五谷》，第五支是《敬天常》，第六支是《达帝功》，第七支是《依地德》，第八支是《总万物之极》。

从前，阴康氏最初治理天下的时候，阴气过盛，最后沉积凝聚，以致规律不能正常运行，百姓精神抑郁而不舒畅，筋骨萎缩而不舒展，因此创作舞蹈来疏导。

从前，黄帝命令伶伦制作乐律。伶伦从大夏山的西边，到达昆仑山的北面，从嶰谿谷中砍伐竹子，选择中空而竹壁厚薄均匀的竹子，截取两个竹节中间的一段——长度为三寸九分——然后吹竹管，把发出的声音定为黄钟律的宫音，并命名为"舍少"。按照这样的方法依次制作了十二根竹管，带到昆仑山下，聆听凤凰的鸣叫，用以区别十二乐律。雄凤的叫声被分为六声，雌凤的叫声也被分为六声，同黄钟律的宫音正好相合。黄钟的宫音可以全都生成十二乐律。所以说黄钟律的宫音是乐律的本源。黄帝又命令伶伦和荣将铸造十二口钟，用以和谐五音，奏出华美的声音。在仲春乙卯这天，太阳运行到奎宿的时候，开始演奏它们，并命名奏出的乐曲为《咸池》。

颛顼出生在若水，成长在空桑，后来他做了天子，德行正与天意相配。八方之风于是正常运行，它们发出熙熙凄凄锵锵的声音。颛顼很喜欢这些声音，于是就命令飞龙仿效其音制作乐曲，命名为《承云》，用来敬祭上帝。又命鱓为乐曲演奏，鱓于是仰面躺下，用尾巴敲打腹部，发出有节奏的乐声。

帝喾命咸黑创作声乐，咸黑唱了《九招》《六列》《六英》等乐曲。有倕又制作了鼙、鼓、钟、磬、笙、管、埙、篪、鼗等乐器及击钟的椎和悬钟的横木。帝喾又让人演奏这些乐器，有的击鼓鼙，有的敲钟磬，有的吹笙，有的演奏管、篪。然后让人化装成凤鸟、天翟随乐舞蹈。帝喾非常高兴，就用这乐舞来宣扬天帝的功德。

尧做天子时，就命质制作乐曲。质于是就模仿山林溪谷中的声音创作歌曲，又用麋鹿的皮蒙在瓦器上敲打它，并击打石片，模仿天帝玉磬的声音，引来百兽应和之声而舞蹈。瞽叟对五弦瑟做了改进，制成十五弦瑟。用它来演奏叫《大章》的乐曲，用以祭祀天帝。

舜做天子时，命令延改进十五弦瑟，增加了八根弦，制成二十三弦瑟。

舜命质演练《九招》《六列》《六英》等乐曲，用以彰明天帝的美德。

禹做天子时，为天下辛勤操劳，日夜不息。疏通大河，浚决塞，开凿龙门，全面疏通洪水把它导入黄河，并疏通三江五湖，使其流入东海，以造福百姓。大功告成后，禹命皋陶创作《夏籥》九章，来为自己歌功颂德。

商汤登上君位后，夏桀胡作非为，暴虐百姓，侵害掠夺诸侯，不守法度，恣意妄为。天下人都痛恨他。汤于是率领六州诸侯讨伐夏桀，成功后百姓安宁。汤于是命令伊尹创作《大护》之乐，唱《晨露》之歌，并演练《九招》《六列》，用以彰显自己的美德。

周文王住在岐邑时，诸侯纷纷叛离罪恶乱政的殷纣而拥戴文王。散宜生对文王说："可以讨伐纣了。"文王不赞同。周公旦于是作诗道："文王在上，于昭于天。周虽古国，其命崭新。"以此赞誉文王的美德。

武王继承文王之位后，率领王师讨伐殷纣。大军还没有到达都城，就以精锐之兵在牧野一举击溃了殷纣的军队。回到京城后，就在太庙中举行祭典，进献俘虏的左耳以祭祖，又命周公创作《大武》之乐。

成王即位后，殷的遗民在武庚的带领下叛乱，成王命周公去讨伐他们。商人驱使大象作为辅助，在东夷肆虐为害作乱。周公于是率领军队征伐叛军，一直追到江南。平定叛乱后，周公创作了《三象》之乐，用以赞美自己的功德。

所以，音乐的由来是十分久远的，绝不仅仅是一两个朝代就能完成的。

拓展阅读

人文始祖伏羲

伏羲，相传姓风，他有许多名字，如宓羲、庖牺、包牺、伏戏，亦称牺皇、皇羲、太昊、伏牺等，是上古圣人之一。

传说伏羲出生于现在的甘肃天水一带，母亲叫华胥（xū）氏，是华胥国的人。有一天华胥氏外出游玩时，在一个叫雷泽的地方发现一个大如车轮的脚印，好奇地踩了上去，顿时天降彩虹环绕，腹中震动，不久就孕育了伏羲。十二年后，伏羲出生了，和母亲、族人一起，逐水草而居，过着漂泊不定的游牧生活。那时以十二年为一纪，所以伏羲出生地就叫成纪。

伏羲长大后，因为他善于观察总结，成了一个大发明家，传说渔网就是他发明的。

那时人们没有好用的武器，很难捕捉到野兽，植物生长又很缓慢，人们因此经常饿肚子。伏羲就想：有没有什么办法改善呢？他试过下河捉鱼，可鱼儿滑溜溜的，在水里又游得很快，辛苦一天也抓不到几条。

一天，他躺在树下休息，看到旁边有一只蜘蛛正在结网，网结好后，蜘蛛就跑到角落里躲了起来。网是半透明的，不一会儿，就有小虫子撞到网上，被网粘住了，蜘蛛不慌不忙地跑出来饱餐一顿。伏羲看得入神，心想，能不能像蜘蛛这样，用网捕鱼呢？说干就干，他找来葛藤、木棍，仿造蜘蛛网，做了一个粗糙的渔网，用它捕鱼，果然简单多了，大大地提高了捕鱼效率。

伏羲不仅发明了渔网，还创造了书契，取代了以前的结绳记事；还发明了最早的乐器琴瑟、陶埙，创造了乐曲《驾辩》，把音乐带给人们；创造了古代历法，让人们在种植庄稼的时候有规律可依照，人们甚至把制定婚姻制度、畜养禽畜等发明都归功到了他身上。

因为伏羲做出的巨大贡献，他被尊为中华民族的人文始祖。

季夏纪第六

季 夏

〔题解〕

季夏是农历六月,是夏季的最后一个月。本篇叙述了季夏时节的天文地理、动物植物、饮食服饰等情况,劝诫天子、官吏施行一些适合的政令,比如禁止乱砍滥伐,不要大兴土木,保证农业生产,修治堤坝等。

一曰:

季夏之月,日在柳,昏心中,旦奎中。其日丙丁,其帝炎帝,其神祝融,其虫羽,其音徵,律中林钟。其数七,其味苦,其臭焦,其祀灶,祭先肺。凉风始至,蟋蟀居宇,鹰乃学习,腐草化为蚈①。天子居明堂右个,乘朱辂,驾赤骝,载赤旂,衣朱衣,服赤玉,食菽与鸡,其器高以觕。

是月也,令渔师伐蛟取鼍,升龟取鼋②。乃命虞人③入材苇。

是月也,令四监大夫合百县之秩刍④,以养牺牲。令民无不咸出其力,以供皇天上帝、名山大川、四方之神,以祀宗庙社稷⑤之灵,为民祈福。

是月也,命妇官染采⑥,黼黻⑦文章,必以法故,无或差忒,黑黄苍赤,莫不质良,勿敢伪诈,以给郊庙祭祀之服,以为旗章,以别贵贱等级之度。

是月也,树木方盛,乃命虞人入山行⑧木,无或斩伐;不可以兴土功,不可以合诸侯,不可以起兵动众,无举大事⑨,以摇荡于气。无发令而干时⑩,以妨神农之事。水潦盛昌,命神农将巡功,举大事则有天殃。

是月也,土润溽暑⑪,大雨时行。烧薙⑫行水⑬,利以杀草,如以热汤，可以粪田畴，可以美土疆。

行之是令，是月甘雨三至，三旬二日。

季夏行春令，则谷实解落，国多风欬，人乃迁徙；行秋令，则丘隰水潦，禾稼不熟，乃多女灾；行冬令，则寒气不时，鹰隼早鸷，四鄙入保。

中央土，其日戊己，其帝黄帝，其神后土，其虫倮，其音宫，律中黄钟之宫。其数五，其味甘，其臭香，其祀中霤，祭先心。天子居太庙太室，乘大辂，驾黄骝，载黄旂，衣黄衣，服黄玉，食稷与牛，其器圜以掩。

【字词注解】

① 蚈（qiān）：萤火虫。
② 鼋（yuán）：动物名，亦称甲鱼。
③ 虞人：一般指虞，官名，管山林水产。
④ 秩刍（chú）：按常规应交纳的刍草。刍，喂牲口的草。
⑤ 社稷：古代帝王、诸侯祭祀的土神和谷神。社，土神。稷，谷神。
⑥ 采：色彩。
⑦ 黼（fǔ）黻（fú）：古代礼服上所绣的花纹。黼，黑白相间。黻，黑青相间。
⑧ 行：巡行察视。
⑨ 大事：指兴土功、合诸侯、起兵动众等事。
⑩ 干时：干犯时令。
⑪ 溽暑：指盛夏气候潮湿闷热。
⑫ 烧薙（tì）：一种原始耕作法。芟除田中杂草，待草干枯后，焚烧以为肥。薙，除草。
⑬ 行水：从事灌溉，此指引雨水灌溉。

【精彩解说】

第一：

季夏六月，太阳的位置在柳宿，黄昏时心宿出现在南方中天，黎明时奎宿出现在南方中天。季夏天干属丙丁，它的主宰之帝是炎帝，佐帝之神是祝融，应时的动物是凤鸟之类羽族，声音是五音中的徵音，音律则与十二律中的林钟相合。这个月的数字是七，味道苦涩，气味焦苦，要举行灶祭，祭祀时要先奉上肺脏作为祭品。凉风开始吹起，蟋蟀住在屋檐下，鹰忙于学习飞翔，腐草中生出萤火虫。天子住在南向明堂的右侧室，乘坐朱红色的车子，驾着红色的高头大马，在车上插着红色龙旗，穿着红色的衣服，佩戴红玉，吃菽和鸡肉，使用高而粗大的器物。

在这个月，命令渔师进献蛟、龟等水中动物。命令掌管山林池泽的官吏收纳用来编制器物的芦苇，以备国用。

在这个月，命令领地内的各县主管官员聚集各县按常规交纳的刍草，用来饲养供祭祀用的牲畜。命令百姓都尽力，以供祭祀皇天上帝、名山大川、四方神祇、宗庙社稷之用，为百姓祈求福祉。

在这个月，命令掌管布帛的女官负责印染色彩，按照法规和习惯搭配各种色彩，不能有一点儿差错，要保证黑黄苍赤各种颜色都鲜艳良好，不许欺诈。用这些布帛制作祭天祭祖时的礼服，并用它们制作旌旗，用来区分贵贱等级。

在这个月，树木生长茂盛，天子命令掌管山林池泽的官吏到山里去巡视，不许人们乱砍树木；不可破土动工，不可会合诸侯，不可兴师动众，不要有大规模的行动来摇动阴阳之气。不要乱发布侵扰农时的命令而损害农事。在这个月雨水正多，命令农官到各地巡视堤坝修治的情况。这个时候征役或发动战争就会妨碍农时，就会导致天灾人祸。

在这个月，土地水分充足，天气潮热，频降大雨。烧掉晒干的野草，由于雨水浇淋，太阳一晒，就像用开水煮过一样，杂草就会被杀死，这样就使土壤肥沃。

在这个月实行应时的政令，适时而有益于农事的甘雨本会三旬三次降下，但本月仅下两次雨。

在季夏六月，如果推行本来应该在春天才实行的政令，那么谷物的籽实就会脱落，百姓就会伤风咳嗽，人们就会迁到别处；如果推行本应在秋天才实行的政令，那么洼地就会出现洪涝灾害，庄稼就不能成熟，妇女就会有不育之病；如果推行本来应该在冬天才能实行的政令，那么寒冷气就会提前来到，鹰隼就会过早地捕捉飞鸟，边境的百姓就会为躲避敌寇而逃入城堡里。

中央在五行中属土，在天干中属戊己，它的主宰之帝是黄帝，佐帝之神是后土，应时的动物是无羽毛鳞甲蔽身的倮虫，声音是五音中的宫音，音律则与十二律中的黄钟相合。它的数字是五，味道甘甜，气味芳香，要举行中霤祭，祭祀时要先奉上心脏作为祭品。天子住在中央明堂的正室，乘坐的是大车，驾着黄色的高头大马，在车上插着黄色的龙旗，穿着黄色的衣服，佩戴黄玉，吃谷子和牛肉，使用中间宽大而紧口的器物。

音　律

〔题解〕

本篇论述了音律相生的道理。把音律和历法相结合，十二律对应十二个月份，未免牵强附会，没有科学依据，但根据十二律的不同特点颁布不同的政令有一定合理性。

二曰：

黄钟生林钟，林钟生太蔟，太蔟生南吕，南吕生姑洗，姑洗生应钟，应钟生蕤宾，蕤宾生大吕，大吕生夷则，夷则生夹钟，夹钟生无射，无射生仲吕。三分所生，益之一分以上生。三分所生，去其一分以下生。黄钟、大吕、太蔟、夹钟、姑洗、仲吕、蕤宾为上，林钟、夷则、南吕、无射、应钟为下。

大圣①至理②之世，天地之气，合而生风。日至③则月钟④其风，以生十二律。仲冬日短至，则生黄钟。季冬生大吕。孟春生太蔟。仲春生夹钟。季春生姑洗。孟夏生仲吕。仲夏日长至，则生蕤宾。季夏生林钟。孟秋生夷则。仲秋生南吕。季秋生无射。孟冬生应钟。天地之风气正，则十二律定矣。

黄钟之月，土事⑤无作，慎无发盖，以固天闭地，阳气且泄。

大吕之月，数将几终，岁且更起，而农民，无有所使。

太蔟之月，阳气始生，草木繁动，令农发土，无或失时。

夹钟之月，宽裕和平，行德去刑，无或作事，以害群生。

姑洗之月，达道通路，沟渎修利，申之此令，嘉气趣至。

仲吕之月，无聚大众，巡劝农事，草木方长，无携民心。
蕤宾之月，阳气在上，安壮养侠，本朝不静，草木早槁。
林钟之月，草木盛满，阴将始刑，无发大事，以将阳气。
夷则之月，修法饬刑，选士厉兵，诘诛不义，以怀远方。
南吕之月，蛰虫入穴，趣农收聚，无敢懈怠，以多为务。
无射之月，疾断有罪，当法勿赦，无留狱讼，以亟以故。
应钟之月，阴阳不通，闭而为冬，修别⑥丧纪⑦，审⑧民所终。

【字词注解】

① 大圣：道德完善、智能最超绝、通晓万物之道的人，有时用以称帝王。
② 至理："理"当作"治"，至理即至治，指最好的政治局面。
③ 日至：指夏至和冬至。夏至又称长至，冬至又称短至。
④ 钟：聚集。
⑤ 土事：土木建筑等事。
⑥ 别：区别，辨别。
⑦ 丧纪：丧事的纲纪。
⑧ 审：正。

【精彩解说】

第二：

黄钟律生林钟律，林钟律生太蔟律，太蔟律生南吕律，南吕律生姑洗律，姑洗律生应钟律，应钟律生蕤宾律，蕤宾律生大吕律，大吕律生夷则律，夷则律生夹钟律，夹钟律生无射律，无射律生仲吕律。将作为基准的音律度数分为三等分，增加其中的一分，就向上生出新律。将作为基准的音律度数分为三等分，减去其中的一分，就向下生出新律。黄钟、大吕、太蔟、夹钟、姑洗、仲吕、蕤宾为上生音律，林钟、夷则、南吕、无射、应钟为下生音律。

在最清明太平的时代，天气与地气会合而产生风。日至，月亮就会聚集该月的风，从而产生了十二音律。仲冬之月，有白天最短的冬至那天，产生出黄钟。季冬月产生出大吕律。孟春月产生出太蔟律。仲春月产生出夹钟律。季春月产生出姑洗律。孟夏月产生出仲吕律。仲夏月，有白天最长的夏至那天，产生出蕤宾律。季夏月产生出林钟律。孟秋月产生出夷则律。仲秋月产生出南吕律。季秋月产生出无射律。孟冬月产生出应钟律。天地之气相合的风全部正常，十二音律就可以确定了。

律应黄钟的农历十一月，不要进行破土动工建筑的事，不可揭开盖藏的物品，这样天地就会封闭，否则阳气就会泄漏。

律应大吕的农历十二月，一年将近终结，新的一年即将开始，此时应该让农民专心农事，不可征役。

律应太蔟的农历一月，阳气开始生发，草木萌动，要督促农民动土耕种，不要错过农时。

律应夹钟的农历二月，政令要宽容仁厚，实施仁德，缓除刑罚，不可兴师动众，妨害众生。

律应姑洗的农历三月，要疏通道路，整修沟渠，申明命令，美善之气就会迅速到来。

律应仲吕的农历四月，不要征调民众，要劝勉农事，草木正在生长，不可扰民。

律应蕤宾的农历五月，阳气在上，要养育壮丁豪杰，朝政如果不安定，草木就会过早枯萎。

律应林钟的农历六月，草木丰盛，阴气将要开始杀灭万物，不可大动土木、兴师动众，以便蓄养阳气。

律应夷则的农历七月，要完善刑法，选拔武士，修整兵器，声讨、诛杀不义之人，以安抚怀柔远方。

律应南吕的农历八月，蛰虫钻进洞穴，这时要催促农民尽快收割和储藏，不可松懈，争取多收多藏。

律应无射的农历九月，迅速判决有罪的人，触犯法律的严惩不贷，不要遗留诉讼案件，处理要从速，而且要依据法典行事。

律应应钟的农历十月，阴阳之气不通，天地之气闭塞，时令进入冬季，这时可以整治丧事制度，按照贵贱等级慎重处理丧葬事宜。

音 初

〔题解〕

本篇记叙了中国古代四方音乐的产生时间和背后故事，有助于我们对古代音乐进行研究。文章末尾作者认为只有使德行得到修正，音乐才会和谐。

三曰：

夏后氏孔甲田于东阳萯山。天大风，晦盲①，孔甲迷惑，入于民室。主人方乳，或曰："后来，是良日也，之子是必大吉。"或曰："不胜也，之子是必有殃。"后乃取其子以归，曰："以为余子，谁敢殃之？"子长成人，幕动坼橑②，斧斫斩其足，遂为守门者。孔甲曰："呜呼！有疾，命矣夫！"乃作为《破斧》之歌，实始为东音。

禹行功，见涂山之女。禹未之遇而巡省南土。涂山氏之女乃令其妾候禹于涂山之阳。女乃作歌，歌曰："候人兮猗。"实始作为南音。周公及召公取风焉，以为《周南》《召南》。

周昭王亲将征荆。辛馀靡长且多力，为王右。还反涉汉，梁败，王及蔡公抎③于汉中。辛馀靡振王北济，又反振蔡公。周公乃侯之于西翟，实为长公。殷整甲徙宅西河，犹思故处，实始作为西音。长公继是音以处西山。秦缪公取风焉，实始作为秦音。

有娀氏有二佚④女，为之九成之台，饮食必以鼓。帝令燕往视之，鸣若谥隘⑤。二女爱而争搏之，覆以玉筐。少选，发而视之，燕遗二卵，北飞，遂不反。二女作歌，一终曰："燕燕往飞。"实始作为北音。

凡音者，产乎人心者也。感于心则荡乎音，音成于外而化乎内。是故闻其声而知其风，察其风而知其志，观其志而知其德。盛衰、贤不肖、君子小人皆形于乐，不可隐匿。故曰：乐之为观也，深矣。

土弊则草木不长，水烦则鱼鳖不大，世浊则礼烦⑥而乐淫。郑卫之声、桑间之音，此乱国之所好，衰德之所说。流辟、誂越⑦、愬滥之音出，则滔荡之气、邪慢之心感矣；感则百奸众辟从此产矣。故君子反道以修德，正德以出乐，和乐以成顺。乐和而民乡方矣。

【字词注解】

① 晦盲：指光线昏暗。
② 橑：屋椽。
③ 抎：失坠，坠落。
④ 佚：美。
⑤ 謞隘：象声词，燕鸣声。
⑥ 烦：搅扰，这里指酒浑。
⑦ 誂（tiǎo）越：声音飞荡。

【精彩解说】

第三：

夏朝君主孔甲在东阳萯山打猎，遇上了大风，当时天色已昏暗，孔甲迷失了方向，走进一户百姓家。这家人正在生孩子。于是就有人说："国君到来，这是好日子啊，这个孩子将来一定大吉大利。"但是也有人说："国君亲自到来，这怎么能承受得起呢？这个孩子一定会有灾难。"孔甲于是把这个孩子带了回去，说："让他做我的儿子，谁敢害他？"这个孩子长大后，有一次帐幕突然断了，屋椽裂开，斧子掉下来砍断了他的脚。于是孔甲就让他做守门之官。孔甲叹息道："哎！他竟然成了残废，是命里注定的吧！"于是创作出《破斧》之歌。这是东方最早的音乐。

禹巡视治水情况时，遇到了涂山氏之女。禹还没有与她成婚，就匆忙赶到南方巡视去了。涂山氏之女就叫她的侍女在涂山南坡迎候禹。她创作了一首歌，歌中唱道："盼望回归的人啊！"这是南方音乐创作的开始。周公和召公曾搜集民间歌谣，把它命名为《周南》《召南》两部乐曲。

周昭王亲自率军征伐楚国。辛馀靡身高力大，坐在昭王的车右。军队撤回时渡汉水，这时桥坏了，昭王和蔡公都坠落水中。辛馀靡救起昭王游上北岸，又返回救出蔡公。昭公于是封他为侯，做一方诸侯之长，这就是长公。商王迁都西河后，还思念故地，便创作了最早的西方音乐。长公继承了这样的音乐，居住在西方山中。秦穆公搜集民间歌谣，开始创作秦国的音乐。

有娀氏有两个美女，并给她们造起了九层的楼阁让她们居住，饮食时用鼓传信。天帝让燕子去察看她们。燕子去了，鸣叫时发出谥隘的叫声。两个美女很喜欢燕子，争着捕捉燕子，并用玉筐罩住。过了一会儿，揭开筐一看，燕子留下两个蛋，向北飞去，再也没有飞回来。两个美女作了一首歌，歌中唱道："燕子燕子展翅飞。"这是最早的北方音乐。

大凡音乐，是从人的内心产生出来的。心中有所感受，就会在音乐中表现出来，音乐表现于外而化育于内。因此，听到某一地区的音乐就能了解它的风俗，考察它的风俗就知道它的志趣，观察它的志趣就知道它的德行。兴盛与衰亡、贤明与不肖、君子与小人都会在音乐中表现出来，不可隐藏。所以说：音乐作为一种观察的对象，它所反映的是相当深刻的。

土质恶劣，草木就不能生长；水流浑浊，鱼鳖就不能长大；社会黑暗，礼仪就会混乱，音乐就会糜烂。郑卫之声、桑间之乐，这是政治混乱的国家、道德沦丧的君主所喜爱的。淫邪、放荡的音乐产生出放荡不羁的风气，人的内心就会受到熏染。内心受到这种熏染，各种各样的邪念就会产生。所以，君子应回归道义，进行品德修养，而品德修养需要制作纯正的音乐，合宜的音乐会理顺人心民情。音乐和谐了，百姓就回归道义了。

制　乐

〔题解〕

本篇指出政治和音乐有一定的关系。文章列举了成汤、周文王等人逢凶化吉的故事，说明有善心、做善事才能远离怪异之事。

四曰：

欲观至乐①，必于至治②。其治厚者其乐治厚③，其治薄者其乐治薄，乱世则慢以乐矣。

今窒④闭户牖⑤，动天地，一室也。

故成汤之时，有谷生于庭，昏而生，比⑥旦而大拱⑦。其吏请卜其故。汤退卜者曰："吾闻祥者福之先者也，见祥而为不善，则福不至。妖者祸之先者也，见妖而为善，则祸不至。"于是早期晏退，问疾吊丧，务镇抚百姓。三日而谷亡。故祸兮福之所倚，福兮祸之所伏。圣人所独见，众人焉知其极？

周文王立国⑧八年，岁六月，文王寝疾⑨五日而地动⑩，东西南北不出国郊。百吏皆请曰："臣闻地之动，为人主也。今王寝疾五日而地动，四面不出周郊，群臣皆恐，曰'请移之'。"文王曰："若何其移之也？"对曰："兴事动众，以增国城，其可以移之乎。"文王曰："不可。夫天之见妖也，以罚有罪也。我必有罪，故天以此罚我也。今故兴事动众以增国城，是重吾罪也。不可。"文王曰："昌也请改行重善以移之，其可以免乎。"于是谨其礼秩⑪、皮革⑫，以交诸侯；饬其辞令、币帛，以礼豪士；颁其爵列、等级、田畴，以赏群臣。无几何，疾乃止。文王即位八年而地动，已动之后四十三年。凡文王立国五十一年而终。此文王之所以止殃翦妖也。

宋景公之时，荧惑在心⑬。公惧，召子韦而问焉，曰："荧惑在心，何也？"子韦曰："荧惑者，天罚也；心者，宋之分野也。祸当于君。虽然，可移于宰相。"公曰："宰相，所与治国家也，而移死焉，不祥。"子韦曰："可移于民。"公曰："民死，寡人将谁为君乎？宁独死！"子韦曰："可移于岁。"公曰："岁害则民饥，民饥必死。为人君而杀其民以自活也，其谁以我为君乎？是寡人之命固尽已，子无复言矣。"子韦还走⑭，北面⑮再⑯拜曰："臣敢贺君。天之处高而听卑。君有至德之言三，天必三赏君。今夕荧惑其徙三舍⑰，君延年二十一岁。"公曰："子何以知之？"对曰："有三善言，必有三赏，荧惑必三徙舍。舍行七星，星一徙当一年，三七二十一，臣故曰君延年二十一岁矣。臣请伏于陛下以伺候之。荧惑不徙，臣请死。"公曰："可。"是夕荧惑果徙三舍。

【字词注解】

① 至乐：极美的音乐。
② 至治：最完美的政治。
③ 乐治厚：重视用音乐来治理政治。治厚，重视政治，亦即政治受到重视。
④ 窒：阻塞，不通。
⑤ 牖（yǒu）：窗。
⑥ 比：及。
⑦ 拱：两手合围。
⑧ 立国：指即位。
⑨ 寝疾：卧病在床。
⑩ 地动：大地震动。
⑪ 礼秩：指礼仪等第和爵禄品级。
⑫ 皮革：带毛的兽皮和去毛的兽皮。皮革在古代很贵重，故下句说"以交诸侯"。
⑬ 荧惑在心：荧惑星出现在心宿的位置。荧惑，火星，因此星隐现不定，令人迷惑，故名。心，心宿，二十八宿之一。
⑭ 还走：同"还避"，离其所立之处，逡巡避让，表示恭敬。
⑮ 北面：按中国古礼，君主的座位设在朝堂北面，君主南面而坐，臣拜君必须面向北。
⑯ 载：通"再"。
⑰ 三舍：二十八宿，一宿为一舍。三舍指三座星宿的位置。

【精彩解说】

第四：

想要欣赏最完美的音乐，必定要有国家最好的政治局面。那些重视政治的国家，就会重视用音乐来治理它；那些不重视政治的国家，就不重视用音乐来治理它；待到乱世，音乐已无节制了。

乐于为治的人，即使关闭了门窗，在房间之中也能感动天地。

商汤在位的时候，庭院中长出一棵奇异的谷苗，黄昏时生出，到黎明时已经有两手合围那么粗了。汤的臣子让卜人占卜出现的原因。商汤却辞退卜人说："我听说，吉祥是福佑的先兆，但是如果遇到吉兆却做不善的事，那么也就不会得到福佑。怪异的现象是灾祸的先兆，但是如果遇到怪异的现象而做好事，灾祸就不会降临。"于是他很早上朝，很晚退朝，勤理政务，慰问病人，抚恤死者家属，安抚百姓。三天之后，谷子就消失了。所以说，祸是福所依存的对象，福又是祸的栖息地。这个道理只有圣人才能认识到，一般人哪里会知道事物变化的最终结果呢？

周文王即位第八年的六月，文王卧病在床已经五天，当时发生地震，震动范围东西南北在国都四郊之内。百官都来请示说："大家都听说，地震出现是因为君主的缘故。如今大王您卧病五天而地震，震动范围不超出国都四郊，群臣都十分恐惧，都说'请求您转移灾祸'。"文王说："怎么移走它呢？"百官回答说："征调民众，来增筑国都的城墙，也许就能把灾祸移走吧。"文王说："不行。上天之所以显现怪异，是用来惩罚有罪的人。我必定有罪，所以上天以此来惩罚我。如今为此而征发民众来增筑国都城墙，这是加重我的罪过。这么做万万不可。"文王又说，"我准备改过自新，多做善事来转移上天的惩罚，或许能免除灾祸吧。"于是，文王慎重地处理礼仪法度，以交好诸侯；整饬辞令、币帛，用以礼贤下士；颁布爵位、等级、土地，以赏赐群臣。很快，文王的病就痊愈了。文王即位的第八年发生了地震，地震之后又统治了四十三年，一共在位五十一年然后才驾崩。这是文王消灾的方式恰当。

宋景公在位时，荧惑出现在心宿的位置。景公很害怕，就召见子韦询问原因，说："荧惑出现在心宿，这是什么原因呢？"子韦说："荧惑是上天对下界惩罚的妖星，心宿是宋国的分野，预示着您要有祸殃。虽然如此，您可以把灾祸转移给宰相。"景公说："宰相是跟我一起治理国家的人，把灾祸转给他，这不吉利。"子韦说："可把灾祸转移给百姓。"景公说："百姓死了，我还给谁当国君呢？我宁肯自己去死！"子韦说："可以把灾祸转移给农业收成。"景公说："年成不好，百姓就会挨饿，作为国君却害死百姓以自保，那谁还会把我当作国君呢？这是我的寿命本来已经到头了，你不需要再说了。"子韦离开所站立之处恭敬地避让，面向北再拜说："我祝贺您，天虽然居在高处却可以听到地上的声音。您刚才说出了最美善的三句话，上天一定会奖赏您三次。所以今夜荧惑一定会迁移三舍，您能延寿二十一年。"景公说："你凭什么知道的呢？"子韦回答说："您有三句美善的话，所以必得三次奖赏，因此荧惑一定会迁移三舍的。每迁移一舍要经过七颗星，一颗星代表一年的寿命，三七二十一，所以为臣说您能延寿二十一年。臣请求守候在官殿台阶下观察荧惑迁移。如果荧惑不迁移，为臣甘愿受死。"景公说："可以。"当天夜里荧惑果然迁移了三舍。

明　理

〔题解〕

本篇指出人事的善恶和国家的妖异兴亡有一定的联系。文章阐述了乱世会产生各种妖异的现象，告诉君主要修正养德从而避免乱世。

五曰：

五帝三王之于乐尽之矣。乱国之主未尝知乐者，是常主也。夫有天赏得为主，而未尝得主之实，此之谓大悲。是正坐于夕室也，其所谓正乃不正矣。

凡生，非一气①之化也；长，非一物②之任也；成，非一形之功③也。故众正之所积，其福无不及也；众邪之所积，其祸无不逮也。其风雨则不适，其甘雨则不降，其霜雪则不时，寒暑则不当，阴阳失次，四时易节④，人民淫烁不固，禽兽胎消不殖，草木庳⑤小不滋，五谷萎败⑥不成。其以为乐也，若之何哉？

故至乱之化⑦：君臣相贼⑧，长少相杀，父子相忍⑨，弟兄相诬，知交相倒⑩，夫妻相冒，日以相危，失人之纪，心若禽兽，长邪⑪苟利，不知义理。

其云状有若犬，若马，若白鹄，若众车；有其状若人，苍衣赤首，不动，其名曰"天衡"；有其状若悬旍而赤，其名曰"云旍"；有其状若众马以斗，其名曰"滑马"；有其状若众植华以长，黄上白下，其名"蚩尤之旗"。

其日有斗蚀，有倍僪（jué）、有晕珥，有不光，有不及景，有众日并出，有昼盲，有霄见。

其月有薄蚀，有晖珥⑫，有偏盲，有四月并出，有二月并见，有小月承大月，有大月承小月，有月蚀星，有出而无光。

其星有荧惑，有彗星，有天棓，有天欃，有天竹，有天英，有天干，有贼星，有斗星，有宾星。

其气有上不属⑬天，下不属地，有丰上杀⑭下，有若水之波，有若山之楫；春则黄，夏则黑，秋则苍，冬则赤。

其妖孽有生如带，有鬼投其痹⑮，有菟生雉，雉亦生鴳（yàn）。有螟集其国，其音匋匋。国有游蛇西东，马牛乃言，犬彘乃连。有狼入于国，有人自天降，市有舞鸱，国有行飞。马有生角，雄鸡五足，有豕生而弥⑯，鸡卵多殰⑰，有社迁处，有豕生狗。

国有此物，其主不知惊惶瓯革，上帝降祸，凶灾必瓯。其残亡死丧，殄⑱绝无类，流散循饥无日矣。此皆乱国之所生也，不能胜数，尽荆、越之竹，犹不能书。故子华子曰："夫乱世之民，长短颉䜣（wǔ）百疾，民多疾疠，道多褴褛，盲秃伛尪，万怪皆生。"故乱世之主，乌闻至乐？不闻至乐，其乐不乐。

【字词注解】

① 一气：古代哲学家以为一切事物都由阴阳二气交合产生。一气单指阴气或阳气。

② 一物：古代哲学家认为万物的生长都靠金木水火土五行的作用。一物指五行中的任何一个。

③ 非一形之功：言万物的形成绝不是一个形体的功劳。

④ 易节：改变了节气。

⑤ 庳（bì）：矮小，短小。

⑥ 萎败：植物枯槁而死亡。

⑦ 化：习俗，风气。

⑧ 相贼：互相残害。

⑨ 相忍：互相残忍对待。

⑩ 相倒：互相倒逆，即互相背叛。

⑪ 长邪：擅长于奸邪之事。
⑫ 晖珥（ěr）：月亮周围的光晕。
⑬ 属：连接。
⑭ 杀：少。
⑮ 陴（pí）：城墙上呈凹凸形的矮墙。
⑯ 弥：这里指蹄不生甲。
⑰ 毈（duàn）：指鸡卵孵化不出。
⑱ 殄（tiǎn）：灭绝。

【精彩解说】

第五：

五帝三王时的音乐已经非常完美了。世道混乱国家的君主并不真正懂得音乐，这是由于他们都是平庸的君主。依靠上天的赏赐成为君主，然而并没有具备君主的真才实能，这是最可悲的事。所以，尽管这些君主坐在倾斜的屋子里，自己以为坐正了，其实并不正。

万物的萌生不是单靠阳气或单靠阴气产生出来的；万物的生长，不是某个物体单独能够承担的；万物的形成，不是一种东西就能够独自实现的。因此，正义之气积聚的地方，幸福就会无所不至；邪恶之气积聚的地方，灾祸难以控制。那里的风雨就会不合时令，就不会降落及时雨，霜雪就会不合季节，寒暑就会失当，阴阳失常，四季不合节令，人们淫乱而不能生育，禽兽不能繁殖，草木矮小不能长大，五谷枯萎不能成熟。在这种环境下产生的音乐会怎么样呢？

所以，极端混乱的社会风气是：君臣互相残害，老少互相杀戮，父子残忍相待，弟兄互相欺诈，朋友互相背叛，夫妻互相冒犯，人们天天相互危害，人伦丧失，人心如同禽兽，长于邪恶，钻营求利，不知道道义事理为何物。

太空中云的形状有的像狗，像马，像天鹅，像各种各样的车；有的像人，穿青色的衣服，有红色的头，动也不动，它的名字叫"天衡"；有的形状像红色的旌旗，它的名字叫"云旍"；有的形状像众马争斗，它的名字叫"滑马"；有的形状像众多稍长的菌类，颜色上黄下白，它的名字叫"蚩尤之旗"。

这时的太阳会出现日食，有时太阳周围出现光晕，有时暗淡无光，有时光照下不产生阴影，有时许多个太阳一齐在空中出现，有时白天无日，有时夜间出现太阳。

这时的月亮有时出现月食，有时月亮周围出现光晕，有时半边昏暗，有时四个月亮同时出现，有时两个月亮同时出现，或者小月托着大月，或者大月捧着小月，有时月亮掩盖星光，有时月出而无光。

这时出现的妖星有荧惑，有彗星，有天棓，有天欃，有天竹，有天英，有天干，有贼星，有斗星，有宾星。

这时的雾气有时上不到天，下不接地，有时上大下小，有时像水的波浪，有时像山的林木；雾气在春天是黄色的，在夏天是黑色的，在秋天是苍色的，在冬天是红色的。

这时产生的妖孽有的形状如带子，有鬼怪跳上矮墙，有兔子生出野鸡，野鸡又生出鸹。有螟虫飞聚在国都，发出匈匈的声音，令人恐怖。游蛇在国都内忽西忽东四处乱窜，马牛竟然开口说话，狗猪互相交配。有狼闯入国都，有妖人从天而降，街市里有飞舞的鸱鸮，有怪兽在国都内横行。有马生角，雄鸡五只脚，有猪生下来没有蹄甲，鸡卵多孵化不出小鸡，祭祀土神的社庙自己换了地方，出现猪生狗的现象。

国家有这些怪异现象出现，君主却不知惊惶，不知迅速改革，天帝就会降下灾祸。国家败亡、君主丧命绝后、人民流离失散遭受饥荒的日子就快到了。这些都是政治混乱的国家发生的怪异现象，多得数不清，用尽楚越的竹子也写不完。所以，子华子说："乱世的百姓，没有节度，是非错乱，百病丛生，民众就会多患病，道路旁就会有很多弃婴，瞎眼、秃头、驼背、鸡胸的人，各种各样的怪病都会出现。"因此，乱世的君主怎么能听到最和谐的音乐呢？听不到最和谐的音乐，他的音乐就不会使人快乐。

拓展阅读

汉文帝改善刑罚

从殷商时代起，就有很多严苛的刑罚。秦始皇统一天下后，更不讲仁义礼乐，使用名目繁多的各种刑罚治国，秦朝的灭亡和这些严酷的刑罚有很大的关系。

汉朝建立后，吸取秦朝的教训，在刑罚上宽松了很多。但建国之初，国内还有一些作乱的诸侯，天下还不太平，丞相萧何为了稳固朝政，依然保留了夷三族和肉刑。

汉文帝即位不久后，他让大臣们商议废除让百姓深受其苦的连坐法。在汉文帝的坚持下，连坐、夷三族等严刑终于废除，百姓十分高兴。不久汉文帝又废除了野蛮的肉刑，而引发废除肉刑的导火索，是一个叫淳于缇萦的小姑娘。

公元前167年，临淄有个叫淳于意的书生，他医术高超，读书之余经常给人治病。直到后来做了太仓县的县令，他依然抽时间为人们看病。

有一次，有个大商人请他为妻子治病，没想到被他治死了。商人把他告到了官府，说他是庸医杀人。当地的官吏判了他肉刑，要把他押解到长安去受刑。

淳于意被关进囚车，前往长安，他的五个女儿跟在车后，伤心地哭个不停。淳于意叹了口气："可惜我没有男孩，遇到急难，一个有用的也没有。"最小的女儿淳于缇萦听到父亲这么说，又是悲伤，又是气愤，决定随父亲到长安，想办法救回父亲。

淳于缇萦到长安后，找到皇宫，跪在宫门外，给皇帝上书。

信上写着："我父亲做县令的时候，大家都说他是好官。现在他犯了罪，要受到肉刑的处分。我不但为父亲感到难过，也为其他要受肉刑的人难过。脚被砍掉，或者鼻子被割掉，就不能再安上去了，以后就是想改正错误也没有机会了。我愿意被公家没收为奴婢替父亲免除肉刑，恳求皇上开恩！"

汉文帝本来就觉得肉刑太过残忍，淳于缇萦的信更激起了他的同情心。他把大臣们召集起来，说："上古时，一个人犯了法，只需要画地为牢，百姓就不敢再犯。今人犯法，处以严刑，依然奸恶不止，这都是因为皇帝德行太浅，教化不明啊。一个人因犯罪受罚本是应该的，但毁坏身体这样严厉的刑罚，怎么能劝人为善呢？使健康人终身残疾，这样的刑罚是不人道。剥夺子民改过自新的机会，更不是民之父母应该做的事，你们商量一个代替肉刑的办法吧。"

大臣们商量后，把肉刑改成了笞刑。原本要砍脚的，改为打五百板；原本要割鼻子的，改为打三百板；原本要在脸上刺字的，改为做苦工。

汉文帝废除肉刑，被视为中国古代刑制由野蛮进入文明的转折点，虽然还有不足之处，但相对于过去残酷、没有人道的刑罚来说，却是一个很大的进步。

◎ 孟秋纪第七 ◎

孟 秋

[题解]

孟秋指的是农历七月。本篇介绍了孟秋时节的天文地理、动物植物、饮食服饰等情况,论述了君主应如何处理军事、法律、农业等国家大事。

一曰:

孟秋之月,日在翼,昏斗中,旦毕中。其日庚辛,其帝少皞,其神蓐收,其虫毛,其音商,律中夷则。其数九,其味辛,其臭腥,其祀门,祭先肝。凉风至,白露降,寒蝉鸣,鹰乃祭鸟,始用刑戮。天子居总章左个,乘戎路,驾白骆,载白旂,衣白衣,服白玉,食麻与犬,其器廉以深。

是月也,以立秋。先立秋三日,太史谒之天子曰:"某日立秋,盛德在金。"天子乃斋。立秋之日,天子亲率三公、九卿、诸侯、大夫,以迎秋于西郊。还,乃赏军率武人于朝。天子乃命将帅,选士厉兵,简练桀俊,专任有功,以征不义,诘诛暴慢,以明好恶,巡①彼远方②。

是月也,命有司修法制,缮③囹圄,具④桎梏,禁止奸,慎⑤罪邪,务搏执;命理瞻伤察创、视折审断,决狱讼,必正平,戮有罪,严断刑。天地始肃,不可以赢。

是月也,农乃升谷,天子尝新,先荐寝庙。命百官始收敛,完堤防,谨壅塞,以备水潦;修宫室,坿⑥墙垣,补城郭。

是月也,无以封侯、立大官,无割土地、行重币⑦、出大使。

行之是令,而凉风至三旬。

> 孟秋行冬令，则阴气大胜，介虫⑧败谷，戎兵乃来；行春令，则其国乃旱，阳气复还，五谷不实；行夏令，则多火灾，寒热不节，民多疟疾。

【字词注解】

① 巡：顺，使归顺。
② 远方：指边远之地。
③ 缮：修缮。
④ 具：具备。
⑤ 慎：告诫。
⑥ 坿（fù）：培土加高。
⑦ 重币：厚礼。
⑧ 介虫：指有甲壳的甲虫和龟蟹之类动物，是中国古代所称的五虫之一。介，甲。

【精彩解说】

第一：

孟秋七月，太阳的位置在翼宿，黄昏时斗宿出现在南方中天，黎明时毕宿出现在南方中天。孟秋天干属庚辛，它的主宰之帝是少暤，佐帝之神是蓐收，应时的动物是以麒麟为首的虎豹类，声音是五音中的商音，音律则与十二律中的夷则相合。这个月的数字是九，味道辛酸，气味腥臊，要举行门祭，祭祀时要先奉上肝脏作为祭品。在这个月，凉风到了，白露降下，寒蝉在树上鸣叫，鹰击杀飞鸟摆放在河边，像摆放祭品一样。这个月开始实施刑罚和杀戮以顺应秋气。天子住在西向明堂的左侧室，乘坐白色的兵车，驾着白色的高头大马，在车上插着白色龙旗，穿着白色的衣服，佩戴白玉，吃麻籽和狗肉，使用有棱角而深邃的器物。

在这个月立秋。立秋前三天，太史禀告天子说："某日立秋，盛德在金。"于是天子就斋戒。立秋那天，天子亲率三公、九卿、诸侯、大夫，到西郊去恭候迎接秋的来临。回朝后天子在朝廷赏赐将军和兵士。天子命令将帅挑选兵士和修整兵器，精选训练勇武强壮的武士，诚心委任战功显赫的将士，征讨邪恶有罪的人，追究诛伐凶恶怠慢的人，以表明爱憎，惩治奸邪，使远方都来归顺。

在这个月，天子命令负责诉讼的官吏整饬刑法，修缮牢狱，预备刑具，禁止奸邪事件发生，告诫有罪的人，务必绳之以法；命令负责狱事的官吏察看被伤害者，审定被折断肢体的程度，判决争讼，必须公正，对于犯罪的人要严惩不贷，严格执法。天地开始出现肃杀之气，所以不可盛气骄盈。

在这个月，农夫开始进献最新的五谷，天子尝食新的谷物，在尝之前首先要奉献给寝庙。天子命令百官开始征收租税，修缮堤坝，检查水道有无堵塞，防备水涝灾害；修整宫室墙院，修补城郭。

在这个月，天子不要分封诸侯，不要任命公卿之类的大官，不要赏赐土地，不要馈送重礼，不要委派使节出访国外。

在这个月实施推行这些政令，凉风就会到来，三旬中每旬来一次。

在孟秋七月，如果推行本应在冬天才实行的政令，那么阴气就过于旺盛，甲壳动物就会毁坏谷物，敌军就会来侵扰；如果推行本应在春天才实行的政令，那么国内就会出现干旱，阳气就会重起，五谷不能结实；如果推行本应在夏天才实行的政令，那么火灾就会经常发生，寒热就会失当，百姓多会染上疟疾。

荡 兵

〔题解〕

"荡兵"就是发动战争的意思。本篇讨论了战争缘起，表明战争不会停止和消失。有正义之战，有非正义之战，作者强调了"义兵"在社会斗争中起到的积极作用。

二曰：

古圣王有义兵而无有偃兵。兵之所自来者上矣，与始有民俱。凡兵也者，威也；威也者，力也。民之有威力，性也。性者，所受于天也，非人之所能为也。武者不能革,而工者不能移。

兵所自来者久矣。黄、炎故①用水火矣,共工氏固次作难矣,五帝固相与争矣。递兴废,胜者用事②。人曰"蚩尤作兵",蚩尤非作兵也,利其械矣。未有蚩尤之时,民固剥林木以战矣,胜者为长。长则犹不足治之,故立君。君又不足以治之,故立天子。天子之立也出于君,君之立也出于长,长之立也出于争。争斗之所自来者久矣,不可禁,不可止。故古之贤王有义兵而无有偃兵。

家无怒笞,则竖子、婴儿之有过也立见;国无刑罚,则百姓之相侵也立见;天下无诛伐,则诸侯之相暴也立见。故怒笞不可偃于家,刑罚不可偃于国,诛伐不可偃于天下,有巧有拙而已矣。故古之圣王有义兵而无有偃兵。

夫有以饐③死者,欲禁天下之食,悖;有以乘舟死者,欲禁天下之船,悖;有以用兵丧其国者,欲偃天下之兵,悖。夫兵不可偃也,譬之若水火然,善用之则为福,不能用之则为祸;若用药者然,得良药则活人,得恶药则杀人。义兵之为天下良药也亦大矣。

且兵之所自来者远矣,未尝少选④不用。贵贱、长少、贤不肖者相与同,有巨有微而已矣。察兵之微:在心而未发,兵也;疾视,兵也;作色,兵也;傲言,兵也;援推,兵也;连反,兵也;侈斗,兵也;三军攻战,兵也。此八者皆兵也,微巨之争也。今世之以偃兵疾说者,终身用兵而不自知悖,故说虽强,谈虽辨⑤,文学虽博,犹不见听。故古之圣王有义兵而无有偃兵。

兵诚义,以诛暴君而振苦民,民之说⑥也,若孝子之见慈亲也,若饥者之见美食也;民之号呼而走之,若强弩之射于深谿⑦也,若积大水而失其壅堤也。中主犹若不能有其民,而况于暴君乎?

【字词注解】

① 故:已经。
② 用事:指治理天下。
③ 饐:通"噎",食物等堵塞喉咙。
④ 少选:一会儿,不多久。

⑤ 辨：通"辩"。
⑥ 说：同"悦"。
⑦ 豀：山谷。

【精彩解说】

第二：

古代的圣王主张正义的战争，所以是不会废止战争的。战争的产生很久远了，是和人类同时产生的。大凡战争，靠的是威猛，而威猛靠的是武力。百姓都希望自己威猛和具有武力，这是人的本性。人的本性是天赋予的，不是人力所能创造的。勇猛的人不能改变它，智慧的人不能迁移它。

战争的出现很久远了。黄帝、炎帝曾经用水火交战，共工氏曾经恣意挑起战争，五帝之间曾经相互展开争斗。他们相继兴起、灭亡，胜利者得以统治民众。有人说"蚩尤最早制造了兵器"，其实兵器并不是蚩尤最先创造的，他只不过是改良了兵器罢了。在他之前，人们就已经砍削林木作为武器进行战斗了，胜者为首领。当了首领还不足以治理好百姓时，就设置国君。国君仍不足以治理好百姓时，就设置了天子。天子从国君中产生，国君从首领中产生，首领从人们的争斗中产生。所以人们之间的争斗由来已久，是不能禁绝的。所以，古代的圣王主张正义的战争，而不主张废止战争。

家中若没有严厉的鞭笞刑罚，小孩子就会出现过错；国家中如果没有刑罚，民众就会相互争夺；天下如果没有征伐，诸侯就会互相侵犯吞并。所以，家中不能废除鞭笞，国家不能废止刑罚，天子不能废止征伐，只不过在方法的使用上有优劣的差别罢了。所以，古代的圣王主张正义的战争，而不会主张废止战争。

如果因为有人吃饭噎死，就要禁止天下人吃饭，这是荒谬的；如果因为有人乘船淹死，就要禁止天下人乘船，这是荒谬的；如果因为有战争而亡国，就要废止天下的所有战争，这同样是荒谬的。战争是不能废止的，就像人们离不开水和火一样，善于利用就会造福百姓，不善于利用就会带来灾祸；就像使用药物一样，用药得当就能把人救活，用药失当就能把人害死。正义的战争正是救治天下的一剂良药，意义重大。

而且战争的由来很久远了，没有一刻废除过。无论贵贱、长少、贤与不肖都是一样的，只是程度和规模的大小差别罢了。考察战争的细微之处：怨恨之意藏在心中没有发作出来是战争，怒目相视是战争，面有怒色是战争，倨傲说话是战争,推拉相搏是战争,脚足相绊是战争,聚众斗殴是战争,三军攻战是战争。这八种情况都是战争,只不过是规模大小不同罢了。如今世上竭力主张废止战争的人,他们终身都在争斗,却不知道自己言行的荒谬。因此,他们的游说虽然雄辩,学问虽然广博,但是他们的主张仍然不被人采纳。所以,古代的圣王主张正义的战争,而不会同意废止战争。

如果确实是发动正义的战争,用以诛杀暴君,拯救苦难的百姓,那么百姓对它的喜悦,就像孝子见到了慈爱的父母,像饥饿的人见到了甜美的食物;百姓呼喊着奔向它,就像强弓射向深谷,像大水冲垮堤坝。如此一来,一般的君主尚且不能得到百姓的拥护,更何况暴君呢?

振 乱

〔题解〕

"振乱"就是平息祸患和战乱的意思。本篇中作者认为应保有正义之战,对墨家的兼爱非攻的思想持反对态度。

三曰:

当今之世浊甚矣,黔首之苦不可以加矣。天子既绝①,贤者废伏②,世主恣行,与民相离,黔首无所告诉。世有贤主秀士,宜察此论也,则其兵为义矣。天下之民,且死者也而生,且辱者也而荣,且苦者也而逸。世主恣行,则中人将逃其君,去其亲,又况于不肖者乎?故义兵至,则世主不能有其民矣,人亲不能禁其子矣。

凡为天下之民长也，虑莫如长有道而息无道，赏有义而罚不义。今之世学者多非乎攻伐。非攻伐而取救守；取救守，则乡之所谓长有道而息无道、赏有义而罚不义之术不行矣。天下之长民③，其利害在察此论也。

攻伐之与救守一实也，而取舍人异。以辨说去之，终无所定论。固不知，悖也；知而欺心，诬也。诬悖之士，虽辨无用矣。是非其所取而取其所非也，是利之而反害之也，安之而反危之也。为天下之长患、致黔首之大害者，若说为深。夫以利天下之民为心者，不可以不熟察此论也。

夫攻伐之事，未有不攻无道而罚不义也。攻无道而伐不义，则福莫大焉，黔首利莫厚焉。禁之者，是息有道而伐有义也，是穷④汤、武之事，而遂桀、纣之过也。凡人之所以恶为无道不义者，为其罚也；所以蕲⑤有道行有义者，为其赏也。今无道不义存，存者，赏之也；而有道行义穷，穷者，罚之也。赏不善而罚善，欲民之治也，不亦难乎？故乱天下、害黔首者，若论为大。

【字词注解】

① 天子既绝：指周朝已经灭亡而秦未称帝之时。
② 伏：隐匿。
③ 长民：给百姓做君主的人。
④ 穷：使……困厄。
⑤ 蕲（qí）：通"祈"，求。

【精彩解说】

第三：

当今社会混乱之极，百姓的苦难到了无以复加的程度。周王朝已经灭绝，贤能之士不受重用而隐匿，昏君恣意胡为，背弃百姓，百姓无处申诉自己的苦难。如果有贤明的君主、德才兼备的人，应该观察到这种状况，那么他们就应该发动正义之师，进行正义的讨伐战争。这样，天下百姓，濒临死亡的便得以生存，蒙受侮辱的就会得以摆脱，受苦难的就会得以安逸。昏君恣意胡为，那么一般的人都将逃离这样的国君，而不能顾及他们的父母，更何况是那些品行不端的人呢？因此，正义之师一旦出现，昏君就不能保有他的百姓了，做父母的也无法阻止自己子女离开了。

凡是当君主的人，所考虑的事莫过于维护公理而消除邪恶，奖赏正义而惩罚不义了。当今世上有很多学者反对攻伐。反对攻伐就必然选取救守；如果选取救守，那么过去曾经有的维护公理、消除邪恶、奖赏正义、惩罚不义的主张就无法实施了。天下的君主，其利害就在于明察这一道理。

　　攻伐与救守，其实质相同，但取舍因人而异。如今世上有些学者反对攻伐、主张救守，这是自相矛盾地宣扬非攻，最终也不会有结果的。本来就不明白自己的主张是矛盾的，那是糊涂；如果明白自己的主张却违背本意，那是欺诈。糊涂、欺诈的人，即使辩说有力也没有什么用处。在是否进行攻伐问题上采取反对攻伐的主张，虽想给百姓带来好处，结果却害了百姓；虽想使百姓安定，结果却使百姓处于危险的境地。因此，给天下带来灾难、使百姓遭受危害的主张中就数这种危害最深了。那些关注天下百姓利益的人，不能不仔细地思考这种主张。

　　攻伐的事，从来都是攻击无道而惩罚不义的。攻击无道而讨伐不义，君主就可以得到最大的福祉，百姓就可以得到最多的好处。禁止攻伐，就是废除公道而惩罚正义，这是毁掉商汤、周武王的惩恶义举而助长夏桀、商纣的罪恶。百姓之所以厌恶无道不义的事，是因为害怕遭到惩罚；人之所以向往公道正义的事，是因为要求得到奖赏。如今施行无道不义的人安然存在，安然存在就等于奖赏他们；而主持公道正义的人却陷入穷困，陷入穷困就等于惩罚他们。赏恶惩善，却想把百姓治理好，不也太难了吗？所以扰乱天下、危害百姓的主张中，危害最深的就要数非攻了。

禁　塞

〔题解〕

　　"禁塞"就是禁止阻塞的意思。本篇论述了不道者心存侥幸，说明有道者才能长久。对于采取防御救守的军事观点，作者做了驳斥，指出有必要保有正义之战。

四曰：

夫救守之心，未有不守无道而救不义也。守无道而救不义，则祸莫大焉，为天下之民害莫深焉。

凡救守者，太上①以说，其次以兵。以说则承从多群，日夜思之，事心任精，起则诵之，卧则梦之，自今单唇干肺②，费神伤魂，上称三皇五帝之业以愉其意，下称五伯名士之谋以信其事，早朝晏罢，以告制兵者，行说语众，以明其道。道毕说单而不行，则必反之兵矣。反之于兵，则必斗争之情，必且杀人，是杀无罪之民以兴无道与不义者也。无道与不义者存，是长天下之害，而止天下之利。虽欲幸而胜，祸且始长。

先王之法曰："为善者赏，为不善者罚。"古之道也，不可易。今不别其义与不义，而疾取救守，不义莫大焉，害天下之民者莫甚焉。故取攻伐者③不可，非攻伐不可；取救守不可，非救守不可：取惟义兵为可。兵苟义，攻伐亦可，救守亦可；兵不义，攻伐不可，救守不可。

使夏桀、殷纣无道至于此者，幸也；使吴夫差、智伯瑶侵夺至于此者，幸也；使晋厉、陈灵、宋康不善至于此者，幸也。若令桀、纣知必国亡身死，殄无后类，吾未知其厉为无道之至于此也；吴王夫差、智伯瑶知必国为丘墟，身为刑戮，吾未知其为不善无道侵夺之至于此也；晋厉知必死于匠丽氏，陈灵知必死于夏徵舒，宋康知必死于温，吾未知其为不善之至于此也。

此七君者，大为无道不义，所残杀无罪之民者，不可为万数。壮佼、老幼、胎牍④之死者，大实⑤平原，广湮深溪大谷，赴巨水，积灰填沟洫⑥险阻。犯流矢，蹈白刃，加之以冻饿饥寒之患，以至于今之世，为之愈甚。故暴骸骨无量数，为京丘若山陵。世有兴主仁士，深意念此，亦可以痛心矣，亦可以悲哀矣。

察此其所自生，生于有道者之废，而无道者之恣行。夫无道者之恣行，幸矣。故世之患，不在救守，而在于不肖者之幸也。救守之说出，则不肖者益幸也，贤者益疑⑦矣。故大乱天下者，在于不论其义而疾取救守。

【字词注解】

① 太上：最上。

② 单唇干肺：形容说话过多。单唇，费尽唇舌。单，通"殚"，尽。干，竭，也是尽之意。

③ 者：当为衍文。

④ 殰（dú）：同"殰""犊"，指流产的胎儿，死胎。

⑤ 实：满，遍。

⑥ 洫（xù）：田间水道。

⑦ 疑：这里是疑惧的意思。

【精彩解说】

第四：

凡是主张救守的人，他的本意不过是守护无道之君、救助不义之主。守护无道之君、救助不义之主，祸害没有比这更大的了，对天下的百姓为害最深的就是这个了。

凡主张救守的人，首先是用言辞劝说放弃攻伐，其次使用兵力御敌。用言辞劝说，就聚集徒众，日夜思虑，费心劳神，醒来后就开始陈述它，睡觉时还梦着它，使自己唇焦肺干，神损魂伤。远的用三皇五帝丰功伟业的例子来取悦用兵的人，近的列举春秋五霸、知名人士的谋略来证明自己的主张。从早上朝会一直到晚上退朝，都在劝说用兵的人退兵。可是讲了很多证明自己主张的道理和事实，话都说尽了，但是自己的主张依然不被采用，这样就必然转而诉诸武力了。采取武力解决，势必就引起战争，战争爆发就必然会有人员伤亡。这是伤害无辜的百姓来助长无道之君和不义之主。无道之君和不义之主的存在，就是增加天下的祸害，阻止天下的好事。这些君主虽然想侥幸取胜，祸患却开始滋长。

先王的法典规定："奖赏行善的人，惩罚作恶的人。"这是自古至今的原则，不能改变。如今不区分正义与非正义，只主张救守，没有比这更不义的事了，没有比这更危害天下百姓的了。因此，不能一概主张使用攻伐，也不能一概反对攻伐；不能一概采用救守，也不能一概反对救守：只有师出正义才是可取的。如果是正义的，那么既可以攻伐，也可以救守；如果是不义的，那么攻伐不行，救守也不行。

致使夏桀、商纣如此荒淫暴虐的是侥幸之心，致使吴王夫差、智伯瑶如此掠夺的是侥幸之心，致使晋厉公、陈灵公、宋康王如此作恶的也是侥幸之心。假如桀、纣知道暴虐无道的下场是国亡身死、子孙断绝，我不相信他们会荒淫无道到如此程度；假如吴王夫差、智伯瑶知道热衷侵略的后果是国家变成废墟，自身被杀戮，我不相信他们会掠夺到如此的程度；假如晋厉公知道他会死在匠丽氏家族之手，陈灵公知道他会死于夏徵舒之手，宋康王知道他会死在温地，我不相信他们会做出那么多的坏事。

这七个国君犯下了滔天罪恶，残杀了无数的无辜百姓。死去的青壮年、老人、儿童以及母腹中的胎儿遍布原野，填塞了深溪大谷，流入大河，堆积的尸体填平了沟渠。百姓冒着飞箭，踩着利刃，还要承受冻饿饥寒的痛苦，这样的情况持续到现在，每况愈下。无数尸骨暴露在野外，埋葬尸体的高坟像山陵一样。现在的圣明之君、仁义之士，深切地忧虑这样的事，感到很是痛心和悲哀。

考察这些悲剧产生的根源，就在于主持公道的人被摒弃不用，而恣行不善的人却在胡作非为。他们之所以能够胡作非为，就是由于心存侥幸。所以，当今世上的祸患，不在于救守，而在于那些恣行不善的人心存侥幸。自从救守的主张提出后，那些无道不义的人更加怀有侥幸之心了，有道正义的人更加疑惧了。因此，严重祸乱天下的根源，就在于那些不区分正义与否，而一概主张救守的人的存在。

怀　宠

〔题解〕

"怀宠"是指留恋君王的恩宠。本篇论述了怎样的士兵才是"义兵"，那就是救民于水火，除民之仇敌。"义兵"入境不胡作非为，不伤及百姓，与民讲诚信，这样人民就会诚心归顺。

五曰：

凡君子之说也，非苟辨①也；士之议也，非苟语也。必中②理然后说，必当义然后议。故说义而王公大人益好理矣，士民黔首益行义矣。义理之道彰，则暴虐、奸诈、侵夺之术息也。暴虐、奸诈之与义理反也，其势不俱胜，不两立。

故兵入于敌之境，则民知所庇矣，黔首知不死矣。至于国邑之郊，不虐五谷，不掘坟墓，不伐树木，不烧积聚，不焚室屋，不取六畜。得民虏奉而题归之，以彰好恶；信与民期③，以夺敌资。若此而犹有忧恨、冒疾、遂过、不听者，虽行武焉亦可矣。

先发声出号曰："兵之来也，以救民之死。子之在上无道，据傲④荒怠，贪戾⑤虐众，恣睢⑥自用也，辟⑦远圣制，警⑧丑先王，排訾⑨旧典，上不顺天，下不惠民，征敛无期，求索无厌，罪杀不辜，庆赏不当。若此者，天之所诛也，人之所雠也，不当为君。今兵之来也，将以诛不当为君者也，以除民之雠而顺天之道也。民有逆天之道、卫人之雠者，身死家戮不赦。有能以家听者，禄之以家；以里听者，禄之以里；以乡听者，禄之以乡；以邑听者，禄之以邑；以国听者，禄之以国。"

故克其国，不及其民，独诛所诛而已矣。举其秀士而封侯之，选其贤良而尊显之，求其孤寡而振恤之，见其长老而敬礼之。皆益其禄，加其级。论其罪人而救出之；分府库之金，散仓廪之粟，以镇抚其众，不私其财；问其丛社、大祠，民之所不欲废者而复兴之，曲加其祀礼。是以贤者荣其名，而长老说其礼，民怀其德。

今有人于此，能生一人，则天下必争事之矣。义兵之生一人亦多矣，人孰不说？故义兵至，则邻国之民归之若流水，诛国之民望之若父母，行地滋⑩远，得民滋众，兵不接刃而民服若化。

【字词注解】

① 辨：通"辩"。

② 中：符合。

③ 期：合。

④ 倨傲：傲慢。倨，通"倨"。
⑤ 贪戾：贪婪暴戾。
⑥ 恣睢（suī）：放纵暴虐。
⑦ 辟：摒除，排除。
⑧ 謷（áo）：诋毁。
⑨ 訾（zǐ）：毁谤，非议。
⑩ 滋：更加。

【精彩解说】

第五：

凡是君子的言论，不是随便的辩说；士人的议论，不是随便的谈论。一定要认为符合道理才说出，一定要认为符合道义才议论。所以，君子和士人的言谈议论，使王公贵族更加崇尚公道了，使士民百姓更加信奉正义了。道义得到彰明，暴虐、奸诈、侵略之类的行为就会止息。暴虐、奸诈与理义截然相反，势必不能两全其美，不能同时存在。

所以，正义之师一旦进入敌国境内，该国的百姓就知道能得到保护了，百姓就知道不会死了。正义之师到达敌国国都、城邑的四郊，不损害庄稼，不刨坟掘墓，不砍伐树木，不烧掉财物粮草，不焚烧房屋，不掠夺六畜。把俘获敌国的百姓都送回去，以此来劝勉良善，惩治邪恶；遵守与民众订立的规定，这样就会取信于民，以此争取敌国的民众。做完这些如果还有怨恨妒忌、顽固不化、拒不从命的人，那么即使对他们动用武力也未尝不可。

征伐前，先发布檄文，昭告天下说："这次出兵，是为了拯救百姓的生命。你们的国君荒淫无道，傲慢懈怠，贪婪暴虐，自以为是，背弃圣王法制，使先代君王蒙受耻辱，排斥诽谤先代法典，上不顺承天意，下不爱抚百姓，横征暴敛，贪得无厌，滥杀无辜，奖赏不明。像这样的人，必定要为上天所诛灭，是百姓的仇人，这种人根本不配做国君。如今大军到此，就是要诛灭不配做国君的人，就是要为百姓报仇雪恨，就是要顺应天意，替天行道。如果有人违背天意，维护百姓仇人的，就要家破人亡，绝不赦免。如果有人能够带领全家归顺的，就要赏给他一家人的俸禄；有人能够率领一里的人归顺的，就要赏给他一里人的俸禄；带领一乡归顺的，就要赏给他一乡人的俸禄；带领一邑归顺的，就要赏给他一邑人的俸禄；带领一国百姓归顺的，就要赏给他一国人的俸禄。"

所以，攻取无道的国家而不殃及该国百姓，只杀无道之君就行了。还要举荐敌国优秀人才，赐给他们土地、爵位；选拔敌国德才兼备的人，授予他们高官显位；寻访敌国的孤儿寡妇，救济他们；接见敌国的老年人，尊重礼遇他们。增加他们的俸禄，提高他们的爵位级别。清理狱讼，释放无辜被囚者，发放库中的财物和粮仓中的粮食，用以安定抚恤敌国的百姓而不把敌国的财物占为己有；询问敌国的祭祀之事，重新兴建他们不愿意废弃的土地庙以及太庙，并按照一定的方法进行祭礼。这样，贤人就会为得到名声感到荣耀，老年人为受到礼遇感到高兴，百姓就会感激他的恩德。

假如有一个人，能够救活一个濒临死亡的人，那么天下的人就一定会竞相归服他。正义之师救活的人不计其数，人们谁不乐意？所以，正义之师一旦来到，邻国的百姓就像流水一样归附，被伐国家的百姓就像盼望父母一样。正义之师经过敌国的地方越大，归顺的百姓就越多，不用交战而百姓就像被教化并归服。

拓展阅读

商汤伐夏

夏朝末年，桀登王位。他骄奢残暴，任用小人，不断压榨奴役国内百姓，激起了百姓的强烈不满。就在夏朝衰落的时候，商国渐渐强大起来。

商国的国君汤知人善任，有仁德。他看到夏朝的局势越来越动荡了，就起用了出身寒微但极有才干的伊尹为右相。在伊尹的辅佐下，商汤大力发展农耕，铸造兵器，训练军队，国力更加强盛起来。

夏朝大臣赵梁觉得汤对夏朝来说，是个巨大的威胁，劝桀早点消除这个隐患，桀把这件事放在了心上。桀召汤到都城议事，等他一到都城，桀就命人把他抓起来关在了夏台。商国人急坏了，大家想尽办法终于把商汤救了出来。

汤回来后，准备讨伐夏桀。他先稳住了桀，私下则积极和诸侯结盟，发展国力，蓄积力量。公元前16世纪，九夷中许多部落受不了桀的欺压，纷纷叛离。商汤看到伐夏的时机已经成熟，果断下令起兵伐夏。夏朝很快灭亡了。

商汤能推翻夏桀，有三个原因：第一，知人善任，能够抛开身份的偏见，发现并重用真正有才干的伊尹；第二，怀有仁德，得到了诸侯们的拥护；第三，做事有计划，有耐心，一点儿也不贪功冒进，一直等到时机真正成熟后才出兵，一举取胜。相反，夏桀却专制暴虐，荒淫奢侈，残害百姓，侵犯诸侯，以至到了天怒人怨的地步。"得道多助，失道寡助"，夏最终被商汤灭掉可以说是历史的必然。

仲秋纪第八

仲　秋

〔题解〕

仲秋指的是农历八月。本篇介绍了仲秋时节的天文地理、动物植物、饮食服饰等情况,论述了君主应如何处理商业、农业等国家大事。

一曰:

仲秋之月,日在角,昏牵牛中,旦觜嶲①中。其日庚辛,其帝少皞,其神蓐收,其虫毛,其音商,律中南吕。其数九,其味辛,其臭腥,其祀门,祭先肝。凉风生,候雁来,玄鸟归,群鸟养羞②。天子居总章太庙,乘戎路,驾白骆,载白旂,衣白衣,服白玉,食麻与犬,其器廉以深。

是月也,养衰老,授几杖③,行糜粥饮食。乃命司服具饬衣裳,文绣有常,制有小大,度有短长,衣服有量,必循其故,冠带有常。命有司申严百刑,斩杀必当,无或枉桡。枉桡不当,反受其殃。

是月也,乃命宰祝巡行牺牲,视全具,案④刍豢⑤,瞻肥瘠,察物色,必比类,量小大,视长短,皆中度。五者备当,上帝其享。天子乃傩,御佐疾,以通秋气。以犬尝麻,先祭寝庙。

是月也,可以筑城郭,建都邑,穿⑥窦⑦窖⑧,修囷仓。乃命有司趣民收敛,务蓄菜,多积聚。乃劝种麦,无或失时,行罪无疑。

是月也,日夜分,雷乃始收声,蛰虫俯户。杀气浸盛,阳气日衰,水始涸。日夜分,则一度量,平权衡,正钧石,齐斗甬⑨。

是月也,易关市,来商旅,入货贿,以便民事。四方来杂,远乡皆至,则财物不匮,上无乏用,百事乃遂。凡举事无逆天数,必顺其时,乃因其类。

行之是令,白露降三旬。

仲秋行春令,则秋雨不降,草木生荣,国乃有大恐;行复令,则其国旱,蛰虫不藏,五谷复生;行冬令,则风灾数起,收雷先行,草木早死。

【字词注解】

① 觜(zī)巂(xī):星宿名,二十八宿之一。
② 养羞:指鸟养护、增生毛羽准备过冬。
③ 几杖:倚几和手杖。因为是老人用的东西,故常用作敬老之物。
④ 案:考察。
⑤ 刍豢:牛羊猪狗之类的牲畜,这里指供祭祀的牲畜的豢养情况。刍,指用草喂养的牛、羊等。豢,指用谷物喂养的猪、狗等。
⑥ 穿:挖掘。
⑦ 窦:地穴。
⑧ 窌:地窖。
⑨ 斗甬:斗和斛,两种古量器,亦用作量器的统称。

【精彩解说】

第一:

仲秋八月,太阳的位置在角宿,黄昏时牵牛星出现在南方中天,黎明时觜巂星出现在南方中天。仲秋天干属庚辛,它的主宰之帝是少皞,佐帝之神是蓐收,应时的动物是以麒麟为首的虎豹类,声音是五音中的商音,音律则与十二律中的南吕相合。这个月的数字是九,味道辛酸,气味腥臊,要举行门祭,祭祀时要先奉上肝脏作为祭品。这个月凉风吹拂,候雁从北飞来,燕子飞归南方,鸟雀都养护增生羽毛准备御寒过冬。天子住在西向明堂的中央正室,乘坐白色的战车,驾着白色的高头大马,在车上插着白色的龙旗,穿着白色的衣服,佩戴白玉,吃麻籽和狗肉,使用有棱角而且深邃的器物。

在这个月,要赡养年迈衰弱的老人,授予他们倚几和手杖,供给他们粥食。命令主管服饰的官员准备并整饬衣物,祭祀的服饰有固定的规格,大小长短有一定的尺度，祭祀的服饰之外的衣物也有一定的尺寸，必须按照旧规定做。命令负责狱讼的官吏重申严明法令，斩杀罪犯一定要恰当公正合法，不能违法不公。如果违法不公，那么执法的人就要受到惩治。

在这个月，命令主管祭祀的官吏巡视祭祀的牺牲的准备情况，察看牺牲是否完整无损，喂养的情况如何，观察其肥瘦、毛色，这些一定要符合一贯的规定；称量它们的大小、长短，一定要符合要求。只有形体、肥瘦、毛色、大小、长短都完全符合要求，天帝才能享用。天子于是举行傩祭，以消除灾病，畅通秋气。这时天子会吃狗肉和麻籽，在吃之前要先进献寝庙。

在这个月，可以修筑城郭，修建都邑，凿通沟渠，疏通水道，挖掘地窖，修缮粮仓。命令主管官员督促百姓收藏粮食，尽量储藏过冬用的干菜，大量积聚过冬物品。要劝勉百姓播种小麦，不要错过农时，如果有错过农时的，就要受到处罚。

在这个月，白天和黑夜的时间均等，雷声逐渐减少。冬眠的动物都藏在各自巢穴里。阴气渐渐旺盛，阳气渐渐衰竭，水开始干涸了。由于日夜时间均等，要统一校正各种度量衡器具。

在这个月，要减少关市税收，招徕商旅，收纳财物，以便利民生。四方的人都聚集来，连偏远乡邑的也全都到来，那么财物就不会匮乏，国家也就不会缺乏费用，各种事情就都能成功实现。做任何事都不要违背自然规律，一定要顺应时令，才会畅通。

在这个月实行应时的政令，白露就会适时降下，每旬一次。

在仲秋八月，如果推行本应在春天才实行的政令，那么秋雨就不会降落，草木就会重新开花，国家就会陷入恐慌不安之中；如果推行本应在夏天才实行的政令，那么国家就会发生旱情，冬眠的动物就不再蛰伏，五谷就重新萌发生长；如果推行本应在冬天才实行的政令，那么风灾就会频频出现，雷声就会提前停止，草木就会过早枯萎。

论 威

[题解]

本篇讲述了战争之道。"义"存在于万事万物之中,因此在战争之道中"义"也发挥着重要作用。战争如果能统一在"义"上,就能使将士齐心协力,同仇敌忾,有效执行号令。这样的军队必然是胜利之军,这样的国家必然无敌于天下。

二曰:

义也者,万事之纪也,君臣、上下、亲疏之所由起也,治乱、安危、过胜之所在也。过胜之,勿求于他,必反于己。

人情欲生而恶死,欲荣而恶辱。死生荣辱之道一,则三军之士可使一心矣。

凡军,欲其众也;心,欲其一也。三军一心,则令可使无敌矣。令能无敌者,其兵之于天下也,亦无敌矣。古之至兵,民之重令也,重乎天下,贵乎天子。其藏于民心,捷①于肌肤也,深痛执固,不可摇荡,物莫之能动。若此则敌胡足胜矣?故曰:其令强者其敌弱,其令信②者其敌诎③。先胜之于此,则必胜之于彼矣。

凡兵,天下之凶器也;勇,天下之凶德也。举凶器,行凶德,犹不得已也。举凶器必杀,杀,所以生之也;行凶德必威,威,所以慑之也。敌慑民生,此义兵之所以隆也。故古之至兵,才民④未合⑤,而威已谕矣,敌已服矣,岂必用袍⑥鼓干戈哉?故善谕威者,于其未发也,于其未通也,窅窅⑦乎冥冥,莫知其情,此之谓至威之诚。

凡兵，欲急疾捷先。欲急疾捷先之道，在于知缓徐迟后而急疾捷先之分也。急疾捷先，此所以决义兵之胜也。而不可久处，知其不可久处，则知所兔起凫举⑧死殙之地⑨矣。虽有江河之险则凌之，虽有大山之塞则陷之。并气专精，心无有虑，目无有视，耳无有闻，一诸武而已矣。冉叔誓必死于田侯，而齐国皆惧；豫让必死于襄子，而赵氏皆恐；成荆致死于韩主，而周人皆畏。又况乎万乘之国而有所诚必乎？则何敌之有矣？刃未接而欲已得矣。敌人之悼惧惮恐、单荡精神，尽矣，咸若狂魄，形性相离，行不知所之，走不知所往，虽有险阻要塞、铦兵利械，心无敢据，意无敢处。此夏桀之所以死于南巢也。今以木击木则拌⑩，以水投水则散，以冰投冰则沈，以涂⑪投涂则陷，此疾徐先后之势也。

夫兵有大要，知谋物之不谋之不禁也，则得之矣。专诸是也，独手举剑至而已矣，吴王壹成。又况乎义兵，多者数万，少者数千，密其躅路⑫，开敌之涂，则士岂特与专诸议哉！

【字词注解】

① 捷：通"接"，接触、感觉的意思。
② 信：通"伸"，这里是畅行无阻的意思。
③ 诎：通"屈"，屈服。
④ 才民：古代四民之一，这里指士卒。四氏指士、商、农、工。
⑤ 合：古代交战为合。
⑥ 枹（fú）：鼓槌。
⑦ 窅（yǎo）窅：幽暗，隐晦。
⑧ 兔起凫举：比喻行动迅疾。起，疾跑。凫，野鸭。举，飞。
⑨ 死殙（mèn）之地：指地势险恶的绝地。殙，气绝。
⑩ 拌：分开。
⑪ 涂：泥。
⑫ 密其躅（zhuó）路：指人数众多，密布于道路。躅，足迹。

【精彩解说】

第二：

道义是万事的根本，君臣、长幼、亲疏产生的根由也在于道义，是国家治乱、安危、作战取胜的关键。作战取胜的关键，不要向别的方面寻找，一定要回归自身。

人的本性是求生怕死，渴望荣耀而厌恶耻辱。以道义统一死生、荣辱，就使三军将士团结一致了。

大凡军队，都希望人多势众、团结一致。三军团结一致，号令就畅行无阻了。能够有令必行，军队就所向无敌。古代善战的军队，关键在于重视号令，因此号令威行天下，使天子尊贵显赫。号令深藏于民心，感受于肌肤，刻骨铭心，不能动摇，外物不可撼动。这样的话，敌人哪堪一击呢？因此说：号令严明的军队，它的敌人必然软弱；号令畅行无阻的军队，它的敌人必然屈服。在号令畅行上已经胜过了敌方，那么在战场上战胜敌人就是必然的了。

军队是天下的凶危器物，勇武是天下的凶险德行。使用凶器，实行凶德，是迫于不得已。使用凶器必定要杀人，杀人是为了让更多的人能够生存；实行凶德，必定要显示威力，显示威力是为了使人畏惧。敌人畏惧屈服，人民就能得到生存，这就是正义之师被天下人尊重的原因。所以，古代最善于作战的军队，还没与敌人交战，而威力已经显示出来，敌人就已经屈服了，哪里还需要作战搏斗呢？所以，善于显示威力的正义之师，在未出兵之前，在两军交锋之前，就表现得晦暗隐蔽，不可揣度，这才是最大的威力显现的情形。

凡是作战，兵贵神速，先发制人。行动敏捷、迅速制人的方法，就在于能够区分缓急先后。行动敏捷、先发制人，这是正义之师决胜之理。军队不能长时间滞留在危险地带，懂得军队不可长久滞留的道理，那就知道陷于危险境地之后必须迅速撤离了。纵有江河阻挡也要超越它，纵有高山险塞也要攻陷它。要精神专一，心无他虑，目不旁视，耳不旁听，只是奋力地拼杀。冉叔发誓一定要杀死田侯，齐人都十分恐惧；豫让决心要刺杀赵襄子，赵氏上下都很惊恐；成荆冒死杀死韩王，周人都十分敬畏。一个勇士就能这样，又何况拥有兵车万辆的大国呢？这样哪里还会有敌人？尚未交战敌军就已经屈服了。敌人恐惧害怕，精神挫败，魂不守舍，士气已尽，不知往哪里走，就是据有险阻要塞和拥有坚甲利兵，却是不敢再去依托和利用了。夏桀就是这样死在南巢的。假如用木头击打木头，被击的木头就会裂开；用水冲击水，被冲击的水就会散开；用冰块投击冰块，被击中的冰块就会沉没；用泥团投击泥土，被击中的泥土就会下陷。这就是动静缓急先后不同所导致的态势。

战争的关键就在于懂得攻其无备、出其不意，那就掌握了用兵之道了。专诸就是这样，不过一人，只是一击就刺死了吴王。又何况正义之师，人数多至数万，至少也有几千，密布在敌国的要道上，占据了险胜的地带，像这样所取得的战绩，一个专诸刺杀王僚之事怎么能够和它相提并论呢！

简　选

〔题解〕

本篇论述精兵的重要性。简选就是选拔精良士兵的意思。文章列举了商汤、周武王等人的事例，表现了简选的必要性。

三曰：

世有言曰："驱市人而战之，可以胜人之厚禄教卒；老弱罢[1]民，可以胜人之精士练材；离散係系[2]，可以胜人之行阵整齐；锄櫌[3]白梃，可以胜人之长铫利兵。"此不通乎兵者之论。今有利剑于此，以刺则不中，以击则不及，与恶剑无择，为是斗因用恶剑则不可。简选精良，兵械铦[4]利，发之则不时，纵之则不当，与恶卒无择，为是战因用恶卒则不可。王子庆忌、陈年犹欲剑之利也。简选精良，兵械铦利，令能将将之，古者有以王者、有以霸者矣，汤、武、齐桓、晋文、吴阖庐是矣。

殷汤良车七十乘，必死六千人，以戊子战于郕，遂禽推移、大牺，登[5]自鸣条，乃入巢门，遂有夏。桀既奔走，于是行大仁慈，以恤黔首，反桀之事，遂其贤良，顺民所喜，远近归之，故王天下。

武王虎贲三千人，简车三百乘，以要甲子之事于牧野，而纣为禽。显贤者之位，进殷之遗老，而问民之所欲；行赏及禽兽，行罚不辟天子；亲殷如周，视人如己。天下美其德，万民说[6]其义，故立为天子。

齐桓公良车三百乘，教卒万人，以为兵首，横行海内，天下莫之能禁。南至石梁，西至酆郭，北至令支。中山亡邢，狄人灭卫，桓公更立邢于夷仪，更立卫于楚丘。

晋文公造五两之士五乘，锐卒千人，先以接敌，诸侯莫之能难⑦。反⑧郑之埤，东卫之亩，尊天子于衡雍。

吴阖闾选多力者五百人，利趾者三千人，以为前阵，与荆战，五战五胜，遂有郢。东征至于庳庐，西伐至于巴、蜀，北迫齐、晋，令行中国。

故凡兵势险阻，欲其便也；兵甲器械，欲其利也；选练角材，欲其精也；统率士民，欲其教也。此四者，义兵之助也，时变之应也，不可为而不足专恃。此胜之一策也。

【字词注解】

① 罢：通"疲"，疲惫。
② 俘系：指囚犯。
③ 耰（yōu）：平土的农具。
④ 铦（xiān）：锐利。
⑤ 登：进发。
⑥ 说：同"悦"。
⑦ 难：拒，抵挡。
⑧ 反：覆，毁。

【精彩解说】

第三：

世上有一种说法："驱使街市的人去作战，可以战胜俸禄丰厚训练有素的士兵；依靠老弱疲惫的百姓可以战胜精壮勇武善战的士兵；凭借流浪者和散乱的囚徒能战胜行列齐整的军队；使用农具棍棒能战胜敌人的长矛利刃。"这种说法是根本不懂用兵之道的言论。假如有一把锋利的宝剑，拿它来刺对手却刺不中，拿它去砍击敌人却砍击不着，这样的利剑同钝剑没有什么分别，可是不能因此就在与人搏斗中使用钝剑。经过选拔的、装备精良的军队，出动不合时机，进发不恰当，这同统率劣等军队没有什么分别，可是不能因此在战争中就使用劣等的军队。像王子庆忌、陈年那样的勇士尚且希望使用锋利的宝剑，更何况一般人呢！拥有装备精良的军队，让有才干的将领统率它，就会在战争中立于不败之地。古代就有因此而成就霸业的，商汤、周武王、齐桓公、晋文公、吴王阖庐都是。

商汤率领精良的战车七十辆，不怕死的勇士六千人，在戊子那天与夏桀在郕地交战，擒获了大臣推移、大牺，并继续进军鸣条，攻入了巢门和夏都，于是取代了夏的统治。夏桀逃亡外地，于是商汤广泛推行仁慈的政令，抚恤百姓，改变了桀的统治方法，举荐夏的贤良之士，顺应人民的意愿，远近的人都归附了他，所以成就了天下大业。

周武王率领勇士三千人，装备精良的战车三百辆，在甲子那天，在牧野打败了商纣的军队，纣被擒获。之后武王重用贤能，举荐殷朝的遗老，了解人民的愿望；普施恩赐，连禽兽都得到恩泽；有罪必罚，就是天子也不放过；亲近殷商的百姓就像亲近周的百姓一样，对待别人就像对待自己一样。天下人都赞美他的德行，民众都感戴他的仁义，所以拥戴武王为天子。

齐桓公率领精良的兵车三百辆，训练有素的士兵一万人，作为大军前锋，纵横驰骋于四海之内，天下没有谁能够阻挡。他率军向南打到石梁，西到酆郭，北至令支。中山吞并了邢国，狄人灭亡了卫国，桓公把邢国迁到了夷仪，在楚丘重新建起卫国。

晋文公训练出具有五种技能的勇士十五人，精锐部队一千人，作为前锋先同敌人交战，没有哪个诸侯能够抵挡。晋军撤军时毁掉郑国城上的女墙，解除了郑军的戒备；又把卫国的道路改成东西走向，以便自己的兵车通行无阻；并在衡雍举行尊奉周王的仪式，以此来尊显天子，抬高自己，挟令诸侯。

吴王阖闾选拔健壮有力者五百人，勇武士兵三千人，作为军队的前锋，同楚国交战，五战五胜，占领了楚国的国都。吴王阖庐又率军向东征伐到达庳庐，向西征伐到达巴、蜀，向北逼近齐国、晋国，他的号令在中原各诸侯国畅行无阻。

所以，在军事势态、地形险阻方面，用兵之人都希望其对自己有利；在兵甲器械方面，都希望其性能精良；在选拔、训练良将方面，都希望其能善于用兵；在统率士卒方面，都希望其训练有素。这四个方面是正义之师的辅助，是适应时势变化的凭借，不能不讲求，但也不能完全依赖它们。这是克敌制胜的重要策略之一。

决 胜

〔题解〕

本篇论述了战争决胜的方法。作者认为必须选用正义之兵、智慧之兵、勇敢之兵。除此之外还要善于增加军队士气和借助时势,只有这样才能取得战争的胜利。

原文

四曰:

夫兵有本干:必义,必智,必勇。义则敌孤独,敌孤独则上下虚,民解落;孤独则父兄怨,贤者诽,乱内作。智则知时化,知时化则知虚实盛衰之变,知先后远近纵舍之数。勇则能决断,能决断则能若雷电、飘风、暴雨,能若崩山、破溃、别辨、賨(yǔn)坠;若鸷鸟之击也,搏①攫②则殪③,中木则碎。此以智得也。

夫民无常勇,亦无常怯。有气则实,实则勇;无气则虚,虚则怯。怯勇虚实,其由甚微,不可不知。勇则战,怯则北。战而胜者,战其勇者也;战而北者,战其怯者也。怯勇无常,倏忽④往来,而莫知其方,惟圣人独见其所由然。故商、周以兴,桀、纣以亡。巧拙之所以相过⑤,以益民气与夺民气,以能斗众与不能斗众。军虽大,卒虽多,无益于胜。军大卒多而不能斗,众不若其寡也。夫众之为福也大,其为祸也亦大。譬之若渔深渊,其得鱼也大,其为害也亦大。善用兵者,诸边之内莫不与斗,虽厮⑥舆白徒⑦,方数百里皆来会战,势使之然也。幸也者,审于战期而有以羁诱⑧之也。

凡兵,贵其因⑨也。因也者,因敌之险以为己固,因敌之谋以为己事。能审因而加,胜则不可穷矣。胜不可穷之谓神,神则能不可胜也。夫兵,贵不可胜。不可胜在己,可胜在彼。圣人必在己者,不必在彼者,故执不可胜之术以遇不胜之敌,若此,则兵无失矣。凡兵之胜,敌之失也。胜失之兵,必隐必微，必积必抟。隐则胜阐矣，微则胜显矣，积则胜散矣，抟则胜离矣。诸搏攫抵噬⑩之兽，其用齿角爪牙也，必托于卑微隐蔽，此所以成胜。

【字词注解】

① 搏：击。
② 攫（jué）：鸟用爪疾取。
③ 殪（yì）：死。
④ 倏忽：疾速的样子。
⑤ 相过：这里指彼此截然不同。
⑥ 厮：古代干粗杂活的奴隶或仆役。
⑦ 白徒：指未受过军事训练的人。
⑧ 羁诱：辖制引导。
⑨ 因：凭借，利用。
⑩ 抵（dǐ）噬：指用角抵，用牙咬。抵，通"抵"。

【精彩解说】

第四：

用兵之道有它的根本：必须符合正义，一定要运用智谋，一定要勇猛。符合正义，敌人就陷入孤立无援，陷入孤立无援，敌军上下就会丧失斗志，民心随之瓦解离散；孤立无援，敌军中父兄就会相互埋怨，贤人就遭到猜忌，混乱就会从内部发生。善用智谋就能充分把握时机，把握和利用了时机，就会知道敌我双方虚实盛衰的转化，就会知道先后、远近、行止的对策。勇猛果敢就能临事果断，行动果断，用兵就能像雷电、旋风、暴雨，就能像山崩、堤决、异变、陨石坠落一样，突然爆发而不可阻挡；行动迅速就像猛禽俯冲搏击禽兽，使禽兽顷刻毙命，击中树木，树木碎裂。这些都是靠正义、智谋、勇猛才实现的。

士兵没有一直都是勇敢的，也没有总是怯弱的。有斗志就士气充实顽强，士气充实顽强就会勇敢。没有斗志就会空虚，空虚就会怯弱。怯弱与勇敢、空虚与充实，产生的缘由十分微妙，但是很有必要了解。勇敢就能奋勇作战从而战胜敌人，怯弱就会临阵逃跑。战胜敌人的，是靠勇气而战；失败逃跑的，是心怀胆怯而战。怯弱与勇敢变化不定，瞬息即变，不容易把握，只有圣人知道如何保持持久的勇气。这就是商、周之所以兴盛，桀、纣之所以灭亡的原因。巧妙与笨拙的区别，就在于提高士气和削弱士气，在于善于驱使士兵作战和不会使用士兵作战。如果不能利用众多的士兵作战，那么尽管人数众多，也没有什么用处。军队庞大、士兵众多却不能战斗，人多还不如人少。人数众多取胜的机会就大，但同时弊端也多。这就好像在深渊中捕鱼一样，可能捕到大鱼，但风险也大。善于用兵的人，境内之民没有不参战的，即使是奴仆，以及没有受过训练的百姓也从数百里之外赶来参战，这是时势作用的结果。所谓时势优胜，就在于明察民气并加以宣传引导。

　　用兵之道，贵在因势利导。因势利导，就是利用敌人的险阻坚固自己的防御，利用敌人的谋划达到自己的目的。能够因势利导再加上充分利用和把握时机，那就不会陷于困境。克敌制胜而不陷于困境，这就是用兵如神，用兵如神就不可战胜了。用兵贵在不可战胜。不可战胜的关键在于自己，能不能战胜敌人的关键则在于敌人。圣人一定注重居于主动，立于不败之地，而不会依赖敌人的过失。所以，掌握不可战胜的策略，同可以战胜的敌人交锋，用兵就不会失误了。凡用兵获胜都是利用敌人犯下的过失取得的。战胜犯有过失的敌人，必须隐蔽潜藏，必须蓄积力量，必须集中兵力。隐蔽、潜藏就能战胜公开暴露的敌人，蓄积、集中力量就能战胜零散、兵力分散的敌人。就像捕捉猎物的猛兽，在依靠齿角爪牙抓取前，必定依靠隐身藏形，这是它们克敌制胜的重要原因。

爱　士

〔题解〕

　　本篇讲述了秦穆公和赵简子行德爱人而使他们得利的故事，劝说君主一定要爱惜士民。好的君主必是怜悯人的穷困，爱人助人，德行全备，这样士民一定会亲近君主，感激君主，甚至愿意为报君恩而为之牺牲。本篇也流露出了作者希望受到君主赏识的心愿。

五曰：

衣，人以其寒也；食，人以其饥也。饥寒，人之大害也；救之，义也。人之困穷甚如饥寒，故贤主必怜人之困也，必哀人之穷也。如此则名号显矣，国士得矣。

昔者，秦缪公①乘马而车为败，右服②失而野人取之。缪公自往求之，见野人方将食之于岐山之阳。缪公叹曰："食骏马之肉而不还饮酒，余恐其伤女③也！"于是遍饮④而去。处一年，为韩原之战。晋人已环缪公之车矣，晋梁由靡已扣缪公之左骖矣，晋惠公之右路石奋投而击缪公之甲，中之者已六札矣。野人之尝食马肉于岐山之阳者三百有余人，毕力为缪公疾斗于车下，遂大克晋，反获惠公以归。此《诗》之所谓曰"君君子则正，以行其德；君贱人则宽，以尽其力"者也。人主其胡可以无务行德爱人乎？行德爱人，则民亲其上；民亲其上，则皆乐为其君死矣。

赵简子有两白骡而甚爱之。阳城胥渠处广门之官，夜款门而谒曰："主君之臣胥渠有疾，医教之曰：'得白骡之肝，病则止；不得则死。'"谒者入通。董安于⑤御于侧，愠曰："嘻！胥渠也。期⑥吾君骡，请即刑焉。"简子曰："夫杀人以活畜，不亦不仁乎？杀畜以活人，不亦仁乎？"于是召庖人杀白骡，取肝以与阳城胥渠。处无几何，赵兴兵而攻翟。广门之官，左七百人，右七百人，皆先登而获甲首。人主其胡可以不好士？

凡敌人之来也，以求利也。今来而得死，且以走为利。敌皆以走为利，则刃无与接。故敌得生于我，则我得死于敌；敌得死于我，则我得生于敌。夫得生于敌，与敌得生于我，岂可不察哉？此兵之精者也。存亡死生决于知此而已矣。

———•【字词注解】

① 秦缪公：秦穆公。

② 右服：四匹马驾车，中间两匹分别叫"左服""右服"，是受力的马。

③ 女：通"汝"，你们。

④饮：赐饮，使……饮。
⑤董安于：赵简子的家臣。
⑥期：希冀，这里是算计的意思。

【精彩解说】

第五：

给人衣穿是因为他寒冷，给人饭吃是因为他饥饿。饥饿寒冷，是人的大不幸；解救饥饿寒冷之人，是十分仁义的事。现在人民处于穷困窘迫的处境，不仅仅是饥饿寒冷的问题，因此贤明的君主必须怜悯陷于困境的人，同情遭受困顿的人。这样君主的名声就会显赫，贤能之士就会出来为国家效力了。

从前，秦穆公乘车出游，车子坏了，右服的马逃跑了，被一群农夫抓住。穆公亲自去寻找跑掉的马，在岐山的南面看到农夫们正准备分吃马肉，穆公叹息说："吃骏马的肉而不同时喝酒，我担心会伤害你们的身体。"于是穆公给他们喝了酒后才离开。过了一年，秦、晋在韩原展开激战。当时晋国士兵已经包围了穆公的兵车，晋国大夫梁由靡已经抓住穆公战车左边的骖车。晋惠公的车右卫士路石举起长枪击中了穆公的铠甲，七层的铠甲已被击穿了六层。就在这时，曾在岐山分食马肉的三百多农夫，竭尽全力在车下保护穆公，拼死战斗。于是秦军大胜晋军，并且俘获了晋惠公。这就是《诗经》中所说的"统治君子，就要公正无私，以使他们报答仁德；统治平民，就要宽容仁厚，以使他们为你效力"。君主怎么能不努力施行仁德，爱护人民呢？施行仁德，爱护人民，人民就亲近他们；如果人民亲近爱戴他们的国君，就会心甘情愿为之付出生命。

赵简子有两匹白骡，他特别喜爱它们。一天夜晚，担任广门邑的阳城胥渠来到简子的门前禀告说："主君的家臣胥渠病了，医生告诉他说：'如果弄到白骡的肝吃了，病就能痊愈，否则就得死。'"负责通报的门吏进去禀告了赵简子。当时，赵简子的家臣董安于正在旁边侍奉简子，听了之后生气地说："呀！这个胥渠，竟敢打您的白骡的主意，让我去把他杀掉！"简子说："通过杀人使牲畜活命，不也太不仁义了吗？杀掉牲畜为的是救活人命，不也是仁义之事吗？"于是叫来厨师杀掉白骡，取出肝，送给阳城胥渠。过了没多久，赵简子发兵攻狄。广门邑的官吏率军参战，左队七百人、右队七百人都争先登上城头并斩获敌军的首级若干。这样看来，君主怎么可以不爱护亲近自己的士民呢？

敌人来犯，都是为了追求利益。如今来犯只能送死，他们就把逃跑当作是有利的了。如果敌人都把逃跑看作是有利的，那就用不着交锋了。所以，如果敌人获胜了而获得生存，那我们就得被消灭；如果敌人被我们消灭了，那我们就获得了生存。或者我们胜利而得到生存，或者敌方胜利而我们被消灭，这其中的道理难道不该慎重考察吗？这是用兵的精妙所在。敌我的生死存亡就取决于是否懂得这个道理。

拓展阅读

朝令夕改

晁错是西汉时期的政治家、文学家，他善于分析问题，常提出一些颇有见解的意见，深得太子刘启的喜爱和信任，被太子誉为"智囊"。

汉文帝统治时期国家并不富强，许多制度不够完善。在汉文帝统治后期，地主、豪绅、富商们巧取豪夺，变本加厉地搜刮民脂民膏，许多农民破产，迫不得已背井离乡，过着颠沛流离的生活。晁错看到人民生活困苦，内心十分不安。为了维护西汉王朝的统治，晁错于公元前168年上书文帝，此奏章就是著名的《论贵粟疏》。在这篇奏疏中，他提出奖励粮食生产、打击商人投机牟利、促进农业生产发展的一系列措施。晁错在分析当时农民的生活情形时指出："春天耕种，夏天管理，秋天收获，冬天收藏，砍柴火，修建官府的建筑物，服劳役……百姓做这些事，春不能躲避风沙尘土，夏不能躲避酷暑火热，秋不能躲避阴雨，冬不能躲避寒冷冰冻，一年四季没有休息的时候；又有送往迎来，悼念死者、慰问病人、抚养孤儿、养育小孩等费用需要承担。像这样辛勤劳作，还要遭受水旱灾害和官府的残酷压榨。征收赋税没有一定的时间，早上发出命令晚上就又变卦了，这样朝令夕改让百姓不堪其扰。在准备纳税时，手头有粮的就把粮半价卖出去，手头没有钱粮的只能出加倍的利息向人借钱交税。于是产生了靠卖田卖屋、卖子孙来还债的情况……"

汉文帝看完这篇奏章以后，很受启发，立即召集了朝臣，商议如何改变农民的境遇。决策确定以后，汉文帝颁发了一系列措施，使国家的农业得到了发展，农民的生活也相应地改善了。

季秋纪第九

季　秋

〔题解〕

季秋指的是农历九月。本篇介绍了季秋时节的天文地理、动物植物、饮食服饰等情况，论述了君主应如何处理祭祀、农业等国家大事。

一曰：

季秋之月，日在房，昏虚中，旦柳中。其日庚辛，其帝少皞，其神蓐收，其虫毛，其音商，律中无射。其数九，其味辛，其臭腥，其祀门，祭先肝。候雁来，宾爵①入大水为蛤。菊有黄华，豺则祭兽戮禽。天子居总章右个，乘戎路，驾白骆，载白旂，衣白衣，服白玉，食麻与犬，其器廉以深。

是月也，申严号令，命百官贵贱无不务入，以会天地之藏，无有宣出。命冢宰，农事备收，举五种之要，藏帝籍之收于神仓，祗敬②必饬。

是月也，霜始降，则百工休。乃命有司曰："寒气总至，民力不堪，其皆入室。"上丁，入学习吹。

是月也，大飨帝，尝牺牲，告备于天子。合诸侯，制③百县，为来岁受朔④日，与诸侯所税于民；轻重之法、贡职之数，以远近土地所宜为度，以给郊庙之事，无有所私。

是月也，天子乃教于田猎，以习五戎、狝⑤马。命仆及七驺咸驾，载旍旐舆，受车以级，整设于屏外。司徒搢扑，北向以誓之。天子乃厉服厉饬，执弓操矢以射。命主祠祭禽于四方。

是月也，草木黄落，乃伐薪为炭。蛰虫咸俯在穴，皆墐（jǐn）其户。乃趣狱刑，无留有罪，收禄秩之不当者，共养之不宜者。

是月也，天子乃以犬尝稻，先荐寝庙。

季秋行夏令，则其国大水，冬藏殃败，民多鼽窒；行冬令，则国多盗贼，边境不宁，土地分裂；行春令，则暖风来至，民气解⑥堕，师旅必兴。

【字词注解】

① 宾爵：即宾雀，老雀，泛指家雀。
② 祗敬：恭敬。
③ 制：控制。
④ 朔：每月初一。
⑤ 獀（sōu）：选择。
⑥ 解：通"懈"。

【精彩解说】

第一：

季秋九月，太阳的位置在房宿，黄昏时虚宿出现在南方中天，黎明时柳宿出现在南方中天。季秋天干属庚辛，主宰之帝是少皞，佐帝之神是蓐收，应时的动物是长有皮毛的虎豹类动物，声音是五音中的商音，音律则与十二律中的无射相合。这个月的数字是九，味道辛苦，气味腥臊，要举行门祭，祭祀时要先奉上肝脏。这个月，候鸟从北方飞到南方来，鸟雀钻进大海变成了蛤蜊。秋菊开了黄花，豺把捕到的野兽像祭祀一样摆开。天子住在西向明堂的右侧室，乘坐白色的兵车，驾着白色的高头大马，在车上插着白色的龙旗，穿着白色的衣服，佩戴白玉，吃麻籽和狗肉，使用棱角分明而且深邃的器物。

在这个月，要重新严申各种政令，命令百官贵贱人等都要从事敛入的工作，以此来顺应天地阴阳之气，不能散出。命令太宰在农作物收成之后，制作登记五谷的账簿，把天子籍田中收获的谷物储存在神仓，因为这是用来祭祀天帝的，所以要恭敬整洁。

在这个月，开始降霜，工匠们停止制作器物去休息。天子又命令司徒说："寒气突然降临，百姓难以承受，让他们都停止户外工作，居家过冬。"这个月第一个的丁日，天子令乐正进太学练习乐器吹奏，演习礼乐。

在这个月，天子要祭遍五帝，并命令主管官吏要用牺牲来祭祀。准备妥当之后，官吏要向天子禀告。然后天子聚会诸侯，控制各县大夫，为来年制定历日，宣布向百姓收税多少的标准和规定；诸侯向天子缴纳贡赋的数额，按照领地的远近和土地的肥瘠情况为依据。这些赋贡是用于祭天祭祖的郊祀庙祀，天子也不能占为己有。

在这个月，天子在打猎过程中演练兵法，熟悉各种兵器，选择良马。命令服侍打猎的仆人和掌管套车御马的吏役都来驾车，在车上插着各种旗帜，按照等级授予参加打猎的人相应的车辆，按照尊卑等级次序在猎场的树垣外列队。司徒腰间插着刑具，向北代表天子告诫众人。天子全副武装，佩戴着刀剑等饰物，拉弓开箭射杀猎物。命令主管祭祀的官吏祭祀主宰禽兽的四方之神。

在这个月，草木发黄零落，农夫可以砍伐林木来烧制木炭。蛰伏的动物都藏伏在洞穴中，把洞口密封得很严实。要督促官员迅速判断狱讼的事，不要待到明年，对于有罪应该处决的人一律处死。收缴无功之人的俸禄和官爵，以及那些不应得到国家供养的人所得到的供养之物。

在这个月，天子就着狗肉品尝稻米，并首先进献给寝庙。

在季秋九月，如果推行本应在夏天才实行的政令，那么国家就会发生水灾，贮藏的谷物菜蔬就会败坏，百姓多会感染鼻塞窒息的疾病；如果推行本应该在冬天才实行的政令，那么国家就会盗贼肆虐，边境受到敌寇的侵犯而不能安宁，以至于土地被侵占分割；如果推行本应在春天才实行的政令，就会刮来暖热之风，百姓就会懈怠，就会发生战事。

〔题解〕

"顺民"就是顺应民心的意思。本篇列举了商汤、文王等人的事例说明了只有顺应民心才能功成名就的道理，因此需要"以德得民心"。本篇反映了作者重视民众的思想，表现了当时新兴地主阶级对民心的重视。

二曰：

先王先顺民心，故功名成。夫以德得民心以立大功名者，上世多有之矣。失民心而立功名者，未之曾有也。得民必有道。万乘之国，百户之邑，民无有不说①。取民之所说而民取矣，民之所说岂众哉？此取民之要也。

昔者汤克夏而正天下。天大旱，五年不收，汤乃以身祷于桑林，曰："余一人有罪，无及万夫。万夫有罪，在余一人。无以一人之不敏，使上帝鬼神伤民之命。"于是剪其发②，䧺其手③，以身为牺牲，用祈福于上帝。民乃甚说，雨乃大至。则汤达乎鬼神之化、人事之传也。

文王处岐事纣，冤侮④雅逊，朝夕必时，上贡必适，祭祀必敬。纣喜，命文王称西伯，赐之千里之地。文王载拜稽首而辞曰："愿为民请炮烙之刑。"文王非恶千里之地，以为民请炮烙之刑，必欲得民心也。得民心则贤于千里之地，故曰文王智矣。

越王苦会稽之耻，欲深得民心，以致必死于吴。身不安枕席，口不甘厚味，目不视靡曼，耳不听钟鼓。三年苦身劳力，焦唇干肺，内亲群臣，下养百姓，以来其心。有甘脆不足分，弗敢食；有酒流之江，与民同之。身亲耕而食，妻亲织而衣。味禁珍，衣禁袭，色禁二。时出行路，从车载食，以视孤寡老弱之溃病、困穷、颜色愁悴、不赡者，必身自食之。于是属⑤诸大夫而告之曰："愿一与吴徼天下之衷。今吴、越之国相与俱残，士大夫履肝肺，同日而死，孤与吴王接颈交臂而偾⑥，此孤之大愿也。若此而不可得也，内量吾国不足以伤吴，外事之诸侯不能害之，则孤将弃国家，释群臣，服剑臂刃，变容貌，易姓名，执箕帚而臣事之，以与吴王争一旦之死。孤虽知要领不属，首足异处，四枝布裂，为天下戮，孤之志必将出焉！"于是异日果与吴战于五湖，吴师大败。遂大围王宫，城门不守，禽夫差，戮吴相，残吴二年而霸。此先顺民心也。

齐庄子请攻越，问于和子。和子曰："先君有遗令曰：'无攻越。越，猛虎也。'"庄子曰："虽猛虎也，而今已死矣。"和子曰以告鹗子。鹗子曰："已死矣，以为生。"故凡举事，必先审民心，然后可举。

【字词注解】

① 说：同"悦"。
② 剪其发：剪去头发，在古代这是一种刑罚。这里是自我惩罚的意思。
③ 郦其手：木夹十指而缚之，是古代的一种刑罚。郦，疑为"厤（lì）"字之误，"厤"通"枥"，挤压。
④ 冤侮：遭受冤枉、轻慢。
⑤ 属：聚集。
⑥ 偾（fèn）：僵卧，这里指死。

【精彩解说】

第二：

先代的帝王首先顺应民心，所以功成名就。凭恩德赢得民心而建立大功名的，从前的时代有很多这样的人。失掉民心却建立功名的，未曾有过这样的人。赢得民众一定要有方法。无论是拥有万辆战车的国家，还是只有百户人家的村邑，无不有所喜欢的事。去做人民所喜欢的事，民心就得到了。人民所喜欢的事难道很多吗？这是得到民心的关键。

从前商汤战胜夏而开始治理天下。天大旱，连续五年没有收成，商汤就亲自在桑林祈祷，说："我一人有罪过，不要殃及万民；万民有罪的话，都在于我一个人。不要因为一个人的无能而让上帝、鬼、神伤害人民的性命。"于是剪掉自己的头发，用拶子夹自己的手指，以身体作为祭品，用来向上帝祈求福祉。于是人民非常高兴，于是大量地降下雨水。可以说商汤通晓鬼神的变化、人事转变的道理。

文王居住在岐山，接受纣的统治，虽然委屈受辱，但还是恭顺谦卑，早晚朝见一定遵守时间，上贡一定适宜，祭祀一定恭敬。纣高兴了，命令文王作西伯，赐给他千里的土地。文王再拜稽首推辞道："我情愿为百姓请求解除炮烙的刑罚。"文王不是讨厌千里的土地，而是认为为人民请求解除炮烙的刑罚，必定会得到民心。赢得民心，胜于得到千里土地。所以说文王明智啊。

越王为会稽战败的耻辱而痛苦，想要深得民心以求得和吴国死战。他身体不安于枕席，吃饭不尝丰盛的美味，眼睛不看美色，耳朵不听钟鼓音乐。三年里，他苦心劳力，用尽心力去做事，唇焦肺干。在内亲近群臣，在下供养百姓，凭此得到他们的心。如果有甜美的食物不够分的话，他就不敢吃；如果有酒就把它倒进江里，和人民共同享用它。亲自耕种获得食物，妻子亲自织布制衣穿。吃的禁止珍异，穿的禁止过分，色彩禁止使用两种以上。时常外出巡行，随车载着食物，去看望孤寡老弱当中染病的、困难的、脸色忧愁憔悴的、缺吃少喝的人，一定会亲自给他们喂食。于是聚集各位大夫，告诉他们说："我想与吴国一决胜负。即使吴、越两败俱伤，士大夫踩着肝肺同一天死去，我和吴王接颈交臂而死，这是我的最大愿望。如果这样做不行，从内部力量估计我国不足以伤害吴国，对外联络诸侯不能损害它，那么我将放弃国家，离开群臣，带着剑，拿着刀，改变容貌，更换姓名，操着簸箕、扫帚去侍奉他，以便有朝一日和吴王决一生死。我虽然知道这样会身首异处、四肢分裂，被天下人羞辱，但是我的志向一定要实现。"于是，他日果然和吴王在五湖决战，吴军大败。继而大举围攻吴王王宫，使吴国的城门失守，擒获夫差，杀死吴相，消灭吴国两年以后就称霸了。这是首先顺应民心了。

齐庄子请命前去攻打越国，询问和子的意见。和子说："我们的先君曾经遗命说：'不能攻打越国，越国是只猛虎啊。'"庄子说："越国虽然是只猛虎，可是现在已经死了。"和子把话告诉了鸭子。鸭子说："这只猛虎虽然已经死了，但百姓还认为它活着。"所以，凡是做任何大的事情的时候，一定要先审度民心，然后才能去做。

知　士

〔题解〕

本篇作者认为君主只有知人善任、重视贤才，贤才才能为君主赴汤蹈火。文章用大篇幅记载了策辩之士的言谈举止，给予肯定和赞扬，一定程度反映了纵横家的思想风貌。

三曰：

今有千里之马于此，非得良工①，犹若弗取。良工之与马也，相得则然后成,譬之若枹之与鼓。夫士亦有千里,高节死义,此士之千里也。能使士得千里者,其惟贤者也。

静郭君②善剂貌辨。剂貌辨之为人也多訾,门人弗说。士尉以证③静郭君,静郭君弗听,士尉辞而去。孟尝君窃以谏静郭君,静郭君大怒曰:"刬④而⑤类,揆⑥吾家,苟可以傔⑦剂貌辨者,吾无辞为也!"于是舍之上舍,令长子御,朝暮进食。

数年,威王薨,宣王立⑧。静郭君之交,大不善于宣王,辞而之薛,与剂貌辨俱。

留无几何,剂貌辨辞而行,请见宣王。静郭君曰:"王之不说婴也甚,公往,必得死焉。"剂貌辨曰:"固非求生也。请必行!"静郭君不能止。

剂貌辨行,至于齐。宣王闻之,藏怒以待之。剂貌辨见,宣王曰:"子,静郭君之所听爱也?"剂貌辨答曰:"爱则有之,听则无有。王方为太子之时,辨谓静郭君曰:'太子之不仁,过颐涿视,若是者倍反。不若革太子,更立卫姬婴儿校师。'静郭君泫而曰:'不可,吾弗忍为也。'且静郭君听辨而为之也,必无今日之患也。此为一也。至于薛,昭阳请以数倍之地易薛,辨又曰:'必听之。'静郭君曰:'受薛于先王,虽恶于后王,吾独谓先王何乎?且先王之庙在薛,吾岂可以先王之庙予楚乎?'又不肯听辨。此为二也。"宣王太息,动于颜色⑨,曰:"静郭君之于寡人,一⑩至此乎!寡人少,殊不知此。客肯为寡人少来静郭君乎?"剂貌辨答曰:"敬诺。"

静郭君来,衣威王之服⑪,冠其冠,带其剑。宣王自迎静郭君于郊,望之而泣。静郭君至,因请相之。静郭君辞,不得已而受。十日,谢病强辞,三日而听。

当是时也,静郭君可谓能自知人矣。能自知人,故非之弗为阻。此剂貌辨之所以外生乐、趋患难故也。

—•【字词注解】

① 良工:善于相马的人。

② 静郭君:名田婴,战国时齐国宗室大臣,孟尝君田文之父。

③ 证:谏。

④ 刬(chǎn):铲除,消灭。

⑤ 而:同"尔",你。

⑥ 揆（kuí）：掌管，管理。
⑦ 慊（qiàn）：满足。
⑧ 威王薨，宣王立：按《战国策》记载，此处当为"宣王薨，闵王立"。
⑨ 颜色：指脸色。闵王，即齐湣王，齐宣王之子。
⑩ 一：竟，乃。
⑪ 威王之服：当是"宣王之服"，宣王所赐之服。下文"冠""剑"都是宣王所赐。

【精彩解说】

第三：

即使如今有一匹千里马，但是遇不到善于相马的人，千里马仍然不会施展它的脚力。善于相马的人与千里马之间相辅相成，就如同鼓槌和鼓一样。士人中也有像千里马一样的人才，节操高尚、为正义而献身的人就是士中的千里马。能够使士施展才能、成为千里马，只有贤人能做得到。

静郭君非常喜欢他的门客剂貌辨。剂貌辨为人有许多毛病，其他门客都不喜欢他。士尉为此劝谏静郭君，静郭君不听，士尉便辞别静郭君离开了。孟尝君曾私下劝说静郭君，静郭君大怒说："把你们这类人都消灭，耗尽我家的家产，只要可以满足剂貌辨，我都会去做！"于是让剂貌辨住在上等客舍，让他的长子侍奉，早晚给他进献食物。

几年之后，齐宣王死了，齐闵王即位。静郭君和闵王交情不太好，于是静郭君辞去官职，回到封地薛邑，跟剂貌辨在一起。

过了不久，剂貌辨向静郭君辞行，请求让他去见闵王。静郭君说："闵王对我很不满意，您去的话一定会被杀害。"剂貌辨说："我本来就不是为求生才去的。请一定让我去！"静郭君劝阻不了他。

剂貌辨离开薛邑，到了都城临淄。闵王听说了，满怀怒气地等着他。剂貌辨拜见闵王，闵王说："你就是静郭君非常喜欢、言听计从的那个剂貌辨吧？"剂貌辨回答说："喜爱是有的，至于言听计从则根本就是没有的事。君王你刚做太子的时候，我对静郭君说：'太子耳后见腮，下斜偷视，相貌不仁，像这样的人忘恩负义，反复无常。不如废掉太子，改立卫姬的幼子校师为太子。'静郭君流着泪说：'不行，我不忍心这样做。'如果静郭君听从我的话并照做了，一定不会有今天的忧患存在。这是一个例子。回到薛邑后，楚相昭阳提出来用比薛邑大几倍的土地交换薛邑。我又劝静郭君说：'一定要答应他。'静郭君说：'薛邑是威王恩赐的，现在我虽然被闵王厌恶，可是如果薛邑换给楚国，我怎么向威王交代呢？况且先王的宗庙都建在薛邑，我又怎么可以把先王的宗庙交给楚国呢？'他还是不肯听我的话。这又是一个例证。"闵王听了之后长叹一声，显出很激动的神色，说："静郭君对我竟到这样。我年纪太轻，竟然不知道这些事情，您愿意替我把静郭君请来住些日子吗？"剂貌辨回答说："遵命。"

　　静郭君来到国都，穿着宣王赐的衣服，戴着宣王赐的帽子，佩戴着宣王赐的宝剑。闵王亲自到郊外迎接静郭君，远远望见他就流下泪来。静郭君到了以后，闵王就请他做齐相。静郭君再三推辞，不得已才接受下来。十天之后，他称病坚决要辞去国相，三天之后闵王才答应。

　　那个时候，静郭君可以说是有知人之智了。正因为他有知人之智，所以尽管有别人非议也不能改变他的意见。这正是剂貌辨能置生命与欢乐于身外，乐意为静郭君奔走解除患难的原因。

审 己

〔题解〕

　　"审己"是求诸己不求诸人、求诸内不求诸外的意思。文章指出"先王、名士、达师"超过了一般人是因为他们"知故"，了解事物变化之因。要做到这一点就要"审己"。

四曰：

凡物之然也，必有故。而不知其故，虽当，与不知同，其卒必困。先王、名士、达师之所以过俗者，以其知也。水出于山而走于海，水非恶山而欲海也，高下使之然也。稼生于野而藏于仓，稼非有欲也，人皆以之也。故子路掩雉而复释之。

子列子常射中矣，请之于关尹子。关尹子曰："知子之所以中乎？"答曰："弗知也。"关尹子曰："未可。"退而习之三年，又请。关尹子曰："子知子之所以中乎？"子列子曰："知之矣。"关尹子曰："可矣，守而勿失。"非独射也，国之存也，国之亡也，身之贤也，身之不肖也，亦皆有以。圣人不察存亡、贤不肖，而察其所以也。

齐攻鲁，求岑鼎①。鲁君载他鼎以往。齐侯弗信而反之，为非，使人告鲁侯曰："柳下季以为是，请因受之。"鲁君请于柳下季，柳下季答曰："君之赂以欲岑鼎也，以免国也。臣亦有国于此。破臣之国以免君之国，此臣之所难也。"于是鲁君乃以真岑鼎往也。且柳下季可谓此能说矣。非独存己之国也，又能存鲁君之国。

齐湣王亡居于卫，昼日步足，谓公玉丹曰："我已亡矣，而不知其故。吾所以亡者，果何故哉？我当已。"公玉丹答曰："臣以王为已知之矣，王故尚未之知邪？王之所以亡也者，以贤也。天下之王皆不肖，而恶王之贤也，因相与合兵而攻王。此王之所以亡也。"湣王慨焉太息曰："贤固若是其苦邪？"此亦不知其所以也。此公玉丹之所以过也。

越王授有子四人。越王之弟曰豫，欲尽杀之，而为之后。恶②其三人而杀之矣。国人不说，大非上。又恶其一人而欲杀之，越王未之听。其子恐必死，因国人之欲逐豫，围王宫。越王太息曰："余不听豫之言，以罹③此难也。"亦不知所以亡也。

【字词注解】

① 岑鼎：鲁国的宝鼎，是取宝鼎之形像岑而名。岑，小而高的山。
② 恶：诬蔑，毁谤。
③ 罹：遭受。

【精彩解说】

第四：

但凡事物之所以这样，一定有其原因。不知其原因，即使做事得当，也和不知其原因一样，最终必然被困住。先代圣王、知名人士、通达的导师之所以超过俗人，就是因为他们知道事物之所以这样的原因。水源出于山而流向海，不是因为水厌恶山而喜欢海，而是因为高低的地形使它这样的。庄稼在田野里生长却贮藏在仓库里，不是因为庄稼有这样的要求，而是因为人们都要用它。所以子路罩住了野鸡而又放了它。

列子射箭经常能够射中，去向关尹子请教。关尹子说："你知道你为什么会射中吗？"列子回答说："不知道啊！"关尹子说："还不行啊。"列子回去练习了三年，再次向关尹子请教。关尹子说："你知道你为什么会射中吗？"列子回答说："知道了。"关尹子说："好了，守住你的心得，不要忘了。"不光射箭这样，国家的存亡、自身修养的好坏，也都是有原因的。所以，圣人不看重国家的兴亡、个人修养的好坏，而重视国家兴亡和个人修养好坏的原因。

齐国攻打鲁国，索求岑鼎。鲁君运了另一只鼎前往，齐侯认为是假的，退了回来，还派人告诉鲁君说："如果柳下季说是岑鼎，我就接受它。"鲁君向柳下季请求证明时，柳下季说："你送岑鼎往齐国，是想留下真岑鼎还是想免去鲁国的祸患呢？我是以信为国的，现在要破坏我心中之国而为你免除国难，这是我的为难之处。"于是，鲁君便将真岑鼎送往齐国去了。柳下季可以说是善说的人了，他不但保全了自己的心中之国，而且又能保全鲁君的国家。

齐湣王逃亡，居住在卫国，问公玉丹说："我已经亡国了，却不知道原因，我亡国的原因到底是什么呢？请告诉我，我马上改正。"公玉丹回答说："我以为大王已经知道了亡国的原因，大王您还不知道啊？大王亡国的原因是因为您贤明啊，天下诸王都是不肖之人，而只有大王您是贤明的人，他们痛恨您的贤明，所以合兵攻打您。这是您灭亡的原因。"齐湣王感慨并叹息说："贤明也这样痛苦吗？"这也算是不知道亡国的原因。这也是公玉丹超过他的原因。

越王授有四个儿子。越王的弟弟叫豫，他想把越王的儿子全杀了，然后自己继承王位。于是他就在越王的面前说其中三个儿子的坏话，于是越王杀了他们。全国的人都不高兴，议论国君的不是。豫又说第四个儿子的坏话，想让越王也杀了他，越王没有听从。越王的这个儿子害怕自己会被处死，就凭借国人的力量驱逐豫，围住了王宫。越王叹息说："我因为不听豫的话，才遭到这样的祸患啊！"这也是不知道灭亡的原因。

精 通

〔题解〕

本篇主要论述为君之道。作者认为君主与百姓精气相通，君主爱民利民，注重行德，那么即使没发放号令，也能使民心齐一，实现大治。

五曰：

人或谓兔丝无根。兔丝非无根也，其根不属也，伏苓是。慈石①召铁，或引之也。树相近而靡，或耴②之也。圣人南面而立，以爱、利民为心，号令未出，而天下皆延颈举踵矣，则精通乎民也。夫贼害于人，人亦然。

今夫攻者，砥厉五兵，侈衣美食，发且有日矣。所被攻者不乐，非或闻之也，神者先告也。身在乎秦，所亲爱在于齐，死而志气不安，精或往来也。

德也者，万民之宰也。月也者，群阴之本也。月望③则蚌蛤实，群阴盈；月晦④则蚌蛤虚，群阴亏。夫月形乎天，而群阴化乎渊；圣人行德乎己，而四荒咸饬乎仁。

养由基射兕，中石，矢乃饮羽⑤，诚乎兕也。伯乐学相马，所见无非马者，诚乎马也。宋之庖丁好解牛，所见无非死牛者，三年而不见生牛，用刀十九年，刃若新磨⑥研，顺其理，诚乎牛也。

钟子期夜闻击磬者而悲，使人召而问之曰："子何击磬之悲也？"答曰："臣之父不幸而杀人，不得生；臣之母得生，而为公家为酒；臣之身得生，而为公家击磬。臣不睹臣之母三年矣。昔为舍氏睹臣之母，量所以赎之则无有，而身固公家之财也，是故悲也。"钟子期叹嗟曰："悲夫！悲夫！心非臂也，臂非椎、非石也。悲存乎心而木石应之。"故君子诚乎此而谕乎彼，感乎己而发乎人，岂必强说乎哉？

周有申喜者，亡其母，闻乞人歌于门下而悲之，动于颜色，谓门者内⑦乞人之歌者，自觉而问焉，曰："何故而乞？"与之语，盖其母也。故父母之于子也，子之于父母也，一体而两分，同气而异息。若草莽之有华实也，若树木之有根心也。虽异处而相通，隐志相及，痛疾相救，忧思相感，生则相欢，死则相哀，此之谓骨肉之亲。神出于忠而应乎心，两精相得，岂待言哉？

── • 【字词注解】

① 慈石：磁石。
② 輮（rǒng）：推。
③ 月望：月满。
④ 月晦：月光尽敛，时在农历的每月最后一日。
⑤ 饮羽：箭射入石头中，尾部的羽毛隐没不见。
⑥ 劘：通"磨"。
⑦ 内：通"纳"。

── • 【精彩解说】

第五：

有人说菟丝草没有根。菟丝草不是没有根，只是它的根与茎没有相连，茯苓就是它的根。磁石能吸引铁，是因为有某种吸引力的存在。树木间如果距离太近就会彼此枯萎而不能茁壮成长，这是因为相互影响的原因。圣人面朝南方端坐朝堂，以爱民、利民为宗旨，号令还没有发出，天下人就都伸长脖子踮起脚跟殷切地盼望了，这是因为圣人的精神通达百姓。如果君主残杀百姓，百姓同样会报复他。

当今的战争，磨利了兵器，身着华丽的服装，吃着甜美的食物，很快就要出兵了。即将遭受进攻的国家的民众就会感到不快乐，并不是有人给他们通消息，而是精神提前就提醒他们了。在秦国居住的人，他的亲人故友居住在齐国，这个人死后魂魄一定不得安宁，精神会在两国之间往返，这是精神相通的缘故啊!

德行是百姓的主宰。月亮是所有阴类事物的根本。月圆的时候,蚌蛤的肉长得丰满充实,各种阴类事物都充盈饱满;月晦的时候,蚌蛤的肉收缩而使甲壳空虚,各种阴类事物都欠丰亏损。月亮在天空中变化,各种阴类事物都随之在深水中变化。圣人修养自己的品德,四方之地的人就会跟随他,归向仁义。

养由基射犀牛,却射中石头,箭杆深深地射入石中,只露出箭梢上的羽毛,这是因为他射杀犀牛时精神专注的缘故。伯乐学相马,看到的只有马,这是因为他精神专注于马的缘故。宋国的庖丁喜欢肢解牛,他眼中所看到的只有死牛,三年没有见过活生生的牛。他肢解牛的刀用了十九年,刀刃仍然像刚刚磨过那样锋利,这是因为他肢解牛是顺着牛的肌理,精神专注于牛的缘故。

钟子期在夜间听到有人击磬,其曲调悲凉,就派人把他叫来,问他:"你击磬的曲调为什么这么悲凉呢?"那人回答说:"我的父亲不幸杀了人,不得不偿命;我的母亲虽然保全了性命,却被迫在官府中为奴给他们造酒;我虽得以活命,却也只能在官府中为人击磬。我已经三年没有见到我的母亲了。昨天晚上我在舍氏中看见了我的母亲,想要赎她可是没有钱,况且连我自己也是官府的财产呢,因此心中悲哀。"钟子期叹息说:"可悲呀!可悲!心并不是手臂,手臂也不是椎,不是磬,但心中的悲哀却能够在椎和磬上表现出来。"所以君子专注于这儿,就会在那儿表现出来,自己心中的感情就会触动别人的情感,就会在别人那里产生共鸣,哪里用得着语言去说动呢?

周国有个叫申喜的人,他的母亲走失了。有一天,他听到有个乞丐在门前唱歌,他感到悲伤,脸色都变了。于是他吩咐守门的人让唱歌的乞丐进来,问道:"你为什么要讨饭呢?"乞丐和他说了原因,原来这个乞丐正是他的母亲。所以父母和子女、子女和父母,是一个身体分为两部分,是精气相同而呼吸各异,就像草有花有果,树木有根心一样。虽然身在异处却可彼此相通,深藏在心中的意念可以互相交接,苦痛生病时可互相救援,忧愁思念时可互相感动,对方活着时心里就高兴,对方死了心里就悲哀,这就是所说的骨肉情深。这种天性出自人的内心,彼此心中互相感应,两方精气相通,哪里还需要语言去沟通呢?

拓展阅读

刘备三顾茅庐

东汉末年，群雄争霸，刘备也是其中之一。要成大事，就要有人才。刘备征战多年，手下也汇聚了不少人才。关羽、张飞是他的结义兄弟，能征善战的赵云是他的帐下猛将。可算来算去，他身边唯独缺少一位谋士。为了弥补这个缺憾，他就去了一向藏龙卧虎的襄阳。徐庶把诸葛亮推荐给了刘备。

刘备想请诸葛亮出山辅佐自己，就带上了关羽、张飞赶到卧龙岗，想要拜访诸葛亮，没想到居然扑了空。

过了些时候，刘备又去拜访。这次诸葛亮前一天就去了朋友那儿，刘备又没见到诸葛亮。

一连碰了两次壁，转眼就到了春天。这次，刘备特意挑了个好日子。张飞、关羽很不乐意，气冲冲地说："这诸葛亮架子也太大了吧！"

刘备摇摇头，好说歹说地说服了他俩，带着他俩第三次去卧龙岗。

这次诸葛亮正好在家，可他还午睡未起。

刘备很有耐心地等在门外。已经等了这么久了，还在乎再等这一点儿时间吗？

等了好半天，诸葛亮才醒过来，听到书童说门外有客人已等候多时，连忙穿戴整齐，前来迎接他们。

刘备把关羽、张飞留在外面，和诸葛亮在室内见面。刘备坦率地说："如今汉室衰落，我有心重振汉室，却才疏学浅，不知先生对天下大势有什么看法？"

诸葛亮详细给他讲解天下大势，提出了著名的"隆中策"。经过几次交谈后，刘备大为佩服诸葛亮的才干，激动地拜他为军师，邀请他下山和自己一起打天下。诸葛亮被刘备的诚意所打动，答应了。

从此，诸葛亮一心一意辅助刘备。他智谋无双，对刘备势力的发展起到了巨大的作用。

孟冬纪第十

孟 冬

〔题解〕

冬季是年岁之末,孟冬是年岁之末的开始。孟冬是指农历十月。本篇介绍了孟冬时节的天文地理、动物植物、饮食服饰等情况。孟冬时节万物收藏。因此,根据孟冬时节闭藏特点,君主要发布合理的政令,如敦促百姓收敛聚藏,整修边备,完善城墙等。

一曰:

孟冬之月,日在尾,昏危中,旦七星中。其日壬癸,其帝颛顼,其神玄冥,其虫介,其音羽,律中应钟。其数六,其味咸,其臭朽,其祀行,祭先肾。水始冰,地始冻,雉入大水①为蜃,虹藏不见。天子居玄堂左个,乘玄辂,驾铁骊,载玄旂,衣黑衣,服玄玉,食黍与彘,其器宏以弇。

是月也,以立冬。先立冬三日,太史谒之天子曰:"某日立冬,盛德在水。"天子乃斋。立冬之日,天子亲率三公、九卿、大夫,以迎冬于北郊。还,乃赏死事,恤孤寡。

是月也,命太卜祷祠龟策,占兆审卦吉凶。于是察阿上乱法者则罪之,无有掩蔽。

是月也,天子始裘②,命有司曰:"天气上腾,地气下降,天地不通,闭而成冬。"命百官谨盖藏。命司徒循行积聚,无有不敛;坏城郭,戒门闾,修楗闭,慎关籥,固封玺,备边境,完要塞,谨关梁,塞蹊径,饰丧纪,辨衣裳,审棺椁之厚薄,营丘垄之小大、高卑、薄厚之度,贵贱之等级。

　　是月也，工师效功，陈祭器，按度程，无或作为淫巧，以荡上心，必功致为上。物勒工名，以考其诚；工有不当，必行其罪，以穷其情。

　　是月也，大饮蒸，天子乃祈来年于天宗。大割，祠于公社及门闾，飨先祖五祀，劳农夫以休息之。天子乃命将率讲武，肄射御、角力。

　　是月也，乃命水虞③、渔师④收水泉池泽之赋，无或敢侵削众庶兆民，以为天子取怨于下。其有若此者，行罪无赦。

　　孟冬行春令，则冻闭不密，地气发泄，民多流亡；行夏令，则国多暴风，方冬不寒，蛰虫复出；行秋令，则雪霜不时，小兵时起，土地侵削。

【字词注解】

① 大水：此处指淮水。
② 裘：皮衣，此作动词，指穿皮裘。
③ 水虞：古代官名，掌管川泽。
④ 渔师：掌管水产的官。

【精彩解说】

第一：

　　孟冬十月，太阳的位置在尾宿，黄昏时危宿出现在南方中天，黎明时七星出现在南方中天。孟冬天干属壬癸，主宰之帝是颛顼，佐帝的神是玄冥，应时的动物是有甲壳的龟鳖之类动物，声音是五音中的羽音，音律则与十二律中的应钟相合。这个月的数字是六，味道是咸味，气味为朽气，要举行的祭祀是行祭，祭祀时要先奉上肾脏作为祭品。这个月水开始结冰，地开始封冻，野鸡潜入淮水变成了蛤蜊，彩虹隐藏在天空中不再出现。天子住在北向明堂的左侧室，乘坐黑色的车子，驾着黑色的高头大马，在车上插着黑色龙旗，穿着黑衣，佩戴黑色的美玉，吃黍和猪肉，使用紧口而大腹的器物。

　　在这个月立冬。立冬前三天，太史向天子禀告说："某天立冬，盛德在水。"于是天子斋戒，准备迎接立冬的到来。立冬那天，天子亲自率领三公、九卿、大夫，到北郊去迎接冬的降临。回来后，天子就赏赐为国牺牲的功臣子孙，抚恤死者的孤儿寡妇。

　　在这个月，命令掌管卜筮的太卜祈祷，进行占卜，验看兆星，推算卦数，以此卜问吉凶。要明察暗访谄媚奉承而败坏法制的人，将其治罪，不得掩饰开脱。

在这个月，天子开始穿上皮衣，命令主管官员说："上天之气上升，大地之气下沉，天地之气相背不通，彼此封闭而形成冬天。"命令百官谨慎注意存护收藏的工作。命令司徒去巡视收藏贮存的情况，不许存在玩忽职守的情况；要增高加固城墙，警戒城门、巷里之门的防护，维修门闩、门鼻，检查钥匙锁头，加固印封，守卫边境，修整要塞，谨慎注意关卡桥梁，堵塞田间小路，整顿丧事的规格，明确死者应穿的衣服，审查棺木的厚薄尺寸，测量坟墓的大小、高低、薄厚，不能违反贵贱尊卑的等级。

在这个月，负责百工的工师献上制作的器物，考核工效，摆出他们制作的祭器，检查器物是否合乎法度程序，不得制作太奇巧的器物来激起君主奢侈的心思，器物做到精良实用即可。器物上要刻制作工匠的名字，用来考察他们的忠诚；如果器物有不合乎规定之处，一定要处罚工匠，以杜绝此类事件的再次出现。

在这个月，天子要大宴诸侯、公卿、大夫，天子向在天之神祈求明年有好兆头。大杀牺牲，在国社和门间处祈祷，然后飨祭先祖，慰劳农夫，使他们安心休息。天子命令将帅讲习军事，带领军士练习射箭、驾车，比试体力。

在这个月，命令掌管川泽、水产的官吏收缴赋税，但不得趁机勒索百姓，让天子被民众怨恨。如果有这样的事发生，一定要严惩不贷。

在孟冬十月，如果推行本应在春天才实行的政令，那么冰封地冻就不牢固，地气就会宣泄而出，百姓就会流亡；如果推行本应在夏天才实行的政令，那么国家就会暴风频繁，正值冬天却不冷，蛰伏的动物就会重新出来；如果推行本应在秋天才实行的政令，那么霜雪就不能按时气而来，小规模的战争就会不断发生，国土就会受到敌国的侵略。

节 丧

〔题解〕

本篇为墨家学说,提倡节丧,反对厚葬。作者认为节葬使逝者安息,节省国力民力,而厚葬贫国劳民,不利于逝者。

二曰:

审知生,圣人之要也;审知死,圣人之极①也。知生也者,不以害生,养生之谓也;知死也者,不以害死,安死之谓也。此二者,圣人之所独决也。

凡生于天地之间,其必有死,所不免也。孝子之重其亲也,慈亲之爱其子也,痛于肌骨,性也。所重所爱,死而弃之沟壑,人之情不忍为也,故有葬死之义。葬也者,藏也,慈亲孝子之所慎也。慎之者,以生人之心虑。以生人之心为死者虑也,莫如无动,莫如无发。无发无动,莫如无有可利,则此之谓重闭②。

古之人有藏于广野深山而安者矣,非珠玉国宝之谓也,葬不可不藏也。葬浅则狐狸抇③之,深则及于水泉。故凡葬必于高陵之上,以避狐狸之患、水泉之湿。此则善矣,而忘奸邪、盗贼、寇乱之难,岂不惑哉?譬之若瞽师之避柱也,避柱而疾触杙④也。狐狸、水泉、奸邪、盗贼、寇乱之患,此杙之大者也。慈亲孝子避之者,得葬之情矣。

善棺椁,所以避蝼蚁蛇虫也。今世俗大乱,之主愈侈其葬,则心非为乎死者虑也,生者以相矜尚也。侈靡者以为荣,俭节者以为陋,不以便死为故，而徒以生者之诽誉为务。此非慈亲孝子之心也。父虽死，孝子之重之不急；子虽死，慈亲之爱之不懈。夫葬所爱所重，而以生者之所甚欲，其以安之也，若之何哉？

民之于利也，犯流矢，蹈白刃，涉血⑤䘗⑥肝以求之。野人之无闻者，忍亲戚、兄弟、知交以求利。今无此之危，无此之丑，其为利甚厚，乘车食肉，泽及子孙。虽圣人犹不能禁，而况于乱？

国弥大，家弥富，葬弥厚。含珠鳞施，玩好货宝，钟鼎壶滥，舆马衣被戈剑，不可胜其数。诸养生之具，无不从者。题凑之室，棺椁数袭，积石积炭，以环其外。奸人闻之，传以相告。上虽以严威重罪禁之，犹不可止。且死者弥久，生者弥疏；生者弥疏，则守者弥怠；守者弥怠而葬器如故，其势固不安矣。

世俗之行丧，载之以大辁⑦，羽旄旌旗、如云偻翣以督之，珠玉以佩之，黼黻文章以饬之，引绋⑧者左右万人以行之，以军制立之然后可。以此观世，则美矣，侈矣；以此为死，则不可也。苟便于死，则虽贫国劳民，若慈亲孝子者之所不辞为也。

—●【字词注解】

① 极：同"亟"，急务。
② 重闭：永远地埋藏。
③ 扣：挖掘，发掘。
④ 杙（yì）：一头尖的短木，木桩。
⑤ 涉血：形容血流遍地，流血多。涉，血流的样子。
⑥ 䘗：古"抽"字。
⑦ 辁（chūn）：载枢车，即灵车。
⑧ 绋（fú）：指下葬时引棺枢入穴的绳索，后泛指牵引棺材的大绳。

—●【精彩解说】

第二：

慎察而懂得乐生，是圣人首要的事；慎察而懂得安死，是圣人的当务之急。懂得乐生的人，不会伤害生命，而是为了养生；懂得安死的人，不会扰动死者，而是为了安死。这两种情况只有圣人才能明白。

凡是存在于天地间的生物，必然都要死亡，这是不可避免的。孝子敬重他们的父母，父母疼爱他们的儿女，孝子对父母的去世和父母对儿女的死亡的悲痛之情深入肌骨，这是人的天性。把所尊重的父母、所疼爱的儿女死后丢在山谷中，这是人所不忍心做的，所以就有了殓葬死者的礼仪。埋葬死人，就是将他殓葬，这是慈亲孝子应慎重对待的事。慎重对待死者的丧葬，就是活着的人的想法。活着的人为死者考虑，就是最好不要打扰他，不要让坟墓被人挖掘，让心怀歹意的人无利可图。如此一来，坟墓称得上封闭完好。

古时候的人，有的死后被埋葬在广野深山中，而至今安然无恙，不是说由于有珠玉国宝随葬，而是因为埋死者不能不隐蔽埋藏。埋葬浅了，狐狸就会掘开它；葬深了，就会与地下泉水相连。所以，凡埋葬死者一定要埋葬在高山之上，以便避开狐狸挖掘和泉水的浸泡。这样做自然是很好，但是如果忘了坏人、盗贼、匪乱的祸害，不也是很糊涂吗？这就像瞎眼的乐师躲避柱子一样，虽然避开了柱子，却过猛地撞到了木桩上。狐狸、泉水、坏人、盗贼、匪乱的祸害，是比木桩更大的灾祸。慈亲孝子避开他们，这符合埋葬死者的本意。

棺材厚重坚固，是为了避开蝼蚁蛀虫的叮咬。如今社会风俗败坏，君主的生活越来越奢侈，他们埋葬死人并不是为死者着想，而是活着的人借此相互夸耀攀比。把奢侈浪费的做法看作荣耀，把俭省节约的做法看作简陋，不是把有利于死者作为殓葬的原则，而只是一心考虑活着的人所受的毁谤、赞誉。这不是慈亲孝子对待死者的本意。父母虽然去世，孝子对父母的尊重不会懈怠；子女虽然死了，父母对他们的疼爱不会减弱。现在用活在世上的人的愿望，去埋葬所疼爱、所尊重的人，这对安眠地下的死者又会怎么样呢？

百姓对于利，宁肯冒着飞箭，踩着利刃，流血残杀去追求它。不懂礼义的粗野之人残忍对待父母、兄弟、朋友以求其利。如今窃坟掘墓没有这种危险，没有这种耻辱，得到的利益十分丰厚，乘车吃肉，恩泽传及子孙。即使圣人也不能禁止窃坟掘墓，更何况乱世呢？

国家越大，家越富有，陪葬品越是厚重。死者口中所含的珍珠，身上穿的玉制葬衣，赏玩、嗜好的物品宝贝，钟鼎壶盆，车马衣被戈剑，不可胜数。各种养生的器具，无不陪葬。精心筑造的棺室，棺椁数层，堆积石头堆积木炭，用以环绕它的外层。奸恶之人闻知此事，互相传告。上边虽然用严威重罪禁止这种行径，还是不可遏止。况且死者去世得越久，生者对他们越加疏淡；生者越是疏淡，那么守墓的人就越是懈怠；守墓的人越是懈怠而陪葬的东西依然如故，其形势一定就不安全了。

世俗的人举行葬礼，用大车载着棺椁，用羽旄旌旗、画有云气的偻翣来装饰它，用珠玉来点缀它，用黑白相间、黑青相间的花纹来涂饰它，很多人在灵车周围牵引棺柩，用军法指挥后才可以顺利行进。用这种做法给世人看，那是很美的，很奢侈了；用这种做法对死者，则不行。如果真是为了死者好的话，那么即使国家变穷，百姓劳苦，作为慈亲和孝子绝不推辞去做。

安 死

〔题解〕

"安死"是使死者安宁的意思。作者批评了厚葬的做法，认为只有节葬才能做到节俭，做到与自然合为一体，才能使死者"安死"，这才算是真正的"爱人"。

三曰：

世之为丘垄①也，其高大若山，其树之若林，其设阙②庭、为宫室、造宾阼③也若都邑。以此观世示富则可矣，以此为死则不可也。夫死，其视万岁犹一瞚（shùn）也。人之寿，久之不过百，中寿不过六十。以百与六十为无穷者之虑，其情必不相当矣。以无穷为死者之虑，则得之矣。

今有人于此，为石铭置之垄上，曰："此其中之物，具珠玉、玩好、财物、宝器甚多，不可不扣，扣之必大富，世世乘车食肉。"人必相与笑之，以为大惑。世之厚葬也，有似于此。

自古及今，未有不亡之国也；无不亡之国者，是无不扣之墓也。以耳目所闻见，齐、荆、燕尝亡矣，宋、中山已亡矣，赵、魏、韩皆亡矣，其皆故国矣。自此以上者，亡国不可胜数，是故大墓无不扣也。而世皆争为之，岂不悲哉？

君之不令民，父之不孝子，兄之不悌弟，皆乡里之所釜鬲④者而逐之。惮耕稼采薪之劳，不肯官人事，而祈美衣侈食之乐；智巧穷屈，无以为之，于是乎聚群多之徒，以深山广泽林薮（sǒu），扑击遏夺；又视名丘大墓葬之厚者，求舍便居，以微扣之，日夜不休，必得所利，相与分之。夫有所爱所重，而令奸邪、盗贼、寇乱之人卒必辱之，此孝子、忠臣、亲父、交友之大事。

尧葬于谷林，通树之；舜葬于纪市，不变其肆⑤；禹葬于会稽，不变人徒。是故先王以俭节葬死也，非爱其费也，非恶其劳也，以为死者虑也。

先王之所恶，惟死者之辱也。发则必辱，俭则不发。故先王之葬，必俭，必合，必同。何谓合？何谓同？葬于山林则合乎山林，葬于阪隰⑥则同乎阪隰。此之谓爱人。夫爱人者众，知爱人者寡。故宋未亡而东冢扣，齐未亡而庄公冢扣。国安宁而犹若此，又况百世之后而国已亡乎？故孝子、忠臣、亲父、交友不可不察于此也。夫爱之而反危之，其此之谓乎？《诗》曰："不敢暴虎，不敢冯河。人知其一，莫知其他。"此言不知邻类也。

故反以相非，反以相是。其所非方其所是也，其所是方其所非也。是非未定，而喜怒斗争反为用矣。吾不非斗，不非争，而非所以斗，非所以争。故凡斗争者，是非已定之用也。今多不先定其是非，而先疾斗争，此惑之大者也。

鲁季孙有丧，孔子往吊之。入门而左，从客也。主人以玙璠⑦收，孔子径庭而趋，历级而上，曰："以宝玉收，譬之犹暴骸中原也。"径庭历级，非礼也；虽然，以救过也。

【字词注解】

① 丘垄：坟墓。

② 阙：古代王宫、祠庙门前两边的高建筑物，左右各一，中间为通道。

③ 宾阼：堂前台阶，包括西阶和东阶。阼是古代堂下东边的台阶，是主人迎接宾客的地方；宾则从西阶上。

④ 鬲（lì）：古代炊器，陶制，圆口，空心，三足。

⑤ 肆：市上的作坊、店铺。

⑥ 阪隰（xí）：坡面与坡底。

⑦ 玙（yú）璠（fán）：两种美玉。

【精彩解说】

第三：

世人建造的坟墓，像山陵一样高大，上面的树木像森林一样茂密，墓前修筑宫室馆宇，设立东西石阶，像国都一样。这样就是用来向世人夸耀财富，但是用这种办法安葬死者是不可取的。对死者来说一万年和一瞬间是没有区别的。人的寿命，最长的不超过百岁，一般的不超过六十岁。用百岁或六十岁寿命为无限久远的死者考虑，用这种感情去安葬死者就不适合了。按照无期限的需要来为死者考虑，就与葬送死者的本意相符合了。

假如有这样一个人，在死者的墓前立一块石碑，上面刻道："在这墓里面有很多珠玉、器玩、财物、宝器，不可不发掘，掘开它肯定会成为大富豪，可世代坐车吃肉。"人们一定会嘲笑他，认为这个人很糊涂。世间的厚葬与此相似。

从古到今，没有不灭亡的国家；没有不灭亡的国家，就没有不被挖掘的坟墓。按现在人们的耳闻目睹来说，齐、楚、燕曾经亡国，宋、中山已经灭亡了，赵、魏、韩也灭亡了，它们都已经是不复存在的国家了。在它们之前，灭亡的国家不计其数，因此大墓没有不被挖掘的。然而世人却都争着营建高大的坟墓，难道不可悲吗？

不服从政令的百姓，不孝顺父亲的儿子，不尊敬兄长的弟弟，都会被乡邻一致驱逐出去。他们害怕耕作、打柴的辛苦，不肯从事劳动，却梦想享受锦衣美食之乐；他们用尽智谋心思，仍还是无法实现他们的愿望，就聚集起很多无赖，凭借深山、湖泊、森林干起拦路打劫的勾当；又探察葬器丰厚的大墓，想办法住到坟墓附近便于盗墓的住所，暗暗地挖掘，日夜不止，一定会获得随葬的财物，共同瓜分。人们所疼爱的子女、所尊敬的父母，死后却要遭到恶人、盗贼、匪寇的侮辱，这是孝子、忠臣、慈父、挚友应当忧虑的大事。

尧死后葬在谷林，墓地周围遍种树木；舜死后葬在纪市，附近市场上的作坊、店铺没有受到任何扰乱；禹死后葬在会稽，没有打扰人们往来迁徙。因此，先王以节俭的方法安葬死者，不是吝惜钱财，不是担心耗费人力，完全是为死者考虑。

先王所忧虑的，是死者会受到侮辱。坟墓被盗掘，死者肯定要受到侮辱；节俭送葬，坟墓就不会被盗掘。所以，先王安葬死者，一定要节俭，一定要求合，一定要求同。什么是合？什么是同？葬死者在山林，就使死者与山林合为一体；葬于山坡或低湿之地，就使死者与山坡或低湿之地合为一体。这就叫作爱护死者。想要爱护死者的人很多，但实际上真正懂得怎样爱护死者的人很少。所以，宋国还没有灭亡，宋文公的墓就被盗掘了；齐国还没有灭亡，齐庄公的墓就被盗掘了。国家统治安定的时期尚且如此，更何况百世之后国家已经灭亡了的时候呢？所以孝子、忠臣、慈父、挚友不能不明察了解这样的事。本意是敬爱死者，结果却反而害了他们，说的大概就是厚葬之类的事吧？《诗经》说："不敢徒手搏虎，不敢徒涉黄河。人们只知这种危险，却不知还有别的祸患。"这就是说不知类推道理的人。

因此，突然转变立场并加以反对，突然改变主张转向赞同。所反对的正是所赞同过的，所赞同的正是所反对过的。是非的标准尚未确定，而喜怒争斗反倒实行了。我不是反对争斗，而是反对人们争斗的原因。因此，大凡争斗，应该是在是非标准确定以后才采取的措施。如今的很多人不是先确定是非标准而是先急忙地去参加争斗，这种人是糊涂至极的。

鲁国季孙氏办丧事，孔子前去吊丧。进门之后，站到左边的台阶之上，立于宾客的位置。主丧的人用宝玉做随葬品装殓死者。孔子从西阶下快步横穿过中庭，登上东边的台阶，说："用宝玉装殓死者，就如同把尸体暴露在原野上一样。"穿过中庭登上东边台登阶是不合于宾客礼仪的，但孔子不顾礼仪这样做却是为了纠正过错。

异 宝

〔题解〕

本篇说明人所珍视的各有不同。知晓精微,择取则精微;知晓粗劣,择取则粗劣。作者主张以道德为宝,摒弃了世俗所认为的宝。

四曰:

古之人非无宝也,其所宝者异也。

孙叔敖疾,将死,戒其子曰:"王数封我矣,吾不受也。为我死,王则封汝,必无受利地。楚、越之间有寝之丘者,此其地不利,而名甚恶。荆人畏鬼,而越人信禨①,可长有者,其唯此也。"孙叔敖死,王果以美地封其子,而子辞,请寝之丘,故至今不失。孙叔敖之知,知不以利为利矣。知以人之所恶为己之所喜,此有道者之所以异乎俗也。

五员②亡,荆急求之,登太行而望郑曰:"盖是国也,地险而民多知;其主,俗主也,不足与举。"去郑而之许,见许公而问所之。许公不应,东南向而唾。五员载③拜受赐,曰:"知所之矣。"因如吴。过于荆,至江上,欲涉,见一丈人,刺④小船,方将渔,从而请焉。丈人度之,绝⑤江。问其名族,则不肯告,解其剑以予丈人,曰:"此千金之剑也,愿献之丈人。"丈人不肯受,曰:"荆国之法,得五员者,爵执圭,禄万檐,金千镒。昔者子胥过,吾犹不取,今我何以子之千金剑为乎?"五员过于吴,使人求之江上,则不能得也。每食必祭之,祝曰:"江上之丈人!天地至大矣,至众矣,将奚不有为也?而无以为。为矣,而无以为之。名不可得而闻，身不可得而见，其惟江上之丈人乎！"

宋之野人耕而得玉，献之司城子罕，子罕不受。野人请曰："此野人之宝也，愿相国为之赐而受之也。"子罕曰："子以玉为宝，我以不受为宝。"故宋国之长者曰："子罕非无宝也，所宝者异也。"

今以百金与抟黍⑥以示儿子，儿子必取抟黍矣；以和氏之璧与百金以示鄙人，鄙人必取百金矣；以和氏之璧、道德之至言以示贤者，贤者必取至言矣。其知弥精，其所取弥精；其知弥粗，其所取弥粗。

【字词注解】

① 机（jī）：迷信鬼神和灾殃。
② 五员：即伍员，伍子胥，春秋末期吴国大夫、军事家、谋略家。
③ 载：通"再"。
④ 刺：撑。
⑤ 绝：横渡，渡过。
⑥ 抟黍：捏成团的黄米饭。

【精彩解说】

第四：

古代的人不是没有宝物，只是他们看作宝物的东西与今人不同。

孙叔敖病了，临死的时候告诫他的儿子说："大王多次赐给我土地，我都没有接受。如果我死了，大王就会赐给你土地，你一定不要接受肥沃富饶的土地。楚国和越国之间有个寝丘，这个地方土地贫瘠，而且地名很不吉利。楚人畏惧鬼，而越人信鬼神和灾殃，因此能够长久占有的封地，恐怕只有这块土地了。"孙叔敖死后，楚王果然把肥美的土地赐给他的儿子，但是孙叔敖的儿子谢绝了，请求楚王赐给他寝丘，所以这块土地至今没有被他人占有。孙叔敖的智慧在于懂得不把世俗心目中的利益看作利益。懂得把别人厌恶的东西当作自己喜爱的东西，这就是有道之人不同于世俗的原因。

伍员逃亡，楚国紧急追捕他，他登上太行山，遥望郑国说："这个国家，地势险要而人民多有智慧；但是它的国君是个凡庸的君主，不足以跟他谋划大事。"伍员离开郑国，到了许国，拜见许公并询问自己宜去的国家。许公不回答，向东南方吐了一口唾沫。伍员再拜许公，接受赐教说："我知道该去的国家了。"于是伍员往吴国进发。路过楚国,到了长江岸边,想要渡江,他看到一位老人,撑着小船,正要捕鱼,于是走过去请求老人送他过江。老人把他送过江去。伍员问老人的姓名,老人却不肯告诉他,伍员解下自己的宝剑送给老人,说:"这是价值千金的宝剑,我愿意把它送给您。"老人不肯接受,说:"按照楚国的法令,捉到伍员的,授予执圭爵位,享受万石俸禄,赐给黄金千镒。伍子胥从这里经过,我尚且不捉他去领赏,如今我接受你的价值千金的宝剑做什么呢?"伍员到了吴国,派人到江边去寻找老人,却无法找到了。此后伍员每次吃饭一定要祭祀那位老人,祝告说:"江上的老人!天地之德大到极点了,养育万物多到极点了,天地何所不为?却毫无所求。在人世间做了有利于别人的事,却毫无所求。名字无法得知,身影无法得见,达到这种境界的恐怕只有江上的老人吧!"

宋国一个农夫耕地得到了一块玉,把它献给了司城子罕,子罕不接受。农夫请求说:"这是我的宝物,希望相国赏小人脸把它收下。"子罕说:"你把玉当作宝物,我把不接受别人的赠物当作宝物。"所以宋国德高望重的人说:"子罕不是没有宝物,只是他当作宝物的东西与别人不同啊。"

假如现在把百金和黄米饭团摆在小孩的面前,小孩一定去抓取黄米饭团;把和氏之璧和百金摆在鄙陋无知的人面前,鄙陋无知的人一定拿走百金;把和氏之璧和关于道德的至理名言摆在贤人面前,贤人一定听取至理名言。人的智识越精深,所取的东西就越珍贵;人的智识越粗浅,所取的东西就越粗俗。

异 用

〔题解〕

本篇指出对物的不同使用方法,导致了"治乱、存亡、死生"不同的结果。作者用商汤、文王、孔子的三个例子表明用物核心在于尊礼义、讲仁爱，这是作者的儒家思想反映。

五曰：

万物不同，而用之于人异也，此治乱、存亡、死生之原。故国广巨，兵强富，未必安也；尊贵高大，未必显也：在于用之。桀、纣用其材而以成其亡，汤、武用其材而以成其王。

汤见祝网①者，置四面，其祝曰："从天坠者，从地出者，从四方来者，皆离②吾网。"汤曰："嘻！尽之矣。非桀，其孰为此也？"汤收其三面，置其一面，更教祝曰："昔蛛蝥③作网罟④，今之人学纾。欲左者左，欲右者右，欲高者高，欲下者下，吾取其犯命者。"汉南之国闻之曰："汤之德及禽兽矣。"四十国归之。人置四面，未必得鸟；汤去其三面，置其一面，以网其四十国，非徒网鸟也。

周文王使人抇池，得死人之骸。吏以闻于文王，文王曰："更葬之。"吏曰："此无主矣。"文王曰："有天下者，天下之主也；有一国者，一国之主也。今我非其主也？"遂令吏以衣棺更葬之。天下闻之曰："文王贤矣！泽及髊骨，又况于人乎？"或得宝以危其国，文王得朽骨以喻其意，故圣人于物也无不材。

孔子之弟子从远方来者，孔子荷杖而问之曰："子之公不有恙乎？"搏杖而揖之，问曰："子之父母不有恙乎？"置杖而问曰："子之兄弟不有恙乎？"杙⑤步而倍⑥之，问曰："子之妻子不有恙乎？"故孔子以六尺之杖，谕贵贱之等，辨疏亲之义，又况于以尊位厚禄乎？

古之人贵能射也，以长幼养老也；今之人贵能射也，以攻战侵夺也。其细者以劫弱暴寡也，以遏夺为务也。仁人之得饴，以养疾侍老也；跖与企足得饴，以开闭取楗也。

【字词注解】

① 祝网：对网祷告。

② 离：通"罹"，遭。

③ 蛛蝥（máo）：蜘蛛。

④ 罟（gǔ）：网。

⑤ 杖步：拖着脚步，脚不离地缓步移动。

⑥ 倍：同"背"，背向。

【精彩解说】

第五：

世间万物不同，而且每个人对它们有不同的用途，这正是天下治乱、国家存亡、个人生死的根本所在。所以，国土宽广无边，士兵强壮勇猛，但是这样的国家不一定是安全的；身居高官，地位尊贵，但是这样的人不一定会声名显赫：关键在于怎么样利用这些条件。桀、纣利用他们的才能，却促成了他们的灭亡；商汤、周武王运用他们的才能，却成就了丰功伟业。

商汤见到在四面设网捕获禽兽的人祝祷，祷词说："从天上掉下来的，从地里钻出来的，从四面八方来的，都要进我的网里来。"商汤说："唉，够了啊！不是夏桀哪会这么干？"汤于是解开网的三面，只留一面，重新教他祝祷说："以前蜘蛛结网捕食，现在人们也学会了，所有的生灵想向左的就向左，想向右的就向右，想往高处飞的就往高处飞，想要往下钻的就往下钻，我只捕取那些自取死亡的。"汉水南岸国家的人听说后说道："商汤的仁德遍及禽兽了啊。"于是四十个诸侯国来归顺商汤。有的人放置四面堵牢的网未必能捕到鸟；商汤去掉了三面网，只放置一面，却网罗到了四十个诸侯国的人心，不单单是网鸟这么简单。

周文王命人挖掘池塘，挖出一具人的尸骨。主管的官吏把这件事禀告周文王，文王说："把它重新安葬吧。"官吏说："这只是无主的尸骨。"文王说："拥有天下者，就是天下的主人；拥有一国者，就是国人的主人。现在我不就是这个死者的主人吗？"于是就命令官吏将死者入殓后重新安葬。天下的人知道这件事后都说："周文王真是一位贤君啊！他的恩德都惠及死者了，更何况是活着的人呢？"有的君主想法收敛财物，却使国家遭受灾难，周文王遇到尸骨却将它重新埋葬，以此来表达自己的仁爱之心，所以万物对于圣人来说，没有什么是不能利用的。

孔子有个门徒从远方而来，孔子肩扛着手杖，问候他说："你祖父的身体还好吧？"然后，孔子便持杖拱手行礼，问："你的父母都平安吧？"接着便扶杖于地上，问："你的哥哥弟弟都平安吧？"然后背过身去拖着手杖缓行，问候说："你的妻子、孩子都还好吧？"所以，孔子用六尺手杖，就能显示出贵贱的等级，能区分亲疏的关系，更何况用尊贵的地位、丰厚的俸禄呢？

古时候的人看重射箭的技艺，用射箭的礼仪来培养人们爱护小孩成长和尊敬赡养老人的风气；现在的人看重射箭的技艺，却用来攻战侵夺。卑鄙的小人凭借射箭的技艺掠夺弱小的人，欺侮势薄力单的人，从事拦路抢劫的勾当。仁德的人得到饴糖后，用来调养病人，赡养老人；盗跖和企足得到饴糖后，却用来粘开门闩以便进行盗窃。

拓展阅读

隋文帝勤俭治国

隋文帝统一南北，政权基本稳定后，就从政治体制、赋税、土地制度、法律、货币等方面进行了一系列改革，让饱经战火的国家迅速恢复了生产，经济复苏，百姓得以安居乐业。

隋朝以前，朝廷里重复的官职很多，造成了很大的浪费，办事效率也很低。隋文帝在中央设立了内史、尚书、门下三省。尚书省是国家最高行政机关，下面设吏、礼、兵、度支（后改为户）、都官（后改为刑）和工六曹，与诸寺、台分类处理全国事务。这套制度分工明确，组织严密，加强了中央集权，又清晰明了，使朝廷的开支缩减了三分之一，对后世产生了深远影响，后来的历代皇帝也大多在这套制度的基础上加以改良。

为了使国力更快地强盛起来，让官员们奉公守法，隋文帝不但自己非常节俭，对贪赃枉法者一点儿也不姑息纵容，发起了数次反贪运动。有一次，连三皇子秦王杨俊都牵连进来了。

隋文帝登基后，三皇子杨俊渐渐变得奢侈起来，姬妾成群，又建造水上宫殿享乐，还用各种华美的珠宝玉石去装扮宫殿和美女们。他还通过向别人放高利贷赚钱。

隋文帝知道后大怒，免了他的所有官职。

将军刘升劝道："秦王只是浪费了一点儿，也没犯什么大错，皇上您就饶了他吧。"

隋文帝没有答应，宰相杨素也来劝他，说："秦王是犯了错，可他的过错不足以让他落到这个地步，请皇上再考虑一下吧。"

隋文帝生气地说："我是五个儿子的父亲，依你们的意思，是不是要额外制定一个让天子的儿子们专用的法律？当年周公可以诛杀叛乱的管叔与蔡叔，我远远赶不上周公。但我怎么能损坏法律的尊严呢？"

杨俊为此病倒，只好派使者向父亲请罪，使者却被隋文帝狠狠骂了一通。杨俊又羞愧又害怕，病情顿时加重了。直到一年多后，隋文帝看到他确实悔改了，才恢复了他的职位。

经过一系列改革整顿，从朝廷到民间，一切都井然有序。加上轻徭薄赋，百姓休养生息，国家迅速繁荣起来。隋文帝在位的二十多年间，国家的耕地面积不断扩大，修复了许多水利工程，从而粮食大量增产。到隋文帝末年，储存的粮食可以供全国百姓吃上五六十年。当时全国的人口数量、国库储备，连后来唐朝最兴盛的"开元之治"都没有达到同样的水平，隋文帝时期国力之盛可见一斑。因而，历代史学家对隋文帝的评价都很高，"开皇之治"更是被评为中国农耕文明的巅峰时期。

仲冬纪第十一

〔题解〕

仲冬是年岁之末,指农历十一月。本篇介绍了仲冬时节的天文地理、动物植物、饮食服饰等情况,论述了君主应如何根据仲冬时节的特点发布合理的政令。

一曰:

仲冬之月,日在斗,昏东壁中,旦轸中。其日壬癸,其帝颛顼,其神玄冥,其虫介,其音羽,律中黄钟。其数六,其味咸,其臭朽,其祀行,祭先肾。冰益壮,地始坼,鹖(hé)鴠(dàn)不鸣,虎始交。天子居玄堂太庙,乘玄辂,驾铁骊,载玄旂,衣黑衣,服玄玉,食黍与彘,其器宏以弇。

命有司曰:"土事无作,无发盖藏,无起大众,以固而闭。"发盖藏,起大众,地气且泄,是谓发天地之房。诸蛰则死,民多疾疫,又随以丧。命之曰"畅月"。

是月也,命阉尹申宫令,审门闾,谨房室,必重闭。省妇事,毋得淫,虽有贵戚近习,无有不禁。乃命大酋,秫①稻②必齐,曲糵③必时,湛馈④必洁,水泉必香,陶器必良,火齐⑤必得,兼用六物。大酋监之,无有差忒。天子乃命有司祈祀四海、大川、名原、渊泽、井泉。

是月也,农有不收藏积聚者,牛马畜兽有放佚者,取之不诘。山林薮泽,有能取疏食田猎禽兽者,野虞⑥教导之。其有侵夺者,罪之不赦。

是月也，日短至，阴阳争，诸生荡。君子斋戒，处必弇⑦，身欲宁，去声色，禁嗜欲，安形性，事欲静，以待阴阳之所定。芸始生，荔挺出，蚯蚓结，麋角解，水泉动。日短至，则伐林木，取竹箭。

是月也，可以罢官之无事者，去器之无用者，涂阙庭门闾，筑囹圄，此所以助天地之闭藏也。

仲冬行夏令，则其国乃旱，氛雾冥冥，雷乃发声；行秋令，则天时雨汁，瓜瓠不成，国有大兵；行春令，则虫螟为败，水泉减竭，民多疾疠。

【字词注解】

① 秫（shú）：黏高粱，有的地区泛指高粱，也泛指有黏性的谷物。
② 稻：稻子，此指糯米。
③ 麴（qū）蘖：酿酒时引起发酵的物质。
④ 饎（chì）：烹煮。
⑤ 火齐：火候。
⑥ 野虞：主管山林薮泽的官。
⑦ 弇（yǎn）：深邃。

【精彩解说】

第一：

仲冬十一月，太阳的位置在斗宿的位置，黄昏时壁宿的东壁出现在南方中天，黎明时轸宿出现在南方中天。仲冬天干属壬癸，主宰之帝是颛顼，佐帝之神是玄冥，应时的动物是龟鳖之类的甲族，声音是五音中的羽音，音律则与十二律中的黄钟相合。这个月的数字是六，味道是咸味，气味是朽气，要举行行祭，祭祀时要先奉上肾脏作为祭品。在这个月，河里的冰更加坚厚，地面开始有冻裂的裂缝，鹖鸮不再鸣叫，老虎开始交配。天子居住在北向明堂的中央正室，乘坐黑色的车，驾着黑色的高头大马，在车上插着黑色龙旗，穿着黑色的衣服，佩戴黑色的玉，吃黍米和猪肉，使用紧口大腹的器物。

天子命令司徒说："不要兴修土木，不要启动储藏之物，不要征调人力，以确保天地之气的封固闭藏。"打开储藏的东西，征调太多的人力，地气就会宣泄外溢，这叫作打开了天地用来闭藏万物的所在。这样的话，冬眠的动物都会死去，百姓中就会流行瘟疫以致丧命。所以这个月被叫作"畅月"。

在这个月，命令负责内宫事务的阉尹申明宫中的禁令，严格检查宫廷和房室的门户，一定要层层紧闭，注意房屋的安全。要减轻妇女们的工作，不要有过多的房事行为，即使是尊贵的亲戚和宠幸的宫人，也没有例外。命令酒官之长大酋监制酿酒，确保选用的黏高粱、糯米齐备，制作酒曲、酒蘖必须适时，酿酒的谷物浸泡、蒸煮过程一定清洁，所用的井水、泉水必须甘美，使用的陶器必须质地良好，酿制时的火候必须适中，这六件事都要做到。酒官之长大酋一定要认真监督，不得有一点儿差错。天子命令主管官吏祈祷祭祀四海、大川、水源、深渊、大泽及井泉的水神。

在这个月，如果还有农民没及时收藏存贮的谷物，还有走失而没被找回的牛马等牲畜，若被别人获得，可以不被责问。山林水泽中，有人能够采集野菜野果和捕猎禽兽的，主管山泽的官吏要引导并鼓励他们。如果有人侵犯强夺别人的劳动成果，一定要严厉处罚这种人，决不宽赦。

在这个月，冬至降临，阴阳之气相争，各种冬眠的动物开始骚动。君子这个时候会斋戒，居住之处一定要注意遮蔽，身心要平静，排除声色，禁止嗜欲，安定性情，做事情要平静，以等待阴阳消长的结果。在这个月，芸草开始萌芽生长，荔草挺拔而出，蚯蚓扭结蠕动在一起，麋鹿的犄角脱落，泉水开始涌动。冬至到来的时候，可以砍伐林木，收割竹子制作弓箭。

在这个月，可以罢免碌碌无为的官吏，废弃没有用处的器物，涂塞宫廷的门户，维修监狱，这样都是为了协助天地之气闭藏。

在仲冬十一月，如果推行本应在夏天才实行的政令，国家就会出现干旱灾害天气，雾气弥漫，雷声轰鸣；如果推行本应在秋天才实行的政令，天空中就会不定时地出现雨雪天气，瓜果就不能成熟，国家就会出现大规模的战争；如果推行本应在春天才实行的政令，就会出现虫螟灾害，泉眼就会干涸枯竭，百姓中就会流行疫病。

吕氏春秋

至 忠

[题解]

本篇列举了人臣冒犯主上、以死尽忠的两个例子,作者的用意是借此劝告君主要听取逆耳忠言,改正自己的过失。

二曰:

至忠逆于耳,倒①于心,非贤主其孰能听之?故贤主之所说,不肖主之所诛也。人主无不恶暴劫者,而日致之,恶之何益?今有树于此,而欲其美也,人时灌之;则恶之,而日伐其根,则必无活树矣。夫恶闻忠言,乃自伐之精者也。

荆庄哀王②猎于云梦,射随兕,中之。申公子培劫王而夺之。王曰:"何其暴而不敬也?"命吏诛之。左右大夫皆进谏曰:"子培,贤者也,又为王百倍之臣,此必有故,愿察之也。"不出三月,子培疾而死。荆兴师,战于两棠,大胜晋,归而赏有功者。申公子培之弟进请赏于吏曰:"人之有功也于军旅,臣兄之有功也于车下。"王曰:"何谓也?"对曰:"臣之兄犯暴不敬之名,触死亡之罪于王之侧,其愚心将以忠于君王之身,而持千岁之寿也。臣之兄尝读故记曰:'杀随兕者,不出三月。'是以臣之兄惊惧而争之,故伏其罪而死。"王令人发平府而视之,于故记果有,乃厚赏之。申公子培,其忠也可谓穆③行矣。穆行之意,人知之不为劝④,人不知不为沮,行无高乎此矣。

齐王疾痏[5]，使人之宋迎文挚。文挚至，视王之疾，谓太子曰："王之疾必可已也。虽然，王之疾已，则必杀挚也。"太子曰："何故？"文挚对曰："非怒王则疾不可治，怒王则挚必死。"太子顿首强请曰："苟已王之疾，臣与臣之母以死争之于王。王必幸臣与臣之母，愿先生之勿患也。"文挚曰："诺。请以死为王。"与太子期，而将往不当者三，齐王固已怒矣。文挚至，不解屦登床，履王衣，问王之疾。王怒而不与言。文挚因出辞以重怒王，王叱而起，疾乃遂已。王大怒不说，将生烹文挚。太子与王后急争之，而不能得，果以鼎生烹文挚。爨之三日三夜，颜色不变。文挚曰："诚欲杀我，则胡不覆之，以绝阴阳之气？"王使覆之，文挚乃死。夫忠于治世易，忠于浊世难。文挚非不知活王之疾而身获死也，为太子行难，以成其义也。

— ●【字词注解】

① 倒：逆。
② 荆庄哀王：楚考烈王之子，应在春秋后。此处应为楚庄王。
③ 穆：美。
④ 劝：鼓励。
⑤ 痏（wěi）：痈疽之类，今之恶疮。

— ●【精彩解说】

第二：

至忠之言不顺耳，逆人心，如果不是贤明的君主，谁能听取它？因此，贤明的君主喜欢的，正是不肖的君主要惩罚的。君主无不痛恨侵暴劫夺的行径，然而自己的所作所为却在天天招致它，痛恨它又有什么益处？假如这里有棵树，希望它生长茂盛，人就按时浇灌它；讨厌它生长茂盛，人就每天砍伐树根，那么肯定没有活着的树了。厌恶听取忠言，正是最严重的一种自我毁灭的行为。

楚庄王在云梦泽打猎，射中了一只随兕。申公子培抢在王之前把随兕夺走了。楚庄王说："怎么这样犯上不敬啊！"命令官吏杀掉子培。左右大夫都上前劝谏说："子培是个贤人，又是您最有才能的臣子，这里面必有缘故，希望您能仔细了解这件事。"不到三个月，子培生病而死。后来楚国起兵，与晋国军队在两棠交战，大胜晋军，回国之后奖赏有功将士。申公子培的弟弟上前向主管官吏请赏说："别人在行军打仗中有功，我的兄长在大王的车下有功。"庄王问："你说的是什么意思？"回答说："我的兄长在大王您的身旁冒着犯上不敬的恶名，遭获死罪，但他本心是要效忠君王，让您享有千岁之寿啊！我的兄长曾读古书，古书记载：'杀死随兕的人不出三个月必死。'因此我的兄长见到您射杀随兕，十分惊恐，因而抢在您之前把它夺走，所以后来遭其祸殃而死。"庄王让人打开平府查阅古籍，在古书上果然有这样的记载，于是厚赏了子培的弟弟。申公子培的忠诚可称得上是"穆行"了。"穆行"的含义是，不因为别人了解自己就受到鼓励，也不因为别人不了解自己就感到沮丧，德行没有比这更高尚的了。

齐王长了恶疮，派人到宋国接文挚。文挚到了，察看了齐王的病，对太子说："大王的病肯定可以治愈。虽然如此，大王的病一旦被治愈，他一定会杀死我。"太子说："什么原因呢？"文挚回答说："如果不激怒大王，大王的病就治不好，但如果大王真的被激怒了，那我就必死无疑。"太子叩头下拜，极力请求说："如果治好父王的病而父王真的要杀先生的话，我和我的母亲一定以死向父王为您辩解。父王一定哀怜我和我的母亲，望先生不要担忧。"文挚说："好吧。我愿拼着一死为大王治病。"文挚跟太子约定了看病的日期，三次都不如期前往，齐王本来已经动怒了。文挚来了之后，不脱鞋就登上了齐王的床，踩着齐王的衣服，询问齐王的病情。齐王恼怒，不跟他说话。文挚于是口出不逊之辞激怒齐王，齐王大声呵斥着站了起来，病于是就好了。齐王大怒不消，要把文挚活活煮死。太子和王后急忙为文挚向齐王辩解，但未能改变齐王的决定，齐王果然用鼎把文挚活活地煮了。文挚被煮了三天三夜，容貌不毁。文挚说："真的要杀我，为什么不盖上盖，隔断阴阳之气？"齐王让人把鼎盖上，文挚才死。由此看来，在太平盛世做到忠容易，在乱世做到忠很难。文挚不是不知道治愈齐王的病而他自己就得被杀，他是为了太子去做招致杀身的事，以便成全太子的孝义。

忠 廉

〔题解〕

本篇列举要离与弘演的事例,宣扬了"忠廉"的精神,表达了"杀身成仁""舍生取义"的思想,告诫臣子应当对君主忠诚。

三曰:

士议①之不可辱者,大之也。大之则尊于富贵也,利不足以虞②其意矣。虽名为诸侯,实有万乘,不足以挺其心矣。诚辱则无为乐生。若此人也,有势则必不自私矣,处官则必不为污矣,将众则必不挠北矣。忠臣亦然。苟便于主利于国,无敢辞违,杀身出生以殉之。国有士若此,则可谓有人矣。若此人者固难得,其患虽得之有不智。

吴王欲杀王子庆忌而莫之能杀,吴王患之。要离曰:"臣能之。"吴王曰:"汝恶③能乎?吾尝以六马逐之江上矣,而不能及;射之矢,左右满把,而不能中。今汝拔剑则不能举臂,上车则不能登轼,汝恶能?"要离曰:"士患不勇耳,奚患于不能?王诚能助,臣请必能。"吴王曰:"诺。"明旦加要离罪焉,挚执妻子,焚之而扬其灰。要离走,往见王子庆忌于卫。王子庆忌喜曰:"吴王之无道也,子之所见也,诸侯之所知也。今子得免而去之,亦善矣。"要离与王子庆忌居有间,谓王子庆忌曰:"吴之无道也愈甚,请与王子往夺之国。"王子庆忌曰:"善。"乃与要离俱涉于江。中江,拔剑以刺王子庆忌。王子庆忌捽④之,投之于江,浮则又取而投之,如此者三。其卒曰:"汝天下之国士也,幸汝以成而名。"要离得不死，归于吴。吴王大说，请与分国。要离曰："不可。臣请必死！"吴王止之，要离曰："夫杀妻子，焚之而扬其灰，以便事也，臣以为不仁。夫为故主杀新主，臣以为不义。夫捽而浮乎江，三入三出，特王子庆忌为之赐而不杀耳，臣已为辱矣。夫不仁不义，又且已辱，不可以生。"吴王不能止，果伏剑而死。要离可谓不为赏动矣，故临大利而不易其义；可谓廉矣，廉，故不以贵富而忘其辱。

卫懿公有臣曰弘演，有所于使。翟⑤人攻卫，其民曰："君之所予位禄者，鹤也；所贵富者，宫人也。君使宫人与鹤战，余焉能战？"遂溃而去。翟人至，及懿公于荥泽，杀之，尽食其肉，独舍其肝。弘演至，报使于肝，毕，呼天而啼，尽哀而止，曰："臣请为襮⑥。"因自杀，先出其腹实，内懿公之肝。桓公闻之曰："卫之亡也，以为无道也；今有臣若此，不可不存。"于是复立卫于楚丘。弘演可谓忠矣，杀身出生以徇其君。非徒徇其君也，又令卫之宗庙复立，祭祀不绝，可谓有功矣。

【字词注解】

① 议：通"义"，名节。
② 虞：通"娱"。
③ 恶：何。
④ 捽（zuó）：抓住头发。
⑤ 翟：通"狄"。
⑥ 襮（bó）：外衣。

【精彩解说】

第三：

义士把名节看得至关重要，认为这是不可受到羞辱的事。重视名节，就会把它看得比富贵还有价值，荣誉利益并不足以让义士快乐从而失节。即使身为诸侯，占有万辆兵车，也不足以动摇士的心志。假如遭到羞辱，他就不会再快乐地生活下去。像这样的人，有了权势就一定不会自私自利，当了官就一定不会做出玷污自己名声的行为，率领军队作战就一定不会投降或者败逃。忠臣也是这样。如果能够做有利于君主、有利于国家的事，他绝不会推辞违拒，即使杀身舍生为君为国献身也会义无反顾地去做。国家如果有这样的义士忠臣，就称得上有人才了。像这样的人本来就很难得到，而国家的忧患在于即使遇到这种人，君主却不能识别并重用他们。

吴王想要杀掉王子庆忌，但是没有谁能够做到，吴王对此很忧虑。要离说："我能够杀掉王子庆忌。"吴王说："你怎么能够杀掉他呢？我曾用驾着六匹马的车追赶他，一直追到江边，也没有追上他；用箭射他，他左右手都接住了射去的飞箭，怎么也射不中他。而你持剑在手就会举不起手臂，登上车就不能扶住车轼站好，你怎么能行呢？"要离说："壮士最担忧的是自己是否勇敢，哪里会担忧没有能力做不成事？大王如果能够协助我，我一定能够成功。"吴王说："好吧。"第二天早上，吴王就给要离施加罪名，并捕捉了要离的妻子和孩子，处死了他们并焚毁了尸体，扬弃了骨灰。要离逃跑到卫国去求见庆忌。王子庆忌高兴地说："吴王暴虐无道，这是你亲眼所见的，这是诸侯都知道的。如今你得以幸免灾祸逃离了他，也算是侥幸的事了。"要离和王子庆忌在一起住了一段时间，就对王子庆忌说："吴王暴虐无道更加厉害了，请允许我跟随您把王位夺过来。"王子庆忌说："好。"于是王子庆忌和要离一起渡长江。行至江水中流，要离拔剑刺杀王子庆忌。王子庆忌揪住要离的头发，把他投入江中，等要离浮出水面，王子庆忌又把他抓起来投入江中，像这样重复了三次。王子庆忌最后说："你称得上是勇冠天下的壮士了，我饶你一死，成全你的美名。"要离因此保命，回到吴国。吴王大喜，希望与他共同治理国家。要离说："不行。我已经下定必死的决心！"吴王劝阻他，要离说："我让您杀死我的妻子和孩子，并烧了他们的尸体，扬弃了骨灰，为的是取得庆忌的信任而成就大事，但我认为这是我的不仁之举。为了原先的主人杀死新的主人，我认为这是我的不义之举。我被王子庆忌揪住头发投入江中，又三次浮出，我之所以还活着，只不过是王子庆忌对我开恩不杀我罢了，我已经受到侮辱了。为臣不仁不义又受到侮辱，不能再活在世上了。"吴王劝止不住，要离最终还是拔剑自杀了。要离可称得上是不为赏赐所动了，所以面对巨大利益而不改变他的气节；要离可称得上廉了，正因为廉，所以才不会因为富贵财富而忘记遭受的耻辱。

卫懿公有个大臣叫弘演，受命出使国外。这时，狄人进攻卫国，卫国的百姓说:"国君平时赐给鹤以官位俸禄,让宫中的侍从位尊富贵。现在国君还是让宫中的侍从和鹤去打仗吧,我们怎么可能去作战呢?"于是纷纷逃散而去。狄人到了,在荥泽追上了国君,把他杀了,吃光了他的肉,只剩下他的肝。弘演完成使命归来,向国君的肝脏禀报出使的情况。禀报完毕,呼叫着上天而痛哭,表达悲伤之情后才停止哭泣,说:"我愿为君做躯壳。"于是他剖腹自杀,先把自己的内脏从躯体中取出来,再把懿公的肝脏放入腹中,这才死去。齐桓公听到这件事说:"卫国之所以灭亡,是因为卫懿公荒淫无道,而今却有像弘演这样的忠烈之臣,不能不保存卫国。"于是在楚丘重建卫国。弘演可称得上忠臣了,杀身舍生以护卫其国君。他不但护卫其君,又使卫国得以复国,祭祀没有断绝,真可称得上是有功之臣了。

当 务

〔题解〕

"当务"就是要合于时务。作者通过讲述盗跖、"直躬者"等人的事例,向我们说明了辩论而不合道理、诚实而不合理义、勇敢而不合正义、守法而不合时务,是造成天下混乱的四个祸害,是不可取的。本篇告诉我们辩论要合道理、诚实要合理义、勇猛要合正义、守法要合时务的道理。

四曰:

辨①而不当论②,信而不当理,勇而不当义,法而不当务:惑而乘骥也,狂而操吴干将③也。大乱天下者,必此四者也。所贵辨者,为其由所论也；所贵信者，为其遵所理也；所贵勇者，为其行义也；所贵法者，为其当务也。

跖④之徒问于跖曰："盗有道乎？"跖曰："奚啻⑤其有道也！夫妄意关内⑥，中⑦藏，圣也；入先，勇也；出后，义也；知时，智也；分均，仁也。不通此五者而能成大盗者，天下无有。"备说非六王、五伯⑧，以为尧有不慈之名⑨，舜有不孝之行⑩，禹有淫湎之意，汤、武有放杀之事，五伯有暴乱之谋。世皆誉之，人皆讳之，惑也。故死而操金椎以葬，曰："下见六王、五伯，将敲其头矣！"辨若此不如无辨。

楚有直躬者，其父窃羊而谒之上。上执而将诛之。直躬者请代之。将诛矣，告吏曰："父窃羊而谒之，不亦信乎？父诛而代之，不亦孝乎？信且孝而诛之，国将有不诛者乎？"荆王闻之，乃不诛也。孔子闻之曰："异哉！直躬之为信也。一父而载取名焉。"故直躬之信不若无信。

齐之好勇者，其一人居东郭⑪，其一人居西郭。卒然相遇于涂⑫，曰："姑相饮乎？"觞数行，曰："姑求肉乎？"一人曰："子，肉也；我，肉也。尚胡革求肉而为？于是具染⑬而已。"因抽刀而相啖，至死而止。勇若此不若无勇。

纣之同母三人：其长曰微子启，其次曰中衍，其次曰受德。受德乃纣也，甚少矣。纣母之生微子启与中衍也，尚为妾，已而为妻而生纣。纣之父、纣之母欲置微子启以为太子，太史据法而争之曰："有妻之子，而不可置妾之子。"纣故为后。用法若此，不若无法。

【字词注解】

① 辨：通"辩"，辩论。

② 论：通"伦"，理。

③ 干将：剑名，古代利剑。

④ 跖：指盗跖，据说是中国有名的大盗。

⑤ 啻（chì）：但，止，仅。

⑥ 关内：门内。

⑦ 中：恰好。

⑧ 五伯：五霸。

⑨ 尧有不慈之名：传说尧曾杀其子丹朱。

⑩ 舜有不孝之行：传说舜曾放逐其父瞽叟。
⑪ 郭：外城。
⑫ 涂：道路。
⑬ 染：这里指染炉。染炉也称"染杯""烹炉"，类似于火锅。

【精彩解说】

第四：

辩论而不合道理，诚实而不合理义，勇敢而不合正义，循法而不合际时务：这好比神志迷乱的人乘着良马必定迷路，好比狂暴的人手持利剑必定乱杀人。使天下大乱的，一定是这四种行为。人之所以注重辩论，要的是合乎道理的辩论；人之所以注重诚实，要的是遵循理义的诚实；人之所以注重勇敢，要的是行正义的勇敢；人之所以注重法度，要的是适应时务。

盗跖的门徒问跖道："偷盗有道义吗？"跖说："何止是有道义呀！猜测室内所藏的财物，猜得极准确，是圣；首先进入房内的，是勇；最后出门的，是义；能掌握时机的，是智；分赃分得均匀，是仁。不通达这五点而能成为大盗的，天下是没有的。"盗跖详尽地指责了六王、五霸的不道义，认为尧有不慈爱子女的名声，舜有不孝敬父母的品行，禹有滥饮的念头，汤、武有放逐、弑杀君主的事情，五霸有暴乱的图谋。可是世人都称赞他们，人们都隐讳他们的罪行，太糊涂了。所以，他死后要手执铜椎下葬，说："我死后见到六王、五霸，要敲烂他们的脑袋。"像这样的辩论不如不辩论。

楚国有个叫直躬的人，他的父亲偷了羊，他将此事向官府告发了。官府逮捕了他的父亲，将要处死。这个人请求代父去死。将要行刑的时候，他对官吏说："我的父亲偷羊我去告发他，这不是很诚实吗？父亲被判罪而代父受刑，这不是很孝顺吗？又诚实又孝顺的人却要被处死，那么国家中还有谁不应该被处死呢？"楚王听说了这番话，就赦免了他。孔子听到这件事后感叹道："这个人的诚实真是奇怪啊！利用自己的父亲为自己捞取了诚实和孝顺的名声。"所以像直躬这样的诚实不如不诚实的好。

齐国有两个逞勇的人，一人住在东外城，另一人住在西外城。有一天，他们在路上意外地相遇了，便商量说："一起喝一杯吧。"喝了几杯酒后又商量说："还是弄点儿肉吃吧？"其中一个人说："你身上是肉，我身上也是肉，何必再另外去弄肉吃呢？只要准备好染炉就行了。"于是两人拔出刀从自己身上割下肉对吃起来，一直吃到死为止。有这样的勇敢不如不勇敢。

商纣的同母兄弟共有三人：老大叫微子启，老二叫中衍，老三叫受德。受德就是商纣，年龄最小。纣的母亲生微子启和中衍的时候还是妾，后来成为正妻生下了纣。纣的父母想要立微子启为太子，太史依据宗法制度争辩说："有正妻生的嫡子，就不能立妾生的庶子做太子。"因此，纣被立为太子。像这样遵守宗法制度不如没有宗法制度。

长 见

〔题解〕

"长见"就是远见的意思。每个人智慧程度不同，故存在长见和短见之分。在作者看来，古今一体，一脉相承，古是基础，今是发展，未来是今的延续。作者认为历史是有规律可循的，是连续不间断的，也是向前不断发展的。本篇所列举的五位有远见的圣贤的故事，为作者的观点提供了事实依据。

五曰：

智所以相过①，以其长见与短见也。今之于古也，犹古之于后世也。今之于后世，亦犹今之于古也。故审知今则可知古，知古则可知后，古今前后一也。故圣人上知千岁，下知千岁也。

荆文王曰："苋譆数犯我以义，违我以礼，与处则不安，旷之而不毂②得焉。不以吾身爵之，后世有圣人，将以非不毂。"于是爵之五大夫。"申侯伯善持养吾意，吾所欲则先我为之，与处则安，旷之而不穀丧焉。不以吾身远之，后世有圣人，将以非不穀。"于是送而行之。申侯伯如郑，阿郑君之心，先为其所欲，三年而知郑国之政也，五月而郑人杀之。是后世之圣人，使文王为善于上世也。

晋平公铸为大钟，使工听之，皆以为调矣。师旷曰："不调，请更铸之。"平公曰："工皆以为调矣。"师旷曰："后世有知音者，将知钟之不调也，臣窃为君耻之。"至于师涓而果知钟之不调也。是师旷欲善调钟，以为后世之知音者也。

吕太公望封于齐，周公旦封于鲁，二君者甚相善也。相谓曰："何以治国？"太公望曰："尊贤上功③。"周公旦曰："亲亲上恩。"太公望曰："鲁自此削矣。"周公旦曰："鲁虽削，有齐者亦必非吕氏也。"其后，齐公以大，至于霸，二十四世而田成子有齐国。鲁公以削，至于觐④存，三十四世而亡。

吴起治西河之外，王错谮之于魏武侯，武侯使人召之。吴起至于岸门，止车而望西河，泣数行而下。其仆谓吴起曰："窃观公之意，视释天下若释躧⑤，今去西河而泣，何也？"吴起抿泣⑥而应之曰："子不识。君知我而使我毕能，西河可以王。今君听谗人之议而不知我，西河之为秦取不久矣，魏从此削矣。"吴起果去魏入楚。有间，西河毕入秦，秦日益大。此吴起之所先见而泣也。

魏公叔痤疾，惠王往问之，曰："公叔之疾，嗟，疾甚矣！将奈社稷何？"公叔对曰："臣之御庶子鞅，愿王以国听之也。为不能听，勿使出境。"王不应，出而谓左右曰："岂不悲哉？以公叔之贤，而今谓寡人必以国听鞅，悖也！"夫公叔死，公孙鞅西游秦，秦孝公听之。秦果用强，魏果用弱。非公叔痤之悖也，魏王则悖也。夫悖者之患，固以不悖为悖。

【字词注解】

① 过：超过。这里有差异的意思。

② 不穀：不善。中国古代君主、诸侯自称不善的谦词。

③ 上功：崇尚功绩。上，通"尚"，崇尚。

④ 觐：通"仅"。

⑤ 躧（xǐ）：鞋。

⑥ 抿泣：揩拭眼泪。抿，揩拭。

【精彩解说】

第五：

人的智慧之所以有差异，在于其是远见还是短见。现在和古代的关系，就像古代和未来的关系。现在和未来的关系，就像现在和古代的关系。所以审察清楚了现在的状况就可以知道过去，知道了过去就可以知道未来，过去、现在和未来是可以互通与互相借鉴的。故有"圣人了解前后千年"的说法。

楚文王说："苋譆多次依据道义冒犯我，遵循礼制违逆我，跟他在一起我就感到不安，但时间久了，我从他身上有所收获。如果现在我不亲自授予他爵位，后代的圣人将要谴责我了。"于是授予他五大夫爵位。文王又说："申侯伯善于揣摩我的心意，我有什么想法，他就在我做之前准备好了，跟他在一起我感到安逸，但时间久了，我就会因此而丧国亡身。如果我不疏远他，后代的圣人将要斥责我的。"于是把他送走了。申侯伯到了郑国，曲意迎合郑国国君的心意，事先准备好郑君想要做的一切，经过三年就执掌了郑国的国政，但执掌国政仅仅五个月就被郑国人杀了。这样看来，是后代的圣人促使楚文王做了善事。

晋平公铸造了一口大钟，让乐工鉴定钟的声音是否和谐，大家都认为声音已经很和谐了。只有师旷说："这口钟声音还不和谐，请重新铸造它。"平公说："大家都认为很和谐了啊。"师旷说："后代如果有精通音律的人，将会知道这口钟是不和谐的。我本人因此为您感到羞耻。"后来师涓果然发现钟声不和谐。由此看来，师旷想要更准确地调和钟声，是因为后代有精通音律的人。

太公吕望被封在齐国，周公旦被封在鲁国，这两位国君交情非常好。互相问："怎么样才能治理好国家呢？"太公望说："尊敬贤人，奖赏有功之人。"周公旦说："亲近亲人，崇尚恩德。"太公望说："以这样的方法治国，鲁国很快就会被削弱的。"周公旦说："鲁国虽然会被削弱，但后世拥有齐国的，也肯定不是吕氏了。"后来，齐国日益强大，直至成为诸侯中的霸主。但历经二十四代国君之后，齐国就被田成子窃取了。鲁国也日益被削弱，以至于仅能勉强支撑，历经三十四代国君之后也灭亡了。

　　吴起治理西河之地，王错在魏武侯面前诽谤诋毁他，武侯派人把吴起召回。吴起来到岸门，停住马车，回头遥望西河，几行眼泪就流了下来。他的车夫对他说："臣私下观察您的胸怀，舍弃天下就像扔掉鞋子一样容易，如今离开西河您却流了泪，这是为什么啊？"吴起拭去眼泪说："你不知道的，如果国君理解信任我，让我竭尽全力施展才能治理西河，那么魏国就可以灭秦成就伟业。如今国君听信了小人的谗言而不信任我，西河不久就会被秦国占领，魏国从此就会被削弱。"吴起后来离开魏国，投奔楚国。不久，西河之地果然全部被秦国吞并，秦国日益强大。这就是吴起有先见之明而为之流泪的原因。

　　魏相公叔痤病了，惠王去探望他，说："公叔您的病，唉，病得很重了！国家该怎么办呢？"公叔回答说："我的家臣御庶子公孙鞅很有才能，希望大王您能把国政交给他治理。如果不能任用他，不要让他离开魏国。"惠王没有回答，出来对左右侍从说："难道不可悲吗？凭公叔这样的贤明，而今竟然叫我一定要把国政交给公孙鞅治理，太荒谬了！"公叔死后，公孙鞅向西游说秦国，秦孝公听从了他的意见。秦国果然因此强盛起来，魏国果然因此衰弱下去。由此看来，并不是公叔痤荒谬，而是惠王自己荒谬。大凡行事荒谬人的弊病，必是把不荒谬的当成荒谬。

拓展阅读

唇亡齿寒

　　春秋时，晋献公想派兵攻打虢国。可是讨伐虢国必须经过虞国。大夫荀息献计说："虞国国君是个目光短浅的人，只要我们送他价值连城的美玉和宝马，他不会不答应借道。"晋献公一听有点儿舍不得，荀息看出了晋献公的心思，就说："虞虢两国是唇齿相依的近邻，虢国灭了，虞国也不能独存，您的美玉、宝马只是暂时存放在虞公那里。"晋献公听罢，采纳了荀息的计策。

虞公见到这么珍贵的礼物，当时就答应借道。虞国大夫宫之奇阻止道："虞国和虢国相互依存，万一虢国灭了，我们虞国也就难保了，借道给晋国使不得啊！"虞公说："晋国是大国，现在特意送来厚礼，难道咱们借条道让他们走走都不行吗？"宫之奇连声叹气，知道虞国灭亡的日子不远了，就带着一家人离开了虞国。果然，晋国消灭了虢国，随后又灭了虞国。

○季冬纪第十二○

季 冬

[题解]

季冬是农历十二月。本篇介绍了季冬时节的天文地理、动物植物、饮食服饰等情况,论述了君主应如何根据季冬时节的特点发布合理的政令。

一曰:

季冬之月,日在婺女,昏娄中,旦氐中。其日壬癸,其帝颛顼,其神玄冥,其虫介,其音羽,律中大吕。其数六,其味咸,其臭朽,其祀行,祭先肾。雁北乡,鹊始巢,雉雊鸡乳。天子居玄堂右个,乘玄辂,驾铁骊,载玄旂,衣黑衣,服玄玉,食黍与彘,其器宏以弇。

命有司大傩,旁磔,出土牛,以送寒气。征鸟厉疾。乃毕行山川之祀,及帝之大臣、天地之神祇。

是月也,命渔师始渔①。天子亲往,乃尝鱼,先荐寝庙。冰方盛,水泽复,命取冰。冰已入,令告民出五种。命司农计耦(ǒu)耕事,修耒耜,具田器。命乐师大合吹而罢。乃命四监收秩薪柴,以供寝庙及百祀之薪燎。

是月也,日穷于次②,月穷于纪③,星回于天。数将几终,岁将更始。专于农民,无有所使。天子乃与卿大夫饬国典,论时令,以待来岁之宜。乃命太史次诸侯之列,赋之牺牲,以供皇天上帝社稷之享。乃命同姓之国,供寝庙之刍豢;令宰历卿大夫至于庶民土田之数,而赋之牺牲,以供山林名川之祀。凡在天下九州之民者,无不咸献其力,以供皇天上帝社稷寝庙山林名川之祀。

行之是令，此谓一终，三旬二日。

季冬行秋令，则白露蚤④降，介虫为妖，四鄙入保；行春令，则胎夭多伤，国多固疾，命之曰逆⑤；行夏令，则水潦败国，时雪不降，冰冻消释。

【字词注解】

① 渔：动词，捕鱼。
② 次：我国古代将黄道带分为十二部分，各称之为次。太阳一年运行一周天，走完十二次，所以说"日穷于次"。
③ 纪：日月相会。
④ 蚤：通"早"。
⑤ 逆：中医指气血不和、胃气不顺所导致的病症。

【精彩解说】

第一：

季冬十二月，太阳的位置在婺女宿，黄昏时娄宿出现在南方中天，黎明时氐宿出现在南方中天。季冬天干属壬癸，主宰之帝是颛顼，佐帝之神是玄冥，应时的动物是龟鳖之类的甲族，声音是五音中的羽音，音律则与十二律中的大吕相合。这个月的数字是六，味道是咸味，气味是朽气，要举行行祭，祭祀时要先奉上肾脏作为祭品。这时，大雁要向北飞来，喜鹊开始搭窝筑巢，山鸡开始鸣叫，家鸡开始孵化小鸡。天子住在北向明堂的右侧室，乘坐黑色的车子，驾着黑色的高头大马，在车上插着黑色的龙旗，穿着黑色的衣服，佩戴黑色的宝玉，吃黍米和猪肉，使用紧口大腹的器物。

在这个月，天子下令主管官吏举行大规模的傩祭，四方城门都要宰杀牺牲，并制作土牛，用来送走阴寒之气。远飞的鸟飞得又快又高。于是要普遍举行祭祀山川之神的典礼，并敬祭有功的前世公卿大臣和天地之神。

在这个月，命令负责捕鱼的官吏下令开始捕鱼。天子亲自前往并品尝刚捕到的鲜鱼，在品尝之前要先献给寝庙。这时候，冰冻得最坚硬，水泽已层层冻结，于是命令凿取冰块。把冰块贮存在冰窖中，发布公告让百姓从收获的五谷中选择好的作为种子。命令负责农业的官吏，筹划耕作的事情，维修犁铧，准备耕田的农具。命令乐官举行规模盛大的合奏，然后结束一年的乐事。命令王畿内的郡县大夫负责收缴应该交纳的木柴，用来供给寝庙及各种祭祀焚烧之用。

在这个月，日月星辰已绕天运行了一周，又运行回到原来的位置，一年的天数即将终结，新的一年将要开始。这时要让农民专心从事农事，不要征役扰民。天子与公卿大夫整饬国家的法令制度，研究讨论各月份应实行的政令，以此来准备明年应做之事。命令太史排列各诸侯的次序，确定应该贡献牺牲的数额，以供上天及社稷之神的祭祀之用。命令与天子同姓的诸侯进献供给祭祀寝庙所用的牲畜；命令太宰清算出从公卿大夫到一般老百姓所有土地的亩数，以此收取牺牲，以供祭祀山林河流之神用。凡是普天之下九州之内的所有百姓，都必须献出他们的力量，以供给上天、社稷之神、先祖之神以及山林河流之神的祭祀活动。

在这个月，推行这些政令，也就是说一年终结了。甘雨本会三旬三次降落，但本月仅下两次。

在季冬十二月，如果推行本应在秋天才实行的政令，那么白露就会过早降临，甲壳类的动物就会祸害百姓，边境上的百姓就会为躲避敌寇侵犯而藏入城堡；如果推行本应在春天才实行的政令，那么母兽腹中以及刚出生的幼小的动物就多会夭折，国内就会出现很多久治不愈的疾病，这种情况就叫作"逆"；如果推行本应在夏天才实行的政令，那么洪水灾害将危害国家，冬天的雪就不能及时降落，冰冻会消融。

士 节

〔题解〕

本篇论述了士人的节操。文中以齐国隐士北郭骚的例子，表现了士人不避危险、舍生取义、视死如归的精神，呼吁君主任用士人。

二曰：

士之为人，当理不避其难，临患忘利，遗生行义，视死如归。有如此者，国君不得而友，天子不得而臣。大者定天下，其次定一国，必由如此人者也。故人主之欲大立功名者，不可不务求此人也。贤主劳于求人，而佚于治事。

齐有北郭骚者，结罘罔①，捆蒲苇，织萉②屦③，以养其母，犹不足，踵门见晏子曰："愿乞所以养母。"晏子之仆谓晏子曰："此齐国之贤者也。其义不臣乎天子，不友乎诸侯，于利不苟取，于害不苟免。今乞所以养母，是说夫子之义也，必与之。"晏子使人分仓粟、分府金而遗之，辞金而受粟。

有间，晏子见疑于齐君，出奔，过北郭骚之门而辞。北郭骚沐浴而出，见晏子曰："夫子将焉适？"晏子曰："见疑于齐君，将出奔。"

北郭子曰："夫子勉之矣。"晏子上车，太息而叹曰："婴之亡岂不宜哉？亦不知士甚矣。"晏子行。

北郭子召其友而告之曰："说晏子之义，而尝乞所以养母焉。吾闻之曰：'养及亲者，身伉其难。'今晏子见疑，吾将以身死白之。"着衣冠，令其友操剑奉笥而从，造于君庭，求复者曰："晏子，天下之贤者也，去则齐国必侵矣。必见国之侵也，不若先死。请以头托白晏子也。"因谓其友曰："盛吾头于笥中，奉以托。"退而自刎也。其友因奉以托。其友谓观者曰："北郭子为国故死，吾将为北郭子死也。"又退而自刎。

齐君闻之，大骇，乘驲④而自追晏子，及之国郊，请而反之。晏子不得已而反，闻北郭骚之以死白己也，曰："婴之亡岂不宜哉？亦愈不知士甚矣。"

【字词注解】

① 罘罔：捕兽的网。
② 萉（fèi）：麻。
③ 屦：鞋。
④ 驲（rì）：古代驿站专用车。

【精彩解说】

第二：

士人行事处世，只要符合义理就不会躲避危险，面临祸患时就没有利害之虑，即使舍弃生命也要奉行正义，把死看得像回家那样轻松。如果有这样的壮士，就是国君也不能把他看作朋友，天子也不能把他看作臣下。这种人能力最大的可以安定天下，差一等的可以安定一国，这样的事肯定需要他们才可以做到。所以，想成就一番丰功伟业的国君，不能不诚心实意地寻求这种人。贤明的君主把精力花费在访求贤士上，而对治理政事则采取超脱的态度。

齐国有个叫北郭骚的，靠结兽网、编蒲苇、织麻鞋来奉养他的母亲，但仍不足以维持生活，于是他到晏子门前求见晏子说："希望能得到食物以奉养母亲。"晏子的仆从对晏子说："这个人是齐国的贤能之士。他做人的原则就是不给天子当大臣，不和诸侯交朋友，不贪恋财物，不苟免祸害。如今请求您施舍奉养老母的食物，是因为他看重和欣赏您的道义，所以您应该赐给他。"晏子就派人把仓中的粮食、府库中的金钱拿出来分给他，北郭骚谢绝了金钱而收下了粮食。

过了不久，晏子被齐君猜忌，逃往国外，经过北郭骚的门前向他告别。北郭骚沐浴后恭敬地迎出来，见到晏子说："您将要到哪儿去？"晏子说："我受到齐君的猜忌，将要逃往国外。"北郭骚说："您好自为之吧。"晏子上了车，长叹一声说："我逃亡国外难道不应该吗？我也太不了解士人了。"于是晏子说完就走了。

北郭骚叫来他的朋友，告诉他说："我佩服晏子的道义，我曾向他求得粮食奉养母亲。我听说：'奉养过自己父母的人，自己要承担他的危难。'如今晏子受到猜忌，我将用自己的死为他洗清冤诬。"北郭骚穿戴好衣冠，让他的朋友拿着宝剑、捧着竹筐跟随在后。走到国君朝堂门前，找到负责通禀的官吏说："晏子是名闻天下的贤人，他若出亡，齐国必定遭受侵犯。与其眼睁睁看着国家遭受侵犯，还不如先死去。我愿把头托付给您呈给国君为晏子洗清冤诬，以此表明晏子是忠诚的。"于是对他的朋友说："把我的头盛在竹筐中，捧去托付给那个官吏。"说罢，退后几步自刎而死。他的朋友于是捧着盛了头的竹筐托付给了那个官吏，然后对旁观的人说："北郭君是为国事而死，我将为北郭君而死。"说罢，也退后几步自刎而死。

齐君听说了这件事，大为震惊，乘着驿车亲自去追赶晏子，在齐国边境赶上了晏子，请求晏子回去。晏子不得已只好返回，听说北郭骚用死来替自己洗清冤诬，他感慨地说："我逃亡国外难道不应该吗？北郭骚之死说明我越发地不了解士人了。"

介 立

[题解]

"介立"即独立的意思,主要强调人格的独立。本篇主要论述了士人独立于世的风范,举了介子推、爰旌目的事例,赞扬了他们远离世俗独立于世的高尚情操。文末介绍了将帅贵人和士兵互相残食的悲剧事件,对士人介立的情操起到一种反衬作用。

三曰:

以贵富有人易,以贫贱有人难。今晋文公出亡,周流①天下,穷矣,贱矣,而介子推不去,有以有之也。反②国有万乘,而介子推去之,无以有之也。能其难,不能其易,此文公之所以不王也。

晋文公反国,介子推不肯受赏,自为赋诗曰:"有龙于飞,周遍天下。五蛇从之,为之丞辅。龙反其乡,得其处所。四蛇从之,得其露雨。一蛇羞之,桥死于中野。"悬书公门,而伏于山下。文公闻之曰:"嘻!此必介子推也。"避舍变服,令士庶人曰:"有能得介子推者,爵上卿,田百万。"或遇之山中,负釜盖簦③,问焉,曰:"请问介子推安在?"应之曰:"夫介子推苟不欲见而欲隐,吾独焉知之?"遂背而行,终身不见。

人心之不同,岂不甚哉?今世之逐利者,早朝晏退,焦唇干嗌④,日夜思之,犹未之能得;今得之而务疾逃之,介子推之离俗远矣。

东方有士焉,曰爰旌目,将有适也,而饿于道。狐父之盗曰丘,见而下壶餐而餔(bū)之。爰旌目三餔之而后能视,曰:"子何为者也?"

曰："我狐父之人丘也。"爰旌目曰："嘻！汝非盗耶？胡为而食我？吾义不食子之食也。"两手据地而吐之，不出，喀喀⑤然遂伏地而死。

郑人之下轶也，庄蹻之暴郢也，秦人之围长平也。韩、荆、赵，此三国者之将帅贵人皆多骄矣，其士卒众庶皆多壮矣，因相暴以相杀，脆弱者拜请以避死，其卒递而相食，不辨其义，冀幸以得活。如爰旌目已食而不死矣，恶其义而不肯不死。今此相为谋，岂不远哉？

── 【字词注解】

① 周流：遍行。
② 反：同"返"。
③ 簦（dēng）：斗笠。
④ 嗌（ài）：咽喉。
⑤ 喀（kā）喀：象声词，形容呕吐之声。

── 【精彩解说】

第三：

富贵的时候招人容易，贫贱的时候招人困难。比如晋文公流亡的时候，遍天下流浪，很穷困，很贫贱，而介子推没有离他而去，是因为晋文公有招纳贤人的诚意。晋文公回到晋国后拥有万乘之国，而介子推却离开了他，是因为晋文公不再有招纳介子推的诚心了。能招纳贤人很难，不能招纳贤人容易，这是晋文公不能称霸的原因。

晋文公回到晋国后，介子推不愿意接受封赏，自己写了一首诗说："有一条飞龙，周游遍天下。有五条蛇跟随着它，作为它的助手。这条龙回到故乡，找到了安身之地。有四条蛇跟随它，得到了它赐予的恩惠。只有一条蛇感到羞耻，枯死在野外。"把这首诗挂在国君的外门，介子推隐居到山下。晋文公听到后说："啊！这一定是介子推写的。"于是晋文公搬出宫殿，改变服饰，对官员、百姓说："谁能找到介子推，封为上卿，赏百万亩田地。"有人在山中遇到介子推，见他背着锅，戴着斗笠，于是问他说："请问介子推在哪里？"介子推回答说："介子推不愿意出仕只愿意隐居，我怎么能知道呢？"说罢就转身离去了，终身都没再出现。

人心不同，差距不是很大吗？当今世上争名逐利的人，早上去上朝，晚上才回来，唇焦口干，日夜思索，也未必能获得名利；像介子推这样能得到名利却想赶快远离它，他实在很脱俗啊。

东方有个士人，名叫爰旌目，他将要去某个地方，在路上饿昏了。狐父

（地名）有个盗贼名叫丘，看见了，摘下水壶餐具来喂他。爰旌目连喝了好几口才能睁眼，说："您是什么人？"丘回答说："我是狐父这个地方的人，名叫丘。"爰旌目说："啊！你不是强盗吗？为什么要给我吃的呢？我不该吃你的东西。"于是两手撑着地呕吐，没有吐出来，喀喀作声，趴在地上死了。

郑国人攻下了韩国的鲧地，楚国大将庄蹻在郢都残暴杀掠，秦国人围攻赵国的长平。韩、楚、赵这三国的将帅、贵人大都很骄纵，他们的士兵百姓大都很强壮，却残暴地自相残杀，脆弱的人磕头请求免死，士兵们依次相食，不懂大义，希望因此而求活。爰旌目已经吃下了东西没有死，但是为了大义又坚决要死。和他相比，那些人差得不是太远了吗？

诚 廉

〔题解〕

本篇颂扬了伯夷、叔齐的高尚气节。周灭了商之后，他们耻于吃周的粮食，便一起饿死在首阳山，以死亡的代价保全了自己的气节，这种气节是不可夺的。作者认为本性"所受于天也，非择取而为之也"。当然，从现代看，两人以付出生命为代价逆当时时势是不足取的。

四曰：

石可破也，而不可夺坚；丹可磨也，而不可夺赤。坚与赤，性之有也。性也者，所受于天也，非择取而为之也。豪士之自好者，其不可漫以污也，亦犹此也。

昔周之将兴也，有士二人，处于孤竹，曰伯夷、叔齐。二人相谓曰："吾闻西方有偏伯①焉，似将有道者，今吾奚为处乎此哉？"二子西行如周，至于岐阳，则文王已殁矣。武王即位，观周德，则王使叔旦就胶鬲于四内②，而与之盟曰："加富三等，就官一列。"为三书，同辞，血之以牲，埋一于四内，皆以一归。又使保召公就微子开于共头之下，而与之盟曰："世为长侯，守殷常祀，相奉桑林，宜私孟诸。"为三书，同辞，血之以牲，埋一于共头之下，皆以一归。伯夷、叔齐闻之，相视而笑曰："嘻！异乎哉！此非吾所谓道也。昔者神农氏之有天下也，时祀尽敬而不祈福也；其于人也，忠信尽治而无求焉；乐正与为正，乐治与为治；不以人之坏自成也，不以人之庳③自高也。今周见殷之僻乱也，而遽为之正与治，上谋而行货，阻丘而保威也。割牲而盟以为信，因四内与共头以明行，扬梦以说众，杀伐以要利，以此绍④殷，是以乱易暴也。吾闻古之士，遭乎治世，不避其任；遭乎乱世，不为苟在。今天下暗，周德衰矣。与其并乎周以漫⑤吾身也，不若避之以洁吾行。"二子北行，至首阳之下而饿焉。

人之情，莫不有重，莫不有轻。有所重则欲全之，有所轻则以养所重。伯夷、叔齐，此二士者，皆出身⑥弃生以立其意，轻重先定也。

【字词注解】

① 偏伯：边远地方的长官。此指西伯姬昌。
② 四内：古地名。
③ 庳：低下。
④ 绍：承继。
⑤ 漫：污。
⑥ 出身：舍身。

【精彩解说】

第四：

石头可打破，但不能改变它坚硬的本质；丹砂可磨碎，但不能改变它红色的本性。坚硬和红色，是它们的本性。本性是自然形成的，不是人为选择而形成。豪杰之人洁身自好，不能谩骂和侮辱他，也是这个道理。

从前周国将要兴起的时候，有两个处士，住在孤竹国，名叫伯夷、叔齐。二人曾商量说："我听说西方有个偏远的诸侯国，国君好像是有道之人，现在我们何不去那里住呢？"两人向西到周国，到了岐阳，而周文王已经死了。周武王即位，商纣王派胶鬲去观察周国的德政，周武王让周公旦在四内迎接胶鬲,并和他盟誓说:"加赏(胶鬲)三等富贵,一等官职。"写下三份誓词,都是一样的文字,用牲畜血来祭盟,把其中一份埋在四内,周公和胶鬲各持一份而回。周武王又派召公在共头迎接微子,和他盟誓说:"(微子)世代都为诸侯,守护商的宗庙,给予桑林之祀,把孟诸作为其私人封地。"写下三份誓词,一样的文字,用牲畜血来祭盟,把其中的一份埋在共头,召公和微子各持一份而回。伯夷、叔齐听说后,相视而笑说:"啊!奇怪了!这不是我们所说的得道之人。从前神农氏治理天下,祭祀时只表达敬意而不向上天祈福;对待别人,忠厚诚实地去对待而不索求什么;人乐意做正官就让他做正官,愿意做治官就让他做治官;不利用别人的失败使自己成功,不利用别人的卑微使自己高贵。如今周国看到商国的混乱,就急忙替它纠正和治理,在国内谋划并与胶鬲、微子进行交易,阻挡商国军队(指当时胶鬲和微子都带兵出使周国),炫耀本国实力。杀牲畜结盟作为诺言,发布四内和共头之盟来宣扬自己德行,宣扬梦中的情形来迷惑众人,靠屠杀征伐攫取利益,以此来继承商,这是用悖乱来代替残暴。我听说古代的贤士,遭逢太平之世,不回避自己的责任;遭逢动乱之世,不苟且偷生。如今天下大乱,周德已经衰落了。与其到周国去使自己受辱,不如躲起来保持自己的高洁。"两人向北而行,到了首阳山下就饿死了。

人之常情,无不是对有些事物非常看重,无不是对有些事物非常看轻。对所看重之事物就会设法保全,对所看轻之事物就会用其来保养所看重之事物。伯夷、叔齐这两位贤士,全舍弃自身的生命来坚守其看重的道义,这是因为在他们心里孰轻孰重早已确定了。

不 侵

〔题解〕

"不侵"是指士人凛然不可侵犯。本篇借豫让的事例提醒君主,不应以富贵招士,应该了解士人从而使士人为自己效死力。作者借公孙弘的言论强调士人的重要性，但明显有夸大成分。

五曰：

天下轻于身，而士以身为人。以身为人者，如此其重也，而人不知，以奚道①相得②？贤主必自知士，故士尽力竭智，直言交争③，而不辞其患。豫让、公孙弘是矣。当是时也，智伯、孟尝君知之矣。世之人主，得地百里则喜，四境皆贺；得士则不喜，不知相贺：不通乎轻重也。

汤、武，千乘也，而士皆归之。桀、纣，天子也，而士皆去之。孔、墨，布衣之士也，万乘之主、千乘之君不能与之争士也。自此观之，尊贵富大不足以来士矣，必自知之然后可。

豫让之友谓豫让曰："子之行何其惑也？子尝事范氏、中行氏，诸侯尽灭之，而子不为报；至于智氏，而子必为之报，何故？"豫让曰："我将告子其故。范氏、中行氏，我寒而不我衣，我饥而不我食，而时使我与千人共其养，是众人畜我也。夫众人畜我者，我亦众人事之。至于智氏则不然，出则乘我以车，入则足我以养，众人广朝④，而必加礼于吾所，是国士畜我也。夫国士畜我者，我亦国士事之。"豫让，国士也，而犹以人之于己也为念，又况于中人乎？

孟尝君为从⑤，公孙弘谓孟尝君曰："君不若使人西观秦王。意者⑥秦王帝王之主也，君恐不得为臣，何暇从以难之？意者秦王不肖主也，君从以难之未晚也。"孟尝君曰："善。愿因请公往矣。"公孙弘敬诺，以车十乘之秦。秦昭王闻之，而欲丑之以辞，以观公孙弘。公孙弘见昭王，昭王曰："薛之地小大几何？"公孙弘对曰："百里。"昭王笑曰："寡人之国，地数千里，犹未敢以有难也。今孟尝君之地方百里，而因欲以难寡人，犹可乎？"公孙弘对曰："孟尝君好士，大王不好士。"昭王曰："孟尝君之好士何如？"公孙弘对曰："义不臣乎天子，不友乎诸侯，得意则不惭为人君，不得意则不肯为人臣，如此者三人。能治可为管、商之师，说义听行，其能致主霸王，如此者五人。万乘之严⑦主辱其使者，退而自刎也，必以其血污其衣，有如臣者七人。"昭王笑而谢焉，曰："客胡为若此？寡人善孟尝君，欲客之必谨谕寡人之意也。"公孙弘敬诺。公孙弘可谓不侵矣。昭王，大王也；孟尝君，千乘也。立千乘之义而不可凌，可谓士矣。

【字词注解】

① 奚道：何由。
② 相得：互相投合。
③ 争：诤谏。
④ 朝：朝会。
⑤ 从：通"纵"，合纵。
⑥ 意者：测度，假设。
⑦ 严：尊，这里是威重的意思。

【精彩解说】

第五：

天下还不及生命贵重，但是有人却能为他人献出生命。为他人献出生命是重大的付出，但是对方却不了解，这怎么能说他们志同道合呢？贤明的君主一定是了解并礼遇士人的，这样士人才能竭尽心力，直言相谏，而不躲避由此带来的灾难。豫让、公孙弘就是这样的士人。当时智伯、孟尝君了解并尊重他们。世上的君主得到百里的土地就非常欢喜，境内民众全都庆贺他；然而得到贤士却不高兴，民众也不会去庆贺他：这是不明白轻重的道理啊！

商汤、周武王是拥有千辆兵车的国君，士人都争相归附他们。夏桀、商纣是居有海内的天子，然而士人却离开了他们。孔子、墨子都是平民百姓，然而拥有兵车万辆的天子、拥有千辆兵车的国君却无法与他们争夺士。由此看来，尊贵富有不足以使士人前来归附，君主一定要理解士人，才会让士人归附。

豫让的朋友对豫让说："你的行为怎么如此让人难以理解啊？你曾经侍奉过范氏、中行氏，诸侯把他们都灭掉了，而你并没有为他们报仇；临到智氏被灭之后你却一定要为他报仇，这是为什么呢？"豫让说："我把其中的缘故告诉你吧。范氏、中行氏，在我寒冷的时候不给我衣穿，在我饥饿的时候不给我饭吃，平时给我与其他上千的门客一样的待遇，这是以对待众人的方式对待我。以对待众人的方式对待我，我也会像众人一样回报他。至于智氏，他不是这样对待我的，出门时给我车坐，在家时就供给我充足的粮食，不论在众人面前还是在大庭之上，他一定以礼待我，这是像对待国士那样对待我。把我当作国士对待，我也会像国士那样报答他。"豫让是一国的豪杰之士，尚且念念不忘别人如何对待自己，又何况一般人呢？

孟尝君主张合纵抗秦，公孙弘对孟尝君说："您不如派人到西方刺探一下秦王。或许秦王是个具有帝王之才的君主，您恐怕连臣子都不能做，哪里还有闲暇时间去跟秦国作对呢？或许秦王是个凡庸的君主，那时您再合纵抗秦也不迟。"孟尝君说："好吧。那就烦请您去一趟。"公孙弘答应了，于是带着十辆车前往秦国。秦昭王听说此事,想用言辞羞辱公孙弘,借以观察他的反应。公孙弘拜见昭王,昭王问:"薛地有多大?"公孙弘回答说:"方圆百里。"昭王笑道:"我的国家土地纵横数千里,尚且不敢为难别国,如今孟尝君的全部封地不过百里,就想据此跟我作对,这可能吗?"公孙弘回答说:"孟尝君重用士人,大王你却不重用士人。"昭王说:"孟尝君是怎样重用士的呢?"公孙弘回答说:"持守节操,不向天子称臣,不与诸侯交友,得志时无愧于做人君,不得志时不屑为人臣,像这样的士,孟尝君那里有三人。有治国之才,可以做管仲、商鞅的老师,其主张如果被君主乐于采纳,能使君主成就霸王大业,像这样的士,孟尝君那里有五人。拥有万辆兵车的威严君主侮辱使者时,使者会后退几步而自刎,定让自己的血浸染对方的衣服,就像我这样的人,孟尝君那里有七人。"昭王笑着道歉说:"您何必这样呢?我和孟尝君交情是很好的,希望您回去之后一定向他转达我的问候之意。"公孙弘恭敬地答应了。公孙弘可称得上不辱使命了。昭王是大国国君,孟尝君只是齐国千乘之主。承担千乘之主的使命而不受凌辱,公孙弘真可称得上是国士了。

序　意

〔题解〕

本篇是《吕氏春秋》的后序,处在"十二纪"的末尾处,有残缺,主要讲述了《吕氏春秋》编著的宗旨和意图。它申明自己的理论根据是"法天地"的思想,认为天地人各得其所则能实现无为而治,要实现这个理想要循其理,去其私,否则就会福去灾来。

原文

维秦八年,岁在涒滩①,秋甲子朔。朔之日,良人请问十二纪。文信侯曰:"尝得学黄帝之所以诲颛顼矣:爰有大圜在上,大矩②在下,汝能法之,为民父母。"盖闻古之清世,是法天地。凡十二纪者,所以纪治乱存亡也，所以知寿夭吉凶也。上揆之天，下验之地，中审之人。若此，则是非可不可，无所遁矣。

天曰顺，顺维生；地曰固，固维宁；人曰信，信维听。三者咸当，无为而行。行也者，行其理也。行数，循其理，平其私。夫私视使目盲，私听使耳聋，私虑使心狂。三者皆私设，精③则智无由公。智不公，则福日衰，灾日隆。以日倪④而西望知之。

赵襄子游于囿中，至于梁，马却不肯进，青荓为参乘。襄子曰："进视梁下，类有人。"青荓进视梁下，豫让却寝，佯为死人。叱青荓曰："去，长者吾且有事。"青荓曰："少而与子友，子且为大事，而我言之，是失相与友之道；子将贼⑤吾君，而我不言之，是失为人臣之道。如我者惟死为可。"乃退而自杀。青荓非乐死也，重失人臣之节，恶废交友之道也。青荓、豫让，可谓之友也。

【字词注解】

① 涒（tūn）滩：岁阴申的别称。古时用以纪年。即申年。
② 大矩：大地。
③ 精：甚。
④ 倪：通"睨"，斜视，这里是斜的意思。
⑤ 贼：杀。

【精彩解说】

秦王政八年，太岁在涒滩，秋天，初一是甲子日。这一天，有位君子请教关于十二纪的事。文信侯吕不韦说："我曾经学过黄帝教诲颛顼的话：圆天在上，方地在下，你能够取法天地，就可以做人民的衣食父母了。"听说古代的清平盛世，就是取法天地。大凡十二纪，是用来记载国家的治乱存亡的，是用来预知人事的寿夭吉凶的。向上测度天，向下检验地，中间审察人。像这样处世、判断是非就不会有过失了。

天的规律是顺行，顺行了万物才能生存；地的本质是牢固，牢固了万物才得以安宁；人的根本是诚信，诚信了才能被人采纳。天、地、人三者都各得其所，就可以无为而谨慎行事了。谨慎行事的意思，就是奉行天道、地道、人道，就是要顺遂天数，遵照地理，去人私心。怀着私欲去看，眼睛就会看不见东西；怀着私欲去听，耳朵就会听不见声音；怀着私欲去考虑事情，心情就会狂乱迷惑。这三种情况都是私心自用。私心太过，处事就不会公正。处事不公正，福乐就会日渐衰减，灾患就会日渐增加。通过太阳偏斜必定西落这个现象就可以看出这个道理。

赵襄子在园林中游玩，乘车走到桥边，马却后退不肯前进。青荓是他马车的随从卫士。赵襄子说："到桥底下看看，那里好像有人。"青荓到桥下察看，看见豫让正仰面躺着，装作死人。他斥责青荓说："走开，我将要做大事。"青荓说："我年轻时候和你很要好，你将要做大事，如果我告发你，就是舍弃了做朋友的道义；你准备刺杀我的君主，如果我不说出这件事，这是失去了作为人臣的道义。这样，我只有一死了。"于是退开后自杀了。青荓并不是愿意死，而是把人臣的节操看得很重，并且厌恶舍弃交友的准则。青荓、豫让可以称得上是真正的朋友了。

拓展阅读

公孙戌劝孟尝君不接受象牙床

孟尝君巡游到楚国时，楚王要赠送给他一张象牙床，派郢都一个叫登徒的人护送。登徒不想护送，就找到孟尝君的门客公孙戌商量说："那床很贵，稍有损坏我根本赔不起。先生能不能帮我免掉此差事。事情若成我愿赠先人宝剑给你。"公孙戌答应了。

于是公孙戌去拜见孟尝君说："楚王送的象牙床您要接受吗？"孟尝君点了点头。公孙戌劝他不要接受。孟尝君问为什么。公孙戌说："五国把相印授给您是因为您有怜恤孤苦、仁义廉洁的美德，在诸侯中人人称赞。现在您接受了象牙床，到其他小国巡行时，他们又该送您什么礼物呢？所以我希望您不要接受象牙床。"孟尝君觉得他说得对，就同意了。

等公孙戌退下后孟尝君感到怀疑，就又把他叫回来说："先生叫我不接受此礼固然很好，但为何如此欣喜呢？"公孙戌说："臣下有三件觉得可喜之事，外加得了一把宝剑。"孟尝君询问其中缘由，公孙戌回答说："您门下有许多食客，只有我敢于进谏，此喜之一；我敢于进谏，您能听进去，此喜之二；我的进谏能帮助您改过，此喜之三。楚国护送象牙床的登徒氏告诉我如果能帮他免掉此差事，便将祖传宝剑赠送给我，这也让我感到欣喜。"孟尝君听后没生气反而表示嘉许，说："先生接受宝剑了吗？"公孙戌说："没有经过您的许可我不敢接受。"于是孟尝君就催促他说："赶紧收下它！"

因为此事，孟尝君在门上写：谁能传扬田文的名声，进谏制止田文犯过失的，即使在外面私自获得了珍宝，也可以快来向我进谏。

有始览第一

有 始

〔题解〕

本篇阐述了作者的自然观,提出"天地有始,天微以成,地塞以成",列举天地山川有九野、九州、九山、九塞等,反映了当时的地理成就。作者把《有始》放在八览之首,是因为本书的宗旨是"法天地",人事的依据是天地运行的自然之道。

一曰:

天地有始①,天微②以成,地塞③以形。天地合和,生之大经④也。以寒暑日月昼夜知之,以殊形殊能异宜说⑤之。夫物合而成,离而生。知合知成,知离知生,则天地平矣。平也者,皆当察其情,处其形。

天有九野⑥,地有九州,土有九山,山有九塞⑦,泽有九薮⑧,风有八等,水有六川。

何谓九野?中央曰钧天⑨,其星角、亢、氐;东方曰苍天,其星房、心、尾;东北曰变天,其星箕、斗、牵牛;北方曰玄天,其星婺女、虚、危、营室;西北曰幽天,其星东壁、奎、娄;西方曰颢天,其星胃、昴、毕;西南曰朱天,其星觜嶲、参、东井;南方曰炎天,其星舆鬼、柳、七星;东南曰阳天,其星张、翼、轸。

何谓九州?河、汉之间为豫州,周也;两河之间为冀州,晋也;河、济之间为兖州,卫也;东方为青州,齐也;泗上为徐州,鲁也;东南为扬州,越也;南方为荆州,楚也;西方为雍州,秦也;北方为幽州,燕也。

何谓九山？会稽、太山、王屋、首山、太华、岐山、太行、羊肠、孟门。

何谓九塞？大汾、冥阨(è)、荆阮、方城、殽、井陉、令疵、句注、居庸。

何谓九薮？吴之具区，楚之云梦，秦之阳华，晋之大陆，梁之圃田，宋之孟诸，齐之海隅，赵之钜鹿，燕之大昭。

何谓八风？东北曰炎风，东方曰滔风，东南曰熏风，南方曰巨风，西南曰凄风，西方曰飂(liù)风，西北曰厉风，北方曰寒风。

何谓六川？河水、赤水、辽水、黑水、江水、淮水。

凡四海之内，东西二万八千里，南北二万六千里。水道八千里，受水者亦八千里。通谷⑩六，名川六百，陆注⑪三千，小水万数。

凡四极之内，东西五亿有九万七千里，南北亦五亿有九万七千里。极星⑫与天俱游，而天枢⑬不移。冬至日行远道⑭，周行四极，命曰玄明。夏至日行近道，乃参于上。当枢之下无昼夜。白民⑮之南，建木⑯之下，日中无影，呼而无响，盖天地之中也。

天地万物，一人之身也，此之谓大同。众耳目鼻口也，众五谷寒暑也。此之谓众异，则万物备也。天斟⑰万物，圣人觉焉，以观其类。解在乎天地之所以形，雷电之所以生，阴阳材⑱物之精，人民禽兽之所安平。

【字词注解】

① 有始：天地之初始。始，初。
② 微：轻微细小之物。
③ 塞：重浊之物。
④ 经：道，根本。
⑤ 说：解说。
⑥ 九野：即九天，古代指天的中央和八方。野，指星宿所在的星空区域。
⑦ 九塞：险阻。
⑧ 薮：大泽。
⑨ 钧天：钧通"均"，由于和其他八野的距离均等，所以称作钧天。
⑩ 通谷：指大河，这里指最大的河流。
⑪ 陆注：疑似为今之内陆河或者季节河。

⑫ 极星：即北极星，又称"帝星"，属于小熊星座。

⑬ 天枢：指北天极。

⑭ 远道：日月星辰以北天极为圆心作周日运动，太阳每年在空中划出大约 365 个圆形的轨迹，取其中的七个，到冬至那天划出的圆形轨迹离北天极最远，所以称作"远道"。

⑮ 白民：古代传说中的海外的国名。

⑯ 建木：古代传说中的一种树名，在白民国的南边。

⑰ 斟：聚积。

⑱ 材：裁制，生成。

【精彩解说】

第一：

天地有开始的时候，天由轻微细小之物上升而形成，地由重浊之物下沉而形成。天地交合，是万物生成的根本。由寒暑的变化、日月的运转、昼夜的交替就能知道这个道理，由万物不同的形体、不同的性能、不同的应用可以对此解说。所以万物都是天地交合而形成，都是通过分离而产生。知道交合而形成，知道分离而产生，那么天地形成的道理就明白了。要了解天地是怎么形成，应当详察万物的实际情况，审度万物的形体。

天有九野，地有九州，地上有九座高山，山间有九处险隘，水泽有九大湖泊，风有八种，水流有六大河流。

什么叫九野？天中央叫钧天，有角、亢、氐三星宿；东方叫苍天，有房、心、尾三星宿；东北叫变天，有箕、斗、牵牛三星宿；北方叫玄天，有婺女、虚、危、营室四星宿；西北叫幽天，有东壁、奎、娄三星宿；西方叫颢天，有胃、昴、毕三星宿；西南叫朱天，有觜巂、参、东井三星宿；南方叫炎天，有舆鬼、柳、七星三星宿；东南叫阳天，有张、翼、轸三星宿。

什么叫九州？黄河和汉水之间为豫州，是周王室的疆域；清河和西河之间为冀州，是晋国的疆域；黄河和济水之间为兖州，是卫国的疆域；东方为青州，是齐国的疆域；泗水上游为徐州，是鲁国的疆域；东南为扬州，是越国的疆域；南方为荆州，是楚国的疆域；西方为雍州，是秦国的疆域；北方为幽州，是燕国的疆域。

什么叫九山？就是指会稽山、泰山、王屋山、首阳山、华山、岐山、太行山、羊肠山、孟门山。

什么叫九大要塞？就是指大汾、冥阨、荆阮、方城、殽、井陉、令疵、句注、居庸。

什么叫九薮？就是指吴国的具区、楚国的云梦、秦国的阳华、晋国的大陆、梁国的圃田、宋国的孟诸、齐国的海隅、赵国的钜鹿、燕国的大昭。

什么叫八风？东北风叫炎风，东风叫滔风，东南风叫熏风，南风叫巨风，西南风叫凄风，西风叫飂风，西北风叫厉风，北风叫寒风。

什么叫六水？就是指黄河、赤水、辽水、黑水、江水、淮水。

四海之内，东西长两万八千里，南北长两万六千里。通航的河道八千里，受水的河道也有八千里。最大的河流有六条，大河六百条，季节河三千条，小河数以万计。

四极之内，东西长达五十九万七千里，南北长也是五十九万七千里。

北极星和天一起运行，而天枢不移动。冬至这一天，太阳运行在距天枢最远的轨道上，环行东西南北四个极点，光照较弱，所以被称为玄明。夏至这一天，太阳运行在距天枢最近的轨道上，太阳正在人的头顶。在天枢的下面，没有昼夜之分。在白民国南边建木的下面，中午没有影子，大声呼叫也没有声音，这儿大概就是天地的中心。

天地万物，如同人的身体，这就叫作大同。人有耳目鼻口，天地万物有五谷寒暑。这些称得上是多种多样，所以万物也就齐备了。天地聚集万物，圣人考察万物以了解它们的类别。例如理解天地之所以形成、雷电之所以发生、阴阳变化生成万物、人民禽兽各得其所等方面。

应 同

〔题解〕

"应同"是指事物都因同类而相应。文章指出事物之应和事物之间的客观联系。作者从唯物主义观点出发,指出人的吉凶祸福和国家的治乱存亡都是人为造成的,不是命运决定的,主张尽人事努力避祸求福,君主要致力于治国以制止他国侵占讨伐。

原文

二曰:

凡帝王者之将兴也,天必先见祥乎下民。黄帝之时,天先见大螾大蝼①。黄帝曰:"土气胜。"土气胜,故其色尚黄,其事则土。及禹之时,天先见草木秋冬不杀②。禹曰:"木气胜。"木气胜,故其色尚青,其事则木。及汤之时,天先见金刃生于水。汤曰:"金气胜。"金气胜,故其色尚白,其事则金。及文王之时,天先见火赤乌③衔丹书集④于周社⑤。文王曰:"火气胜。"火气胜,故其色尚赤,其事则火。代火者必将水,天且先见水气胜。水气胜,故其色尚黑,其事则水。水气至而不知数备⑥,将徙于土。

天为者时,而不助农于下。类固相召⑦,气同则合,声比⑧则应。鼓宫而宫动,鼓角而角动。平地注水,水流湿;均薪施火,火就燥。山云草莽,水云鱼鳞,旱云烟火,雨云水波,无不皆类其所生以示人。故以龙致雨,以形逐影。师之所处,必生棘楚⑨。祸福之所自来,众人以为命,安知其所?

夫覆巢毁卵,则凤凰不至;刳⑩兽食胎,则麒麟不来;干泽涸渔,则龟龙不往。物之从同,不可为记。子不遮乎亲,臣不遮乎君。君同则来,异则去。故君虽尊,以白为黑,臣不能听;父虽亲,以黑为白,子不能从。

黄帝曰："芒芒昧昧⑪，因天之威⑫，与元同气。"故曰同气贤于同义，同义贤于同力，同力贤于同居，同居贤于同名。帝者同气，王者同义，霸者同力，勤者同居则薄矣，亡者同名则粗⑬矣。其智弥粗者，其所同弥粗；其智弥精者，其所同弥精。故凡用意不可不精。夫精，五帝三王之所以成也。成齐类同皆有合，故尧为善而众善至，桀为非而众非来。

《商箴》云："天降灾布祥，并有其职⑭。"以言祸福人或召之也。故国乱非独乱也，又必召寇。独乱未必亡也，召寇则无以存矣。

凡兵之用也，用于利，用于义。攻乱则服，服则攻者利；攻乱则义，义则攻者荣。荣且利，中主犹且为之，况于贤主乎？故割地宝器，卑辞屈服，不足以止攻，惟治为足。治则为利者不攻矣，为名者不伐矣。凡人之攻伐也，非为利则固为名也。名实不得，国虽强大者，曷为攻矣？解在乎史墨来而辍不袭卫，赵简子可谓知动静矣！

【字词注解】

① 大螾（yǐn）大蝼：大蚯蚓和大蝼蛄。
② 杀：凋零。
③ 火赤乌：由火幻化而成的赤色乌鸦。
④ 集：止。
⑤ 社：本指土神，这里指祭祀土神的地方。
⑥ 数备：气数已具备，即天命已定。
⑦ 类固相召：同一属性本来就会相互招致。固，本来。
⑧ 比：这里是"同"的意思。
⑨ 棘楚：丛生多刺的灌木。
⑩ 刳（kū）：剖开，挖空。
⑪ 芒芒昧昧：广大纯厚的原始状态。
⑫ 威：法则。
⑬ 粗：粗劣。
⑭ 职：本来的原因。

【精彩解说】

第二：

凡是有古代帝王将要兴起的时候，上天必定先降下征兆显现给下界的人民。黄帝的时候，上天先显现了大蚯蚓和大蝼蛄。黄帝说："这是土气旺盛的缘故。"土气旺盛，所以黄帝的衣服颜色崇尚黄色，做事情取法土的颜色。等到了大禹的时候，上天先显现了草木在秋冬时节不凋零的景象。大禹说："这是木气旺盛的缘故。"木气旺盛，所以夏朝的衣服颜色崇尚青色，做事情取法木的颜色。等到了商汤的时候，上天先呈现水中出现刀剑的景象。商汤说："这是金气旺盛的缘故。"金气旺盛，所以商朝的衣服颜色崇尚白色，做事情取法金的颜色。到了周文王的时候，上天先显现出火光，火幻化成红色乌鸦衔着丹书聚集在周朝的社庙上。周文王说："这是火气旺盛的缘故。"火气旺盛，所以它的颜色就显示出红色，做事情就要取法于火。代替火的必定是水，上天就要显现水气旺盛的征兆。水气旺盛，所以下一个王朝的颜色应该是黑色，做事情应该取法于水的颜色。水气到来了却不知顺应气数，那么等到它的气数衰竭的时候气数就会转移到土上去。

上天为四时运行，但不会为成就农事而改变。种类相同的就互相招引，气味相同就互相投合，声音相同就互相共鸣。敲击宫音，就会有宫音与之响应；敲击角音，就会有角音与之响应。在平地上倒水，水先向湿的地方流去；在摆放均匀的柴草上点火，火先向干燥的地方燃烧。山上的云像草莽，水上的云如鱼鳞，干旱时的云像燃烧的烟火，阴雨时的云像水波，这些无不通过其所赖以生成的同类东西而显示给人们。所以用龙就能求雨，依靠形体就能追寻影子。战争发生的地方，必定会生长出荆棘来。祸福的到来，人们一般认为是由于"命"，哪里知道祸福到来的缘由？

倾翻鸟巢，毁坏鸟卵，凤凰就不会再来了；割开兽腹，吃掉兽胎，麒麟就不会再来了；排干池泽的水来捕鱼，龟龙就不会再来了。同类事物相互应从的现象，不可胜举。儿子不会一味地忍受父亲的遏制，臣子不会一味忍受君主的遏制。志同道合就在一起，不合就会分离。因此，君主虽然尊贵，拿黑的当成白的，臣子就不会听从；父亲尽管最亲，拿黑的当成白的，儿子也不会赞同。

黄帝说："广大纯厚，这是因循了上天的法则，与上天同气的缘故。"所以说与天同气胜过同义，同义胜过同力，同力胜过同处，同处胜过同名。称帝者彼此同气，称王者彼此同义，称霸者彼此同力，勤劳的人共同相处就会亲情淡薄，逃亡的人共用名义就过分粗心笨拙。心智越是低劣浅陋，与之相应的越是低劣浅陋；心智越是精深，与之相应的就越是精深。所以，凡是动用心机就不能不精深。精深是古代五帝之所以成就丰功伟业的原因。同类之间的事物能够相互聚和,所以尧做好事而很多的好事就会接踵而来,桀做恶事而很多的恶事也会接踵而来。

《商箴》上说:"上天降灾或者降福,都是有它的原因的。"这就是说祸福都是人造成的。所以,国家的混乱就不只是政治的混乱,还一定会招来敌寇侵犯。如果仅仅是政治的混乱还不会导致亡国,但如果招来敌寇侵犯,那么国家就不能够保存了。

凡是发动军队作战,都是为了获得利益,为了伸张正义。对政治混乱的国家作战,就很容易使他们屈服,屈服了,发动进攻一方就会获得利益;正义得到了伸张,发动进攻的一方就会感到荣耀。既荣耀又得利的事,普通的君主都会去做,更何况是贤明的君主呢?所以,割让土地,进献宝物,通过卑微的言辞取悦于人,都不能够阻止别国的侵犯,只有得到良好治理的国家才能够阻止别国的侵犯。国家治理好了,谋求利益的别国就不会来侵犯,追求荣耀的别国就不会来讨伐了。凡是战争,不是为了求得利益就是为了获取荣耀。荣耀不可得,利益不可取,即使自己国富民强,去侵犯别国又有什么好处呢?这一点可以从史墨返回晋国去劝说赵简子放弃对卫国作战一事得到很好的说明,赵简子可以说的是很明白动静的道理啊!

去　尤

〔题解〕

"去尤"就是去除局限的意思。本篇通过亡斧疑邻、邾君反复、鲁人爱子等故事,告诉我们只有去掉思想上的局限才能明晓事理。兼听则明,偏听则暗。本篇指出人之所以无法正确地认识事物,是因为主观感觉上的偏差和个人爱憎喜恶的影响,而造成主观偏差的根源在于人存有私欲,看重外物,这样便不能通晓本篇所倡导的"性命之情"。

三曰：

世之听者，多有所尤①。多有所尤，则听必悖矣。所以尤者多故，其要必因人所喜，与因人所恶。东面望者不见西墙，南乡视者不睹北方，意有所在也。

人有亡鈇②者，意其邻之子。视其行步，窃鈇也；颜色，窃鈇也；言语，窃鈇也；动作态度，无为③而不窃鈇也。扣④其谷而得其鈇，他日复见其邻之子，动作态度，无似窃鈇者。其邻之子非变也，己则变矣。变也者无他，有所尤也。

邾⑤之故法，为甲裳以帛。公息忌谓邾君曰："不若以组⑥。凡甲之所以为固者，以满窍也。今窍满矣，而任力者半耳。且组则不然，窍满则尽任力矣。"邾君以为然，曰："将何所以得组也？"公息忌对曰："上用之，则民为之矣。"邾君曰："善。"下令，令官为甲必以组。公息忌知说之行也，因令其家皆为组。人有伤之者曰："公息忌之所以欲用组者，其家多为组也。"邾君不说，于是复下令，令官为甲无以组。此邾君之有所尤也。为甲以组而便，公息忌虽多为组，何伤也？以组不便，公息忌虽无为组，亦何益也？为组与不为组，不足以累公息忌之说。用组之心，不可不察也。

鲁有恶者，其父出而见商咄⑦，反而告其邻曰："商咄不若吾子矣。"且其子至恶也，商咄至美也。彼以至美不如至恶，尤乎爱也。故知美之恶，知恶之美，然后能知美恶矣。《庄子》曰⑧："以瓦⑨投⑩者翔⑪，以钩投者战，以黄金投者殆。其祥一也，而有所殆者，必外有所重者也。外有所重者泄，盖内掘。"鲁人可谓外有重矣。解在乎齐人之欲得金也，及秦墨者之相妒也，皆有所乎尤也。

老聃则得之矣，若植木而立乎独，必不合于俗，则何可扩矣？

—•【字词注解】

①尤：蒙蔽、局限之意。

②鈇（fū）：通"斧"。

③无为：没有。

④扣：挖掘。

⑤邾（zhū）：古国的名字，今在山东邹城地区。

⑥ 组：丝带。

⑦ 商咄：春秋鲁国美人之名。

⑧ "《庄子》曰"以下数句引文：见《庄子·达生》篇，文字有出入。

⑨ 瓦：特指陶制的纺锤。

⑩ 殶（zhù）：投注，下赌注的意思。

⑪ 翔：坦然，安详。

【精彩解说】

第三：

世上只凭所闻就下结论的人，往往有所局限和蒙蔽。往往有所局限和蒙蔽，那么他们凭所闻就下的结论一定是谬误的。之所以被局限和蒙蔽的人很多，其关键一定在于人有所喜爱和憎恶。向东望的人看不到西面的墙，朝南看的人不会望见北方，这是心意只能专注在一个方向啊。

有一个丢失斧子的人，怀疑是邻居的儿子偷的。看邻居的儿子走路的样子，像是偷斧子的；看邻居的儿子的眼色，像是偷斧子的；听邻居的儿子说话，像是偷斧子的；看邻居的儿子的动作和态度，无不像偷斧子的。后来这个人挖谷仓的时候，发现了他失踪的斧子，之后再看邻居的儿子，行为举止没有一样像是偷了斧子的人。邻居的儿子并没有改变，而是他自己改变了。自己改变的原因不是别的，只是因为自己的见解有所局限。

邾国的老办法，制作甲裳时用帛来连缀。公息忌对邾国国君说："不如改用丝带来连缀。甲裳之所以坚固结实，是因为甲的缝隙都被塞满了。如今甲裳的缝隙虽然塞满了，可是却只能承受应该承受的力的一半。可是用丝带连缀就不会这样，缝隙塞满了就可以承受它应该能承受的全部的力了。"邾国国君认为他说得对，说："怎样才能得到丝带呢？"公息忌回答说："国君使用它，百姓就会制作它。"邾国国君说："好！"于是发布命令，要求制作甲裳必须要用丝带连缀。公息忌知道自己的建议将要被实行，就让家人都编制丝带。有人诽谤公息忌，就对邾国国君说："公息忌之所以想让国君改用丝带，是因为他的家人编制了很多的丝带呢。"邾国国君很生气，于是又下令仍然用帛来连缀甲裳而不再用丝带。这是邾国国君看问题有所局限。如果采用丝带连缀甲裳是有利的话，即使公息忌家里有大量的丝带又有何妨呢？如果用丝带连缀甲裳没有好处，即使公息忌家里没有人编织丝带，又有什么好处呢？公息忌家里有没有编制丝带，都不足以妨碍公息忌建议的意义。改用丝带的用意，不能不明察清楚啊。

鲁国有一个长相丑陋的人，他的父亲外出时见到商咄，回到家后对邻居们说："商咄还不如我儿子好看。"但是他的儿子是很丑陋的，而商咄却很漂亮。那人认为最漂亮的还不如最丑陋的，这是偏爱自己的儿子而有所蒙蔽的缘故。所以，知道美好东西的不好的方面，又知道不好的东西的好的方面，这样才能真正地了解好与不好。《庄子》说："用纺锤来作为赌注下赌时人的内心是坦然的，用衣带钩作为赌注下赌时内心是不安的，用黄金作为赌注下赌时就会感到迷惑。他们的赌技是一样的，之所以让人觉得迷惑是因为心怀有所看重的外物。心怀有所看重的外物就会对它亲近而心神荡漾。"这个鲁人就是心怀有所看重的外物了。这个道理可以从齐人想得到金子，以及秦国的墨者相互嫉妒的故事得到充分的说明，这些人就是都有所局限的。

老聃是明白这个道理的，他就像直立的树木一样独立生长，这样就会超脱世俗和外物的局限，所以还有什么能够让他心神不安呢？

听 言

〔题解〕

本篇指出君主要分辨善与不善，君主不分善恶则会导致嗜好攻伐诛杀以求索地。爱民害民是判断善恶的标准。君主如果能分清言论的善恶，择善而从，就可以统一天下。要做到"听言"，则必须加强学习。

四曰：

听言不可不察，不察则善不善不分。善不善不分，乱莫大焉。三代分善不善，故王。今天下弥衰，圣王之道废绝。世主多盛① 其欢乐，大② 其钟鼓，侈③

其台榭苑囿，以夺人财；轻用民死，以行其忿④。老弱冻馁，夭胔壮狡。汔⑤尽穷屈，加以死虏。攻无罪之国以索地，诛不辜之民以求利，而欲宗庙之安也，社稷之不危也，不亦难乎？

今人曰："某氏多货，其室培⑥湿，守狗死，其势可穴也。"则必非之矣。曰："某国饥，其城郭庳，其守具寡，可袭而篡之。"则不非之。乃不知类矣。

《周书》曰："往者不可及，来者不可待，贤明其世，谓之天子。"故当今之世，有能分善不善者，其王不难矣。善不善本于利，本于爱。爱利之为道大矣。夫流于海者，行之旬月，见似人者而喜矣。及其期年也，见其所尝见物于中国者而喜矣。夫去人滋久，而思人滋深欤！乱世之民，其去圣王亦久矣。其愿见之，日夜无间。故贤王秀士之欲忧黔首者，不可不务也。

功先名，事先功，言先事。不知事，恶能听言？不知情，恶能当言？其与人谷言也，其有辩乎，其无辩乎？

造父始习于大豆，蠭门始习于甘蝇。御大豆，射甘蝇，而不徙人，以为性者也。不徙之，所以致远追急也，所以除害禁暴也。凡人亦必有所习其心，然后能听说。不习其心，习之于学问。不学而能听说者，古今无有也。解在乎白圭之非惠子也，公孙龙之说燕昭王以偃兵及应空洛之遇也，孔穿之议公孙龙，翟翦之难惠子之法。此四士者之议，皆多故矣，不可不独论。

【字词注解】

① 盛：此处作动词，以……盛，使众多。
② 大：此处作动词，使巨大。
③ 侈：作动词，使奢侈。
④ 忿：同"愤"，怨愤。
⑤ 汔（qì）尽：竭尽。
⑥ 培：屋的后墙。

【精彩解说】

第四：

听到别人的话不能不详察，不详察就好坏不分。好坏不分，就没有比这更大的祸乱了。夏商周三代能分辨好坏，所以能称王于天下。现在天下越来越衰败，圣王之道被废弃灭绝了。世上的君主大多寻欢作乐，把钟鼓等乐器造得很大，收敛钱财奢侈地建造楼台园林，掠夺百姓的人力和财力；轻易地置百姓于死地，恣意任行。那些衰老病弱的人忍饥挨饿，饥寒交迫；那些壮年的人身体瘦弱，过早地断送了生命。人们几乎走到了穷途末路，还被加上死囚和俘虏的待遇。攻打没有罪的国家来掠夺土地，滥杀无辜的百姓谋求钱财，这样做却幻想宗庙平安、国家安宁而没有灾难，这不是太困难了吗？

现在有人说："某人家里有很多财物，他家房屋的后墙很潮湿很容易凿洞，而且看家的狗死了，可以趁机挖开墙洞进入。"那么人们一定会责备这个人。又有人说："某国发生饥荒，它的城墙低矮，它的防守武器又少，可以趁机偷袭并且夺取它。"然而人们对这样的人却不责备。这就是不知道类比。

《周书》中说："既往的不可追回，未来的不可等待，能够使世道清明的，就可以称得上是真正的天子。"所以在当今社会，有能够分辨清楚善与不善的，他就不难成就王业。善与不善源于利，源于爱。爱和利作为道的意义太大了。在大海上漂泊的人，航行了十余天，看到好像有人的地方就很高兴。等到过了一年，他看到曾在中原看到过的东西也会很高兴。离开的日子越久，思人之心就越迫切。混乱社会的人民，未得遇圣王已经很久了。他们想见到圣王的心情，白天黑夜都没有间断过。所以，忧虑百姓疾苦命运的贤明君主和杰出人士，不可不在这方面努力啊。

有功绩是先于出名的，做是先于有功绩的，发表言论是先于做事的。不知道实情怎么能判断所发表的言论是否正确呢？不了解实情又怎么能知道所发表的言论是否与事实相符呢？如果不是这样，那么人言与鸟语之间是有区别呢，还是没有区别呢？

造父最初向大豆学习御车，蠭门最初向甘蝇学习射箭。这两个人专心致志学习，以训练性情。不见异思迁，是为了能学到致远追急的驭车术和除暴禁害的箭术。人们一定要修养本性，然后才能正确听取判断别人的议论。不修养自己的身心，也要研习学问。不学习而能够听取正确言论，从古到今都没有过。白圭非难惠子、公孙龙劝说燕昭王消除战争及应付秦赵的空洛盟约、孔穿评论公孙龙、翟翦责难惠子制定的法令等事例，就说明这个道理。这四个人的议论，都含有很多深刻的道理，不可不认真谨慎明察啊！

谨 听

[题解]

本篇论述君主听取谏言的问题。作者认为自以为是是所有祸患的根源，自知之君往往贤明，不自知之君往往陷入亡国境地。因此，贤明之君必须学会"听言"，必须"反性命之情"，正确地认识自己，知晓自己的不足，而不能自以为贤明不把人放在眼里。作者告诉君主：不知道就要询问，不会就要学习，要访求和尊重贤能之士，把他们当作老师。

五曰：

昔者禹一沐①而三捉②发，一食而三起，以礼有道之士，通乎己之不足也。通乎己之不足，则不与物争矣。愉易③平静以待之，使夫自得之；因然而然之，使夫自言之。亡国之主反此，乃自贤而少人。少人则说者持容④而不极⑤，听者自多而不得。虽有天下，何益焉？是乃冥之昭⑥，乱之定，毁之成，危之宁。故殷周以亡，比干以死，悖而不足以举。

故人主之性，莫过⑦乎所疑，而过于其所不疑；不过乎所不知，而过于其所以知。故虽不疑，虽已知，必察之以法，揆之以量，验之以数。若此则是非无所失，而举措无所过矣。

夫尧恶⑧得贤天下而试⑨舜？舜恶得贤天下而试禹？断之于耳而已矣。耳之可以断也，反性命之情也。今夫惑者，非知反性命之情，其次非知观于五帝三王之所以成也，则奚自知其世之不可也？奚自知其身之不逮也？太上知之，其次知其不知。不知则问，不能则学。《周箴》曰："夫自念斯学，德未暮。"学贤问，三代之所以昌也。不知而自以为知，百祸之宗也。

名不徒立，功不自成，国不虚存，必有贤者。贤者之道，牟⑩而难知，妙而难见。故见贤者而不耸⑪，则不惕⑫于心。不惕于心，则知之不深。不深知贤者之所言，不祥莫大焉。

主贤世治，则贤者在上；主不肖世乱，则贤者在下。今周室既灭，而天子已绝。乱莫大于无天子。无天子，则强者胜弱，众者暴寡，以兵相残，不得休息。今之世当之矣。故当今之世，求有道之士，则于四海之内，山谷之中，僻远幽闲之所，若此则幸于得之矣。得之，则何欲而不得？何为而不成？太公钓于滋泉，遭纣之世也，故文王得之而王。文王，千乘也；纣，天子也。天子失之，而千乘得之，知之与不知也。诸众齐民，不待知而使，不待礼而令。若夫有道之士，必礼必知，然后其智能可尽。解在乎胜书之说周公，可谓能听矣；齐桓公之见小臣稷，魏文侯之见田子方也⑬，皆可谓能礼士矣。

【字词注解】

① 沐：洗发。

② 捉：握。

③ 愉易：平和。

④ 持容：矜持。

⑤ 极：尽，此指尽言。

⑥ 冥之昭：把昏暗的当成光明。

⑦ 过：差错。

⑧ 恶：何。

⑨ 试：用。

⑩ 牟：大。

⑪ 耸：敬。

⑫ 惕：动。

⑬ "魏文侯"句：当为"魏文侯之见段干木"之误。《下贤》篇记载，魏文侯去见段干木，站得疲倦了也不敢歇息。

【精彩解说】

第五：

过去大禹洗一次澡而三次握住头发见士人，吃一顿饭而三次起身见士人，用这样的方式来礼待有道之士，借此来知晓自己的不足。知晓自己的不足，那么就不会和其他事物发生冲突和争执。贤主以欢愉平和的态度对待他人，使他们各得其所；本来是怎样就是怎样，就能使他们敞开自己的心尽情发言。那些使国家灭亡的君主却正与此相反，他们夸耀自己贤能而轻视别人。轻视别人就使进谏的人感到拘谨而不能放开了充分地表达意见，听的人自己感到满足但是不能从中有所收获。这样就是拥有天下又有什么用呢？这实际上就是把昏暗当成光明，把混乱当成安定，把毁坏当成建设，把危险当成安宁罢了。商、周就因此而灭亡，比干因此而屈死，这样荒唐的事情不胜枚举。

所以，做君主的通常情况是，对自己有所怀疑的事情就不会犯错误，而对自己深信不疑的事情则会犯错误；对自己不知道的事情就不会犯错误，而对自己有所知道的事情却会犯错误。所以，即使是对自己深信不疑的事，即使是对自己已经知道的事，也一定要用心加以考察，用度量加以衡量，用数术加以检验。像这样的话，是非的判断就不会出错，行为举止就不会有过错了。

尧如何选拔天下贤人而任用了舜呢？舜怎样选拔天下贤人而任用了禹呢？只是根据耳朵做出决断罢了。凭耳朵听能够决断贤与不肖，只是由于它回归于自然的常理。现在那些糊涂的人，首先不知道回归于自然的常理，又不知道考察五帝三王成就丰功伟业的原因，那又怎么知道自己所生活的世道不如尧舜之世呢？自己怎么知道自身远远逊于五帝三王呢？最高明的是无所不知，其次是知道自己所不知道的。不知就要问，不会就要学。《周箴》中说："只要自己经常思考这些问题，修养求学就不算晚。"勤学好问、请教贤士，这正是夏、商、周三代之所以昌盛的原因。不知道却自以为知道，这是各种祸患的根源。

名声不会无缘无故地树立，功劳不会自然而然地成就，国家不会平白无故地存在，一定要有贤士的辅佐。贤能之人的道术博大而难以知晓，精妙而难以理解。所以，遇到贤士而不恭敬，就会无动于心。无动于心，就不能深刻理解。不能深刻地理解贤士的言论，没有比这更大的祸患了。

君主贤明，世道太平，那么贤德之人就处在上位；君主不贤明，世道混乱，那么贤德之人就处在下位。现在，周王室已经灭亡，天子已经断绝。世道混乱没有比无天子更严重的了。没有天子，那么势力强的就会压倒势力弱的，人多的就会欺凌人少的，出动军队互相残杀，百姓得不到休养生息的机会。当今的社会正是这样的情形。所以，在当今之世要寻找有道之人，就要到四海边、山谷中和偏远幽静的地方，这样或许还能找到他们。有了这样的人，那么想要什么不能得到？想做什么不能成功？姜太公在滋泉钓鱼，是因为遇到了纣当天子的时代，周文王得到了他因而能称王天下。文王是诸侯，而纣是天子。天子失去了姜太公，而诸侯却得到了姜太公，这是因为一个知道求贤，一个不知道求贤。对于一般的平民百姓，不用理解他们就可使用他们，不用以礼相待就可命令他们。对待有道之人，则一定要有礼貌，一定要理解他们，然后他们才肯尽其聪明才智辅佐你。这个道理体现在胜书劝说周公这件事上，可以说周公能倾听别人意见；这个道理还体现在齐桓公去见小臣稷，魏文侯去见段干木上，可以说这些君主都能礼贤下士。

务 本

〔题解〕

本篇指出臣子要致力于根本，为国家、为君主建立功业以得荣华富贵。如果舍公利求私利则会受辱临危。另外还要通过修身来治国治官，而舍弃修身则会带来祸患。

六曰：

尝试观上古记，三王①之佐，其名无不荣者，其实无不安者，功大也。《诗》云："有渰②凄凄，兴云祁祁③。雨我公田，遂及我私。"三王之佐，皆能以公及其私矣。俗主④之佐，其欲名实也，与三王之佐同，而其名无不辱者，其实无不危者，无公⑤故也。皆患其身不贵于国也，而不患其主之不贵于天下也；皆患其家之不富也，而不患其国之不大也。此所以欲荣而愈辱，欲安而益危。安危荣辱之本在于主，主之本在于宗庙，宗庙之本在于民，民之治乱在于有司。《易》曰："复自道，何其咎，吉。"以言本无异，则动卒有喜。今处官则荒乱，临财则贪得，列近则持谀，将众则罢怯，以此厚望于主，岂不难哉！

今有人于此，修身会计⑥则可耻，临财物资尽则为己，若此而富者，非盗则无所取。故荣富非自至也，缘功伐也。今功伐甚薄而所望厚，诬也；无功伐而求荣富，诈也。诈诬之道，君子不由。

人之议多曰："上用我，则国必无患。"用己者未必是也，而莫若其身自贤。而己犹有患，用己于国，恶得无患乎？己，所制⑦也；释其所制而夺乎其所不制，悖。未得治国治官可也。若夫⑧内事亲，外交友，必可得也。苟事亲未孝，交友未笃，是所未得，恶能善之矣？故论人无以其所未得，而用其所已得，可以知其所未得矣。

古之事君者，必先服能，然后任；必反情，然后受。主虽过与，臣不徒取。《大雅》曰："上帝临汝，无贰尔心。"以言忠臣之行也。解在郑君之问被瞻之义也，薄疑应卫嗣君以无重税。此二士者，皆近知本矣。

【字词注解】

① 三王：通常指夏、商、周三朝的第一位帝王禹、汤、姬昌（周文王），以及周朝第二位帝王姬发（周武王）。

② 晻：此指阴雨。

③ 祁祁：众多的样子。此形容浓云密布。

④ 俗主：平庸的君主。

⑤ 公：通"功"。

⑥ 会计：计量财物数量。此指廉洁。

⑦ 制：制约。

⑧ 若夫：至于。

── ●【精彩解说】

第六：

我曾经试着详察上古典籍的记载，禹、汤、文武的辅政大臣们的声誉没有不荣耀的，他们的地位没有不安稳的，这是因为他们功劳都很大。《诗经》曾说："阴雨绵绵不停，天气凉了下来，浓密的云朵滚滚而来，布于天上。好雨落在了公田里面，顺便下在私田里。"禹、汤、文武的辅政大臣，都能在公家建功而获得私利。平庸君主的辅政大臣想得到名誉地位的心情与三王的辅政大臣想得到名誉地位的心情是一样的，可是他们的名声没有不蒙受耻辱的，他们的地位没有不陷入危险的，这是因为他们没有为公家建功。他们都担心自身不能在国内显贵，却不担心自己的君主在天下没有受人尊重的地位；他们都忧虑自己的家族不能富足，却不忧虑自己的国家不强大。这就是导致他们越是追求荣耀富贵反而越是蒙受耻辱，越是向往安逸反而越是困危的缘由所在。安逸、困危、荣耀、耻辱的根本就在于君主，君主的根本就在于宗庙，宗庙的根本就在于百姓，百姓治理得好坏的根本就在于百官。《周易》上说："从通达的正道返回，周行不息，有什么灾难！大吉。"这就是说在根本没有发生变化的情况下，其他的任何举动都会有好的结果。现今，身为官员却荒废政事，行为乖戾，见到财物就贪得无厌，身处心腹之位却无所诤谏，带领军队作战却显得胆小懦弱。就凭这样的表现却奢望君主能给以优厚的待遇，这岂不是太难了！

如果有这样一个人，视持节修身、清廉理财为可耻的事，看见财富就想占为己有，那么他若想富足，除非是去盗窃，否则便是致富无门。所以，荣华富贵是不会自己找上门来的，是要靠建立功绩去获得的。功绩平平却奢求太高，这是欺骗；没有建立功绩却想获得很多荣华富贵，这是诈取。正人君子是不屑采用欺骗、诈取的方法的。

有很多人谈论说："如果我被国君重用的话，国家肯定就不会有祸患存在。"但是即使国君任用了他，结果也未必如此，反而不如自己持节修身。假如他自身尚且有祸患，任用这样的人来治理国家，又怎么能保证国家就没有祸患呢？己身是自己尚能约束控制的，如果放弃自己所能约束控制的，却去致力于自己不能控制约束的东西，那么这就是很荒唐的事情。所以，阻止这样的人去管理百官、治理国家是有道理的。至于在家孝顺父母，在外谨慎真诚结交朋友，这是一定能做到的。如果对待父母尚且不孝顺，结交朋友又不真诚，这些都不能做到，怎么能让人称赞他呢？因此，评价一个人不能依据他所没有做到的那些事，而应该根据他已经做了的那些事，这样才能知道他未能做到的事。

古时候，侍奉君主的人一定是在展示了自己的才能之后才能担任相关官职；一定是先省察自身之后才能接受俸薪。即使君主想增加他们的俸禄，他们也不能没缘由地接受。《大雅》上说："上帝监视着你们，不要有二心。"这谈的是忠臣的品行。郑君询问被瞻的态度，薄疑以不要加重赋税回答卫嗣君，这两件事就可以说明这个道理。被瞻、薄疑这两位士人，都接近于知道作为大臣的根本了。

谕 大

〔题解〕

本篇以舜、禹、汤等古代圣贤为例，说明只有目标远大才能事业成功。确立了远大目标，即使实现不了，只要努力也必有所成。

原文

七曰：

昔舜欲旗古今而不成，既足以成帝矣；禹欲帝而不成，既足以正殊俗矣；汤欲继禹而不成，既足以服四荒矣；武王欲及汤而不成，既足以王道矣；五伯欲继三王而不成，既足以为诸侯长矣；孔丘、墨翟欲行大道于世而不成，既足以成显名矣。夫大义之不成，既有成矣已。

《夏书》曰："天子之德广运，乃神，乃武乃文。"故务在事，事在大。地大则有常祥、不庭、歧母、群抵、天翟、不周，山大则有虎、豹、熊、蟕蛆②，水大则有蛟、龙、鼋、鼍、鳣、鲔③。《商书》曰："五世之庙，可以观怪。万夫之长，可以生谋。"空中之无泽陂④也，井中之无大鱼也，新林之无长木也。凡谋物之成也，必由广大众多长久，信也。

季子曰："燕雀争善处于一屋之下，子母相哺也，姁姁焉⑤相乐也，自以为安矣。灶突决，则火上焚栋，燕雀颜色不变，是何也？乃不知祸之将及己也。"为人臣免于燕雀之智者寡矣。夫为人臣者，进其爵禄富贵，父子兄弟相与比周于一国，姁姁焉相乐也，以危其社稷。其为灶突近也，而终不知也，其与燕雀之智不异矣。故曰："天下大乱，无有安国；一国尽乱，无有安家；一家皆乱，无有安身。"此之谓也。故小之定也必恃大，大之安也必恃小。小大贵贱，交相为恃，然后皆得其乐。定贱小在于贵大，解在乎薄疑说卫嗣君以王术，杜赫说周昭文君以安天下，及匡章之难惠子以王齐王也。

【字词注解】

① 旗：同"旂"。《说文解字》中"旂，旗有众铃以令众也"，因此"旂"有号令之义。一说，覆盖、包罗的意思。

② 蟕（xī）蛆：猿猴一类的猛兽。

③ 鳣（zhān）、鲔（wěi）：两种大鱼。

④ 泽陂：池沼。

⑤ 姁（xǔ）姁焉：怡然自乐的样子。

【精彩解说】

第七：

过去舜想要包罗古今却没有成功，虽然没有成功，但足以成就帝王之业了；大禹想要成就帝王之业却没有成功，虽然没有成功，但是足以匡正异方的习俗了；商汤想继承大禹的事业却没有成功，虽然没有成功，但是足以让四方荒凉之地归服了；周武王想要赶上商汤的事业却没有成功，虽然没有成功，但是足以在通了舟车、人迹所至之处称王于天下；春秋五霸想要继承三王的事业却没有成功，虽然没有成功，但是足以成为诸侯的盟主了；孔子、墨子想要在各国推行自己的治国之道，虽然没有获得成功，但是足以让自己成为圣贤而声名显赫了。这些人所追求的宏远目标虽然没有得到实现，但是也足以有所建树了。

《夏书》上说："天子的功德，广袤深邃，妙不可言，既勇武又文雅。"因此，踏实苦干是成就事业的关键所在，而干事的关键则在于有远大的志向。土地广大，就有了常祥、不庭、歧母、群抵、天翼、不周等高山；山岭高大，就有了老虎、豺狼、熊、螈蛆等野兽；水域宽阔，就有了蛟、龙、鼋、鼍、鳣、鲔等水族。《商书》上说："五代的祖庙，能看见鬼怪。万人的头领，能想出奇谋。"孔穴中不会形成池沼，井水中不会养出大鱼，新林中不会有大树。凡要成功谋划一件事，就必须植根于广大、众多、长久之中，这是确定无疑的。

季子说："燕子和麻雀在房檐下争夺好地方筑巢，母鸟哺育着幼鸟，都怡然自乐，以为平安无事了。灶上的烟囱裂了，火苗蹿了出来，向上烧着了屋梁，可是燕子和麻雀却安然自若，这是什么原因呢？是因为它们不知道灾祸将要降到自己身上啊。"做臣子的能够避免像燕子、麻雀那样见识的人太少了。做臣子的，只顾增加自己的爵禄富贵，父子兄弟在一个国家里结党营私，怡然自乐，从而危害自己的国家。他们离灶上的烟囱很近，可是却始终不知道，他们与燕子、麻雀的见识有什么不同呢？所以说："天下大乱，就不会有一个安定的国家；整个国家都乱了，就不会有一个安定的家；全家都乱了，就不会有安定的个人。"说的就是这种情况。所以，小的要获得安定必须依赖大的，大的要获得安定必须依赖小的。大和小，贵和贱，彼此互相依赖，然后才能都得到安乐，能使低贱的、弱小的获得安定的，就在于高贵的、强大的。薄疑用成就王业的方略劝说卫嗣君，杜赫用安定天下的谋略劝说周昭文君，以及匡章责难惠子尊齐王为王，这几件事就体现了这个道理。

拓展阅读

裹足不前

战国末期,韩国怕被秦国灭掉,派水工郑国到秦鼓动修建水渠,目的是想削弱秦国的人力和物力。后来,郑国修渠的目的暴露了。秦王嬴政就下令驱逐客卿,李斯也在被逐之列。于是李斯上书秦王,劝其撤销逐客令,因此便有了著名的《谏逐客书》。在文中他说:"我听说,地域广的,粮食必多;国家大的,人民必众;武器锋利的,兵士一定勇敢。所以泰山不拒绝土壤,方能成为巍巍大山;河海不遗弃溪流,方能成为深水;称王的人不抛弃民众,才能表现出他的德行。所以,地不分东西,民不论国籍,一年四季都富裕丰足,鬼神才会来降福。这正是五帝三王之所以无敌的原因啊!现在陛下却抛弃百姓以帮助敌国,拒绝宾客以壮大诸侯,使天下之士退出秦国而不敢往西,裹足不敢入秦,这正是人们所说的把粮食送给强盗,把武器借给敌人啊!"

秦王嬴政明辨是非,立即取消了逐客令。

○孝行览第二○

孝 行

〔题解〕

本篇主要论述孝道是治国之本，执守孝道就可以"百善至，百邪去，天下从"。文章反复论述了孝道是"万事之纪"，是一切事物的根基。

一曰：

凡为①天下，治国家，必务本而后末。所谓本者，非耕耘种殖之谓，务其人也。务其人，非贫而富之，寡而众之，务其本也。务本莫贵于孝。人主孝，则名章②荣，下服听，天下誉；人臣孝，则事君忠，处官廉，临难死；士民孝，则耕芸③疾，守战固，不罢④北。夫孝，三皇五帝之本务，而万事之纪也。

夫执一术而百善至、百邪去、天下从者，其惟孝也。故论人必先以所亲，而后及所疏；必先以所重，而后及所轻。今有人于此，行于亲重，而不简慢于轻疏，则是笃谨孝道。先王之所以治天下也。故爱其亲，不敢恶人；敬其亲，不敢慢人。爱敬尽于事亲，光耀加于百姓，究⑤于四海，此天子之孝也。

曾子曰："身者，父母之遗体也。行父母之遗体，敢不敬乎？居处不庄，非孝也；事君不忠，非孝也；莅官⑥不敬，非孝也；朋友不笃，非孝也；战陈⑦无勇，非孝也。五行不遂，灾及乎亲，敢不敬乎？"

《商书》曰："刑三百，罪莫重于不孝。"

曾子曰："先王之所以治天下者五：贵德、贵贵、贵老、敬长、慈幼。此五者，先王之所以定天下也。所谓贵德，为其近于圣也；所谓贵贵，为其近于君也；所谓贵老，为其近于亲也；所谓敬长，为其近于兄也；所谓慈幼，为其近于弟也。"

曾子曰："父母生之，子弗敢杀；父母置之，子弗敢废；父母全之，子弗敢阙⑧。故舟而不游⑨，道而不径⑩，能全支⑪体，以守宗庙，可谓孝矣。"

养有五道：修宫室，安床第，节饮食，养体之道也；树五色，施五采，列文章⑫，养目之道也；正六律⑬，和五声⑭，杂八音⑮，养耳之道也；熟五谷，烹六畜，和煎调，养口之道也；和颜色，说⑯言语，敬进退，养志之道也。此五者，代进而序用之，可谓善养矣。

乐正子春下堂而伤足，瘳⑰而数月不出，犹有忧色。门人问之曰："夫子下堂而伤足，瘳而数月不出，犹有忧色，敢问其故？"乐正子春曰："善乎而问之！吾闻之曾子，曾子闻之仲尼：父母全而生之，子全而归之，不亏其身，不损其形，可谓孝矣。君子无行咫步⑱而忘之。余忘孝道，是以忧。"故曰，身者非其私有也，严亲之遗躬⑲也。

民之本教曰孝，其行孝曰养。养可能也，敬为难；敬可能也，安为难；安可能也，卒为难。父母既没，敬行其身，无遗父母恶名，可谓能终矣。仁者，仁此者也。礼者，履⑳此者也；义者，宜此者也；信者，信此者也；强者，强此者也。乐自顺此生也，刑自逆此作也。

【字词注解】

① 为：治。
② 章：同"彰"，卓著。
③ 芸：通"耘"，除草。
④ 罢：通"疲"，困乏。
⑤ 究：穷，极。
⑥ 莅官：居官。莅，临。
⑦ 陈：同"阵"，军阵。
⑧ 阙：同"缺"，损，坏。
⑨ 游：游涉。

⑩ 径：小路，此作动词用，走小路。
⑪ 支：通"肢"。
⑫ 文章：这里指错综华美的花纹。
⑬ 六律：古代用竹管的长短把乐音按高低分成十二类，又分成阴阳各六，阳声叫六律，阴声叫六吕。此处六律指乐律。
⑭ 五声：指宫、商、角、徵（zhǐ）、羽。
⑮ 八音：古代对音乐的统称，即金、石、丝、匏、土、革、木、竹。此处"八音"泛指音乐。
⑯ 说：通"悦"，喜悦。
⑰ 瘳：病愈。
⑱ 咫步：形容距离近。古代以八寸为咫。
⑲ 躬：身体。
⑳ 履：履行，做。

【精彩解说】

第一：

凡是统治天下，治理国家，一定要致力于根本，而把细枝末节放在后面。所谓根本，不是耕种种植的意思，而是为人做的事务。为人做的事务，不是让贫穷的富起来，人口少的多起来，而是致力于人自身的根本。致力于人自身的根本没有比孝义更重要的了。君主崇尚孝义，那么名声就能彰显光荣，下面的人就能服气听从，天下的人就把荣誉加给他；臣子孝义，那么侍奉君主就忠诚，为官就清廉，面临灾难就不怕死；百姓崇尚孝义，就会努力耕作，守卫攻占时坚强，不会打败仗。所以孝义是三皇五帝的根本事务，也是万事万物的纲纪。

掌握了一种方法，从而可以带来各种好事，去除各种恶事，并且能够使天下人服从，这大概只有孝道了吧。所以，在评价人物时，必须先察看他对他亲近的人的态度，然后再察看他对他疏远的人的态度；必须先察看他对自己敬重的人的态度，然后再察看他对他轻视的人的态度。如今有这样一个人，他孝敬父母，对他疏远轻视的人没有粗鲁无礼，那么这个人就是忠厚谨慎守孝道的。古代圣王就是用这种方法来治理天下的。因此，对自己的亲人亲近就不会嫌弃他人；对自己的亲人敬重就不会轻慢他人。竭尽全力地亲近和敬重自己的亲人，民众就会受天子这种孝道的影响从而使其传播普照，以至遍及四海，这就是天子的孝道啊！

曾子说："人的身体是父母身体的延续。使用父母遗留下来的躯体，怎么敢不敬畏？如果坐立行止不庄重，那就是对父母的不孝；侍奉君主不忠，是对父母的不孝；为官不谨慎，是对父母的不孝；交朋友不诚心，是对父母的不孝；临阵脱逃，是对父母的不孝。五种行为标准不能达到，就会殃及父母，所以怎么能不谨慎呢？"

《商书》说："刑法三百条，没有比不孝更重的罪名了。"

曾子说："古代圣王用来治理天下的措施有五条：崇尚有德者，敬重尊贵者，尊敬老者，尊重年长者，爱护年幼者。这五条就是先王用来安定天下的办法。崇尚有德的人是因为他们接近于圣贤，敬重尊贵的人是因为他们接近于君主，尊敬老者是因为他们接近于自己的父母，尊敬年长者是因为他们接近于自己的兄长，爱护年幼者是因为他们接近于自己的弟弟。"

曾子说："父母生下了自己的身体，儿子不敢损坏；父母设立的，儿子不敢废除；父母保护的，儿子不敢毁坏。因此，在渡水时乘船而不游涉，走大路而不抄小路，能保全身体，守卫宗庙，那么就可以算是个孝子了。"

养身之道有五种方法：修建房屋，安稳卧具，节制饮食，这是养护身体的方法；设置各种颜色，摆放各种图案，区分五颜六色，这是养护眼睛的方法；规定六律，调和五声，协调八音，这是养护耳朵的方法；烹饪五谷，煮熟六畜，调配味道，这是养护口的方法；和颜悦色，言语流畅，举止恭敬，这是养护心志的方法。这五种方法，随机更换并且尽力实施，就可以说是善于养护身体了。

乐正子春下堂时伤了脚，痊愈之后好几个月没有出门，脸上还呈现忧愁的神色。有学生询问他："先生您伤了脚，痊愈之后好几个月没有出门，反而面带忧愁，请问这是什么原因呢？"乐正子春说："你这个问题问得好，我听曾子说过，曾子又听孔子说过：父母生下你时是完整无缺的，你必须完整地归还，不能有所残缺，不能毁伤某个地方，这样就算得上是孝敬父母了。作为君子什么时候都不能忘记这一点。我忘记了孝道，所以感到忧虑不安啊。"所以说，身体不是自己一个人所私有的，而是父母所给予的。

百姓的基本修养在于孝道，实施孝道就要奉养父母。奉养父母是不难做到的，敬爱父母就比较难了；即使能够做到敬爱父母，让父母感到安逸就比较难了；即使能够做到让父母安逸，自始至终地做到就比较难了。父母过世后，要谨慎小心地使用父母所给予的身体，不能给父母留下坏的名声，这样就可以称得上是善始善终了。所谓的仁，就是体现在自觉地遵循它；所谓的礼，就是体现在积极履行它；所谓的义，就是体现在符合它；所谓的信，就是体现在信奉它；所谓的强，就是体现在强化孝道。快乐产生于实行孝道，刑罚产生于违背孝道。

本 味

〔题解〕

"本味"就是追求至味时必须务本之意。文章借助伊尹"说汤以至味"的事例，告诉国君享受天下的"至味"，先要"知道""成己"，再归结到务本上来。作者认为君主立功名在于得到贤能之士，而后告诉君主需要礼贤下士，招纳贤才。

二曰：

求之其本，经旬必得；求之其末，劳而无功。功名之立，由事之本也，得贤之化也。非贤，其孰知乎事化？故曰其本在得贤。

有侁（shēn）氏女子采桑，得婴儿于空桑之中，献之其君。其君令烰人[1]养之，察其所以然。曰："其母居伊水之上，孕，梦有神告之曰：'臼出水而东走，毋顾！'明日，视臼出水，告其邻，东走十里而顾，其邑尽为水，身因化为空桑。故命之曰伊尹。"此伊尹生空桑之故也。长而贤。汤闻伊尹，使人请之有侁氏，有侁氏不可。伊尹亦欲归汤，汤于是请取妇为婚。有侁氏喜，以伊尹媵女。故贤主之求有道之士，无不以也；有道之士求贤主，无不行也。相得然后乐。不谋而亲，不约而信，相为殚智竭力，犯危行苦，志欢乐之。此功名所以大成也。固不独，士有孤而自恃，人主有奋而好独者，则名号必废熄，社稷必危殆。故黄帝立四面，尧、舜得伯阳、续耳然后成。

凡贤人之德，有以知之也。伯牙鼓琴，钟子期听之。方鼓琴而志在太山，钟子期曰："善哉乎鼓琴！巍巍乎若太山。"少选之间，而志在流水，钟子期又曰："善哉乎鼓琴！汤汤乎若流水。"钟子期死，伯牙破琴绝弦，终身不复鼓琴，以为世无足复为鼓琴者。非独琴若此也，贤者亦然。虽有贤者，而无礼以接之，贤奚由尽忠？犹御之不善，骥不自千里也。

汤得伊尹，祓②之于庙，爝③以爟④火，衅⑤以牺豭⑥。明日，设朝而见之。说汤以至味，汤曰："可对而为乎？"对曰："君之国小，不足以具之，为天子然后可具。夫三群之虫⑦，水居者腥，肉玃⑧者臊，草食者膻。臭恶犹美，皆有所以。凡味之本，水最为始。五味⑨三材⑩，九沸九变，火为之纪。时疾时徐，灭腥去臊除膻，必以其胜，无失其理。调和之事，必以甘酸苦辛咸，先后多少，其齐⑪甚微，皆有自起。鼎中之变，精妙微纤，口弗能言，志不能喻，若射御之微，阴阳之化，四时之数。故久而不弊，熟而不烂，甘而不哝，酸而不酷，咸而不减，辛而不烈，澹而不薄，肥而不𦙅。肉之美者：猩猩之唇，獾獾之炙，隽燕之翠，述荡⑫之掔（wàn），旄象之约。流沙之西，丹山之南，有凤之丸，沃民所食。鱼之美者：洞庭之鱄（pū）；东海之鲕；醴水之鱼，名曰朱鳖，六足、有珠⑬、百碧⑭；藿⑮水之鱼，名曰鳐，其状若鲤而有翼，常从西海夜飞游于东海。菜之美者：昆仑之蘋（píng），寿木之华；指姑之东，中容之国，有赤木玄木之叶焉；余瞀之南，南极之崖，有菜，其名曰嘉树，其色若碧；阳华之芸，云梦之芹，具区之菁；浸渊之草，名曰土英。和之美者：阳朴之姜，招摇之桂，越骆之菌，鳣鲔之醢，大夏之盐，宰揭之露——其色如玉，长泽之卵。饭之美者：玄山之禾，不周之粟，阳山之穄，南海之秬。水之美者：三危之露，昆仑之井，沮江之丘——名曰摇水，白山之水，高泉之山——其上有涌泉焉，冀州之原。果之美者：沙棠之实；常山之北，投渊之上，有百果焉，群帝所食；箕山之东，青鸟之所，有甘栌焉；江浦之橘，云梦之柚，汉上石耳。所以致之，马之美者，青龙之匹，遗风之乘。非先为天子，不可得而具。天子不可强为，必先知道。道者止彼在己，己成而天子成，天子成则至味具。故审近所以知远也，成己所以成人也。圣人之道要矣，岂越越[16]多业哉？"

【字词注解】

① 烰（fú）人：庖人，即厨师。

② 祓（fú）：古代为除灾去邪而举行的祭礼。

③ 爝（jué）：烧苇以祓除不祥。

④ 爟（guàn）：古代祭祀用的火炬。

⑤ 衅：古代新制器物成，杀牲以祭，用血涂祭器。

⑥ 牺豭（jiā）：古代祭祀用的纯色雄猪。牺，古代祭祀用的纯色牲畜。

⑦ 三群之虫：指水居者、肉食者、草食者三种动物。

⑧ 玃（jué）：通"攫"，用爪子抓取。

⑨ 五味：指咸、苦、酸、辛、甘。

⑩ 三材：指水、火、木。

⑪ 齐（jì）：通"剂"，剂量，调剂。

⑫ 述荡：兽名。《山海经·大荒南经》作"跊踢"。

⑬ 有珠：指能吐珠。

⑭ 百碧：疑为"青碧"之误，指青玉。

⑮ 雚（guàn）水：古水名，在西方。《山海经·西山经》作"观水"。

⑯ 越越：用力的样子。

【精彩解说】

第二：

追求事物的根本，用十天左右的时间就能求得；追求事物的细枝末节，就会劳而无功。功名的建立，是追求事物根本、得到贤人教化的缘故。不是贤人又怎么知道事情的变化呢？所以说事物的根本在于得到贤人。

有个有侁氏部落的女子去采桑，在中空的桑树里捡到一个婴儿，她把这个婴儿献给了她的君主。她的君主让厨师养育这个婴儿，想弄明白这是怎么回事。臣下弄明白之后就说："他的母亲居住在伊水的上游，有了身孕，她梦见有神灵告诉她说：'如果你看见白从水里浮出来就向东走，不要回头。'第二天，她看到白从水里浮出来，就把情况告诉了邻居，向东跑了十里，回头一看，她的村子已是一片汪洋。于是她就变成了一棵中空的桑树。因此给这个婴儿起名叫伊尹。"这就是伊尹生于空桑的缘由。伊尹长大了很贤德。商汤听说伊尹贤德，就派人求请有侁氏让伊尹跟随他，有侁氏不答应。伊尹本人也想归附汤。汤于是求娶有侁氏女为妻，结为姻亲。有侁氏很高兴，就把伊尹作为陪嫁的奴仆给了汤。所以，贤明的君主为求有道之士，没有什么办法不用的；有道之士为求贤明的君主，没有什么事情不做的。各如其愿，彼此快乐。不谋划就能亲密无间，不约定就能恪守信用，共同尽心竭力，承担危难劳苦，内心以此为乐。这就是功名大成的原因。贤明的君主和有道之士本来就不是独自奋斗才成就功名的。士人如果独自奋斗而且傲慢，君主如果骄横而且喜欢独自奋斗，那么名必遭毁，国必遭危。所以黄帝四方寻求贤人来辅佐，尧、舜分别得到伯阳和续耳然后成就了帝业。

大凡贤德之人，他们的品德是有办法了解的。伯牙弹琴，钟子期听。刚开始弹琴时志在高山，钟子期说："弹得好！就像高山一样巍峨。"过了一会儿，琴声表现志在流水，钟子期又说："弹得好！就像流水一样激荡。"钟子期死了，伯牙摔琴断弦，终生不弹，认为世上再没有值得为之弹琴的人了。不仅弹琴如此，寻求贤人也是这样。即使有贤人，如果不以礼相待，贤人又怎能够尽忠呢？这就像御手不好，良马也不能自跑千里。

汤得伊尹之后，在宗庙举行消除灾邪的仪式，点燃芦苇把不祥消除，使用猪血涂抹祭器。次日上朝，汤以礼接见。伊尹从如何做得最美的食物谈起，汤问："可以照你说的做到吗？"伊尹回答说："你的国家小，条件还不具备，只有当了天子才能做到。天地间的动物，生活在水里的气味腥，食肉的气味臊，吃草的气味膻。这些动物腥臊难闻，但还是能做出美味佳肴来，都有烹饪的方法。调味的根本，第一是用水。依照酸甜苦辣咸五种味道和水木火三种材料进行烹饪，九沸九变，是用火来控制调节的。时而猛火大炒，时而文火温煮，除去腥味、臊味、膻味，关键在于掌握火候，不能违背其规律。调和味道这件事，一定要用甜酸苦辣咸五味，先放后放、放多放少、剂量大小都有规定。这鼎中味道的变化，组合甚为微妙，不能言传，只能意会，如同射箭、驭马一样得手，又像阴阳二气化生万物，春夏秋冬四季时序变化一样自然。这样才会使食物时间长而不败坏，熟而不烂，甜不过度，酸不强烈，咸不害口，辣不刺激，淡而不会无味，肥而不油腻。肉类中的佳品有：猩猩的嘴唇，獾獾的脚掌，隽燕的尾肉，述荡的小腿，旄牛的尾和大象的鼻。流沙西边、丹山南边，沃国人食用凤卵。鱼中的美味有：洞庭湖的鳙鱼，东海的鲕鱼，醴水中有六只脚、吐珠子、青翠色的朱鳖，雚水中有形似鲤鱼却有翅膀、常在夜里从西海飞到东海的鳐鱼。菜类中的佳品有：昆仑山的蘋菜，寿木的花，指姑东边、中容国里红树黑树的叶子，余瞀南边、南极之崖上色如碧玉的嘉树，阳华山的芸菜，云梦泽的芹菜，具区的菁菜，还有浸渊的土英草。调料中的美味有：阳朴的生姜，招摇的桂皮，越骆国的香菌，鳣和鲔鱼制成的肉酱，大夏的盐，宰揭产的洁白如玉的露，以及长泽产的鸟卵。粮食中的佳品有：玄山的禾谷，不周山的小米，阳山的穄子，南海的黑黍。水中的美味有：三危山的露水，昆仑山的泉水，沮江边山丘上名叫摇水的泉水，白山的水，高泉山作为冀水之源的涌泉。水果中的佳品有：沙棠树的果实，常山北边、投渊上边先帝们享用的各种果实，箕山东边、青鸟栖息处的甜橙，大江两岸的橘子，云梦泽畔的柚子，汉水两旁山上的石耳。要把这些美味佳品罗致到身边，就要用良马，如青龙马、遗风马。如果不能先当天子，就不能得到天下良马，上述美味佳品也无法得到。天子不是勉强可以去当，必先懂得帝王仁义之道。帝王之道，不在他人，而在自己。自己具备并实践了帝王之道，就能成为天子。如果当了天子，那么各种美味佳品自会完全具备。所以，审察身边的事物，就可以了解至远至大的道理，自己具备了仁义之道，就可以教化天下所有人。这就是圣人之道的精要，哪用费力去做许多琐事呢？"

首　时

〔题解〕

本篇论述时机的重要性，强调要正确对待时机：时机未到要隐匿，待机而动，时机一到要应时而做。文中列举很多事例说明要想成就一番事业需要等待时机，等客观形势和条件都成熟再抓住时机行动。

三曰：

圣人之于事，似缓而急，似迟而速，以待时。王季历困而死，文王苦之，有①不忘羑里之丑②，时未可也。武王事之，夙夜不懈，亦不忘玉门之辱。立十二年，而成甲子之事。时固不易得。太公望，东夷之士也，欲定一世而无其主。闻文王贤，故钓于渭以观之。

伍子胥欲见吴王而不得，客有言之于王子光者，见之而恶其貌，不听其说而辞之。客请之王子光，王子光曰："其貌适吾所甚恶也。"客以闻伍子胥，伍子胥曰："此易故也。愿令王子居于堂上，重帷而见其衣若③手，请因说之。"王子许。伍子胥说之半，王子光举帷，搏其手而与之坐。说毕，王子光大说。伍子胥以为有吴国者，必王子光也，退而耕于野。七年，王子光代吴王僚为王。任子胥；子胥乃修法制，下贤良，选练士，习战斗。六年，然后大胜楚于柏举。九战九胜，追北千里。昭王出奔随，遂有郢。亲射王宫，鞭荆平之坟三百。乡④之耕，非忘其父之雠也，待时也。

墨者有田鸠，欲见秦惠王，留秦三年而弗得见。客有言之于楚王者，往见楚王。楚王说之，与将军之节⑤以如秦。至，因见惠王。告人曰："之秦之道，乃之楚乎！"固有近之而远、远之而近者。时亦然。有汤武之贤，而无桀纣之时，不成；有桀纣之时，而无汤武之贤，亦不成。圣人之见时，若步之与影不可离。

故有道之士未遇时，隐匿分窜，勤以待时。时至，有从布衣而为天子者，有从千乘而得天下者，有从卑贱而佐三王者，有从匹夫而报万乘者。故圣人之所贵，唯时也。水冻方固，后稷不种，后稷之种必待春。故人虽智而不遇时，无功。方叶之茂美，终日采之而不知；秋霜既下，众林皆羸。事之难易，不在小大，务在知时。

郑子阳之难，猏狗⑥溃⑦之；齐高、国之难，失牛溃之。众因之以杀子阳、高、国。当其时，狗牛犹可以为人唱⑧，而况乎以人为唱乎？

饥马盈厩，嗼然⑨，未见刍也；饥狗盈窖⑩，嗼然，未见骨也。见骨与刍，动不可禁。乱世之民，嗼然，未见贤者也；见贤人，则往不可止。往者非其形心之谓乎？齐以东帝困于天下，而鲁取徐州；邯郸以寿陵困于万民，而卫取茧氏。以鲁卫之细，而皆得志于大国，遇其时也。故贤主秀士之欲忧黔首者，乱世当之矣。天不再与，时不久留，能不两工，事在当之。

【字词注解】

① 有：通"又"。

② 羑（yǒu）里之丑：指周文王被商纣王囚禁在羑里。羑里，古地名，又称羑都，今属河南省安阳市汤阴县。

③ 若：和。

④ 乡：通"向"，先前。

⑤ 节：符节，古代使者用作凭证的东西。

⑥ 狾（zhì）狗：疯狗。

⑦ 溃：乱。

⑧ 唱：通"倡"，先导。

⑨ 嘿（mò）然：安静的样子。

⑩ 窦：本指地窖，这里是狗洞的意思。

【精彩解说】

第三：

圣人做事，好像很迟缓，实际上却能很迅速地取得成功，是因为在等待时机。周王季历被商王囚禁后杀死，周文王感到很痛苦，也没有忘记自己被囚禁在羑里的耻辱，他之所以还没有讨伐商纣，是因为时机还没成熟。周武王臣事商纣，从早晨到傍晚都不敢懈怠，也没有忘记周文王在玉门被人骂的耻辱。周武王继位十二年，终于在甲子日大败殷商的军队。时机本来就不容易得到。太公望是东夷人，想要平定天下，可是没有贤明的君主。他听说周文王贤明，所以就到渭水边上钓鱼来观察文王的品德如何。

伍子胥想要拜见吴王僚，但是始终不能见到。吴公子光的门客把这件事告诉了光，公子光就召见了伍子胥，但是很厌恶他的长相，于是没有采纳他的建议就谢绝了他。门客向公子光问起这件事，公子光说："我非常讨厌他的长相。"门客把公子光的话告诉了伍子胥，伍子胥说："这很好办。就让公子坐在堂上帷幕之后，只露出衣服和手来，请用这种方法来谈话。"公子光同意了。伍子胥谈到一半的时候，公子光就揭开了帷幕，上前握住伍子胥的手，同他面对面坐下。听完伍子胥的谈话之后，公子光非常高兴。伍子胥由此认为，公子光将来必定会成为吴国的国君。于是，伍子胥回去之后就在乡间从事耕种。七年之后，公子光果然取代了吴王僚成为国君。他任用了伍子胥；伍子胥就整顿法制，举用贤良，选练士兵，操演战术。六年之后，吴国在柏举大胜楚军，取得九战九胜的战绩，把战败的楚军追击到千里之外。楚昭王也逃亡到随地，吴国占领了郢城。伍子胥亲自箭射楚王宫、鞭打楚平王的坟墓三百下以报杀父兄之仇。伍子胥先前在乡间种地，但是并没有忘记父兄的仇恨，只是在等待时机的成熟。

墨家有个叫田鸠的，想见秦惠王，在秦国待了三年都没能见到。有个门客把这情况告诉了楚王，他才去见楚王。楚王很喜欢他，给了他将军的符节让他到秦国去。他到了秦国，才以此见到了秦惠王。他告诉别人说："到秦国来见惠王的途径，竟然是要先到楚国去啊！"事情本来就有想走近路结果反而远了，走了远路结果反而近了的情况，时机也是这样。有商汤、武王那样的贤德而没有夏桀、商纣无道那样的时机，就不可能成就王业；有夏桀、商纣无道那样的时机，而没有商汤、武王那样的贤德，也不可能成就王业。在圣人看来，人事和时机的关系，就好像步行时身与影不可分离一样。

所以，有道之士在没有遇到时机，到处隐匿藏伏，是为了等待时机。时机一到，有的人从平民一跃而成为天子，有的人从千乘的诸侯起家而取得天下，有的人从地位卑贱的身份一跃而成为辅佐三王的大臣，有的人身为一名普通百姓却可对拥有万乘兵车的君主进行报复。所以圣人所重视的，只是时机。水冻得正坚固时，后稷不会去耕种，后稷耕种时一定会等到春暖花开。因此，一个人即使拥有聪明智慧，但如果遇不到时机，就不可能建功立业。当树叶正长得繁茂的时节，一天到晚采摘它，也采摘不光；等到秋霜一落，林中的树叶就都凋零了。做事情的难易，不在于事情的大小，而在于必须掌握好时机。

郑国子阳的遇难，就是在人们追逐疯狗时，混乱中被杀的；齐国高氏、国氏的遇难，也是发生在人们追赶逃跑的牛时。众人趁机杀死了子阳、高氏、国氏。当遇到合适的时机，狗和牛都可以作为人的先导，更何况是有人当作先导的时候呢？

饥饿的马充满了马厩，默不作声，是因为它们没有看到草料；饥饿的狗充满了狗洞，默不作声，是因为它们没看到骨头。一看到骨头和草料，它们就会争先抢夺而不能阻止。混乱之世的民众，默不作声，是因为他们没有看到贤人的原因；如果遇到了贤人，他们就会纷纷归附而势不可挡。他们去归附不是身体上的归附，而是从内心里归附。齐湣王因为僭称东帝而为天下诸侯围困，鲁国趁机攻占了齐国的徐州；赵国为了修建陵墓而征用民众劳役，导致百姓离心，结果被卫国趁机夺取了茧氏。凭借鲁国、卫国这样的小国，却能从齐国、赵国这样的大国那里获取了他们想得到的，只是因为他们抓住了良好时机。因此，想要心忧天下民众的贤明君主、贤能之士正好遇到当今的混乱时世。上天是不会给人两次机会的，时机也不会长久停留，人们的能力不可能在各个方面都能完美，成就大事的关键就在于恰逢其时，抓住时机。

〔题解〕

"义赏"即赏罚必须依据道义而行。本篇指出赏罚是君主役使臣民的手段，使用得当教化成功，使用不得当教化失败，所以要慎重使用。文中举晋文公和赵襄子施行赏赐的事例，阐述了行赏的原则，就是礼义为上，功利为下。因为礼义是关乎百世的利益，功利只是关乎一时的利益，所以只有尊崇礼义，才处于常胜之地。

四曰：

春气至则草木产，秋气至则草木落。产与落，或使之，非自然也。故使之者至，物无不为；使之者不至，物无可为。古之人审其所以使，故物莫不为用。

赏罚之柄，此上之所以使也。其所以加者义，则忠信亲爱之道彰。久彰而愈长，民之安之若性，此之谓教成。教成，则虽有厚赏严威弗能禁。故善教者，义以赏罚而教成，教成而赏罚弗能禁。用赏罚不当亦然。奸伪贼乱贪戾之道兴，久兴而不息，民之雠①之若性。戎夷胡貉巴越之民是以，虽有厚赏严罚弗能禁。郢人之以两版垣也，吴起变之而见恶。赏罚易而民安乐。氐羌之民，其虏也，不忧其系累②，而忧其死不焚也。皆成乎邪也。故赏罚之所加，不可不慎。且成而贼民。

昔晋文公将与楚人战于城濮，召咎犯而问曰："楚众我寡，奈何而可？"咎犯对曰："臣闻繁礼之君，不足于文；繁战之君，不足于诈。君亦诈之而已。"文公以咎犯言告雍季，雍季曰："竭泽而渔，岂不获得？而明年无鱼。焚薮而田，岂不获得？而明年无兽。诈伪之道，虽今偷③可，后将无复，非长术也。"文公用咎犯之言，而败楚人于城濮。反而为赏，雍季在上。左右谏曰："城濮之功，咎犯之谋也。君用其言而赏后其身，或者不可乎！"文公曰："雍季之言，百世之利也；咎犯之言，一时之务也。焉有以一时之务先百世之利者乎？"孔子闻之，曰："临难用诈，足以却敌；反而尊贤，足以报德。文公虽不终，始足以霸矣。"赏重则民移④之，民移之则成焉。成乎诈，其成毁，其胜败。天下胜者众矣，而霸者乃五。文公处其一，知胜之所成也。胜而不知胜之所成，与无胜同。秦胜于戎，而败乎殽；楚胜于诸夏，而败乎柏举。武王得之矣，故一胜而王天下。众诈盈国，不可以为安，患非独外也。

赵襄子出围，赏有功者五人，高赦为首。张孟谈曰："晋阳之事，赦无大功，赏而为首，何也？"襄子曰："寡人之国危，社稷殆，身在忧约之中，与寡人交而不失君臣之礼者，惟赦。吾是以先之。"仲尼闻之，曰："襄子可谓善赏矣！赏一人，而天下之为人臣莫敢失礼。"为六军则不可易⑤。北取代，东迫齐，令张孟谈逾城潜行，与魏桓、韩康期而击智伯，断其头以为觞，遂定三家，岂非用赏罚当邪？

【字词注解】

① 雠（chóu）：匹敌，等同。
② 系累：拴系捆绑。
③ 偷：苟且。
④ 移：羡慕。
⑤ 易：轻慢。

―●【精彩解说】

第四：

春天来了时小草树木就开始生长发芽，秋天到了时小草树木就会凋零。一定有某种东西在草木的后面起作用，才使得草木生长和凋零，因为草木不会自生自落的。因此，当这种支配的力量出现时，世间万物都会随之变化；当这种支配的力量消失时，世间万物就不会发生变化。古代的人们探究导致万物变化的根本，因而万物无不为他们所用。

赏罚是君主用来统治臣下和民众的手段。如果所实施的赏罚符合道义，那么忠诚笃信、相亲相爱的原则就会彰显。这样的原则长期得到彰显并且日渐增强，就会深入人心，民众就会像安于本性一样地信服遵守它们，这就叫作教化成功。这样的原则一旦深入人心，即使是利用优厚的奖赏和严厉的惩罚，都不能令人犯禁而不行忠信。所以，擅长教化的人，是根据道义来施行奖赏和惩罚，这样教化就能得到成功，成功之后即使是利用重赏严罚都不能让他们放弃原则。实施赏罚措施如果不符合道义也是如此。如果不符合道义，就会出现奸诈、虚伪、为害、作乱、贪婪、残暴等风气，这样的风气如果长久存在，民众就会自然而然心安理得地接受这些风气。戎、夷、胡、貉、巴、越的人就是这样的，即使实施重赏严罚也不能阻止他们放弃这样的风气转而从善。楚国人用两版修建墙，吴起改变了这种方法，结果引来楚人的怨恨，于是用赏罚来改变它，从而使人民安乐。氐、羌之地的人被俘后，他们不担心自己被捆绑囚禁，而是担心自己死后不被焚尸。这些都是由于邪曲造成的。况且邪曲形成了就会有害群众。所以，实施赏罚措施，不能不谨慎。

从前晋文公将要和楚国军队在城濮作战，召来咎犯问他说："楚国兵多，我国兵少，怎样才能取胜呢？"咎犯回答说："我听说礼仪繁多的君主，不会嫌弃礼仪的盛大；频繁用兵作战的君主，不会嫌弃诡诈之术。您只要设计对楚军用诈术就行了。"文公把咎犯的话告诉了雍季，雍季说："把池塘的水放干了再去捕鱼，哪能捕不到鱼呢？可是第二年就没有鱼可捕了；把丛林烧光了来打猎，哪能捕不到野兽呢？可是第二年就没有野兽可打了。诈骗的方法，可以侥幸一时奏效，可是以后就不会有效果了，这不是长久之计。"文公采纳了咎犯的意见，在城濮击败了楚军。回国以后论功行赏，雍季居首位。文公身边的人劝谏说："城濮之战的胜利，是采用了咎犯计谋的结果。您采纳了他的意见，可是奖赏的时候却把他放在后边，这或许不合适吧！"文公说："雍季的话，对百世有利；咎犯的话，只是顾及一时。哪有把一时的权宜之计放在对百世有利的前面的道理呢？"孔子听到这件事以后，说："遇到危难而采用骗术，足以打败敌人；回国以后尊崇贤人，足以酬报贤德。文公虽然不能始终坚持，却足以称霸诸侯了。"奖赏优厚，人民就会改变习性，习性得到改变教化就能成功。靠诈术成功，即便成功了，最终也必定失败；即使胜利了，最终也必定毁灭。天下取得过一时胜利的诸侯很多，可是成就霸业的不过五人。晋文公是其中一个，因为他知道胜利取得的原因。取得了胜利却不知道胜利的原因，那就跟没有取得胜利一样。秦国战胜了戎却败给了晋国，楚国战胜了晋国却在柏举败给了吴国。周武王懂得这个道理，所以他能一举战胜纣而称王天下。国家如果有太多的欺骗，就不会得到安宁，因为祸患不单单是来自国外。

赵襄子从晋阳的围困中解脱以后，奖赏五个有功劳的人，高赦为首。张孟谈说："被围困在晋阳之时，高赦没有大功，赏赐时他却为首，这是为什么呢？"襄子说："晋阳被困，国家社稷危在旦夕，我深陷忧虑困境之中，跟我交往而不失君臣之礼的，只有高赦。因此，我把他放在最前边。"孔子听到这件事以后说："襄子可以说是善于赏赐了！赏赐了高赦，天下那些当臣子的就没人敢失君臣之礼了。"赵襄子用这种办法治理军队，军队就不敢轻慢无礼了。赵襄子向北灭掉代国，向东威逼齐国，让张孟谈越出城墙暗中去和魏桓子、韩康约定日期袭击智伯，击败智伯的军队后，砍下智伯的头作为酒器，终于奠定了三家分晋的局面，这难道不是因为赏罚得当吗？

〔题解〕

本篇主要讨论机遇。长是擅长的意思，攻是进攻的意思。本篇列举了三个君主的故事，告诉君主要想方设法创造机遇，只有这样才能获得成功。

原文

五曰：

凡治乱存亡，安危强弱，必有其遇，然后可成，各一则不设。故桀纣虽不肖，其亡，遇汤武也。遇汤武，天也，非桀纣之不肖也。汤武虽贤，其王，遇桀纣也。遇桀纣，天也，非汤武之贤也。若桀纣不遇汤武，未必亡也。桀纣不亡，虽不肖，辱未至于此。若使汤武不遇桀纣，未必王也。汤武不王，虽贤，显未至于此。故人主有大功，不闻不肖；亡国之主，不闻贤。譬之若良农，辩土地之宜，谨耕耨之事，未必收也。然而收者，必此人也始，在于遇时雨。遇时雨，天也，非良农所能为也。

越国人饥，王恐，召范蠡而谋。范蠡曰："王何患焉？今之饥，此越之福而吴之祸也。夫吴国甚富，而财有余，其王年少，智寡才轻，好须臾之名，不思后患。王若重币卑辞以请籴于吴，则食可得也。食得，其卒越必有吴，而王何患焉？"越王曰："善！"乃使人请食于吴。吴王将与之，伍子胥进谏曰："不可与也！夫吴之与越，接土邻境，道易人通，仇雠敌战之国也。非吴丧越，越必丧吴。若燕秦齐晋，山处陆居，岂能逾五湖九江越十七厄以有吴哉？故曰非吴丧越，越必丧吴。今将输之粟，与之食，是长吾雠而养吾仇也。财匮而民恐，悔无及也。不若勿与而攻之，固其数也。此昔吾先王之所以霸。且夫饥，代事也，犹渊之与阪，谁国无有？"吴王曰："不然。吾闻之，义兵不攻服，仁者食饥饿。今服而攻之，非义兵也；饥而不食，非仁体也。不仁不义，虽得十越，吾不为也。"遂与之食。不出三年，而吴亦饥。使人请食于越，越王弗与，乃攻之，夫差为擒。

楚王欲取息与蔡，乃先佯善蔡侯，而与之谋曰："吾欲得息，奈何？"蔡侯曰："息夫人，吾妻之姨③也。吾请为飨④息侯与其妻者，而与王俱，因而袭之。"楚王曰："诺。"于是与蔡侯以飨礼入于息，因与俱，遂取息。旋舍于蔡，又取蔡。

赵简子病，召太子而告之曰："我死已葬，服⑤衰而上夏屋之山以望。"太子敬诺。简子死，已葬，服衰，召大臣而告之曰："愿登夏屋以望。"大臣皆谏曰："登夏屋以望，是游也。服衰以游，不可。"襄子曰："此先君之命也，寡人弗敢废。"群臣敬诺。襄子上于夏屋，以望代俗，其乐甚美。于是襄子曰："先君必以此教之也。"及归，虑所以取代，乃先善之。代君好色，请以其姊妻之，代君许诺。姊已往，所以善代者乃万故。马郡宜马，代君以善马奉襄子。襄子谒于代君而请觞之。马郡尽。先令舞者置兵其羽中，数百人。先具大金斗。代君至，酒酣，反斗而击之，一成，脑涂地。舞者操兵以斗，尽杀其从者。因以代君之车迎其妻，其妻遥闻之状，磨笄⑥以自刺。故赵氏至今有刺笄之证⑦与反斗之号。

此三君者，其有所自而得之，不备遵理，然而后世称之，有功故也。有功于此而无其失，虽王可也。

【字词注解】

① 谨：通"勤"。

② 耕耨（nòu）：耕田除草，也泛指耕种。耨，农具名，似锄，用以除草，后用来泛指除草。

③ 妻之姨：妻子的妹妹。

④ 飨：以酒食款待人。

⑤ 服：穿。

⑥ 笄（jī）：簪子。

⑦ 证：当作"山"。

【精彩解说】

第五：

凡是治与乱，存与亡，安与危，强与弱，一定要恰逢时机，之后才能成就功名,若是没能遇到时机,就不能成就功名。所以夏桀、商纣尽管不贤明,但他们之所以灭亡,是因为遇上了贤明的商汤、周武。遇上汤、武这是天意,并不是因为桀、纣不贤明。汤、武尽管贤明,但是他们之所以能成就王业,是因为他们遇上了不贤明的桀、纣。遇上桀、纣这也是天意,并不是因为汤、武的贤明。如果桀、纣没有遇到汤、武,他们的国家也不一定会灭亡。如果他们的国家不灭亡,尽管他们不贤明,但是也不至于会蒙受国破身亡的耻辱。如果汤、武没有遇上桀、纣,也不一定就能成就王业。汤、武没有成就王业,尽管他们很贤明,但是也不会有这样的显赫声名。因此,取得丰功伟业的君主,就不会听说他有什么不贤明之处;亡国的君主,就不会听说他有什么贤明之处。就像善于种田的农夫,他们可以分辨不同的土地种植不同的庄稼,但是辛勤耕作,不一定能取得丰硕成果。但是有所收获的农夫,必定是在耕种时遇到了及时雨。遇上及时雨,这是天意,不是善于种田的农夫所能做到的。

越国发生了大灾荒,越王很是害怕,就召来范蠡商量对策。范蠡说:"大王您有什么可担忧的呢?现在的饥荒正是我们国家的福分、吴国的祸患呢。吴国很富有,财物充裕,吴王年轻,又缺乏才智和计谋,而且喜欢空虚的名声,做事不考虑后果。如果大王能够用大量的财帛和好听的言语去向吴王借粮食,那么就能得到粮食。得到了粮食,越国就能灭掉吴国了,这样您又有什么可以担心的呢?"越王说:"好!"于是就派人向吴国请求借粮食。吴王答应借给越国粮食。伍子胥向吴王劝谏道:"万万不可以借粮食给越国。吴国和越国接壤相邻,道路平坦,民众互相往来,是势均力敌的仇国。不是我们灭掉越国,就是越国消灭我们。越国不像燕秦齐晋这些地处高山内陆的国家,这些国家怎么能跨越五湖九江、克服十七处险阻而消灭吴国呢?因此不是吴国灭掉越国,就是越国灭掉吴国。现在如果借粮食给越国,救济越国民众,这就是增强敌国的力量,供养我们的对头啊。借给他们粮食就会导致我们自身财物缺乏,会引起人民的恐慌,到那时后悔都来不及了。还不如不借给他们粮食,利用这个时机攻打越国,这就是天意啊。而这也正是我们先王之所以成就霸业的原因所在啊。况且饥荒是轮流出现的事情,如同深渊和山坡一样,哪个国家会避免这样的情况呢?"吴王说:"不是这样的。我听说,正义之师不攻打已降服的国家,仁爱的人要施舍饥饿的人食物。现在越国已经降服了,我们还要去攻打它,那就不是正义之师;越国没有粮食我们却不接济他们,那就是不仁爱。不仁不义，就算能够得到十个越国，我也不忍心这样做。"于是，吴王就借给了越国粮食。之后三年，吴国也发生了饥荒。吴王就派人去向越国借粮食，越王拒绝了，并趁机攻打吴国，结果吴王夫差被俘身亡。

楚王想要夺取息国和蔡国，就假装对蔡侯很友好，对蔡侯说："我想攻打息国，你认为我该怎么做呢？"蔡侯说："息国国君的夫人是我妻子的妹妹。就让我到息国设宴请息侯和夫人，您也一同前去，那时就可以趁机攻打息国了。"楚王说："好。"于是楚王和蔡侯假借宴请的名义进入息国，同时军队也随后进入，然后就灭掉了息国。楚王在班师途中，驻留在蔡国，趁机又灭掉了蔡国。

赵简子病重，把太子召来，对他说："如果我死了，等安葬完毕，你就穿着孝服登上夏屋山去眺望。"太子（赵襄子）恭敬地答应了。赵简子死了，安葬完毕后，太子穿着孝服召见群臣，告诉他们说："我想登夏屋山远眺。"大臣们都劝阻说："登夏屋山远眺是游玩之事。穿着丧服去游玩，不可以啊。"赵襄子说："这是先君的遗嘱，我不敢废止。"大臣们只好恭敬地表示同意。赵襄子登上夏屋山，远眺代国的土地，景色十分优美。于是赵襄子说道："先君一定是用这种办法来教诲我啊！"回来以后，他就谋划夺取代国，于是先对代君表示友好。代君好色，赵襄子就请求把自己的姐姐嫁给他，代君表示同意。赵襄子的姐姐嫁过去以后，赵襄子更是万般讨好代君。代国产马，代君就以良马回赠赵襄子。不久，赵襄子去谒见代君，请求会饮于马郡尽处的边塞。赵襄子事先让数百名跳舞的人把兵器藏在用羽毛做的舞具里，并准备了一个盛酒用的大金斗。代君到了以后，等酒喝到兴致正浓的时候，斟酒的人翻过大金斗猛击代君，一下就砸烂了代君的脑袋，脑浆流了一地。跳舞的人也都从舞具中取出兵器，杀光了代君的全部随从。于是赵襄子就用代君的车子去接他的妻子，代君的妻子在远处得到这个消息，就在路上磨尖了插发的簪子，自刺而死。所以赵国这个地方至今还有刺笄山和反斗的名号。

以上这三位君主，他们都用各自的办法得到想得到的东西，不具备遵循道义的品质，然而后世都称赞他们，这是因为他们有成就的缘故。如果这三位君主能成就如此大功而又遵循道义，他们即使称王天下也是可以的。

拓展阅读

商鞅南门立木

公元前361年，秦孝公即位，决心在秦国进行一场经济、文化、军事、政治等方面的大变革，尽快让秦国强大起来。于是，他发布了一道"求贤令"，用高官厚禄吸引各国人才到秦国。"求贤令"发布后，陆续吸引了很多人才，其中最有名的就是卫鞅（后来得到商地为封地，被称为商鞅）。秦孝公命卫鞅任左庶长，将推行新政的事情全权交给了他。

卫鞅在改革之前，在咸阳城的南门立了一根巨大的木头，还发布了一道告示：谁能把这根木头搬到北门去，就赏他十两金子。

百姓们议论纷纷，都说这左庶长在耍我们吧。看热闹的人很多，却谁都不愿意去。

卫鞅看没有人来，又把赏金提到了五十两。重赏之下，必有勇夫。这次，一个大汉站出来说："我去！看看他是不是骗子。"他扛起那根木头，一口气走到了北门，后面跟了一大群看热闹的人。到了北门，大汉真的拿到了五十两赏金。这下，看热闹的人后悔了。

南门立木的事情在城中传得沸沸扬扬，卫鞅的名气也传开了，大家都认为卫鞅是一个说话算话的人。

卫鞅知道时机已经成熟，就把新的法令颁布了出去，果然大获成功。

◎慎大览第三◎

慎 大

〔题解〕

"慎大"就是谨慎地对待强大。本篇告诫君主面对自身的强大和胜利要谨慎,明君能看出强大之中的危机,因此要"于安思危,于达思穷,于得思丧",持胜之道在于保持时时忧惧。从本篇的论述中可以看到老子"福祸相倚""知雄守雌"的辩证法思想的影响。

一曰:

贤主愈大愈惧,愈强愈恐。凡大者,小①邻国也;强者,胜其敌也。胜其敌则多怨,小邻国则多患。多患多怨,国虽强大,恶得不惧?恶得不恐?故贤主于安思危,于达思穷,于得思丧。《周书》曰:"若临深渊,若履薄冰。"以言慎事也。

桀为无道,暴戾顽贪,天下颤恐而患之,言者不同,纷纷分分②。其情难得。干辛任威,凌轹诸侯,以及兆民。贤良郁怨,杀彼龙逢,以服群凶。众庶泯泯③,皆有远志。莫敢直言,其生若惊。大臣同患,弗周④而畔。桀愈自贤,矜过善非,主道壅塞,国人大崩。汤乃惕惧,忧天下之不宁,欲令伊尹往视旷夏,恐其不信,汤由亲自射伊尹。伊尹奔夏三年,反报于亳,曰:"桀迷惑于末嬉,好彼琬、琰,不恤其众。众志不堪,上下相疾,民心积怨,皆曰:'上天弗恤,夏命其卒。'"汤谓伊尹曰:"若告我旷夏尽如诗。"汤与伊尹盟,以示必灭夏。伊尹又复往视旷夏,听于末嬉。末嬉言曰:"今昔天子梦西方有日,东方有日,两日相与斗,西方日胜，东方日不胜。"伊尹以告汤。商涸旱，汤犹发师，以信伊尹之盟。故令师从东方出于国西以进。未接刃而桀走。逐之至大沙。身体离散，为天下戮。不可正谏，虽后悔之，将可奈何？汤立为天子，夏民大说，如得慈亲。朝不易位，农不去畴，商不变肆，亲郼如夏⑤。此之谓至公，此之谓至安，此之谓至信。尽行伊尹之盟，不避旱殃，祖伊尹世世享商⑥。

武王胜殷，入殷，未下舆（yú），命封黄帝之后于铸，封帝尧之后于黎，封帝舜之后于陈。下舆，命封夏后之后于杞，立成汤之后于宋，以奉桑林。武王乃恐惧，太息流涕，命周公旦进殷之遗老，而问殷之亡故，又问众之所说、民之所欲。殷之遗老对曰："欲复盘庚之政。"武王于是复盘庚之政，发巨桥之粟，赋⑦鹿台之钱，以示民无私。出拘救罪，分财弃责⑧，以振穷困。封比干之墓，靖⑨箕子之宫，表商容之闾，徒过者趋，车过者下。三日之内，与谋之士，封为诸侯，诸大夫赏以书社，庶士施政去赋。然后济于河，西归报于庙。乃税⑩马于华山，税牛于桃林，马弗复乘，牛弗复服。衅鼓旗甲兵，藏之府库，终身不复用。此武王之德也。故周明堂外户不闭，示天下不藏也。唯不藏也，可以守至藏。

武王胜殷，得二虏而问焉，曰："若国有妖乎？"一虏对曰："吾国有妖，昼见星而天雨血，此吾国之妖也。"一虏对曰："此则妖也，虽然，非其大者也。吾国之妖甚大者，子不听父，弟不听兄，君令不行，此妖之大者也。"武王避席再拜之。此非贵虏也，贵其言也。故《易》曰："愬愬⑪履虎尾，终吉。"

赵襄子攻翟，胜老人、中人⑫，使使者来谒之，襄子方食抟饭，有忧色。左右曰："一朝而两城下，此人之所以喜也，今君有忧色，何也？"襄子曰："江河之大也，不过三日。飘风暴雨，日中不须臾。今赵氏之德行，无所于积，一朝而两城下，亡其及我乎？"孔子闻之曰："赵氏其昌乎！"

夫忧所以为昌也，而喜所以为亡也。胜非其难者也，持之其难者也。贤主以此持胜，故其福及后世。齐、荆、吴、越，皆尝胜矣，而卒取亡，不达乎持胜也。唯有道之主能持胜。孔子之劲，举国门之关，而不肯以力闻。墨子为守攻，公输般服，而不肯以兵知。善持胜者，以术强弱。

【字词注解】

① 小：使变小。此指侵削邻国。
② 分分：当作"介介"，怨恨的意思。
③ 泯泯：纷乱的样子。
④ 弗周：不亲附。
⑤ 亲郼（yī）如夏：指人民亲近商和亲近夏是一样的。郼，汤为天子之前的封国。
⑥ 世世享商：世世代代在商享受祭祀。
⑦ 赋：布施。
⑧ 责：通"债"，债务。
⑨ 靖：通"旌"，彰明。
⑩ 税：释，放。
⑪ 愬（shuò）愬：恐惧的样子。
⑫ 老人、中人：城邑名。老人，当作"左人"。

【精彩解说】

第一：

作为圣明的君主，国土越广大就会越害怕，国力越强盛就会越恐惧。国家大的，是侵削邻国的结果；力量强的，是战胜敌国的结果。战胜了敌国就会引起他们的仇恨，侵削了邻国就会引起祸患。祸患增多，仇恨增多，虽然国家强大，又怎么能不害怕不恐惧呢？所以贤君都会在安全时想着危险，在通达时想着穷困，得到时想到失去。《周书》说："就像站在深渊边上，就像踩在薄冰上。"说的就是小心行事的道理。

夏桀不实施德政，昏庸残暴，引起天下人的恐惧和忧患，民众议论纷纷，社会毫无秩序。就算天子也难以明辨是非真假。干辛逞强作威，欺凌诸侯，祸及民众。贤能之士都忧郁怨恨，于是桀杀害了龙逢来压服跟自己意见不合的人。天下人心散乱，民众都有逃难的念头。没有人敢发表直言，人人自危。臣下都有随时被杀害的可能，与桀不相合的人都想背叛他。桀更加自以为是，到处炫耀自己的才能，掩盖自己的过错，为君之道被严重阻塞，国人四处逃散。商汤很恐惧，忧虑天下会不得安宁，他想派伊尹去夏国探听情况，又担心夏国不相信伊尹，就发话出来要亲自射死伊尹。伊尹逃到夏国，三年之后回到了亳,对汤禀告说:"末嬉迷住了桀,桀又宠爱着琬、琰两个妾,一点儿也不体恤民众。民众都不能忍受了,上下之间互相痛恨,民众心中的怨恨积蓄已久,都说:'上天不再保佑夏桀,夏国就要灭亡了。'"汤说:"你跟我说的夏国的情形就像诗上说的一样。"汤于是就和伊尹结盟宣誓要灭夏。伊尹再次前往夏去探明情况,受到末嬉的信任。末嬉对他说:"昨天晚上天子梦见西方有个太阳,东方也有个太阳,两个太阳相互争斗,最后西方的太阳胜了,东方的太阳败了。"伊尹又把这些话告诉了汤。那时,商国大旱,汤就发动军队攻打夏,以信守跟伊尹立的盟誓。军队从商国的东边出发,绕到西边进入夏都。两军还没有交战,桀就已经逃走了。后来桀被追到大沙,身首异处,被天下人耻笑。当初不听直言,就算最后醒悟过来,又能怎么样呢?汤成为天子,民众都很高兴,就像得到了慈父一样。商朝的官吏都各守其职,没有更换,农民没有离开农田,商人没有更换市场,人民亲近商就像亲近夏一样。这就叫作公正、安定、恪守信用。汤完全地履行了同伊尹立下的盟誓,没有回避大旱灾情,最终大功告成,伊尹因为自己的功劳而在商的太庙中被祭祀,世代不绝。

武王打败商,进驻殷都,还没有下车,就命令把黄帝的后代分封到铸,把尧的后代分封到黎,把舜的后代分封到陈。下了车之后,命令把禹的后代分封到杞,立汤的后代为宋国的国君,以便承继桑林的祭祀。当时,武王很害怕,又叹息又落泪,就下令周公旦推荐商朝的遗老,向他们请教商灭亡的原因,同时向民众询问他们喜欢什么,有什么愿望。遗老们说:"请恢复盘庚时候的德政。"于是武王就下令恢复了盘庚时候的德政,发放仓库的粟米,分发官府的钱财,这样向民众表明自己的公正无私。释放、赦免罪犯,分发财物,免除债务,救济穷困之人。整修加固比干的陵墓,彰明箕子的宫殿,在商容的闾里树立标志,徒步经过时必须快步穿过,乘车经过时必须下车。在三天中,那些参与策划讨伐商的贤能之士都被封为诸侯,赏给大夫土地,减免庶民的赋税。之后武王才渡过孟津河,向西经过丰镐向文王庙报功。于是,把马匹放于华山,把牛放于桃林,不再让它们参与战争。把牺牲的血涂抹在鼓、旗、铠甲和兵器上,装入仓库,不再使用。这就是武王的德政。所以,周天子明堂的门户没有关闭,以此向人们表明没有私藏之物。只有不藏私,才可以持守最宝贵的仁爱。

武王打败了殷,捉来了两个俘虏,问他们:"你们国家有什么怪异的事情吗?"一个说:"有,在我国白天能看见星星,下过血雨,这些都是在我国发生的怪事。"另一个说："这些确实是怪事,但这还不是最重要的。我们国家还有更严重的怪事,如儿子不听从父亲,弟弟不听从哥哥,国君的政令得不到实施,这些才是最严重的怪事。"武王急忙离开座席拜了两拜,不是拜俘虏,而是敬重其所说的话。所以《周易》说:"像踩着老虎的尾巴一样警惕不安,做事始终都会吉利的。"

赵襄子命令新稚穆子去讨伐翟人,占领了左人、中人两座城,新稚穆子就让使者向赵襄子禀告此事,赵襄子正在吃饭团,听后面露忧色。侍臣说:"瞬间就占领了两座城,这是件高兴的事,您怎么还面带忧愁啊?"赵襄子说:"长江黄河涨水,三天也会退去。疾风骤雨,很快也会停息。现在赵氏没有蓄积丰厚的德行,一下子就占领两座城,灭亡的命运恐怕要降临到我头上了吧?"孔子听说这件事后,说:"赵氏家族可能要兴盛了吧!"

忧患是兴盛的基础,欢喜是灭亡的开始。胜利不是件难事,难的是保持胜利。贤君在忧虑中保持胜利,因此他们的福祉延续到后代。齐、楚、吴、越四国都曾经胜利过,但是最后都灭亡了,这就是因为他们并不懂得保持胜利的道理。只有得道的君主才能够保持胜利。孔子强劲有力,能够举得起国都城门的门闩,但是他不愿意凭借力气大而闻名天下。墨子擅长摧城拔寨,公输般都很佩服他,但是他不支持战争。只有善于保持胜利的人,充分运用谋略才能够由弱变强。

〔题解〕

"权勋"即权衡忠利大小、轻重之意。本篇告诫统治者要吸取教训,莫贪小利而失大利,莫图小忠而失大忠。在作者看来利益不可能两全,忠心不能兼得,所以圣人会根据情况舍小取大,在衡量利弊得失之后做出正确选择。作者在文中通过具体事例向我们展示了那些不懂得权勋之理贪图小忠小利之人的结局,那就是国灭身亡。

二曰：

利不可两，忠不可兼。不去小利，则大利不得；不去小忠，则大忠不至。故小利，大利之残也；小忠，大忠之贼也。圣人去小取大。

昔荆龚王与晋厉公战于鄢陵，荆师败，龚王伤。临战，司马子反渴而求饮，竖阳谷操黍酒而进之，子反叱曰："訾！退，酒也！"竖阳谷对曰："非酒也。"子反曰："亟退却也！"竖阳谷又曰："非酒也。"子反受而饮之。子反之为人也嗜酒，甘而不能绝于口，以醉。战既罢，龚王欲复战而谋，使召司马子反，子反辞以心疾。龚王驾而往视之，入幄中，闻酒臭而还，曰："今日之战，不穀亲伤，所恃者司马也，而司马又若此，是忘荆国之社稷，而不恤吾众也。不穀无与复战矣。"于是罢师去之，斩司马子反以为戮。故竖阳谷之进酒也，非以醉子反也，其心以忠也，而适足以杀之。故曰：小忠，大忠之贼也。

昔者晋献公使荀息假道于虞以伐虢。荀息曰："请以垂棘之璧与屈产之乘，以赂虞公，而求假道焉，必可得也。"献公曰："夫垂棘之璧，吾先君之宝也；屈产之乘，寡人之骏也。若受吾币而不吾假道，将奈何？"荀息曰："不然。彼若不吾假道，必不吾受也；若受我而假我道，是犹取之内府而藏之外府也，犹取之内皂而着之外皂也。君奚患焉？"献公许之。乃使荀息以屈产之乘为庭实，而加以垂棘之璧，以假道于虞而伐虢。虞公滥于宝与马而欲许之。宫之奇谏曰："不可许也。虞之与虢也，若车之有辅也，车依辅，辅亦依车。虞虢之势是也。先人有言曰：'唇竭而齿寒。'夫虢之不亡也，恃虞；虞之不亡也，亦恃虢也。若假之道，则虢朝亡而虞夕从之矣。奈何其假之道也？"虞公弗听，而假之道。荀息伐虢，克之。还反伐虞，又克之。荀息操璧牵马而报。献公喜曰："璧则犹是也，马齿亦薄长矣。"故曰：小利，大利之残也。

中山之国有厹（qiú）繇者，智伯欲攻之而无道也，为铸大钟，方车二轨以遗之。厹繇之君将斩岸堙谿以迎钟。赤章蔓枝谏曰："诗云：'唯则定国。'我胡以得是于智伯？夫智伯之为人也，贪而无信，必欲攻我而无道也，故为大钟，方车二轨以遗君。君因斩岸堙谿以迎钟，师必随之。"弗听，有顷谏之。君曰："大国为欢，而子逆之，不祥。子释之。"赤章蔓枝曰："为人臣不忠贞，罪也；忠贞不用，远身可也。"断毂而行，至卫七日而邹缗亡。欲钟之心胜也。欲钟之心胜，则安邹缗之说塞矣。凡听说所胜不可不审也。故太上先胜。

昌国君将五国之兵以攻齐。齐使触子将，以迎天下之兵于济上。齐王欲战，使人赴触子，耻而訾之曰："不战，必划若类，掘若垄！"触子苦之，欲齐军之败，于是以天下兵战。战合，击金而却之。卒北，天下兵乘之。触子因以一乘去，莫知其所，不闻其声。达子又帅其余卒以军于秦周，无以赏，使人请金于齐王。齐王怒曰："若残竖子之类，恶能给若金？"与燕人战。大败。达子死，齐王走莒。燕人逐北入国，相与争金于美唐甚多。此贪于小利以失大利者也。

【字词注解】

① 残：害。
② 贼：害。
③ 荆龚王：楚共王。
④ 竖：童仆。
⑤ 訾：呵斥声。
⑥ 屈产之乘：屈邑产的良马。乘，四马叫乘。
⑦ 皂：牲口槽。
⑧ 着：放置，安放。
⑨ 马齿：马的年龄。

【精彩解说】

第二：

利不能两得，忠不可兼备。不舍弃小利就得不到大利，不舍弃小忠就做不到大忠。所以，小利是大利的祸害；小忠是大忠的祸害。圣人为取大的而舍弃小的。

从前，楚共王和晋厉公在鄢陵交战，楚军战败，共王负伤。临战时，司马子反渴了，要找水喝，童仆阳谷拿一碗酒给他，子反斥责道："嘿！拿下去，这是酒！"童仆阳谷回答说："这不是酒。"子反说："赶快拿下去！"童仆阳谷又说："这不是酒。"子反就接过来喝了。子反这个人嗜好喝酒，他觉得酒味甘美而不能自止，因此喝醉了。战斗停下来后，楚共王想重新组织战斗,要商讨作战计划,派人去叫司马子反,司马子反借口心痛没有去。楚共王乘车来看他,一进入军帐,闻到酒气就回去了,楚共王说:"今天的战斗,我自己受了伤,现在所能依靠的就是司马了,而司马又醉成了这个样子,他这是忘记了楚国的社稷,不顾恤我的部属。我没有人相与作战了。"于是收兵离去,将司马子反斩首,并陈尸示众。可见,童仆阳谷给司马子反进酒,并不是要把子反灌醉,而是心里认为这是忠爱子反,却恰好因此而害了他。所以说,小忠是大忠的祸害。

从前,晋献公派荀息去向虞国借路以便攻打虢国。荀息说:"请用垂棘之璧和屈地所产的良马作为礼物赠给虞公,这样去要求借路,一定会得到允许。"晋献公说:"垂棘之璧是先君传下来的宝贝,屈地所产的良马是我的骏马,如果他们接受了我们的礼物而又不借路给我们,那将怎么办呢?"荀息说:"不会这样。他们如果不借路给我们,一定不会接受我们的礼物;如果他们接受我们的礼物而借路给我们,这就好像我们把垂棘之璧从内府转藏到外府,把屈地产的良马从内厩牵出来关到外厩里。国君有什么好担忧呢?"晋献公同意了。于是派荀息把屈地出产的良马作为礼物,再加上垂棘之璧,送给虞国以借路攻打虢国。虞公贪图玉璧和骏马,就想答应荀息。宫之奇劝谏说:"不可以答应呀。虞国跟虢国,就像牙床和颊骨一样,牙床依赖颊骨,颊骨也依赖牙床。这正是虞虢相依的形势。古人有句话说:'嘴唇没有了,牙齿就会感到寒冷。'虢国不被灭亡,靠的是有虞国;虞国不被灭亡,靠的是有虢国。如果我们借路给晋国,那么虢国早晨灭亡,虞国晚上也就会跟着灭亡。怎么能借路给晋国呢?"虞公不听宫之奇的话,把路借给了晋军。荀息领兵攻打虢国,消灭了虢国。再回军攻打虞国,又消灭了虞国。荀息拿着玉璧牵着骏马回来向晋献公报告。晋献公高兴地说:"玉璧还是原来的样子,只是马的年龄稍微长了一点儿。"所以说,小利是大利的祸害。

中山诸国中有个叫厹繇国的,智伯想攻占它,但是苦于没有带兵进攻的道路,于是就铸造了一口大钟,用两辆并排的车载着大钟送给他们的国君。这个国君就想削平山丘、填平沟壑来迎接这口大钟。赤章蔓枝上前劝阻道:"古诗上说:'只有遵守法度才可以安邦定国。'我们为什么能够得到智伯送的大钟呢?智伯这个人为人贪婪,不守信用,他肯定是想攻打我们国家但是没有进军的道路,所以就铸造了这口大钟,用两辆车载来送给您。国君如果真削平山丘、填平沟壑来迎接这口大钟,他们的军队一定会随之而来。"

但是国君没有采纳，过了一会儿，赤章蔓枝又来劝说。国君说："大国想要和我们友好，你却拒绝他们，这样不好。你就别说了。"赤章蔓枝说："为人臣而不忠，这就是罪过；忠贞而不被信任，他就可以离开了。"于是赤章蔓枝乘马车离去，到达卫国七天之后，厹繇国就被智伯灭了。厹繇国之所以被灭，是因为他们的国君太想得到大钟了。想得到的心思太强烈了，那么保全国家的意见就不会被采纳。凡是听取意见，占主导地位的心思不能不谨慎地考察。所以，最主要的是要克服内心的私欲。

昌国君乐毅率领五个国家的军队去攻打齐国。齐国派触子为将，在济水边迎战各诸侯国的军队。齐王急着想开战，派人到触子那里去，侮辱并且斥责他说："不开战，我一定宰了你一家，挖掉你的祖坟。"触子感到很苦恼，想让齐军战败，于是跟各诸侯国的军队开战。两军刚一交锋，触子就鸣金退却。齐军败逃，诸侯国的军队乘胜追击。触子于是坐上一辆兵车跑了，没有人知道他去了哪里，再也听不到他的消息。齐军另一位将领达子又率领残余部队驻扎在秦周，没有东西可用来赏赐士卒，就派人向齐王申请给一些钱。齐王愤怒地说："你们这些残存下来的家伙，怎么能给你们钱？"齐军与燕军交战，结果被打得大败。达子阵亡，齐王逃到了莒。燕国人追赶败逃的齐兵进入齐国国都，在美唐你争我夺抢走了齐国很多金银财物。这就是贪图小利反而失去大利的事例。

下 贤

〔题解〕

本篇论述君主应该礼贤下士。文中赞美了不把贫富放在心上，效法天地，崇尚道德的得道之人，告诉君主要以礼相待，选贤任能。礼贤的关键在于"至公""节欲"和"去其帝王之色"。

三曰：

有道之士，固骄人主；人主之不肖者，亦骄有道之士。日以相骄，奚时相得？若儒墨之议与齐荆之服矣。

贤主则不然。士虽骄之，而己愈礼之，士安得不归之？士所归，天下从之帝。帝也者，天下之适也；王也者，天下之往也。得道之人，贵为天子而不骄倨，富有天下而不骋夸，卑为布衣而不瘁摄，贫无衣食而不忧慑。恳乎其诚自有也，觉乎其不疑有以也，桀乎其必不渝移也，循乎其与阴阳化也，匆匆①乎其心之坚固也，空空②乎其不为巧故也，迷乎其志气之远也，昏乎其深而不测也，确乎其节之不庳也，就就乎其不肯自是也，鹄③乎其羞用智虑也，假④乎其轻俗诽誉也。以天为法，以德为行，以道为宗，与物变化而无所终穷，精充天地而不竭，神覆宇宙而无望。莫知其始，莫知其终，莫知其门，莫知其端，莫知其源。其大无外，其小无内。此之谓至贵。士有若此者，五帝弗得而友，三王弗得而师。去其帝王之色，则近可得之矣。

尧不以帝见善绻，北面而问焉。尧，天子也；善绻，布衣也。何故礼之若此其甚也？善绻，得道之士也。得道之人，不可骄也。尧论其德行达智而弗若，故北面而问焉。此之谓至公。非至公其孰能礼贤？

周公旦，文王之子也，武王之弟也，成王之叔父也。所朝于穷巷之中、瓮牖⑤之下者七十人。文王造之而未遂，武王遂之而未成，周公旦抱少主而成之，故曰成王不唯以身下士邪？

齐桓公见小臣稷，一日三至弗得见。从者曰："万乘之主，见布衣之士，一日三至而弗得见，亦可以止矣。"桓公曰："不然。士骜禄爵者，固轻其主；其主骜霸王者，亦轻其士。纵夫子骜禄爵，吾庸敢骜霸王乎？"遂见之，不可止。世多举桓公之内行，内行虽不修，霸亦可矣。诚行之此论，而内行修，王犹少。

子产相郑，往见壶丘子林，与其弟子坐必以年，是倚⑥其相于门也。夫相万乘之国而能遗之，谋志论行而以心与人相索，其唯子产乎！故相郑十八年，刑三人，杀二人。桃李之垂于行者，莫之援也；锥刀之遗于道者，莫之举也。

魏文侯见段干木，立倦而不敢息。反见翟黄，踞于堂而与之言。翟黄不说，文侯曰："段干木官之则不肯，禄之则不受；今女欲官则相位，欲禄则上卿。既受吾实，又责⑦吾礼，无乃难乎！"故贤主之畜人也，不肯受实者其礼之。礼士莫高乎节欲，欲节则令行矣。文侯可谓好礼士矣。好礼士，故南胜荆于连堤，东胜齐于长城，虏齐侯，献诸天子。天子赏文侯以上闻。

【字词注解】

① 匆匆：明确的样子。
② 空空：诚实的样子。
③ 鹄：通"浩"，大。
④ 假：通"遐"，远。
⑤ 瓮牖：用破瓮遮蔽窗户，形容贫困简陋。
⑥ 倚：置。
⑦ 责：求，要求。

【精彩解说】

第三：

有道的士人本来就傲视君主，不贤明的君主也傲视有道的士人。他们天天这样互相傲视，什么时候才能相投呢？这就像儒家墨家思想不同，齐国楚国衣服不同，各是己而非人的情况一样。

贤明的君主就不是这样。有道的士人虽然傲视自己，而自己对他却更加有礼，这样，士人怎么会不归附呢？士人所归附的君主，天下的人也会顺从，他就可以成为帝王。所谓帝，就是天下的人都来归附；所谓王，就是天下的人都来归服。得道的人，即使贵为天子也不会骄横傲慢，即使富有天下也不会放纵自夸，即使卑为普通百姓也不会感到失意屈辱，即使贫困到无衣无食也不会忧愁恐惧。他诚恳坦荡，胸有大志；他明觉事理，遇事不疑；他卓尔不群，从不动摇；他遵循法则，随着阴阳一起变化；他坦白直率，意志坚定；他忠厚淳朴，不做诈伪之事；他志向远大，高远无边；他思想深邃，深不可测；他刚毅坚强，节操高尚；他做事谨慎，不自以为是；他光明正大，耻于运用智巧；他胸襟宽广，轻视世俗的诽谤和赞誉。他以天为法则，以德为品行，以道为根本；他随万物变化而无所终极，他的精气充满天地而不衰竭，他的精神覆盖宇宙而没有边界。他所拥有的道，没有谁知道它何时开始，没有谁知道它何时终结，没有谁知道它的门径在哪儿，没有谁知道它的开端在哪儿，没有谁知道它的根源是什么。道大至无所不包，小至微乎其微。这就是最珍贵的东西。士人如果有持此大道的，五帝也得不到他当朋友，三王也得不到他当老师。如果能够去掉帝王的尊贵神态，那就差不多能够和他交朋友，以他为老师了。

尧并不以自己是帝的身份来见善绻，而是面北而立向他请教。尧是天子，善绻只是平民。为什么尧对善绻如此恭敬有礼呢？这是因为善绻是天下的得道之士。天子也是不敢轻慢得道的贤能之士。尧觉得自己的德行和智慧都比不过善绻，所以就面北而立请教。这是无比公正的。如果不能无比公正，谁又能礼遇贤人呢？

周公旦是周文王的儿子，周武王的弟弟，成王的叔父。他拜访过的居住在简陋房屋中的贤能之士有七十人。周文王发起了这样的做法，但是他没有做到，周武王有这样的做法，但是没有做完，只有周公旦辅佐成王才真正实现了它，所以说成王不正是礼贤下士吗？

齐桓公要拜见小臣稷，一天三趟都没有见到。侍从人员说："您是一国之君，一天三次去见一个平民百姓都没有见到，还是算了吧。"桓公说："不是的。轻视官爵俸禄的贤士是可以轻视国君的；轻视霸王之业的国君，也会轻视贤士。就算这位贤士轻视官爵俸禄，但我作为国君怎么可以轻视霸王之业呢？"侍从没能劝阻齐桓公，齐桓公最后还是见到了稷。世人多指责齐桓公的私生活，虽然他的私生活不检点，但由于他能够礼贤下士，还是可以建立霸业的。假如齐桓公能够礼贤下士，并且能够注意自己的私生活，恐怕不只会是称王了。

子产是郑国的相，去拜见壶丘子林，和他的学生坐在一起时，一定是按年龄大小就座的，这就是子产把自己相的尊贵位置放在一边，没有看重尊卑贵贱。作为一个国家之相，能够忘记自己的尊贵身份，与这样的平民一起谈论思想，议论品行，诚心切磋，可能只有子产这样的人能够做到吧！所以，子产为相十八年，只判三人有罪，杀了二人，实现了国家大治。桃李的果实即使是悬垂在路边，也没有人去摘；刀子丢在路上，也没有人去捡。

魏文侯见段干木，站累了但还是不敢休息。回来之后又召见了翟黄，魏文侯盘坐在堂上和他说话。翟黄不高兴了，文侯说："我封官职给段干木他不做，我赐俸禄他也不接受；现在，你想要做官已经官居相位，想要俸禄已经爵为上卿。你既然接受了我的官爵俸禄，又责怪我轻慢无礼，恐怕是件难事吧！"所以，贤君对待士人，对于不肯接受官爵俸禄的就加以礼遇。尊敬、礼遇士人，重要的是节制欲望，欲望节制而政令就会得到实施。文侯可以称得上是礼贤下士了。因为他能礼贤下士，所以才能够南面在连堤战胜了楚国，东面在长城战胜了齐国，并俘虏了齐侯，献给周天子。周天子赏赐了文侯，正式封他为诸侯。

报　更

〔题解〕

"报更"指酬报、偿还。本篇论述了君主礼贤下士才能获得回报的道理，强调了君主和贤士在一起的重要性。作者通过赵宣孟、周昭文君等人的故事表明：君主若能礼贤下士，重用贤才，那么他们必鞠躬尽瘁，舍身相报。这是治国安邦、身心安康、君主建立功名的必由之路。

四曰：

国虽小，其食足以食天下之贤者，其车足以乘天下之贤者，其财足以礼天下之贤者。与天下之贤者为徒，此文王之所以王也。

今虽未能王，其以为安也，不亦易乎？此赵宣孟之所以免也，周昭文君之所以显也，孟尝君之所以却荆兵也。古之大立功名与安国免身者，其道无他，其必此之由。堪士①不可以骄恣屈也。

昔赵宣孟将上之绛，见翳桑②之下有饿人卧不能起者。宣孟止车，为之下食，蠲而餔之，再咽而后能视。宣孟问之曰："女何为而饿若是？"对曰："臣宦于绛，归而粮绝，羞行乞而憎自取，故至于此。"宣孟与脯一朐③，拜受而弗敢食也。问其故，对曰："臣有老母，将以遗之。"

宣孟曰："斯食之，吾更与女。"乃复赐之脯二束与钱百，而遂去之。处二年，晋灵公欲杀宣孟，伏士于房中以待之。因发酒于宣孟，宣孟知之，中饮而出。灵公令房中之士疾追而杀之。一人追疾，先及宣孟之面，曰："嘻，君轝④！吾请为君反死。"宣孟曰："而名为谁？"反走⑤对曰："何以名为？臣骫桑下之饿人也。"还斗而死。宣孟遂活。此《书》之所谓"德几无小"者也。宣孟德一士，犹活其身，而况德万人乎？故《诗》曰："赳赳武夫，公侯干城。""济济多士，文王以宁。"人主胡可以不务哀士？士其难知，唯博之为可，博则无所遁矣。

张仪，魏氏余子也。将西游于秦，过东周。客有语之于昭文君者，曰："魏氏人张仪，材士也，将西游于秦，愿君之礼貌之也。"昭文君见而谓之曰："闻客之秦，寡人之国小，不足以留客。虽游，然岂必遇哉？客或不遇，请为寡人而一归也。国虽小，请与客共之。"张仪还走，北面再拜。张仪行，昭文君送而资之。至于秦，留有间⑥，惠王说而相之。张仪所德于天下者，无若昭文君。周，千乘也，重过万乘也。令秦惠王师之。逢泽之会，魏王尝为御，韩王为右。名号至今不忘，此张仪之力也。

孟尝君前在于薛，荆人攻之。淳于髡为齐使于荆，还反，过于薛，孟尝君令人礼貌而亲郊送之，谓淳于髡曰："荆人攻薛，夫子弗为忧，文无以复侍矣。"淳于髡曰："敬闻命矣。"至于齐，毕报，王曰："何见于荆？"对曰："荆甚固⑦，而薛亦不量其力。"王曰："何谓也？"对曰："薛不量其力，而为先王立清庙。荆固而攻薛，薛清庙必危。故曰薛不量其力，而荆亦甚固。"齐王知颜色，曰："嘻！先君之庙在焉！"疾举兵救之，由是薛遂全。颠蹶之请，坐拜之谒，虽得则薄矣。故善说者，陈其势，言其方，见人之急也，若自在危厄之中，岂用强力哉？强力则鄙矣。说之不听也，任不独在所说，亦在说者。

【字词注解】

① 堪士：乐高士，喜爱贤能之士。堪，通"媅"（dān），乐，喜好。

② 骫（wěi）桑：弯曲的桑树。骫，弯曲。

③ 胊（qú）：屈曲的肉脯。

④ 轝（yú）：车，这里指乘车。

⑤ 反走：退避以表示恭敬。

⑥ 有间：短时间，一段时间。
⑦ 固：本来指独占，这里是贪婪的意思。

【精彩解说】

第四：

国家即使国土很小，但是生产的粮食可以供养天下的贤能之士，车辆可以搭载天下的贤能之士，财富可以礼遇天下的贤能之士。文王之所以能够称王天下，就在于能够与天下的贤能之士为友。

现在虽然还没有称王，但任用贤士来安定天下，这不是一件容易的事情吗？而这正是赵宣孟免遭杀害的原因，周昭文君能够尊显的原因，孟尝君能够退却楚军的原因。古时候那些能够建立功名、安定国家、免遭杀身之祸的人，所采用的方法没有别的，一定是他礼贤下士。喜爱贤士就不能用骄横的态度屈致。

从前，赵宣孟将要上国都绛邑去，看见一棵弯曲的桑树下有一个饿坏了的人躺在地上，起不来了。宣孟停下车，让人给他准备食物，把食物弄干净给他吃，于是他咽下两口食物，慢慢地才睁开了眼睛。宣孟问他："你为什么饿成这个样子？"他回答说："我在绛做仆隶，回家的路上断了粮，我羞于向人乞讨，又不愿擅自去拿别人的食物，所以才饿成这个样子。"宣孟送给他一块干肉。他拜了拜，接受了干肉，但不肯吃。宣孟问他这是什么缘故，他回答说："我家有老母，想把这块干肉留给她吃。"宣孟说："你把这块干肉吃了，我另外再给你。"于是又赠给他两束干肉和一百枚钱，然后离开了。过了两年，晋灵公要杀宣孟，就在房子里埋伏了兵士等待着宣孟的到来。借口饮酒把宣孟请来，宣孟看出了酒宴中藏伏的杀机，酒喝到一半就起身离开了。晋灵公命令房子里的伏兵立即去追杀宣孟。有一个士兵跑得很快，最先追上宣孟，他面对宣孟说："喂，请您上车快跑！我愿为您回去死战。"宣孟问："你叫什么名字？"那人退避道："何必打听我的名字！我就是弯曲的桑树下饿倒的那个人。"他返回身去跟追杀宣孟的兵士搏斗而死。宣孟于是得以活命。这就是《尚书》上所说的"恩德再微也无所谓小"的意思。赵宣孟对一个普通人施恩德，尚且能使自己活命，更何况对万人施恩德呢？所以《诗经》上说："雄赳赳的武士，是捍卫公侯的屏障。""人才济济，文王因此安宁。"君主怎么可以不致力于爱怜贤士呢？贤士是很难获知到的，只有广泛寻求才可能得到，广泛寻求就能无所遗漏。

　　张仪是魏国大夫的庶子。他将要向西到秦国去游说，路过东周。有一个门客告诉周昭文君说："魏国人张仪，是个有才干的士人，将要向西到秦国去游说，希望君王对他能以礼相待。"昭文君接见了张仪，对他说："听说您要到秦国去，我的国家小，不足以留住客人。但您西去游说，难道就一定能为秦王所知遇吗？您要是得不到知遇，请看在我的面上回到这里来。我的国家虽然小，我愿与您共同治理这个国家。"张仪一再退让，面北连拜了两拜。张仪走时，昭文君去送行，并资助旅费。张仪到了秦国，在那儿待了一段时间，秦惠王很喜欢他，任命他为相国。张仪在天下所受的恩德，没有比在昭文君那里所受的更大了。周是个只拥有千辆兵车的小国，但是张仪尊重它超过了拥有万辆兵车的大国。张仪让秦惠王以昭文君为师。秦国在逢泽盟会诸侯的时候，秦王让魏王做周昭文君的御手，让韩王当周昭文君车右。昭文君的名号至今没有被忘掉，这都是靠张仪的力量。

　　孟尝君在薛的时候，受到楚军的攻打。淳于髡被齐王派去出使楚国，返回的时候经过薛，孟尝君命令手下人对他恭敬有礼，而且亲自到郊外去送行，并对他说："楚国军队现在来攻占薛，如果没有您为我担忧，我就没法再侍奉先生了。"淳于髡说："谨遵您的吩咐。"淳于髡回到齐国，向齐王禀告出使的情况，齐王问："你怎么看楚国？"淳于髡说："楚国太贪心了，但是薛也太不量力而行了。"齐王说："这话怎么讲？"淳于髡说："薛没有估计自己的实力，就为先王建立宗庙。贪婪的楚国军队去攻打薛，现在薛的宗庙肯定有危险了。因此可以说，薛是不自量力，楚国是贪婪的。"齐王听完后脸色大变，说："啊！先王的宗庙还在薛呢！"于是就赶忙派兵援救薛，这样薛得以幸存。趴在地上乞求、跪着恳请，就是能得到救助也是很有限的。因此，善于劝说的人，通过对形势的分析、方策的阐述，就可以让被劝说者像自己身处险境一样看到别人的危险处境，这样的话，怎么还用得着极力劝说呢？极力劝说就显得鄙陋了。劝说没有效果，责任不仅仅是在被劝说的人，劝说者自己也是有责任的。

顺 说

〔题解〕

本篇论述劝说君主的方法——"顺说",就是要善于揣摩君主的心思,顺着他的思路因势利导来实现自己的目的。文中列举的事例都说明了"顺说"的必要性。

五曰:

善说者若巧士,因人之力以自为力,因其来而与来,因其往而与往,不设形象,与生与长,而言之与响。与盛与衰,以之所归。力虽多,材虽劲,以制其命。顺风而呼,声不加疾也;际高而望,目不加明也。所因便也。

惠盎见宋康王,康王蹀足謦欬①,疾言②曰:"寡人之所说者,勇有力也,不说为仁义者。客将何以教寡人?"惠盎对曰:"臣有道于此:使人虽勇,刺之不入;虽有力,击之弗中。大王独无意邪?"王曰:"善!此寡人所欲闻也。"惠盎曰:"夫刺之不入,击之不中,此犹辱也。臣有道于此:使人虽有勇,弗敢刺;虽有力,不敢击。大王独无意邪?"王曰:"善!此寡人之所欲知也。"惠盎曰:"夫不敢刺,不敢击,非无其志也。臣有道于此:使人本无其志也。大王独无意邪?"王曰:"善!此寡人之所愿也。"惠盎曰:"夫无其志也,未有爱利之心也。臣有道于此:使天下丈夫女子莫不欢然皆欲爱利之。此其贤于勇有力也,居四累之上。大王独无意邪?"王曰:"此寡人之所欲得也。"惠盎对曰:"孔、墨是也。孔丘、墨翟,无地为君,无官为长。天下丈夫女子莫不延颈举踵③,而愿安利之。今大王,万乘之主也,诚有其志,则四境之内皆得其利矣,其贤于孔、墨也远矣。"宋王无以应。惠盎趋而出，宋王谓左右曰："辨④矣！客之以说服寡人也。"宋王，俗主也，而心犹可服，因矣。因则贫贱可以胜富贵矣，小弱可以制强大矣。

田赞衣补衣而见荆王，荆王曰："先生之衣，何其恶也？"田赞对曰："衣又有恶于此者也。"荆王曰："可得而闻乎？"对曰："甲恶于此。"王曰："何谓也？"对曰："冬日则寒，夏日则暑，衣无恶乎甲者。赞也贫，故衣恶也。今大王，万乘之主也，富贵无敌，而好衣民以甲，臣弗得也。意者为其义邪？甲之事，兵之事也，刈人之颈，刳人之腹，隳人之城郭，刑人之父子也。其名又甚不荣。意者为其实邪？苟虑害人，人亦必虑害之；苟虑危人，人亦必虑危之。其实人则甚不安。之二者，臣为大王无取焉。"荆王无以应。说虽未大行，田赞可谓能立其方矣。若夫偃息之义，则未之识也。

管子得于鲁，鲁束缚而槛之，使役人载而送之齐，皆讴歌而引。管子恐鲁之止而杀己也，欲速至齐，因谓役人曰："我为汝唱，汝为我和。"其所唱适宜走，役人不倦，而取道甚速。管子可谓能因矣，役人得其所欲，己亦得其所欲。以此术也，是用万乘之国，其霸犹少，桓公则难与往也。

【字词注解】

① 謦（qǐng）欬（kài）：轻轻咳嗽。
② 疾言：大声。
③ 延颈举踵：形容急切盼望的样子。延颈，伸长脖子。举踵，抬起脚跟。
④ 辨：同"辩"。

【精彩解说】

第五：

擅长劝说的人，如同技艺高超的武士，把对方的力量变作自己的力量，顺势牵引他，顺应去势推开他；不会先展示自己的想法，而会根据被劝说者的进退而进退，就像言语和回音一样相随。这样的劝说会随着被劝说者的激扬而激扬，随着被劝说者的低沉而低沉，这样是为了因势利导，从而实现自己的目的。即使是被劝说者的力量很大，能力很强，但是也可以控制他的命运。顺着风的方向呼喊，声音没有加大，但是可以传得很远；站在高处眺望，眼睛没有更明亮，但是可以看得更远。这就是因为所凭借的条件有利的缘故。

惠盎谒见宋康王，康王一边跺脚一边咳嗽，大声说道："我所喜欢的是勇敢有力的人，而不喜欢行仁义的人。客人将对我有何见教？"惠盎回答说："我这里有一种法术：能使人虽然勇敢，但是他的剑戟却刺不进您的身体；虽然有力，却击不中您。大王您难道无意于这种法术吗？"康王说："好！这是我想要听的。"惠盎说："剑戟虽然刺不进您的身体，击打也不能命中您的身体，但您还是受到了侮辱。我这里有一种法术：能使人虽然勇敢却不敢刺您，虽然有力却不敢击打您。大王您难道无意于这种法术吗？"康王说："好！这是我想要知道的。"惠盎说："那些人虽然不敢刺您，不敢击打您，但并不是没有刺您、击打您的想法啊。我这里有一种法术：能使人根本就没有刺您、击打您的想法。大王您难道无意于这种法术吗？"康王说："好！这是我所希望的。"惠盎说："那些人虽然没有刺您、击打您的想法，但还没有爱您利您的心。我这里有一种法术：能使天下的男男女女无不愉快地爱您、利您。这就胜过了勇敢有力，在四种法术中位居于首。大王您难道无意于这种法术吗？"康王说："这是我想要得到的。"惠盎回答说："孔丘、墨翟就能这样。孔丘、墨翟没有领土，却能像当君主一样得到尊荣；没有官职，却能像当官长一样受到尊敬。天下的男男女女没有谁不伸长脖子、抬起脚跟盼望他们、希望他们平安顺利。现在大王您是拥有万辆兵车的大国君主，如果真有这样的志向，那么四境之内都能得到您的好处了，您就能远远胜过孔丘、墨翟了。"宋康王听了无话可答。惠盎快步走了出去，宋康王对左右的人说："很善辩啊！客人用言论说服了我。"宋康王是个庸俗的君主，而他的心还可以被说服，这是惠盎因宋康王之所好而加以引导的结果。能因势利导，那么贫贱可以胜富贵，弱小可以制强大了。

田赞穿着有补丁的衣服去拜见楚王，楚王说："你的衣服怎么这么破旧呢？"田赞说："还有比我的衣服更坏的呢。"楚王说："那你能说说吗？"田赞说："铠甲就比我的衣服更坏。"楚王问："你这是什么意思？"田赞说："冬天时穿铠甲会让人觉得寒冷，夏天时穿铠甲会让人觉得酷热，所以说衣服中没有比铠甲更坏的了。我是穷人，所以只好穿这样破旧的坏衣服。但是大王您是一国之君，荣华富贵之人，却让百姓穿上铠甲，我就不理解了。我想这可能是因为某种道义吧？铠甲是用来作战的，可以用来砍人的脖子，挖人的心腹，毁坏人的城池，杀害人的父子。这样得到的名声又很不荣耀。我想这大概是因为利益吧？如果您谋害别人，别人肯定也会同样对您；如果您想着去危害别人，那别人肯定也会有这样的想法存在。结果是很不安全的。综合这两方面，我都认为您不能这样做。"楚王无法回答了。虽然田赞的意见没有被采纳，但他可以称得上是劝说有方了。至于段干木隐居不仕而使魏国安全，那田赞还达不到这种地步。

鲁国捉住了管子，把他捆着囚入木槛中，派士兵用车载着他到齐国。这些士兵一边唱着歌，一边拉着囚车。管子担心鲁国的人会后悔而派兵来追杀自己，就想尽快回到齐国，就对拉车的士兵说："我为你们唱歌，你们为我应和吧。"管子所唱的歌正好适合赶路，所以士兵们没有感觉到疲倦，赶路的速度加快了。管子称得上是因势利导了，士兵们得到了他们想得到的，管子也达到了自己的目的。如果一个大国的国君能够采用这样的方法，那么他就不只是称霸诸侯了，但是齐国却到此为止了，这就是因为齐桓公难以和管子相偕并进的缘故啊！

拓展阅读

韩信报恩

汉高祖刘邦身边有一员大将名叫韩信。他少时生活贫困，父母早逝，每天靠讨饭过日子。

韩信没有别人可以依靠，只好每天到河边去钓鱼，用鱼来充饥。有一天，韩信碰到一个老婆婆。老婆婆见他饿得骨瘦如柴，面无血色，便把自己的饭分一些给他吃。一连几天，这位老婆婆每天都给韩信饭吃，韩信十分感激，便对老婆婆说："您这样照顾我，将来我一定要好好报答您。"老婆婆说："我不要你报答，只希望你努力自力更生啊！"

韩信满脸羞愧。从此，他认真读兵书，练习武艺，决心做个有用的人。

后来，韩信投奔到汉王刘邦门下，经过萧何的大力推荐，受到重用，拜为大将，并授以调兵遣将、行军布阵的大权。

韩信认真训练兵马，率领汉军东征西讨，终于打败了最强大的对手项羽，协助刘邦建立了汉朝。

韩信被封为楚王，回到了故乡，派人去找给他饭吃的老婆婆。韩信见了老婆婆，向她再三道谢，并送给她千两黄金。

古人说："受人滴水之恩，当以涌泉相报。"得到别人的恩惠，感恩戴德是不难做到的。难以做到的是，别人曾得罪过我们，我们有能力进行报复的时候，却选择以德报怨。正是因为难以做到，所以这种品行愈显难能可贵。

先识览第四

先 识

〔题解〕

"先识"就是先见远识之意。本篇论述君主要认识和重用贤人。贤人能预知事物发展趋势,对国家繁荣还是灭亡有预见。文中列举的几个事例都说明了上述观点。同时,作者还告诉君主要善于倾听贤人的意见。

一曰:

凡国之亡也,有道者必先去,古今一也。地从于城,城从于民,民从于贤。故贤主得贤者而民得,民得而城得,城得而地得。夫地得岂必足行其地、人说其民哉?得其要而已矣。

夏太史令终古出其图法①,执而泣之。夏桀迷惑,暴乱愈甚。太史令终古乃出奔如商。汤喜而告诸侯曰:"夏王无道,暴虐百姓,穷其父兄,耻其功臣,轻其贤良,弃义听谗,众庶咸怨,守法之臣自归于商。"

殷内史向挚见纣之愈乱迷惑也,于是载其图法,出亡之周。武王大说,以告诸侯曰:"商王大乱,沉于酒德,辟远箕子,爰②近姑③与息④。妲己为政,赏罚无方,不用法式,杀三不辜,民大不服。守法之臣,出奔周国。"

晋太史屠黍见晋之乱也,见晋公之骄而无德义也,以其图法归周。周威公见而问焉,曰:"天下之国孰先亡?"对曰:"晋先亡。"威公问其故,对曰:"臣比在晋也,不敢直言,示晋公以天妖,日月星辰之行多以不当。曰:'是何能为?'又示以人事多不义,百姓皆郁怨。曰:'是何能伤？'又示以邻国不服，贤良不举。曰：'是何能害？'如是，是不知所以亡也。故臣曰晋先亡也。"居三年，晋果亡。威公又见屠黍而问焉，曰："孰次之？"对曰："中山次之。"威公问其故，对曰："天生民而令有别，有别，人之义也，所异于禽兽麋鹿也，君臣上下之所以立也。中山之俗，以昼为夜，以夜继日，男女切倚，固无休息，康乐，歌谣好悲，其主弗知恶。此亡国之风也。臣故曰中山次之。"居二年，中山果亡。威公又见屠黍而问焉，曰："孰次之？"屠黍不对。威公固问焉，对曰："君次之。"威公乃惧，求国之长者，得义莳、田邑而礼之，得史骤、赵骈以为谏臣，去苛令三十九物，以告屠黍。对曰："其尚终君之身乎！"曰："臣闻之，国之兴也，天遗之贤人与极言之士；国之亡也，天遗之乱人与善谀之士。"威公薨，肂⑤九月不得葬，周乃分为二。故有道者之言也，不可不重也。

周鼎著饕餮，有首无身，食人未咽，害及其身，以言报更⑥也。为不善亦然。

白圭之中山，中山之王欲留之，白圭固辞，乘舆而去。又之齐，齐王欲留之仕，又辞而去。人问其故，曰："之二国者皆将亡。所学有五尽。何谓五尽？曰：莫之必⑦，则信尽矣；莫之誉，则名尽矣；莫之爱，则亲尽矣；行者无粮，居者无食，则财尽矣；不能用人又不能自用，则功尽矣。国有此五者，无幸必亡。中山、齐皆当此。"若使中山之王与齐王闻五尽而更之，则必不亡矣。其患不闻，虽闻之又不信。然则人主之务，在乎善听而已矣。夫五割而与赵，悉起而距军乎济上，未有益也。是弃其所以存，而造其所以亡也。

【字词注解】

① 图法：图录和法典。

② 爰：乃。

③ 姑：妇女，此指美女。

④ 息：小儿，此指男宠。

⑤ 肂（sì）：暂殡，没有正式下葬。

⑥ 报更：报偿。

⑦ 必：相信。

—•【精彩解说】

第一：

凡是国家濒于灭亡的时候，有道之人一定会事先离开，古今都是一样的。土地的归属取决于城邑的归属，城邑的归属取决于人民的归属，人民的归属取决于贤人的归属。所以，贤明的君主得到贤人辅佐，自然就得到了人民；得到了人民，自然就得到了城邑；得到城邑，自然就得到了土地。获得土地难道一定要亲自巡视那里，一定要亲自劝说那里的人民吗？只要得到根本就够了。

夏朝的太史令终古拿出图录和法典抱着哭泣。夏桀执迷不悟，暴虐荒淫得更加厉害。终古于是出逃投奔商。商汤高兴地告诉诸侯说："夏王无道，残害百姓，逼迫父兄，侮辱功臣，轻慢贤人，抛弃礼义，听信谗言，众人都怨恨他，他的掌管图录和法典的臣子已自行归顺了商。"

殷商的内史向挚，看到纣王越来越淫乱昏惑，于是用车载着殷商的图录和法典出逃投奔周。武王非常高兴，把这事告诉诸侯："商王昏乱至极，沉溺于饮酒作乐，躲避疏远箕子，亲近女人和小人。妲己参与政事，赏罚没有准则，不依法度行事，残杀三个无辜的人，人民大为不服。他的掌管图录和法典的臣子已出逃到周的国都。"

晋国的太史屠黍，看到晋国混乱，晋国君主骄横而没有德义，于是带着晋国的图录和法典归顺周国。周威公接见他时问："天下的诸侯国哪个先灭亡？"屠黍回答："晋国先灭亡。"威公问其原因，屠黍回答："我之前在晋国的时候，不敢直言劝谏，我拿天象的异常和日月星辰的运行多不合度次的反常现象启示晋君。他说：'这些又能怎么样？'我又拿人事的处理大多不符合道义和百姓都烦闷怨恨的情况提示他。他说：'这些又能有什么妨害？'我又拿邻国不归服和贤人得不到举用的情况提示他。他说：'这些又能有什么危害？'像这样，就是不了解其灭亡的原因啊。所以我说晋国先灭亡。"过了三年，晋国果然灭亡了。威公又接见屠黍，问他说："哪一国接下来会灭亡？"屠黍回答说："中山国接下来会灭亡。"威公问其原因，屠黍回答："上天生下人来就让男女有别，男女有别，这是人伦大义，是人与禽兽麋鹿不同的地方，是确立君臣上下关系的基础。中山国的习俗，以日为夜，夜以继日，男女耳鬓厮磨，互相偎依，没有停止的时候，纵情安逸享乐，唱歌喜好悲声，而中山国的君主对这种习俗不知厌恶。这是亡国的风俗啊。所以我说中山国接下来会灭亡。"过了两年,中山国果然灭亡了。威公又接见屠黍,问他:"哪一国接下来会灭亡?"屠黍不回答。威公坚持问他,他回答说:"接着要灭亡的是您。"威公这才害怕了,访求国中德高望重的人,得到义莳、田邑,对他们以礼相待,得到史骥、赵骈,让他们做谏官,废除了苛刻的法令三十九条,威公把这些情况告诉了屠黍。屠黍回答说:"这大概能保您一生平安吧!"又说:"我听说,国家将要兴盛的时候,上天给它降下贤人和敢于直言相谏的人;国家将灭亡的时候,上天给它降下乱臣贼子和善于阿谀谄媚的人。"威公死了,暂殡九个月不得安葬,周国于是分裂为两个小国。所以有道之人的话,不能不重视啊。

周鼎上铸上饕餮纹,有头没有身子,吃人来不及下咽,祸害已连累自身,这是表明恶有恶报啊。做不善的事也是这样。

白圭到中山国,中山国君主想要留下他,白圭坚决谢绝,乘车离开了。又到了齐国,齐国君主想要留他做官,他又谢绝,离开了齐国。有人问他为什么,他说:"这两个国家都将要灭亡。我听说有'五尽'。什么叫'五尽'?就是:没有人信任他,那么信义就丧尽了;没有人赞誉他,那么名声就丧尽了;没有人喜爱他,那么亲人就丧尽了;行路的人没有干粮,居家的人没有吃的,那么财物就丧尽了;不能任用人,又不能发挥自己的作用,那么功业就丧尽了。国家有这五种情况,必定灭亡,无可幸免。中山、齐国都正符合这五种情况。"假如让中山的君主和齐国的君主闻知五尽,并改正自己的恶行,那就一定不会灭亡了。他们的祸患在于没有听到这些话,即使听到了又不相信。这样看来,君主需要努力做的,在于听取意见罢了。中山五次割让土地给赵国,齐湣王率领全部军队在济水一带抵御以燕国为首的五国军队,都没有什么益处,都没有逃脱国亡身死的下场。这是由于他们抛弃了那些能使国家生存的东西,而使自己走上了灭亡的道路。

观 世

[题解]

"观世"有两个意思:一是向世人显示,二是观察世事。本篇论述了君主要识贤、求贤、礼贤的观点,指出社会得到治理从而稳定,是贤能之士被君主知遇得到任用的缘故,劝诫君主访求有道之士,广泛招纳贤士,了解、礼遇、任用他们。文中通过晏子、列子的故事,告诉君主对贤士要始终保持谦逊、尊敬、礼貌的态度,也赞扬了有道之士能预见事物的发展变化和通晓"性命之情"。

二曰:

天下虽有有道之士,国犹少。千里而有一士,比肩也;累世而有一圣人,继踵也。士与圣人之所自来,若此其难也,而治必待之,治奚由至?虽幸而有,未必知也,不知则与无贤同。此治世之所以短,而乱世之所以长也。故王者不四,霸者不六,亡国相望,囚主相及。得士则无此之患。此周之所封四百余,服国八百余,今无存者矣。虽存,皆尝亡矣。贤主知其若此也,故日慎一日,以终其世。譬之若登山,登山者,处已高矣,左右视,尚巍巍焉①山在其上。贤者之所与处,有似于此。身已贤矣,行已高矣,左右视,尚尽贤于己。故周公旦曰:"不如吾者,吾不与处,累我者也;与我齐者,吾不与处,无益我者也。"惟贤者必与贤于己者处。贤者之可得与处也,礼之也。

主贤世治,则贤者在上;主不肖世乱,则贤者在下。今周室既灭,天子既废，乱莫大于无天子。无天子则强者胜弱，众者暴寡，以兵相刬②，不得休息。而佞进。今之世当之矣。故欲求有道之士，则于江河之上，山谷之中，僻远幽闲之所，若此则幸于得之矣。太公钓于滋泉，遭纣之世也，故文王得之。文王，千乘也；纣，天子也。天子失之，而千乘得之，知之与不知也。诸众齐民，不待知而使，不待礼而令。若夫有道之士，必礼必知，然后其智能可尽也。

　　晏子之晋，见反裘③负刍息于涂者，以为君子也，使人问焉，曰："曷为而至此？"对曰："齐人累之，名为越石父。"晏子曰："嘻！"遽解左骖以赎之，载而与归。至舍，弗辞而入。越石父怒，请绝。晏子使人应之曰："婴未尝得交也，今免子于患，吾于子犹未邪？"越石父曰："吾闻君子屈乎不己知者，而伸乎己知者。吾是以请绝也。"晏子乃出见之，曰："向也见客之容而已，今也见客之志。婴闻察实者不留声，观行者不讥④辞，婴可以辞而无弃乎？"越石父曰："夫子礼之，敢不敬从。"晏子遂以为客。俗人有功则德，德则骄。今晏子功免人于厄矣，而反屈下之，其去俗亦远矣。此令功之道也。

　　子列子穷，容貌有饥色。客有言之于郑子阳者，曰："列御寇，盖有道之士也，居君之国而穷，君无乃为不好士乎？"郑子阳令官遗之粟数十秉。子列子出见使者，再拜而辞。使者去，子列子入，其妻望⑤而拊心⑥曰："闻为有道者妻子，皆得逸乐。今妻子有饥色矣，君过⑦而遗先生食，先生又弗受也。岂非命也哉？"子列子笑而谓之曰："君非自知我也！以人之言而遗我粟也，至已而罪我也，有罪且以人言。此吾所以不受也。"其卒民果作难，杀子阳。受人之养而不死其难，则不义；死其难，则死无道也。死无道，逆也。子列子除不义、去逆也，岂不远哉？且方有饥寒之患矣，而犹不苟取，先见其化也。先见其化而已动，远乎性命之情也。

【字词注解】

① 巍巍焉：高峻的样子。

② 刬：铲除，消灭。

③ 反裘：反穿皮衣。

④ 讥：察，审问。

⑤ 望：怨。

⑥ 拊心：手拍胸膛，表示气愤。

⑦ 过：访，探望。

【精彩解说】

第二：

天底下虽然有有道之士，可是一国之内毕竟不多。方圆千里之内出现一个贤士，那就可以叫天下贤能之士遍地了；几代出现了一个圣人，那就叫作接踵而至了。贤士和圣人的产生，竟这样困难，然而治理天下一定依靠他们，天下大治的局面怎么形成呢？就算侥幸有这样的一两个贤士，君主也不一定会知道；士不为所知，那么就和没有贤士一样。这就是清明治世的时间短而混乱乱世的时间长的原因所在。因此，之前成就王业的人没有第四个，称霸诸侯的没有第六个，国家一个个地灭亡，君主一个又一个地被囚禁。但是，如果得到了贤士就没有这种祸患。这就是周代的四百多个封国，八百多个归服的国家，现在没有多少留存下来的原因。即使有留存下来的，也都曾经灭亡过。贤明君主知道这样的道理，所以每天都非常谨慎，这样终其一生。这好比爬山，登山的人已经爬了很高，向左右看看，发现山上面还有高高的山。贤士与人相处就和这类似。他的德行已经很贤明了，品节已经很高洁了，向左右看看，发现还有许多比自己贤明的。所以周公旦说："不如我的人，我不和他相处，因为他会拖累我；和我相当的人，我不和他相处，因为他对我没有帮助。"因而只有贤士一定会和比自己贤明的人相处。能够得到贤能之士并且与他同处，关键在于尊贤礼士。

君主贤明，世道清明，那么贤能之士就会居高位；君主昏庸不肖，世道混乱，那么贤能之士就会居下位。现在周已经灭亡，天子已经被废黜，那么最大的祸患就是没有天子了。没有了天子，强者就会欺凌弱者，势众的就会欺负势单的，用军队互相残杀，没有停止。这时候，奸臣小人就会趁机得势。现在的世道就是这个样子的。所以，要想寻求到有道之士，那么就要在江河之上、山谷之中、偏远悠闲的地方寻找，这样才能侥幸得到。姜太公在滋泉钓鱼，当时正值商纣时的乱世局面，所以文王能够得到他。文王当时只是一个拥有千辆兵车的诸侯，而纣却贵为天子。天子失去了贤能之士，却被诸侯得到了，这就是因为知道和不知道贤能之士的道理。平民百姓，不需要了解就可驱使，不需要礼遇就可以命令。但是对于那些有道贤能之士，一定要礼遇对待，一定要了解，这样他才会发挥出才智和能力。

晏子出使晋国，在路上看见一个反穿着裘衣背着草料的人在休息，晏子觉得这是个有道的贤士，就叫人去问他："你怎么到了这个地步？"那人回答说："我给齐国人做奴仆，名叫越石父。"晏子说："噢！"晏子立刻解下车驾左边的马来赎下他，并且让越石父坐车一起回去。回到了馆舍，晏子没向越石父告辞就自己进去了。越石父很生气，提出和晏子绝交。晏子派人对他说："我还没有和您结交啊，现在我从患难中把您解救出来，这对您还不够好吗？"越石父说："我听说君子在不了解自己的人面前可以忍受屈辱，在了解自己的人面前挺胸做人，所以我才要和您绝交。"晏子听了之后，就出来会见越石父，说："以前我不过是看到了您的容貌而已，现在我知道您的志向了。我听说体察实情的人并不会看重他的名声，而看重行动的人不太在意他的言辞，我可以向您谢罪而不被离弃吗？"越石父说："您这样礼遇我，我怎么敢不恭敬从命呢？"于是晏子把越石父待为宾客。世俗的人有了功劳，就以为有了恩德，有了恩德就待人傲慢。现在晏子有解救他人于困境的功劳，却反而屈尊待人，这和一般的世俗之人差距太大了。这就是保全功劳的方法啊！

列子很贫穷，脸上显现饥饿之色。有人把这种情况告诉了郑国子阳，说："列御寇是个有道之士，他现在居住在您的国家却是如此的穷困，您恐怕不礼贤下士吧？"子阳就命令官吏送给列子几百石粮食。列子出来会见使者，拜了两拜，谢绝了。使者离开了，列子回到屋里，他的妻子怨恨地捶着胸脯说："我听说有道之士的妻子儿女能过得舒舒服服，现在你的妻子儿女面露饥色，国相派人探望你，又给你送来了粮食，你却不接受。难道我们全家人注定要忍受饥饿吗？"列子笑着对她说："你不是能够理解我的人啊！国相是因为听了别人的话才送给我粮食，过不了多久也会因为别人的话加罪于我。这就是我不接受他的粮食的原因啊。"后来，郑国百姓果然发难，杀死了子阳。接受了别人的供养，却不为别人的遭难去死，这是不义；为了别人的遭难而死，这就是为没有道义之人而死。为无道之人去死，这是不合乎情理的。列子不接受子阳的粮食，避免了不义，去掉了不合情理，这难道不是很有远见吗？而且当他有饥寒之患的时候，仍旧不随便接受别人的馈赠，这是因为有先见之明。能够事先体察世事的变化，从而预先做好相应的准备，这就通晓了人生的真谛。

知 接

[题解]

"知接"即智力的界限之意。本篇探讨了智力与知贤之理。君主并非全能,因此治理国家会有局限性,自以为聪明往往使国家混乱。所以,君主应该招贤纳谏,听取忠言,这样君主才更加智慧通达,国家才能安定。文中举管仲有疾齐桓公去探望一事例,赞扬了管仲能预知事情发展的远见,也借齐桓公自以为聪明以至酿成晚年的悲剧告诉我们要有自知之明。

三曰:

人之目,以照①见之也,以瞑则与不见,同。其所以为照、所以为瞑异。瞑士未尝照,故未尝见。瞑者目无由接②也,无由接而言见,谎。智亦然。其所以接智、所以接不智同,其所能接、所不能接异。智者,其所能接远也;愚者,其所能接近也。所能接近而告之以远,奚由相得?无由相得,说者虽工,不能喻矣。戎人见暴布者而问之曰:"何以为之莽莽也?"指麻而示之。怒曰:"孰之壤壤也,可以为之莽莽也!"故亡国非无智士也,非无贤者也,其主无由接故也。无由接之患,自以为智,智必不接。今不接而自以为智,悖。若此则国无以存矣,主无以安矣。智无由接,而自知弗智,则不闻亡国,不闻危君。

管仲有疾,桓公往问之,曰:"仲父之疾病矣,将何以教寡人?"管仲曰:"齐鄙人有谚曰:'居者无载,行者无埋。'今臣将有远行③,胡可以问?"桓公曰:"愿仲父之无让也。"管仲对曰:"愿君之远易牙、竖刁、常之巫、卫公子启方。"公曰："易牙烹其子以慊寡人，犹尚可疑邪？"管仲对曰："人之情，非不爱其子也，其子之忍，又将何有于君？"公又曰："竖刁自宫以近寡人，犹尚可疑邪？"管仲对曰："人之情，非不爱其身也，其身之忍，又将何有于君？"公又曰："常之巫审④于死生，能去苛病，犹尚可疑邪？"管仲对曰："死生，命也。苛病，失⑤也。君不任其命、守其本，而恃常之巫，彼将以此无不为也。"公又曰："卫公子启方事寡人十五年矣，其父死而不敢归哭，犹尚可疑邪？"管仲对曰："人之情，非不爱其父也，其父之忍，又将何有于君？"公曰："诺。"管仲死，尽逐之。食不甘，宫不治，苛病起，朝不肃。居三年，公曰："仲父不亦过乎！孰谓仲父尽之乎！"于是皆复召而反。明年，公有病，常之巫从中出曰："公将以某日薨。"易牙、竖刁、常之巫相与作乱，塞宫门，筑高墙，不通人，矫⑥以公令。有一妇人逾垣入，至公所。公曰："我欲食。"妇人曰："吾无所得。"公又曰："我欲饮。"妇人曰："吾无所得。"公曰："何故？"对曰："常之巫从中出曰：'公将以某日薨。'易牙、竖刁、常之巫相与作乱，塞宫门，筑高墙，不通人，故无所得。卫公子启方以书社⑦四十下卫。"公慨焉叹，涕出曰："嗟乎！圣人之所见，岂不远哉！若死者有知，我将何面目以见仲父乎？"蒙衣袂而绝乎寿宫。虫流出于户，上盖以杨门之扇，三月不葬。此不卒听管仲之言也。桓公非轻难而恶管子也，无由接见也。无由接，固⑧却其忠言，而爱其所尊贵也。

【字词注解】

① 照：同"昭"，明亮，光亮。
② 接：触及。
③ 远行：是对死亡的委婉表达。
④ 审：清楚，明白。
⑤ 失：精神没有归宿。
⑥ 矫：假托。
⑦ 社：古代把一社分为二十五家。
⑧ 固：也就是"故"。

──●【精彩解说】

第三：

人的眼睛，是因为光亮才能看见东西，失去光明就看不见东西了。眼睛没有变，只是它在睁眼或失去光明的时候见到的东西是不同的。盲人的眼睛因为失去了光明，也就从来没有看见过东西，因为他们的眼睛无法与外物接触。无法看见东西却还说能看见，这明明是在欺骗人。智力也和它是同一个道理。人的大脑的智力达到或达不到的条件是相同的，但在接触外物时表现出智慧或愚蠢是不一样的。有智慧的人，能够预测将来要发生的事情；而愚蠢的人，只看得见眼前的东西。所以说，即使把以后要发生的事情告诉他，他怎么能够理解？他不能够领会其中的道理，给他说理的人即使口才出众，也无法让他明白其中的道理。一个戎人见到一个晒布的人，上前问他："这样又大又长的东西是用什么做成的？"晒布的人拿起麻丝给他示范。这个戎人发怒道："不可能用这么乱的东西，织出这么大块的布！"国家之所以灭亡不是因为缺乏有智慧的人，也不是因为没有贤士，是因为该国的君主不重用他们。由于君主的智力有限，还要自作聪明，远离贤士，这就导致了内患。而今智力有限还要自作聪明，这种人真是糊涂呀。如果这样下去必定会灭亡，君主也没有安宁的日子过了。智力有限而自知其智力有限，那么就不会有灭亡的国家，不会有处于险境的君主了。

管仲病危，桓公来探望他，说："仲父的病已经很严重了，有什么要教导寡人的吗？"管仲道："齐国的乡下人中流传这样一句话：'不出门的人没有必要再准备装载东西，出门的人不用准备在家里埋藏宝贝。'我是一个快去世的人了，您还来问我呀？"桓公道："望仲父不要谦让啊。"管仲答道："我希望君主能够远离易牙、竖刁、常之巫、卫公子启方。"桓公道："易牙把自己的儿子杀后煮之来取悦寡人，他还值得怀疑吗？"管仲答道："爱自己的子女是人的本性，易牙能狠心煮自己的儿子，对陛下您又有什么爱心呢？"桓公又道："竖刁为了在我身边侍奉我忍痛把自己阉割了，他还值得怀疑吗？"管仲答道："爱自己的身体是人的本性，他狠心在自己的身体上下手，对陛下您又有什么爱心呢？"桓公又道："常之巫能知道人的生死，去除妖魔鬼怪，他还值得怀疑吗？"管仲答道："人的命老天早已注定，人们所说的鬼降疾病给人，实际上是人的精神失常所致。国君不能服从天命，抓住最根本的东西，反而依仗着常之巫，这样的话，他会仗着陛下您的威风而无法无天了。"桓公又道："卫公子启方侍奉我十五年了，他的父亲过世了他都没有回去奔丧，他还值得怀疑吗？"管仲答道："爱自己的父亲是人的本性，他这样无情地对待自己的亲生父亲，对陛下您又有什么爱心呢？"桓公说道："好吧。"管仲去世后，易牙等人都被桓公驱逐了。桓公咽不下饭，后宫得不到好的治理，疾病缠身，朝政也得不到整顿。这样过了三年以后，桓公道："管仲言过其实了吧？谁说仲父的话全部可信呢？"桓公又把易牙等以前侍奉过他的人全召进宫来。第二年，桓公得了病，常之巫在宫中四处造谣道："陛下将在某天过世。"易牙、竖刁、常之巫联合起来作乱，封锁宫门，还建起了高墙，不让任何人进出，还谎报说这是桓公的旨意。一位妇人翻墙进入宫中，见到了桓公。桓公："我想吃饭。"妇人道："我无法给陛下弄到饭菜。"桓公又道："我想喝水。"妇人道："我也无法给陛下弄到水。"桓公问道："这是为何呀？"妇人答道："常之巫在宫中四处造谣：'陛下将在某天过世。'易牙、竖刁、常之巫联合起来作乱，他们封锁宫门，还建起了高墙，不让任何人进出，没有人能够进到宫中送饭菜和水。卫公子启方给卫国奉送上四十社的人家而归顺了该国。"桓公感慨流泪道："唉！圣人的预见不是很远大吗？假若死后人有知，我有何脸面见仲父呢？"随后把衣袖遮在自己的脸上死在了宫里。尸虫爬出门外，尸体上盖着杨门之扇，死亡三个月了还没有下葬。这就是桓公当初不听管仲忠言的恶果。桓公不是轻视内患而厌恶管仲，是他的智力有限不能理解管仲的忠言。桓公智力有限，所以没有接纳管仲的忠言，反而一意孤行地亲近那些危害他的小人。

悔 过

〔题解〕

"悔过"即悔改以前犯的过错。本篇论述了智力不足的危害性。文中列举秦穆公不听谏言导致全军覆没等事例论证了这一观点。

四曰：

穴深寻①，则人之臂必不能极矣。是何也？不至故也。智亦有所不至。所不至，说者虽辩，为道虽精，不能见矣。故箕子穷于商，范蠡流乎江。

昔秦缪公兴师以袭郑，蹇叔谏曰："不可。臣闻之，袭国邑，以车不过百里，以人不过三十里，皆以其气之趫（qiáo）与力之盛至，是以犯敌能灭，去之能速。今行数千里，又绝②诸侯之地以袭国，臣不知其可也。君其重图之。"缪公不听也。蹇叔送师于门外而哭曰："师乎！见其出而不见其入也。"蹇叔有子曰申与视，与师偕行。蹇叔谓其子曰："晋若遏师必于殽。女死，不于南方之岸，必于北方之岸，为吾尸女之易。"缪公闻之，使人让③蹇叔曰："寡人兴师，未知何如。今哭而送之，是哭吾师也。"蹇叔对曰："臣不敢哭师也。臣老矣，有子二人，皆与师行。比④其反也，非彼死，则臣必死矣，是故哭。"

师行过周，王孙满⑤要门而窥之，曰："呜呼！是师必有疵。若无疵，吾不复言道矣。夫秦非他，周室之建国也。过天子之城，宜橐甲束兵，左右皆下，以为天子礼。今袀服⑥回建，左不轼而右之超乘者五百乘，力则多矣，然而寡礼，安得无疵？"师过周而东⑦。

郑贾人弦高、奚施将西市于周，道遇秦师，曰："嘻！师所从来者远矣。此必袭郑。"遽使奚施归告，乃矫⑧郑伯之命以劳之，曰："寡君固闻大国之将至久矣。大国不至，寡君与士卒窃为大国忧，日无所与焉，惟恐士卒罢弊与糗粮匮乏。何其久也！使人臣犒劳以璧，膳以十二牛。"秦三帅⑨对曰："寡君之无使也，使其三臣丙也、术也、视也于东边候晋之道，过，是以迷惑，陷入大国之地。"不敢固辞，再拜稽首受之。三帅乃惧而谋曰："我行数千里，数绝诸侯之地以袭人，未至而人已先知之矣，此其备必已盛矣。"还师去之。

当是时也，晋文公适薨，未葬。先轸言于襄公曰："秦师不可不击也，臣请击之。"襄公曰："先君薨，尸在堂，见秦师利而因击之，无乃非为人子之道欤！"先轸曰："不吊吾丧，不忧吾哀，是死吾君而弱其孤也。若是而击，可大强。臣请击之。"襄公不得已而许之。先轸遇秦师于殽而击之，大败之，获其三帅以归。

缪公闻之，素服庙临⑩，以说于众曰："天不为秦国，使寡人不用蹇叔之谏，以至于此患。"此缪公非欲败于殽也，智不至也。智不至则不信。言之不信，师之不反也从此生。故不至之为害大矣。

【字词注解】

① 寻：是古代长度单位，八尺为一寻。

② 绝：越过。

③ 让：责难，怪罪。

④ 比：等到。

⑤ 王孙满：周大夫。

⑥ 袀（jūn）服：同一式样的军服，此指穿着相同的军装。

⑦ 东：动词，向东行走。

⑧ 矫：假借，假托。

⑨ 三帅：三个主帅，分别指白乙丙、西乞术、孟明视。

⑩ 临：哭。

── •【精彩解说】

第四：

洞穴深达八尺的话，则人的手臂是不能够到达它的底部的。为什么呢？人的手臂长有限。同样的道理，人的智力也是有限的。由于这个原因，口才出众的人即使善辩，阐述的道理即使精辟，也不会被人接受。这也是箕子为什么被商纣囚禁，范蠡乘轻舟而去的缘故。

当年秦穆公向郑国发兵，蹇叔上谏道："不行的。臣听说过，袭击他国城邑，利用战车作战的路途不能超过一百里，徒步行军不能超过三十里，这样才可以使士兵保持高昂的斗志和旺盛的精力到达战场，从而能消灭敌人，迅速撤退。而今，郑国在千里之外，行军的途中还要经过他国的领域，臣不知道这次出征是否可行。君主应当仔细考虑这次远征。"秦穆公没有采纳蹇叔的意见。蹇叔送军队出城门哭诉道："军士们呀！我看得见你们出去，却见不到你们归来啊。"蹇叔有两个儿子，一个叫申，另一个叫视，也随军出征。蹇叔向他的两个儿子说道："晋国假若出兵阻拦你们，地点一定在崤山一带。假如你们战死沙场，尸首不是在南山就是在北山。我就去那里为你们收尸。"秦穆公听说了蹇叔的话之后，派人责怪蹇叔说："我派兵远征，还不知道结果怎么样，而今你却哭丧着送士兵，这是在打击我军的锐气啊。"蹇叔答道："臣没有打击军队的锐气。臣老了，这次两个儿子与军队一起远征，等到秦军返回之时，不是他们死了就是我死了，因为这个原因才哭的。"

秦国的军队行过周的领域，王孙满关闭城门观察秦军的情况，道："唉！这次秦军远征郑国一定会遇到劫难的。假如他们没有劫难的话，我从此以后不会再议论'道'了。秦国并非独立的国家，它是周王室分封的一诸侯国。秦军经过天子的王城，应该装起铠甲，捆起兵器，左右武士下车而行，以此向天子致礼。而今他们身穿统一的军服绕过王城，在车左边的将士不凭轼致敬，右边的大约有五百左右的人坐在车上，他们看起来很有力量，但是却缺少礼仪。这样的军队怎么不败呢？"秦国的军队经过周往东前行。

郑国的商人弦高、奚施打算往西到周做生意，在路上见到了秦国士兵，道："啊！秦国的军队长途跋涉而来，必定是打算袭击郑国。"弦高马上让奚施快速回郑国报信，弦高则假借郑国君主之命慰问秦国军队，道："我国君主很早就听说你们要来了。在你们还没有到时，我国君主和军队私底下替你们担忧呢，几乎每天都忧心忡忡，就是担心你们士兵远道而来力疲精弱，缺少干粮。为何这么长时间才来呢！国君派我用璧玉来慰问你们的军队，而且奉上十二头牛给军队食用。"秦国的三个主帅道："秦穆公没有派使臣拜访郑国，只是派白乙丙、西乞术、孟明视三位臣子探察晋国的道路，没有想到迷了路才进入到你们的国家。"三位大帅无法拒绝他，奉上两拜，又叩头致谢，收下了礼物。秦国的三位大帅有些恐惧，一起商量道："秦国的军队远征千里，途经多国去攻打郑国，军队离郑国还有一段距离，郑国就已经获悉，这足以证明郑国一定准备好了迎战。"于是秦国的军队离开了郑国。

就在这个时候，晋文公驾崩，还没有安葬。先轸对襄公道："不可不攻打秦国，臣愿前往攻打秦国。"襄公道："先王刚过世，尸体还放在宫内，虽然现在向秦国发起进攻是最好的时机，但这样做违背了作为晚辈的准则了吧！"先轸道："对丧事秦国不前来吊唁，甚至也不为我们失去先君的悲痛而哀伤，这是背叛我们的先君，欺侮您年幼。假如此时攻打秦国，晋国的势力就会增强。臣请求攻打秦军。"襄公不得已允许了先轸。先轸在殽山一带阻击秦国军队，大败秦军，俘虏了秦国的三位大帅而回。

秦穆公听说这件事后，换上素服到庙堂哭诉，面对着众人说道："上天不帮我秦国啊，导致寡人当初没有听取蹇叔的劝告，才遇到这次灾祸。"殽山的失败是秦穆公没预料到的，是他的智慧有限的缘故。智力有限才没有相信蹇叔的话。不相信蹇叔的话，导致秦军全军覆没。所以，智力有限的危害太大了。

乐　成

〔题解〕

在本篇中作者认为，普通老百姓不可参与创业开拓的大事，却可以和他们分享成功的欢乐。文中列举了大禹决江水、孔子治鲁等事例来证明这一观点，也表现了贤主忠臣在处理事情时具有决定性作用。

五曰：

　　大智不形，大器晚成，大音希声。

　　禹之决江水也，民聚瓦砾。事已成，功已立，为万世利。禹之所见者远也，而民莫之知。故民不可与虑化举始，而可以乐成功。

　　孔子始用于鲁，鲁人鷖诵①之曰："麛裘而韠（bì），投之无戾；韠而麛裘，投之无邮②。"用三年，男子行乎涂右，女子行乎涂左，财物之遗者，民莫之举。大智之用，固难逾③也。

　　子产始治郑，使田有封洫④，都鄙有服。民相与诵之曰："我有田畴，而子产赋之。我有衣冠，而子产贮之。孰杀子产，吾其与之。"后三年，民又诵之曰："我有田畴，而子产殖之。我有子弟，而子产诲之。子产若死，其使谁嗣之？"

　　使郑简、鲁哀当民之诽訑（zǐ）也，而因弗遂用，则国必无功矣，子产、孔子必无能矣。非徒不能也，虽罪施，于民可也。今世皆称简公、哀公为贤，称子产、孔子为能。此二君者，达乎任人也。

　　舟车之始见也，三世然后安之。夫开善岂易哉！故听无事治。事治之立也，人主贤也。

　　魏攻中山，乐羊⑤将。已得中山，还反报文侯，有贵功之色。文侯知之，命主书曰："群臣宾客所献书者，操以进之。"主书举两箧以进。令将军视之，书尽难攻中山之事也。将军还走，北面再拜曰："中山之举，非臣之力，君之功也。"当此时也，论士殆之日几矣，中山之不取也，奚宜二箧哉？一寸而亡矣。文侯，贤主也，而犹若此，又况于中主邪？中主之患，不能勿为，而不可与莫为。凡举无易之事，气志视听动作无非是者，人臣且孰敢以非是邪疑为哉？皆壹于为，则无败事矣。此汤、武之所以大立功于夏、商，而句践之所以能报其雠也。以小弱皆壹于为而犹若此，又况于以强大乎！

　　魏襄王与群臣饮，酒酣，王为群臣祝，令群臣皆得志。史起兴而对曰："群臣或贤或不肖，贤者得志则可，不肖者得志则不可。"王曰："皆如西门豹之为人臣也。"史起对曰："魏氏之行田也以百亩，邺独二百亩，是田恶也。漳水在其旁，而西门豹弗知用，是其愚也。知而弗言，是不忠也。愚与不忠，不可效也。"魏王无以应之。明日，召史起而问焉，曰："漳水犹可以灌邺田乎？"史起对曰："可。"王曰："子何不为寡人为之？"史起曰："臣恐王之不能为也。"王曰："子诚能为寡人为之，寡人尽听子矣。"史起敬诺，言之于王曰："臣为之，民必大怨臣，大者死，其次乃藉⑥臣。臣虽死藉，愿王之使他人遂之也。"王曰："诺。"使之为邺令。史起因往为之。邺民大怨，欲藉史起。史起不敢出而避之。王乃使他人遂为之。水已行，民大得其利，相与歌之曰："邺有圣令，时为史公。决漳水，灌邺旁。终古斥卤，生之稻粱。"使民知可与不可，则无所用矣。贤主忠臣，不能导愚教陋，则名不冠后、实不及世矣。史起非不知化也，以忠于主也。魏襄王可谓能决善矣。诚能决善，众虽喧哗，而弗为变。功之难立也，其必由讻讻⑦邪！国之残亡，亦犹此也。故讻讻之中，不可不味也。中主以之讻讻也止善，贤主以之讻讻也立功。

【字词注解】

① 鹥（yī）诵：不停地吟诵。鹥，鸥鸟，此处指像鸥鸟鸣叫一样反复吟诵。

② 邮：通"尤"，过也。

③ 逾：通"喻"，明白，知道。

④ 封洫（xù）：区分田界的水沟。泛指田界。

⑤ 乐羊：战国初期魏国人。据《史记·魏世家》记载，乐羊为将以伐中山之事发生在魏文侯十七年。

⑥ 藉：践踏，欺凌。

⑦ 讻（xiōng）讻：喧哗争吵的样子。

【精彩解说】

第五：

有大智慧的人不显露，有才干的人成就事业往往较晚，最优美的声音很少听到。

大禹在治理江水时，人们聚集瓦砾阻拦。等到事业完成以后，他的功劳也就凸显出来，为子孙后代带来了好处。足见禹有远大的目光，但是平民百姓却不知道这些。所以，不能够与百姓商讨改变现状和开拓事业的大事，却能够和他们共同分享成功的快乐。

孔子被鲁国任用之初，鲁国人像鸥鸟鸣叫似的嘲讽他道："穿着鹿皮衣还戴着蔽膝，抛弃他没关系；戴着蔽膝还穿着鹿皮衣，抛弃他没过错。"孔子在被鲁国任用的三年期间，鲁国男的靠路的右边走，女的靠路的左边走，就是遗失了财物，也没人去捡。大智慧的运用，是无法被普通人理解的。

子产在治理郑国之初，下令把田地用水沟划分界域，让城里的人和城外的人穿各自服色的衣服。百姓怨恨地唱："我们虽然有田种，但是子产却对有田的人征收赋税。我们虽然有衣冠，但是子产收我们的税。假如谁要杀他，我肯定会和他一起去的。"三年以后，百姓又在私下里赞颂他道："我们虽然有田，但是子产帮我们增产。我们虽然有子弟，但是子产帮我们教导他们。假如子产过世了，谁还能代替他呢？"

如果当初郑简公、鲁哀公由于人们的诽谤、责难而不打算任用他们两个人，那么他们的国家就不会有安定、繁荣的局面，子产、孔子也就不会名留史册了。他们的聪明才智不但得不到发挥，相反，假如给他们定罪，人们也会同意的。而今世人都赞颂郑简公、鲁哀公慧眼识才，赞颂子产、孔子有大智慧。这两位贤明国君通晓用人的道理啊。

舟、车刚出现的时候，人们对它们也是有抵触心理的，过了几世之后，人们才觉得它们便利。万事开头岂容易！所以不应该听平民百姓的话，要不然什么事情也办不成。建立事业，还是要有贤明的君主。

魏国攻打中山国时，命乐羊为主将。击败中山国以后，乐羊回到了魏国向自己的君主禀告喜讯，且炫耀自己的功劳。文侯觉察到了这一点，就对着主书官道："把各位臣子、贤客奉上的书信呈上来。"主书官把两个小箱子呈上来。文侯让乐羊看这两箱信，所有的书信都是谴责发兵攻打中山国这件事的。看完后乐羊将军转身向后退了两步，面对着北面拜了几拜道："此次攻下中山国，我个人的力量是微不足道的，全在于君主的英明。"当乐羊袭击中山国的时候，朝中议论纷纷认为这件事情将带来很大的危害，假如不是文侯认为攻取中山国很重要，怎么会有那两箱书信呢？极短的一封信就足以让乐羊失去功劳了。文侯是一位英明的君主，尚且会遇到这种情况，更何况一般的君主呢？一般君主的忧患是，不能不做事情，也不能不和臣子一块儿做事情。如果君主有目标，且言行无不正确，那么朝野中的人谁敢对他怀疑呢？君主和臣子齐心协力地做一件事情的话，就没有办不到的。这也是汤、武能够灭夏、商建立功业，勾践能够卧薪尝胆复仇的原因。以一个弱小的国家同心协力就能够做到这样的事，更何况一个大国呢？

魏襄王和臣子们一起聚会饮酒，喝得爽快的时候，魏襄王给各位大臣祝酒，祝愿群臣都有所成就。史起站起来向魏襄王道："臣子有贤明的也有愚笨的，贤明的臣子能取得成就，而愚笨的臣子是不能够成就事业的。"魏襄王道："大家应该把西门豹作为榜样。"史起答道："魏国以百亩为单位分田，邺地却是以二百亩为单位，主要是田地不好。漳水就在这些地的旁边，而西门豹不知道怎么加以利用，这是其愚笨之处。这些情况他也没有向朝廷如实报告，这又是不忠的表现。愚笨而又不忠，不可以效仿。"魏襄王听完后哑口无言。第二天，魏襄王召见史起，问道："漳水还能够灌溉邺地的田吗？"史起答道："能。"魏襄王道："你为什么不替寡人办理这件事情呢？"史起答道："臣正担心陛下不想做这件事情呢。"魏襄王道："只要你能够把事情办成，寡人就会按照你的想法去做。"史起恭敬地答应道："如果我去那里做这件事情，当地的百姓不理解，人们必然会怨恨我，甚至会杀了我或者侮辱我。假如我被害或者被侮辱，臣希望陛下再派其他的人完成这件事情。"魏襄王道："好的。"于是是史起被派去担任邺令。邺地的人们对史起的做法十分恼怒，想要侮辱他，史起知道后就躲藏了起来。魏襄王另派了一个人完成了这件事情。等水流到了田里，庄稼得到了灌溉，邺地的人们得到了实惠，就一起赞颂史起道："邺地贤令，这人是史公。会引漳河水，灌溉邺田地。自古以来就是盐碱地，现在长出了稻和谷。"如果百姓早已知道哪些事情可以做、哪些事情不能做，这样也就没有任人唯贤的事了。英明的君主、忠诚的贤臣，假如不去教导愚昧无知的人，那么其名字也就不会流传下来，做的事情也就不能有利于世了。史起并非不知道事情的变化，只是因为他忠于自己的君主。魏襄王可以说能够对事情做出正确的判断了。正因为对事情做出正确的判断，即使有很多人议论纷纭，也不会改变自己的主意。不能建立功绩，主要也是由于众说纷纭。一个国家的衰败，往往也是这样的。在众说纷纭中不能不考虑其中的道理。一般的君主在众说纷纭的情况下，会放弃好的打算，而英明的君主则可以在众说纷纭中建立自己的功绩。

拓展阅读

门庭若市

战国时，齐国有一位名叫邹忌的大夫，长得英俊潇洒。一日，他听说城北徐公是难得一见的美男子，便想与其一较高低，对着镜子端详一番，然后问他的妻子说："我和城北徐公比较起来，谁长得更英俊呢？"

"当然是你了，徐公怎么比得上你呢？"妻子说。

邹忌听了妻子的话，并不太相信自己真的比徐公英俊，于是他又问他的爱妾，爱妾回答说："你英俊极了，徐公怎能比得上你呢？"

第二天，邹忌家中来了一位客人，邹忌又问了客人这事。客人说："徐公哪有您俊美呀！"

几天后，正巧徐公到邹忌家拜访，邹忌趁机仔细地打量徐公，结果他发现自己其实没有徐公英俊。于是，他受到了启发，求见齐威王，对他叙述了事情的经过，并对齐威王说："我的妻子说我英俊，是因为偏爱我；爱妾说我英俊，是因为惧怕我；客人说我英俊，是因为有求于我。其实我深知没有徐公英俊。现在齐国方圆千里，城池众多，大王受人奉承极多，所受的蒙蔽也一定更多。所以，大王如能开诚布公地征求意见，一定对国家大有益处。"

齐威王听了，觉得有理，下令：群臣对自己的过失提出意见，将会得到奖赏。命令下达后，群臣都前去谏言，宫门口进谏的人川流不息，每天都如集市般热闹。

◎审分览第五◎

审 分

〔题解〕

"审分"就是审察君臣的职分的意思。本篇论述了君主必须审正君臣的名分。名分审正,才能驾驭臣下,才能国家大治。治身和治国具有同理性,把治身做好,则能治国。文中通过公用土地、千里马的事例论述了正名的重要性。

一曰:

凡人主必审分,然后治可以至,奸伪邪辟之涂①可以息,恶气苛疾无自至。夫治身与治国,一理之术也。今以众地②者,公作则迟,有所匿其力也;分地则速,无所匿迟也。主亦有地,臣主同地,则臣有所匿其邪③矣,主无所避其累④矣。

凡为善难,任⑤善易。奚以知之?人与骥⑥俱走,则人不胜骥矣;居于车上而任骥,则骥不胜人矣。人主好治人官之事,则是与骥俱走也,必多所不及矣。夫人主亦有居车,无去车,则众善皆尽力竭能矣,谄谀诐贼巧佞之人无所窜其奸矣,坚穷廉直忠敦之士毕竞劝骋骛矣。人主之车,所以乘物也。察乘物之理,则四极可有。不知乘物,而自怙恃,夺其智能,多其教诏,而好自以,若此则百官恫扰,少长相越,万邪并起,权威分移,不可以卒,不可以教,此亡国之风也。

王良⑦之所以使马者,约审之以控其辔,而四马莫敢不尽力。有道之主，其所以使群臣者亦有辔。其辔何如？正名审分，是治之辔已。故按其实而审其名，以求其情；听其言而察其类，无使放悖。夫名多不当其实，而事多不当其用者，故人主不可以不审名分也。不审名分，是恶壅而愈塞也。壅塞之任，不在臣下，在于人主。尧、舜之臣不独⑧义，汤、禹之臣不独忠，得其数也；桀、纣之臣不独鄙，幽、厉之臣不独辟，失其理也。

今有人于此，求牛则名马，求马则名牛，所求必不得矣，而因用威怒，有司必诽怨矣，牛马必扰乱矣。百官，众有司也；万物，群牛马也。不正其名，不分其职，而数用刑罚，乱莫大焉。夫说以智通，而实以过悗；誉以高贤，而充以卑下；赞以洁白，而随以污德；任以公法，而处以贪枉；用以勇敢，而堙以罢怯。此五者，皆以牛为马、以马为牛，名不正也。故名不正，则人主忧劳勤苦，而官职烦乱悖逆矣。国之亡也，名之伤也，从此生矣。白之顾益黑，求之愈不得者，其此义邪！

故至治之务，在于正名。名正则人主不忧劳矣，不忧劳则不伤其耳目之主。问而不诏，知而不为，和而不矜，成而不处，止者不行，行者不止，因形而任之，不制于物，无肯为使，清静以公，神通乎六合，德耀乎海外，意观乎无穷，誉流乎无止。此之谓定性于大湫，命之曰无有。故得道忘人，乃大得人也，夫其非道也？知德忘知，乃大得知也，夫其非德也？至知不几，静乃明几也，夫其不明也？大明不小事，假⑨乃理事也，夫其不假也？莫人不能，全乃备能也，夫其不全也？是故于全乎去能，于假乎去事，于知乎去几，所知者妙矣。若此则能顺其天，意气得游乎寂寞之宇矣，形性得安乎自然之所矣。全乎万物而不宰，泽被天下而莫知其所自姓⑩，虽不备五者，其好之者是也。

【字词注解】

① 涂：同"途"，路径。

② 地：此处为动词，耕种。

③ 邪：私。

④ 累：负担。

⑤ 任：任用。

⑥ 骥：指千里马。

⑦ 王良：春秋时晋国驾（马）车的高手。

⑧ 独：全，所有。

⑨ 假：大。

⑩ 莫知其所自姓：不清楚其恩泽从何而来。

【精彩解说】

第一：

凡是君主一定要分清楚君臣上下的名分，这样国家才能得以安定，百姓才能乐业，奸邪、欺诈的渠道才可以被堵塞，千疮百孔的局面才不会出现。修身养性和治理国家的道理是一样的。而今许多人集体耕种庄稼就显得慢，这是因为大家都把力气藏起来了；把田分开给他们种，就显得快多了，这是因为人们释放出了自己的力气，干活的速度也就加快了。君主治理国家时就像耕地一样，君主和臣子一起耕作，臣子往往会藏奸耍滑，这样君主就会负担过重。

一般来说亲自做好事就觉得难，让别人做好事就轻松多了。凭什么知道会这样呢？人和千里马一起跑，可以肯定地说人跑不过千里马；假如人坐在千里马上，毫无疑问千里马就跑不过人了。君主往往喜欢处理官吏的权限范围内的事情，这就像和千里马一起跑一样，在许多方面没有官吏了解得多。君主应该像驾驭千里马的车子一样，不要离开车子，这样该做好事的人就去尽心地做好事了，阿谀、邪僻、奸巧的人就无法做坏事了，坚强智慧、勤政廉洁、忠诚质朴的人都会争着前来效劳了。君主的车子是用来载物的。懂得了载物的道理，那么即使很远的地方都可以治理好。不明白怎样装车载物的道理，还自以为了不起、炫耀浮夸，规定了很多法令却是白费工夫，这样一来，上上下下的官吏都会惊恐万分，老少没有了秩序，许多恶事也就出现了，权威分散下移，不可善终，不能施教，这是国家灭亡的征兆啊。

王良驾马车的方法是，查明驾马车的要领，紧握马的缰绳，这样一来四匹马没有一匹敢省力的。怀有治理国家良方的君主，他领导臣子也是有方法的。那么方法是什么呢？端正名分、分清职责，这就是掌控臣子的方法。所以，根据实际情况来分清他们的职责，这样才能更方便地得到实情；听其言观其行，不能让他们放纵悖逆。名分有很多不符合实际情况，干的事情也有很多不实用的，所以作为君主不得不审定名分。不审定名分，会障碍重重。

出现这种情况的责任，在于君主，与臣子无关。尧、舜时的臣子不全是仁义的，汤、禹时的臣子不全是忠厚老实的，但他们指挥臣子有方；桀、纣时的臣子不全都卑鄙，幽、厉的臣子不全都奸邪，但他们的指挥没有方法。

现在有这样一个人，把牛唤成马，把马唤成牛，这样的人想要的是不会得到的，而他还狐假虎威，主事的人一定会抱怨他，牛马也会乱作一团。众多官员就像主事人一样，牛马就像百姓一样。不纠正他们的名分，对他们的职责权限不加以区分，却多次使用刑罚的手段，危机就会四起。说一个人贤能，而实际上却是愚笨；称一个人德才兼备，而实际上却很卑鄙；赞赏一个人品质高洁，而实际上却德行污秽；委任一个人掌控法令，而这个人做起事来却贪赃枉法；任用一个外表勇敢的人，而这个人内心却是怯弱的。以上几种情况都是把牛当成马，把马当成牛，是名分不正。这样看来，名分不正，君主就要忧愁劳累，众官混乱悖逆。国家被灭亡，名声受损害，就由此产生出来了。想要使他白反而使他更加黑，想得到反而更加得不到，也许就是这个道理吧！

所以要想治理好国家，关键还在于端正名分。名分端正了，这样君主就不会忧愁劳累，不忧愁劳累，就不会损伤耳目的天性了。询问却不专断地下命令，明明知道怎么去做，却不亲自去做，能够使万物和谐还要做到不夸大其词，即使事情已经取得了成功也不炫耀，静止的东西不让它运动，运动的东西不让它静止，依照事物的特点加以使用，不为外物所制约，不肯被外物役使，清静而公正，精神通达到天地四方，美德照耀到四海之外，思想永远不枯竭，美名流传后世。这就叫作把性命寄托在深邃遥远之处，命名为无形。所以说，有道德的人能够原谅别人的过失就更得人心了，这样还不算有道吗？明知自己有德行，却不在乎其他人是否知道，于是更多的人知道了，这种人怎么不算是有德呢？拥有大智慧的人一般深藏不露，泰然自若中就会显示出他们的机敏，这样的人怎么不聪明呢？有大智慧的人一般不拘小礼，这样才能做成大事，这怎么不算伟大呢？才德双全的人虽然看起来无能，但是人们一旦服从他，那他就无所不能了，这样的人算不算完美的人呢？一旦众人都肯效力就用不着君主事事都去做了，做了大事就不会去做小事了，有了内在的智慧就不会用外表的机智，这样所知道的就很微妙了。如此，就是在顺应天命，意气遨游在浩瀚的宇宙中，形体也就在自然中获得安逸了。能够包容万象却不主宰，给天下人施与恩泽却没有谁知道其从哪里开始的。即使不具备以上说的五种情况，也可以说是这些行为的仰慕者了。

君 守

〔题解〕

本篇探讨君主的坚守，告诉君主要坚守平静，讲究清静无为，无为而治，无为而无不为，集中体现了"虚君"的思想。文中反复论述了君主无为而臣子有为的治国政策。按照作者的观点，统治者要无知无智，大智若愚，不担当职务，不做具体事情，让臣下发挥各自才智，从而使社会安定，避免国家危亡。

二曰：

得道者必静，静者无知，知乃①无知，可以言君道也。

故曰中②欲不出谓之扃③，外欲不入谓之闭。既扃而又闭，天之用密。有准不以平，有绳不以正，天之大静。既静而又宁，可以为天下正④。

身以盛心，心以盛智，智乎深藏，而实莫得窥乎！《鸿范》曰："惟天阴骘下民。"阴之者，所以发之也。故曰不出于户而知天下，不窥于牖而知天道。其出弥远者，其知弥少。故博闻之人、强识⑤之士阙矣，事耳目、深思虑之务败矣，坚白之察、无厚之辩外矣。不出者，所以出之也；不为者，所以为之也。此之谓以阳召阴、以阴召阳。东海之极，水至而反；夏热之下，化而为寒。故曰天无形，而万物以成；至精无象，而万物以化；大圣无事，而千官尽能。此乃谓不教之教，无言之诏。

　　故有以知君之狂也，以其言之当也；有以知君之惑也，以其言之得也。君也者，以无当为当，以无得为得者也。当与得不在于君，而在于臣。故善为君者无识⑥，其次无事。有识则有不备矣，有事则有不恢⑦矣。不备不恢，此官之所以疑，而邪之所从来也。今之为车者，数官然后成。夫国岂特为车哉？众智众能之所持也，不可以一物一方安车也。

　　夫一能应万，无方而出之务者，唯有道者能之。鲁鄙人遗宋元王闭，元王号令于国，有巧者皆来解闭。人莫之能解。兒说⑧之弟子请往解之，乃能解其一，不能解其一，且曰："非可解而我不能解也，固不可解也。"问之鲁鄙人，鄙人曰："然，固不可解也，我为之而知其不可解也。今不为而知其不可解也，是巧于我。"故如兒说之弟子者，以"不解"解之也。郑大师文终日鼓瑟而兴，再拜其瑟前曰："我效于子，效于不穷也。"故若大师文者，以其兽者先之，所以中之也。

　　故思虑自心伤也，智差⑨自亡也，奋能自殃，其有处自狂也。故至神逍遥倏忽，而不见其容；至圣变习移俗，而莫知其所从；离世别群，而无不同；君民孤寡，而不可障壅。此则奸邪之情得，而险陂谗慝谄谀巧佞之人无由入。凡奸邪险陂之人，必有因也。何因哉？因主之为。人主好以己为，则守职者舍职而阿主之为矣。阿主之为，有过则主无以责之，则人主日侵，而人臣日得。是宜动者静，宜静者动也。尊之为卑，卑之为尊，从此生矣。此国之所以衰，而敌之所以攻之者也。

　　奚仲⑩作车，苍颉作书，后稷作稼，皋陶作刑，昆吾作陶，夏鲧作城。此六人者，所作当矣，然而非主道者。故曰作者忧，因者平。惟彼君道，得命之情，故任天下而不强，此之谓全人。

【字词注解】

① 乃：就像。

② 中：内心。

③ 扃：封闭，与下文的"闭"在此文中义近。

④ 正：主宰。

⑤ 识：识记。

⑥ 识：通"职"，官职。

⑦ 恢：周备，全面。

⑧ 兒（ní）说：宋国的善辩之人。

⑨ 差：巧诈。

⑩ 奚仲：传说中造车的始祖。

【精彩解说】

第二：

得道的人内心必然平静，内心平静的人没有感知，即使感知了就像没有感知一样，像这样的人就可以和他谈论为君的道理了。

当内心的愿望不被表现出来就称为封闭，面对外面的诱惑不动心就叫关闭。拥有封闭和关闭这两方面的人，天性由此得以安宁。即使有水准器也不用来作为公正的测量，即使有墨绳也不作为取直的标准，内心由此得以非常冷静。心里冷静而且安宁，这样就具备了匡正、主宰天下的能力。

把心包藏在身体里，把智慧包藏在心里，这样智慧就被深深地埋藏起来了，因而其实际情形就不能被窥见啦！《鸿范》上说："上天庇护并安定着下民。"庇护下民，是为了让下民受到启发。所以说，待在家里而能知道天下的事，不向窗外看就能够知道自然界四季有规律的变化。一个人出去越远，他们往往所知道的越少。所以，见闻广博、记忆力强的人，就会有所欠缺；致力于使自己耳目聪慧，深谋远虑的人，是在自我摧残；考察"坚白"，辩论"无厚"的人，是在自我放弃。不出去，是为了达到出去的目的；无所为，就是为了达到有所为。这称为用阳气招来阴气，用阴气换来阳气。遥远的东海，水流到那里又返回来；炎热的夏天过后，天气就会渐渐变得寒冷。这就是说，上天虽然无形，而世界万物却靠它生存；最精微的元气是无形的，而万物靠它生长；伟大的圣人虽然什么也没有做，他手下的臣子都会尽力效劳于他。这称为不教化的教化，不开口的旨意。

想知道君主是否狂妄自大，就看他说话是否恰当；要想知道君主是否糊涂，就看他语言是否得体。所谓君主，就是以不求恰当为恰当，以不求得体为得体的人。恰当和得体，不是针对君主的，而是针对臣子来说的。所谓会当君主的人，不担当任何官职，其次不做具体的事情。担当官职就会有不完备的情况，做具体事情就会有不能周全的情况。不完备、不周全是官吏产生疑惑、邪僻出现的原因。而今要想造车，必须经过许多部门才能造出来。治理国家哪里仅仅和造车一样呢？一个国家要想安定祥和，需要众人集体的智慧和才干来保持，不能顽固守旧地用一件事情一种方法。

处理万事万物只用一种方法，或者没有办法也能办成事，这种现象也只有有道的人才能做到。鲁国的偏僻小镇里的一个村夫给宋元王献上一个连环结，宋元王向全国下令，让所有心灵手巧的人来解这个连环结。然而没有人能够解开这个结。儿说的弟子请求前去解这个连环结，只能解开一个，解不开另一个，就说道："我解开能解开的，而这个是根本就解不开的。"于是就去问那个鲁国的村夫，他道："是的，根本就解不开，我打这个结的时候就清楚它是解不开的。而今您没有打这个结，就已经知道它是解不开的，比我还聪明呀。"儿说的弟子巧用解不开的理论解释了连环结的事情。郑国的大乐师文一整天都在弹瑟，然后站起来向着瑟拜了又拜道："我永远给你效力，永无止境。"大乐师文让自己的心像兽类一样冥然无知，这才掌握了弹瑟的窍门。

这么说来，会使人受到伤害的是思虑，玩弄智巧是在自我毁灭，夸夸其谈是自我招灾，拥有职权会使自己狂妄。所以，神妙至极就会逍遥自在，转瞬即逝，但人们看不见其容；贤明至极就能易俗移风，但人们不知道是怎么改变的；超群出世，但没有什么不和谐的；治理百姓，称孤道寡，没有什么阻碍。如此，一些丑恶的事情就可以一眼看透，而阴险不正、进谗奸邪、阿谀奉承、投机取巧的人就无法靠近。这些人奸险邪恶，一定有滋养他们行为的原因。什么原因呢？原因就是君主的行为。君主自己承担了所有的事情，这样一来所有以前承担这些事情的人就会放弃自己的职责来迎合君主。奉承君主所做的一切事情，即使出现了错误也无法定罪，那么君主逐渐地就会失利，臣子就会逐渐得势。这就是说该运动的却静止了，该静止的却在运动。高贵的变为低贱的，低贱的上升为高贵的。这就是国家衰退、成为敌人攻击的目标的原因。

奚仲造车，苍颉造字，后稷发明耕种法，皋陶制定刑法，昆吾制造陶器，夏鲧发明筑城。这几个人的发明创造都是适时的，但是这些不是为了君主的道而出现的。创造之人多忧虑，而靠他人创造之人很平静。只有明白了为君之道，也就明白了命运的情况，治理天下也就省去很多力气，这种人被称为完人。

任 数

〔题解〕

"任数"即任用官员的方法。本篇主要论述"君术"，即君主驾驭臣下的权术和方法。因为地位、立场、角度的局限性，统治者只能从全局出发，才能看到真相。文中举昭釐侯用术管治下属的例子告诉我们：人的耳目心智有局限性，要用一定的方法来了解真相。

三曰：

凡官者，以治为任，以乱为罪。今乱而无责，则乱愈长矣。人主以好暴①示能，以好唱自奋；人臣以不争持位，以听从取容。是君代有司为有司也，是臣得后随以进其业。君臣不定②，耳虽闻不可以听，目虽见不可以视，心虽知不可以举，势使之也。凡耳之闻也借于静，目之见也借于昭，心之知也借于理。君臣易操③，则上之三官④者废矣。亡国之主，其耳非不可以闻也，其目非不可以见也，其心非不可以知也，君臣扰乱，上下不分别，虽闻曷闻？虽见曷见？虽知曷知？驰骋而因耳矣，此愚者之所不至也。不至则不知，不知则不信。无骨者不可令知冰。有土之君，能察此言也，则灾无由至矣。

且夫耳目知巧固不足恃，惟修其数行其理为可。韩昭釐侯视所以祠庙之牲，其豕小，昭釐侯令官更之。官以是豕来也，昭釐侯曰："是非向者⑤之豕邪？"官无以对。命吏罪之。从者曰："君王何以知之？"

君曰："吾以其耳也。"申不害⑥闻之，曰："何以知其聋？以其耳之聪也。何以知其盲？以其目之明也。何以知其狂？以其言之当也。故曰去听无以闻则聪，去视无以见则明，去智无以知则公。去三者不任则治，三者任则乱。"以此言耳目心智之不足恃也。耳目心智，其所以知识甚阙，其所以闻见甚浅。以浅阙博居天下，安殊俗，治万民，其说固不行。十里之间，而耳不能闻；帷墙之外，而目不能见；三亩之宫，而心不能知。其以东至开梧，南抚多颗（yǐng），西服寿靡，北怀儋耳⑦，若之何哉？故君人者，不可不察此言也。

治乱安危存亡，其道固无二也。故至智弃智，至仁忘仁，至德不德。无言无思，静以待时。时至而应，心暇者胜。凡应之理，清净公素⑧，而正始卒。焉此治纪，无唱有和，无先有随。古之王者，其所为少，其所因多。因⑨者，君术也；为者，臣道也。为则扰矣，因则静矣。因冬为寒，因夏为暑，君奚事哉？故曰君道无知无为，而贤于有知有为，则得之矣。

有司请事于齐桓公，桓公曰："以告仲父。"有司又请，公曰："告仲父。"若是三。习者曰："一则仲父，二则仲父，易哉为君！"桓公曰："吾未得仲父则难，已得仲父之后，曷为其不易也？"桓公得管子，事犹大易，又况于得道术乎？

孔子穷乎陈、蔡之间，藜羹不斟，七日不尝粒。昼寝。颜回索米，得而爨之，几熟，孔子望见颜回攫其甑中而食之。选间，食熟，谒孔子而进食。孔子佯为不见之。孔子起曰："今者梦见先君，食洁而后馈。"颜回对曰："不可。向者煤炱⑩入甑中，弃食不祥，回攫而饭之。"孔子叹曰："所信者目也，而目犹不可信；所恃者心也，而心犹不足恃。弟子记之：知人固不易矣。"故知非难也，孔子之所以知人难也。

【字词注解】

① 暴：显示，表露。
② 君臣不定：君主和臣子的正常关系得不到明确。
③ 易操：交换彼此的职守。
④ 三官：上文提及的耳、目、心。
⑤ 向者：刚才。
⑥ 申不害：战国时郑国人，韩昭侯相。

⑦ 儋（dān）耳：古代传说中的北极的国家。
⑧ 公素：公正朴素。
⑨ 因：凭借。
⑩ 炱（tái）：凝聚的烟尘。

【精彩解说】

第三：

凡官员能否胜任，主要看他执政的能力，治理得好就认为他能胜任，相反，治理不好则要定他的罪。而今即使治理得很不好也不怎么加以责备，这样一来情况就更加糟糕了。君主以显示自己的才华来炫耀，希望自己的手下模仿自己做事；臣子们在君主面前以默不作声来保住自己的官位，靠顺从获得君主的喜欢。这么说来，君主一身兼二职，既是一国之主又是主管官吏，这就更加纵容了臣子们的不良行为。假如君主和臣子的正常关系不能明确，就像耳朵即使能听也无法听到声音，眼睛即使能看见也看不见了，心里即使知道事情的真实面貌也不敢说出来，这是形势迫使其这样的。一般来说，耳朵能够听见是凭借周围环境安静，眼睛能够看见是凭借光线，心里能够明白事情的真伪是凭借义理。假如君主和臣子交换了双方的职责，这样一来上面提到的耳、目、心三种器官的用途就废弃了。失去国家的君主，他的耳朵不是听不见，眼睛不是看不到，心里不是不明白，君主和臣子的职责权限混乱，上下关系不明确，即使有耳朵又能听到什么呢？有眼睛又能看见什么呢？心里明白又能怎么样呢？要达到无所拘束、无所不至的境界，就得有所凭借，这是愚蠢的君主的心智无法达到的。不能达到就不能明白，不能明白就不能了解实际的情况。没有骨骼的虫子春天生秋天死，它不会知道冬天有雪。拥有疆土的君主，能够明察秋毫的话，就会避免灾难的到来。

而且，耳、目、心也是不值得依靠的，只有探询监察考核臣子职责的方法依靠义理才可以。韩昭侯在视察宗庙的祭祀时，命令官吏把用于祭祀的小猪换成大的，官吏又把那头小猪拿过来。韩昭侯道："这不是刚才的那头小猪吗？"官吏哑口无言。然后韩昭侯就命令另一个官吏治他的罪。侍卫问韩昭侯道："君主怎么知道的呢？"韩昭侯道："寡人依据那头小猪的耳朵来识别的。"申不害听说了这件事情以后道："凭什么知道一个人耳聋？凭他的听力好。凭什么知道一个人眼盲？凭他的视力好。凭什么知道一个人狂？凭他说的话得当。这么说来，失去了听力，那么听觉就更加灵敏了；失去了视力，那么视觉就更加清楚了；没有了智慧，就越发做到公平了。这三样东西都不用的话，就会治理得更顺利，使用这三样东西反而更加混乱了。"以此说明耳、目、心是不可靠的。耳、目、心所知道的事情是有限的，能够听到和看见的事情也是很表面化的。凭借肤浅的知识来占有广袤的天下，使不同习俗的地区安定，治理好国家，这种主张必定行不通。十里的距离，耳朵就很难听到声音；帷帐墙壁的外面，眼睛就什么也看不见了；就是几亩大的宫里的事情，心还不了解呢。这样，要向东扩张到梧国，向南安抚多颞国，向西使寿靡国臣服，向北使儋耳国归顺，该怎么做呢？所以君主都应该明察这些话。

治乱安危存亡，本来就没有两种方法。所以说，有大智慧的人往往放弃用大智慧，最仁慈的人往往遗忘仁慈，有高尚道德的人不提道德。不用话语，也不用思考，安详地等待着时机的来临。当开始行动时，内心平静的人是可以取得胜利的。一般来说，行动的标准是冷静无为，公正质朴，始终都端正。用这种方式来治理国家，就算没有倡导，也会有人迎合；就算没有领导，也是会有人追随的。在古代，君主们所做的事情很少，所凭借的却很多。什么事情亲自做就会忙不过来的，能够善用凭借就会清静。顺应冬天带来的寒冷，顺应夏天带来的炎热，君主还有什么事可以做呢？所以说君主无知无为，反而胜过有知有为，具备了这些就掌握了当好君主的方法。

一个主管官吏向齐桓公请示，齐桓公说："这件事情的详细情况告诉仲父。"又有一个官吏请示，齐桓公又说："告诉仲父就行了。"这种情况连续出现了好多次。齐桓公身边的一个臣子说："每次请示都去找仲父办理，这个君主当得好轻松啊！"齐桓公说："我没有得到仲父时做事很难，现在得到仲父之后，还有什么是不容易的呢？"齐桓公仅得到管仲这样的人，处理事情已经容易多了，更何况得到道术呢？

孔子曾经被困在陈国和蔡国之间，为了生存吃的是没有米的野菜汤，七天没有吃到粮食。他白天躺着睡觉。颜回到处讨饭，然后烧火煮饭，等到快要熟的时候，孔子看见颜回吃锅里的饭。过了一会儿，饭熟了，颜回去拜见孔子并且献上饭菜。孔子假装没有看见颜回偷吃过饭，起身道："今天我梦见了先君，把饭菜弄干净了祭祀先君。"颜回道："这怎么行呢？刚才烟灰掉进了锅里，丢弃有烟灰的饭菜是不吉利的，我把有烟灰的饭菜抓出来吃了。"孔子感慨道："所相信的是眼睛，可是眼睛看到的还不可以相信；所依靠的是心，可是心里揣度的还是不足以依靠。弟子们要记住了：想要了解一个人的本来面目是多么的不容易啊。"所以说，有所知不是什么难事，难就难在掌握知人之术。

勿躬

〔题解〕

本篇主要探讨君主不必事必躬亲，每个人都有每个人的职责，大家各司其职，做好自己应该做的，君主就能统治好国家了。君主的职位是修身养性，以此化育万物，这样自然能政治清明，百姓亲服。作者列举管子的例子论证了这个观点。

四曰：

人之意苟善，虽不知，可以为长。故李子①曰："非狗则不得兔，兔化而狗，则不为兔。"人君而好为人官，有似于此。其臣蔽之，人时禁之；君自蔽，则莫之敢禁。夫自为人官，自蔽之精②者也。

被箑③日用而不藏于箧，故用则衰，动则暗，作则倦。衰、暗、倦，三者非君道也。

大桡作甲子，黔如作虏首，容成作历，羲和作占日，尚仪作占月，后益作占岁，胡曹作衣，夷羿作弓，祝融作市，仪狄作酒，高元④作室，虞姁作舟，伯益作井，赤冀⑤作臼，乘雅作驾，寒哀作御，王亥作服牛，史皇⑥作图，巫彭⑦作医，巫咸作筮。此二十官者，圣人之所以治天下也。圣王不能二十官之事，然而使二十官尽其巧、毕其能，圣王在上故也。圣王之所不能也，所以能之也；所不知也，所以知之也。养其神、修其德而化矣，岂必劳形愁弊耳目哉？是故圣王之德，融乎若月之始出，极烛六合，而无所穷屈；昭乎若日之光，变化万物，而无所不行；神合乎太一，生无所屈，而意不可障；精通乎鬼神，深微玄妙，而莫见其形。今日南面，百邪自正，而天下皆反其情，黔首毕乐其志，安育其性，而莫为不成。故善为君者，矜服性命之情，而百官已治矣，黔首已亲矣，名号已章⑧矣。

管子复于桓公曰："垦田大邑，辟土艺⑨粟，尽地力之利，臣不若宁速，请置以为大田。登降辞让，进退闲习，臣不若隰朋，请置以为大行。蚤入晏⑩出，犯君颜色，进谏必忠，不辟死亡，不重贵富，臣不若东郭牙，请置以为大谏臣。平原广城，车不结轨，士不旋踵，鼓之，三军之士视死如归，臣不若王子城父，请置以为大司马。决狱折中，不杀不辜，不诬无罪，臣不若弦章，请置以为大理。君若欲治国强兵，则五子者足矣；君欲霸王，则夷吾在此。"桓公曰："善。"令五子皆任其事，以受令于管子。十年，九合诸侯，一匡天下，皆夷吾与五子之能也。管子，人臣也，不任己之不能，而以尽五子之能，况于人主乎？人主知能不能之可以君民也，则幽诡愚险之言无不职⑪矣，百官有司之事毕力竭智矣。五帝三王之君民也，下固不过毕力竭智也。夫君人而知无恃其能勇力诚信，则近之矣。

凡君也者，处平静，任德化，以听⑫其要。若此则形性弥嬴⑬，而耳目愈精；百官慎职，而莫敢愉⑭绽⑮；人事其事，以充其名。名实相保，之谓知道。

【字词注解】

① 李子：李悝。

② 精：严重。

③ 茇（fú）彗（huì）：扫帚。

④ 高元：传说中房屋的创造者。

⑤ 赤冀：相传为神农氏的臣子。

⑥ 史皇：相传为黄帝的官吏。

⑦ 巫彭：古代传说中的神医。

⑧ 章：通"彰"。

⑨ 艺：种植。

⑩ 晏：晚。

⑪ 职：通"识"。

⑫ 听：治理。

⑬ 赢：满，充盈。

⑭ 愉：通"偷"，苟且，懈怠。

⑮ 綖（yán）：通"延"，延缓，缓慢。

【精彩解说】

第四：

如果一个人心地善良厚道，那么即使这个人没有什么知识，也是能够做君长的。因此李悝说："假如没有狗的话，就没有办法捕捉到兔子；假如兔子变成了狗，那么世界上就没有了兔子。"君主如果喜欢做臣子该做的一些事情，情况就和刚才的例子很相似。臣子蒙蔽君主，知道的人还会及时地加以阻止；如果是君主自己蒙蔽自己，这样一来就没有人敢阻拦了。君主做一些臣子该做的事情，那么这是严重的自己蒙蔽自己。

扫帚不能藏在箱子里而要每天都用。所以，君主经常思考着怎样做臣子的事情，这样心志就会衰竭；亲自去管臣子职责范围内的事，这样就会昏昧；亲自去做臣子该做的事，就会疲惫。衰竭、昏昧、疲惫这三种情况都不是君主之道所要求的。

黄帝的臣子大桡为了记日创造了六十甲子，黔如创造出了房首计算法，容成创造了历法，羲和创造了计算日子的方法，尚仪创造了计算月份的方法，后益创造了计算年份的方法，胡曹创造了衣服，夷羿创造了弓，祝融创造了市场，仪狄创造了酒，高元创造了房子，虞姁创造了船，伯益创造了打井的方法，赤冀创造了舂米的臼，乘雅创造了用马驾驶车辆的方法，寒哀创造了医术，王亥创造了驾牛的方法，史皇创造了怎样绘画的技术，巫彭创造了医术，巫咸创造了占卜的方法。这二十位官员，是贤能的人治理天下所依赖的。圣贤的君王是不能够亲自做这些人所做的事情的，但由于有圣贤的君王在位，才有了这二十位官员发明创造的成果。圣贤的君王有自己不能够做到的事情（这是因为能者多劳，各尽其能），因此才有他们能够做到的事情；有他们不知道的事情，因此才有他们知道的事情。修养自己的精神品德，自然就能化育万物了，哪里一定要使自身劳苦忧虑，把耳朵眼睛搞得疲惫不堪呢？所以说，圣贤君王的品德和行动要像明亮的月亮刚升起来一样，给大地带来光明，不存在照不到的地方；灿烂的太阳光芒万丈，能滋润万物，没有做不到的事情；精神和道义相一致，性命就不会脆弱，心智就不会受到障碍；精神和鬼神相通，其中定有它的神妙，人的肉眼是看不见它的形体的。而今君主面南而治，各种邪恶的事情自然会得到匡正，普天下的人都会重返自然的本性，百姓都会心情愉快，修身养性地培养自己的本性。所以说，能够当君主的人，谨慎遵循着真情本性，因而各种官吏就能治理了，老百姓就能亲附了，名声就显赫了。

管子向桓公禀告道："开垦荒地，扩大城市的范围，开辟土地种植五谷杂粮，合理利用土地，我不如宁速，请任用他为大田吧。对升降、辞让、进退等各种礼仪的了解，我不如隰朋，请让他当大行。早入朝，晚退朝，敢于触怒国君，忠心谏诤，不顾自己的生死安危，淡泊名利，我比不上东郭牙，请任用他当大谏臣吧。善于在广袤无垠的平原上作战，战车行进有条不紊，士兵勇敢善战，击鼓向前，三军士兵视死如归，我比不上王子城父，请任用他为大司马。秉公断案，不乱杀无辜，不陷害没有罪的人，我比不上弦章，请任用他当大理。国君想治国强兵，这五个人就够了；假如您想完成自己的霸业，还有我在这里。"齐桓公道："好的。"齐桓公接受了管子的建议，重用了他们五个人。十年以后，齐桓公多次和各位诸侯结盟，匡正天下，就是凭借着管子和这五个人的才能。管子作为一个大臣，他没有把所有的事情都承担下来，而是任用其他五个有才能的人，使他们在不同的领域发挥各自的才能，更何况是君主呢？作为君主只要分清楚自己该做什么，其他人该做什么，就会把天下治理得太平了，那些淫亵、奸诈、狡辩、谬论就会不攻自破，各位官吏就会各尽所能地为朝廷做事。五帝三王治理国家的时候，也不过是用人得当，臣子们兢兢业业罢了。在治理国家和人民时，记住不要仅仅凭借一个人的才能、勇敢、力量、诚实、守信，这样就与君道接近了。

凡是当君主的，一定要冷静，要以理服人，要治理最根本的东西。这样做了，外表和内心才会更加充实，耳目就会更加聪敏；所有的官吏也会做好自己分内的事情，没有人敢苟且拖延；每个人都做好自己的事情，符合自己的名分。名分和实际相符，这就算明白了道。

知 度

〔题解〕

本篇主要探讨的是知道、测度，有办法的君主并非事必躬亲，他明晰治国之道，把治理百官作为根本，这样事情就能减少，国家就能得到治理。所以有道之君有所凭借而不事事亲力亲为。文中通过赵襄子等人的事例说明君主只有选贤任能、知人善任才能成就事业，同时也指出了任人问题上要注意的弊病。

五曰：

明君者，非遍见万物也，明于人主之所执①也。有术②之主者，非一自行之也，知百官之要③也。知百官之要，故事省而国治也。明于人主之所执，故权专而奸止。奸止则说者不来，而情谕矣。情者不饰，而事实见矣。此谓之至④治。至治之世，其民不好空言虚辞，不好淫学流说。贤不肖各反其质，行其情，不雕其素，蒙厚纯朴，以事其上。若此，则工拙愚智勇惧可得以故易官，易官则各当其任矣。故有职者安其职，不听其议；无职者责其实，以验其辞。此二者审，则无用之言不入于朝矣。君服性命之情，去爱恶之心，用虚无为本，以听有用之言，谓之朝。凡朝也者，相与召理义也，相与植法则也。上服性命之情，则理义之士至矣，法则之用植矣，枉辟邪挠之人退矣，贪得伪诈之曹远矣。故治天下之要，存乎除奸；除奸之要，存乎治官；治官之要，存乎治道；治道之要，存乎知性命。故子华子曰："厚而不博，敬守一事，正性是喜。群众不周，而务成一能。尽能既成，四夷乃平。唯彼天符，不周而周。此神农之所以长[5]，而尧舜之所以章[6]也。"

人主自智而愚人，自巧而拙人，若此则愚拙者请矣，巧智者诏矣。诏多则请者愈多矣，请者愈多，且无不请也。主虽巧智，未无不知也。以未无不知，应无不请，其道固[7]穷。为人主而数穷于其下，将何以君人乎？穷而不知其穷，其患又将反以自多，是之谓重塞之主，无存国矣。故有道之主，因而不为，责而不诏，去想去意，静虚以待，不伐之言，不夺之事，督名审实，官使自司，以不知为道，以奈何为实。尧曰："若何而为及日月之所烛？"舜曰："若何而服四荒之外？"禹曰："若何而治青丘，化九阳、奇怪[8]之所际？"

赵襄子之时，以任登为中牟令。上计，言于襄子曰："中牟有士曰胆胥己，请见之。"襄子见而以为中大夫。相国曰："意者君耳而未之目邪！为中大夫，若此其易也？非晋国之故。"襄子曰："吾举登也，已耳而目之矣。登所举，吾又耳而目之，是耳目人终无已也。"遂不复问，而以为中大夫。襄子何为？任人，则贤者毕力。

人主之患，必在任人而不能用之，用之而与不知者议之也。绝江者托于船，致远者托于骥，霸王者托于贤。伊尹、吕尚、管夷吾、百里奚，此霸王者之船骥也。释父兄与子弟，非疏之也；任庖人钓者与仇人仆虏，非阿[9]之也。持社稷立功名之道，不得不然也。犹大匠之为宫室也，量小大而知材木矣，訾[10]功丈而知人数矣。故小臣、吕尚听，而天下知殷、周之王也；管夷吾、百里奚听，而天下知齐、秦之霸也。岂特骥远哉！

夫成王霸者固有人，亡国者亦有人。桀用羊辛，纣用恶来，宋用唐鞅，齐用苏秦，而天下知其亡。非其人而欲有功，譬之若夏至之日而欲夜之长也，射鱼指天而欲发之当也。舜、禹犹若困，而况俗主乎！

【字词注解】

① 执：掌握。

② 术：道术，策略，方法。

③ 要：根本。

④ 至：极，最。

⑤ 长：兴盛。

⑥ 章：名声卓越。

⑦ 固：必然。

⑧ 奇怪：当作"奇肱"，传说中的西方国名。

⑨ 阿：偏私。

⑩ 訾：估量。

【精彩解说】

第五：

英明的君主，不需要完全做到明察秋毫，但要明白作为君主需要掌握什么东西。有治理国家策略的君主，并非一切事情都得亲自去做，而是知道治理众多官吏的根本。这样，事情少而国家得到有效治理。君主明白了所要掌握的根本，就会大权在握，制止奸邪。奸邪被制止了，谣言也就不存在了，真情就会被认识清楚。真情是没有任何包装的，事实会浮出水面，这就是最完美的朝政。在朝政上最完美的国家，人们不会说空话假话，不好歪理邪说。贤明和不贤明的人就自然而然地恢复了本来面目，依据真情做事，不修饰自己的本性，忠诚厚道，以侍奉自己的君主。依据灵巧、笨拙、愚蠢、聪敏、勇敢、怯弱的情况来调换官职，调换以后各自胜任各自的职位。因此，对于有职位的人就要求各司其职，不听他们的议论；对没有职位的人就要求他们实际行动起来，用实际行动来检验他们的言论。对这两种情况明察秋毫，那么无用之言就不能进入朝廷。君主依照天性办事，去掉爱憎分明的感情，以虚无为根本来听取有用的意见，这称为听朝。一般来说，听朝的时候，君臣共同谋事，一起制定法律。君主是依照天性办事的，那么讲求理义的人就会被招进朝廷，法律也就会发挥它的作用，奸邪的人就会被除掉，贪婪狡诈的人就会被远离。所以，治理天下的关键在于消除奸邪；清除奸邪的关键是整顿不同职位上的官吏；而整顿官吏的关键就是研习道术；研习道术的关键就是明白天性。子华子道:"不求广博而求深厚,小心地遵守根本,欣赏本来的天性。人是不同的,要学习驾驭众臣的方法。这种方法学到了,四面八方的百姓就会安定。一般来说,顺应天性的人,不求相同却能达到相同,这也是神农之所以成就繁荣昌盛,尧、舜美名远扬四海的缘由。"

君主认为自己聪明别人愚蠢,认为自己灵巧别人笨拙,如此,愚蠢、笨拙的人就开始请示了,灵巧、聪明的人就开始向下发布指示了。发布的指示越多,请求指示的人就越多,就将无事不请求指示了。君主即使聪明绝顶,也还是有道术穷尽的时候。如果一个君主被自己的臣子弄得道术穷尽,这样的君主又怎么能治理人民呢?道术穷尽了但是还不自知,那么他的隐患会因为他的骄傲自大而逐渐增多,这称为双重阻碍的君主,对这样的君主寄托希望是靠不住的,国家迟早会灭亡的。因此,有道术的君主不会亲自做事,会把事情分配给自己的臣子来做;把事情分配给臣子们做的时候不要发号施令;不要抱着一颗怀疑、猜测的心去用臣子,而是要耐心地等待;不要代替臣子们发话;不要霸占臣子们的工作。要注意审察名分和他们的实际行动,官府的事情让他们自己处理。始终明白自己有些事情是不知道的,把询问臣子怎么样做当作自己的法宝。尧曾经说过:"怎样做才能像日月那样普照人间呢?"舜曾经说过:"怎样做才能使四方边远之处归服呢?"禹曾经说过:"怎样才能使青丘国臣服,九阳、奇肱得到教化呢?"

赵襄子在位期间,任用任登做中牟县令。任登给他呈上一年的账簿时,对赵襄子道:"中牟县有个叫胆胥己的人,恳请您召见此人。"赵襄子照着他的意思召见了这个人,然后任命此人为中大夫。相国道:"您只是听说过这个人,而从来没有见过这个人吧!当中大夫竟是这样容易吗?这不是晋国的老规矩。"赵襄子道:"我在提拔胆胥己的时候,已经听到过他的一些事迹,并且亲自召见过他了。任登推荐的这个人,我既听说过他,也见过他,这样,用耳朵听、用眼睛观察人就足够了。"于是不再咨询其他人了,认定他做中大夫。赵襄子还需要做些什么呢?他只需要任用人,贤能的人就会尽自己所能为朝廷服务。

君主的弊病,一定是任人官职却不让他做事情或者让他做事却和不了解情况的人议论他。船是横渡大江的条件,想要去远方必须要有千里马,要想成就霸业必须有贤能的人协助。伊尹、吕尚、管夷吾、百里奚这几个人就是成就霸业的船和千里马。没有任用自己的父兄、子弟，不表示疏远了他们；任用厨师、渔父和仇人、仆人，并不表示对他们很偏爱。要想使自己的国家安宁，要想使自己成就事业就不得不这样做。就像一个优秀的工匠建造房子那样，把房子的大小测量准确就明白需要多少木材，评测工程的大小就会清楚需要多少工人。当小臣、吕尚被殷、周重用以后，天下人都知道霸业指日可待；当管夷吾、百里奚被齐、秦重用以后，天下的人就知道这两个国家的霸业会成。他们岂止是千里马啊！

　　成就王者霸业当然要有人协助，国家的灭亡也是有人在起作用。桀任用羊辛，纣任用恶来，宋国任用唐鞅，齐国任用苏秦。所以天下的人都已经明白他们的国家离灭亡不远了。假如不任用贤能的人来建功立业的话，就好像夏至这一天想让夜晚变得更长一些，射击鱼的时候却射向了天空一样。舜、禹这样的圣王都办不到的事情，平庸的君主又怎么能够办得到呢？

慎　势

〔题解〕

　　本篇主要论述要谨慎利用权势。权势来自地位，有地位没方法就会丧失权势。君主能进行统治，是凭借地位的尊贵和权势的威重，失去了这些就会处于危险中。作者还认为要凭方法做事而不是依靠人们的诚信做事。

六曰：

失之乎数，求之乎信，疑；失之乎势，求之乎国，危。吞舟之鱼，陆处则不胜蝼蚁。权钧则不能相使，势等则不能相并①，治乱齐则不能相正。故小大、轻重、少多、治乱，不可不察，此祸福之门也。

凡冠带之国，舟车之所通，不用象、译、狄鞮，方三千里。古之王者，择天下之中而立国②，择国之中而立宫，择宫之中而立庙。天下之地，方千里以为国，所以极治任也。非不能大也，其大不若小，其多不若少。众封建，非以私贤也，所以便势全威，所以博义。义博利则无敌，无敌者安。故观于上世，其封建众者，其福长，其名彰。神农十七世有天下，与天下同之也。

王者之封建也，弥近弥大，弥远弥小。海上有十里之诸侯。以大使小，以重使轻，以众使寡，此王者之所以家以完也。故曰以滕、费则劳，以邹、鲁则逸，以宋、郑则犹倍日而驰也，以齐、楚则举而加纲斿而已矣。所用弥大，所欲弥易。汤其无郼，武其无岐，贤虽十全，不能成功。汤、武之贤，而犹借知乎势，又况不及汤、武者乎？故以大畜小吉，以小畜大灭，以重使轻从，以轻使重凶。自此观之，夫欲定一世，安黔首之命，功名著乎槃盂，铭篆著乎壶鉴，其势不厌尊，其实不厌多。多实③尊势，贤士制之，以遇乱世，王犹尚少。

天下之民穷矣苦矣。民之穷苦弥甚，王者之弥易。凡王也者，穷苦之救也。水用舟，陆用车，涂用辁，沙用鸠，山用樏（léi），因其势也者令行，位尊者其教受，威立者其奸止，此畜人之道也。故以万乘令乎千乘易，以千乘令乎一家易，以一家令乎一人易。尝识及此，虽尧、舜不能。诸侯不欲臣于人，而不得已。其势不便，则奚以易臣？权轻重，审大小，多建封，所以便其势也。王也者，势也；王也者，势无敌也。势有敌则王者废矣。有知小之愈于大、少之贤④于多者，则知无敌矣。知无敌则似类嫌疑之道远矣。

故先王之法，立天子不使诸侯疑焉，立诸侯不使大夫疑焉，立適（dí）子不使庶孽疑焉。疑生争，争生乱。是故诸侯失位则天下乱，大夫无等则朝廷乱，妻妾不分则家室乱，適孽无别则宗族乱。慎子曰："今一兔走，百人逐之，非一兔足为百人分也，由未定。由未定，尧且屈力⑤，而况众人乎？积兔满市，行者不顾，非不欲兔也，分已定矣。分已定，人虽鄙，不争。"故治天下及国，在乎定分而已矣。

庄王围宋九月，康王围宋五月，声王围宋十月。楚三围宋矣，而不能亡。非不可亡也，以宋攻楚，奚时止矣？凡功之立也，贤不肖强弱治乱异也。

齐简公有臣曰诸御鞅，谏于简公曰："陈成常与宰予，之二臣者，甚相憎也。臣恐其相攻也。相攻唯固，则危上矣。愿君之去一人也。"简公曰："非而细人所能识也。"居无几何，陈成常果攻宰予于庭，即简公于庙。简公喟焉太息曰："余不能用鞅之言，以至此患也。"失其数，无其势，虽悔无听鞅也，与无悔同。是不知恃可恃，而恃不恃也。周鼎著象，为其理之通也。理通，君道也。

● 【字词注解】

① 相并：相互兼并。
② 国：指王畿，王城附近周围千里的地域。
③ 多实：势力强。
④ 贤：胜过，超过。
⑤ 屈力：竭尽全力。

● 【精彩解说】

第六：

如果君主没有能力使臣子臣服的话，还要求百姓做到诚实守信，这真是糊涂；失去了君主的权势，还享用着国家，这真是危险。能够吞掉一只船的鱼，但是在陆地上就不能战胜蝼蛄蚂蚁。权力相同就不能相互役使，势力相当就不能相互兼并，治乱相同就不能相互匡正。所以，对大小、轻重、多少、治乱一定要分清楚，这些就是通向祸、福的门径。

穿衣戴帽、扎腰带的文明国家，船和车能够到达的地方都不使用象、译、狄鞮等官员翻译语言，这种地方方圆有三千里左右。古代称王的人会选择自己管辖领域的中央位置来建立京畿，选择京畿的中央位置来建王宫，选择王宫的正中间来建祖庙。普天下的土地中，只把千里的土地建为京畿，以便把国家治理得更好。京畿的土地扩大是不成问题的，但是它大了不如小了好，土地多了不如少了好。多分封、建立诸侯国，不是因为偏爱贤能的人，而是为了加强君主的权势，能够保护君主的威信，也是为了广泛传播道义。在国家广泛传播道义，那么君主的势力就随之加强，就没有谁能够与他匹敌了，天下无敌就安全了。所以，以史为鉴，那些分封诸侯多的，君主的福分就会长久，他们的名声就会显赫。神农能够独霸天下十七世，是因为他没有把天下当成自己的私人物品，而是当作天下人的天下。

拥有天下的人分封诸侯，在京畿附近拥有的土地越多，离京畿越远的拥有的土地越少。最远地方的诸侯国有十里左右。大国利用小国，权势小的服从权势大的，人口少的诸侯国臣服人口多的诸侯国，这也是称霸天下的人把国家当作家的缘由。像滕国、费国这样的小国家企图役使其他国家是不可能的，像邹国、鲁国这样的大诸侯国役使其他国家就比较容易了，像宋国、郑国这样的实力就加倍容易了，像齐国、楚国这样强大的诸侯国，役使别国就等于把纲纪加在别国身上罢了。所役使的诸侯国越大，那么实现自己的愿望就会更容易。商汤假如没有郼国，周武王假如没有岐这个地方，即使他们的贤能十全十美，他们还是不能够成就霸业的。像商汤、周武王这样贤能的人，得到天下还需要智慧和权势，更何况那些不如他们的人呢？所以，小的诸侯国被大的诸侯国控制就会安定，而大的诸侯国被小的诸侯国控制就会颠覆；权势弱的被权势强的控制就会顺从，相反则会有危机。由此看来，想要安定一世，使百姓都能俯首称臣，使自己的功绩铸在槃盂上，铭刻在壶鉴上，这些人对高高在上的权势永不满足，对强大的实力永不知足。实力大，权势强，又有贤士辅助他们，遇上乱世，至少也能成就王业。

天下的老百姓穷困潦倒。老百姓越穷困，那么想称王的人就越容易。凡是称王的人是想早点使人们脱离穷困和灾难。走水路必须用船，走陆路必须用车，走泥泞的路用辁，走沙路必备鸠杖，登山要用樏，顺应形势，因势利导，命令就能被执行，地位尊贵的人容易接受教化，权威一旦明确就可以制止奸邪，这是管理人的道理。因此，拥有千乘车的小国更容易被拥有万乘车的大国控制，拥有采邑的大夫之家更容易向拥有千乘的小国臣服，而大夫之家向一个人下命令更容易。如果情况是相反的，那么即使是尧舜也无回天之力。没有诸侯国愿意臣服其他的国家，臣服是不得已而为之的事情。君主的权势如果不强的话，又怎么能够得到臣子的顺服呢？权衡轻重，考察大小，多分诸侯，这是称王的人为了加强自己的权势。所以说称王的人，一定要有权势；所谓称王，是指他的权势没有人可匹敌。假如有人想反抗自己的权势，那么可以使用自己的权势把他除掉。知道大的可以被小的战胜，多的人被少的人胜过，就会明白怎么样才能无敌。明白了怎么样做才能无敌，那么僭越之事就不会发生在自己身上了。

因此，历来帝王确立的法度，立天子不让诸侯僭越，立诸侯不让大夫僭越，立嫡子不让庶子僭越。这是因为僭越就会产生争斗，争斗就会产生混乱。所以说，诸侯一旦没有了地位就会使天下大乱，大夫失去了等级就会使朝政混乱，妻妾地位不分就会使家不安宁，嫡子、庶子没有区别的话，就会出现整个宗族的大乱。慎子说："如今一只兔子被一百个人追赶，并不是一只兔子够一百个人分，而是这只兔子的归属还没有定呢。假如兔子的归属还没有定，就是尧也会竭力追赶它的，何况大多数人呢？市场上到处是兔子，人们看都不看一眼，不是他们不想要兔子，而是兔子归谁所有已经定下了。既然名分已经定下了，地位低下的人再怎么争论也没有用了。"所以，想要使天下或国家安宁，就先定下职位和名分。

楚庄王围困宋国九个多月，楚康王围困宋国五个多月，楚声王围困宋国达十个多月。宋国曾三次被楚国围困，但是宋国还是没有灭亡。宋国并不是不能灭亡，而是像楚国这样和宋国一样无德的国家想征服无德的宋国，战争怎么能一下子就结束呢？凡是功业的建立，是因为贤能和不贤、强大和弱小、治理和混乱是不一样的。

齐简公朝中有位臣子叫诸御鞅，此人曾经向齐简公劝谏道："陈成常和宰予这两个人水火不容。臣担心他们会打起来。他们一旦打起来，此事会危害国君您呀。希望您权衡利弊罢免一个人。"齐简公道："这不是你这样的浅识之人能知道的。"过了一段时间，陈成常和宰予在朝中打了起来，还在祖庙里追赶齐简公。齐简公叹息道："当初没有听诸御鞅的建议，以至酿成这样的后患。"没有整治臣子的方法，也就失去了君主的威严，虽然后悔没有听诸御鞅的劝谏，但是结果是一样的。这是因为依靠了不可靠的东西而没有依靠可靠的东西。周鼎上铭刻了人和物的图案，目的是事和理能够贯通。事理贯通，是君主必须掌握的道理。

拓展阅读

萧规曹随

当初，汉高祖封长子刘肥做齐王的时候，让曹参当了齐相。到齐地后，曹参召集大家讨论应该怎么治理百姓，大家众说纷纭，搞得曹参不知道应该听谁的意见才好，很是头疼。后来他打听到当地有一个挺有名望的隐士盖公，就去向盖公请教。

盖公说，治理国家最重要的是让官员们各司其职，不要过多地打扰百姓，让百姓安居乐业。曹参采纳了盖公的建议，把齐国治理得井井有条，百姓都称他是"贤相"。萧何去世后，曹参就被召回朝廷，担任相国。

俗话说，"新官上任三把火"，大家等着曹参上任后制定一些新举措，烧出新起色。谁知曹参上任后，不仅宣布以前萧何制定的规章制度要全部照旧执行，就连以前萧何任用的官员也没有变动。他只是在过了一段时间之后，把那些油嘴滑舌又不能干事的官员调走了，从各地挑选了一些崇尚实干、稳重爱民的人入朝为官。除此之外，他一直无所事事。如果有性急的大臣找他谈事，他就请别人喝酒，但是直到喝到最后，往往也什么都没说。

身为相国居然如此做事，汉惠帝实在看不下去了，就在下朝后把曹参留了下来，问他为何这样做。

曹参先向惠帝请了罪，接着问："请问陛下，您认为您与高祖相比，谁更英明？"

汉惠帝说："我哪里能和高祖相比。"

曹参又问："陛下眼中，我与萧相国比较，谁更有才干？"

汉惠帝笑了："现在看来，你好像不如萧相国。"

曹参说："陛下的才能不如高祖，我的才能不及萧相国。那么高祖与萧相国定下的明白无误的法令自然也比我们的高明。我们只要尽职尽责，遵照执行，不出现缺失就可以了。何况现在战乱初平，百姓需要安定，如果突然变更法令，百姓会无所适从，国家反而会陷入混乱。"

汉惠帝感慨道："我现在终于明白了曹相国的心意。"

曹参用黄老学说治理国家，做了三年相国。除了延续汉高祖和萧何定下的法令，还辅佐汉惠帝奖励增加人口，奖励开垦土地，发展生产，减轻百姓负担，为后面的"文景之治"打下了坚实的基础。

人们编了歌谣称赞萧何和曹参，历史上就把这件事称为"萧规曹随"。

审应览第六

〔题解〕

"审应"指君主说话做事要审慎。本篇劝诫君主要谨言慎行。君主治国事务繁忙,要应对的人很多,因此不能不每天详察自己的言行,不能粗心大意,要谨小慎微,反躬自求,保证自己的音容举止恰当正确。文中通过列举孔思、公子食我、田诎等事例告诉我们,不能因为别人的错误导致自身言行的错误,要懂得换位思考,做好自己,才不会言语失当,被别人诟病。

一曰:

人主出声①应容,不可不审。凡主有识,言不欲先。人唱我和,人先我随,以其出为之入,以其言为之名,取其实以责其名,则说者不敢妄言,而人主之所执其要矣。

孔思请行,鲁君曰:"天下主亦犹寡人也,将焉之?"孔思对曰:"盖闻君子犹鸟也,骇则举②。"鲁君曰:"主不肖而皆以然也,违③不肖,过不肖,而自以为能论天下之主乎?凡鸟之举也,去骇从不骇。去骇从不骇,未可知也。去骇从骇,则鸟曷为举矣?"孔思之对鲁君也,亦过矣。

魏惠王使人谓韩昭侯曰:"夫郑乃韩氏亡之也,愿君之封其后也。此所谓存亡继绝之义。君若封之,则大名。"昭侯患之,公子食我曰:"臣请往对之。"公子食我至于魏,见魏王,曰:"大国命弊邑封郑之后,弊邑不敢当也。弊邑为大国所患。昔出公之后声氏为晋公,拘于铜鞮(dī),

大国弗怜也，而使弊邑存亡继绝，弊邑不敢当也。"魏王惭曰："固非寡人之志也，客请勿复言。"是举不义以行不义也。魏王虽无以应，韩之为不义，愈益厚④也。公子食我之辩，适足以饰非遂过。

魏昭王问于田诎曰："寡人之在东宫之时，闻先生之议曰：'为圣易。'有诸乎？"田诎对曰："臣之所举⑤也。"昭王曰："然则先生圣于⑥？"田诎对曰："未有功而知其圣也，是尧之知舜也；待其功而后知其舜也，是市人之知圣也。今诎未有功，而王问诎曰'若圣乎'，敢问王亦其尧邪？"昭王无以应。田诎之对，昭王固非曰"我知圣也"耳，问曰"先生其圣乎"，己因以知圣对昭王。昭王有非其有，田诎不察。

赵惠王谓公孙龙曰："寡人事偃兵十余年矣，而不成，兵不可偃乎？"公孙龙对曰："偃兵之意，兼爱天下之心也。兼爱天下，不可以虚名为也，必有其实。今蔺、离石入秦，而王缟素布总；东攻齐得城，而王加膳置酒。秦得地而王布总，齐亡地而王加膳，所非兼爱之心也。此偃兵之所以不成也。"今有人于此，无礼慢易而求敬，阿党不公而求令⑦，烦号数变而求静，暴戾贪得而求定，虽黄帝犹若困。

卫嗣君欲重税以聚粟，民弗安，以告薄疑曰："民甚愚矣。夫聚粟也，将以为民也。其自藏之与在于上，奚择⑧？"薄疑曰："不然。其在于民而君弗知，其不如在上也；其在于上而民弗知，其不如在民也。"凡听必反诸己，审则令无不听矣。国久则固，固则难亡。今虞、夏、殷、周无存者，皆不知反诸己也。

公子沓相周，申向说之而战。公子沓訾之曰："申子说我而战，为吾相也夫？"申向曰："向则不肖，虽然，公子年二十而相，见老者而使之战，请问孰病哉？"公子沓无以应。战者，不习也；使人战者，严驵⑨也。意者恭节而人犹战，任不在贵者矣。故人虽时有自失者，犹无以易恭节。自失不足以难，以严驵则可。

【字词注解】

① 出声：说话。

② 举：起飞。

③ 违：离开。

④ 厚：多。

⑤ 举：提出，说出。

⑥ 于：乎。

⑦ 令：善，好。

⑧ 择：区别。

⑨ 严驵：严厉骄横。驵，通"怚（jù）"，骄。

【精彩解说】

第一：

君主不能不对自己的言行举止小心谨慎。一般有见识的君主说话都不抢先。有人唱他就在后面随着，有人先做了他就在后面随着，依据他外在的行动来看他的内心世界，根据他的言语来考察他的名声，那么游说的人就不敢捏造谎言，这就是君主应该掌握的要领。

孔子的孙子孔思要求离开鲁国，鲁国的君主道："天下所有的君主都和我差不多，你打算去哪里呢？"孔思答道："我听说君子就像鸟儿一样，受到惊吓就飞走了。"鲁国的君主答道："君主不贤德，天下没有什么不同。你离开不贤德的君主，又到另一个不贤德的君主那里，你认为这样就能够选择天下的君主吗？一般来说鸟儿飞走，是因为它要离开受惊吓的这个地方，到一个没有惊吓的地方。是否受到惊吓，这谁也不知道。假如离开受到惊吓的地方再到另一个受惊吓的地方，那么鸟儿为什么要飞走呢？"所以说孔思回答的话是不对的。

魏惠王派人对韩昭侯说："韩国把郑国消灭了，希望您分封他们的后代。这就是所说的使消灭的国家得以存在，使灭绝的诸侯得以延续的道义。您假如把郑国君主的后代分封了，这样您的美名就会远扬四海。"韩昭侯对这件事情感到忧虑，公子食我道："请准许我去回魏惠王。"公子食我到了魏国，魏王接见了他，公子食我道："贵国命令本国封郑国的后代，本国不敢答应。本国一直被贵国视为祸患。以前晋出公的后代声氏当晋国的君主，后来被囚禁在了铜鞮，你们没有给予同情，现在却让我们来保存被灭国家的人，延续灭绝的诸侯，本国不敢答应。"魏王愧疚地道："这不是我的想法，请客人不要再讲了。"这是典型的拿别人的不义行为来为自己的行为做辩护。魏王虽然无言以对，但是韩国所做的不义的事情更加厉害了。公子食我的辩解正好足以文过饰非，顺从错误。

魏昭王向田诎问道："我当太子时，听您说当圣贤很容易，对吗？"田诎回答道："是我说过的话。"魏昭王道："请问您是圣贤吗？"田诎回答道："在没有功绩之前就知道这人是圣贤，这是尧对舜的了解；等到他做出了功绩以后就明白了这人确实是圣贤，这些是普通人对舜的了解。我没有什么功绩，您却问我是否是圣贤，请问您也是尧吗？"魏昭王无言以对。田诎回答魏昭王的时候，魏昭王本来没有说"我了解圣贤"，而他问的是"您是圣贤吗"，田诎用自己了解圣贤的话回答了魏昭王。魏昭王享有了自己不应该享有的声誉，而田诎在回答的时候也没有省察。

赵惠王对公孙龙说道："寡人一心想消除战争已经十多年了，但是还没有获得成功，难道战争是不能被消除的吗？"公孙龙答道："消除战争是为了兼爱天下的思想。兼爱天下不是靠虚名来实现的，是要有实际内容的。赵国的蔺、离石二县归属秦国了，您就穿上丧服；赵国向东袭击齐国，猎取了城邑，您就加餐设宴庆贺。秦国得到赵国土地，您就穿丧服；赵国得到齐国的土地，您就加餐庆贺：这有悖于兼爱天下的思想。这就是您消除战争却不能取得成功的缘由了。"如果有人傲慢无礼却还要要求其他人尊重他，结党营私，处理事情不公正却想使自己得到好名声，号令烦难屡次改变却还想平静，残暴而又贪得无厌却还要求安定，这种事情即使是黄帝也会无计可施的。

卫嗣君打算通过加重赋税来得到大量的粮食，百姓感到很不安，他就把这件事情告诉了大臣薄疑："百姓太愚蠢了。聚积粮食也是为了他们。他们把粮食藏在自己的仓库里与藏在国库有什么差别吗？"薄疑道："不能这么说，粮食在百姓家里就归他们所有，国君就不能得到，这就不如保存在国库里；粮食在国库里，百姓就不能得到，这就不如保存在百姓家里。"凡是听到某种建议就要反思，要详细地调查，命令就没有不被听从的了。立国的时间越久就越稳固，国家稳固了就很难灭亡。而今虞、夏、商、周没有保存下来，都是不明白反思的道理。

公子沓在周国当相国的时候，申向进谏他时战栗不止。公子沓指责他道："您劝我时战栗不止，是不是因为我是相国呢？"申向说："我是个不贤能的人，虽然这样说，但是您二十岁就当了相国，和年老的人会面时，却让他们战栗不止，这是谁的过失呢？"公子沓无语。战栗不止是因为不习惯见尊者，使人战栗不止是因为严厉骄横。假如能够谦虚待人的话，即使对方战栗不止,那么责任就不在地位尊贵的人了。因此,虽然别人会时常犯错误,但是我们自己还是不能改变恭敬而有礼貌的待人态度。犯错误不足以被责难,用严厉骄横的态度对待人是应该受责难的。

重 言

〔题解〕

"重言"即君主说话要小心谨慎。本篇主要讲述君主说话要谨慎。作者列举殷高宗三年不说话、周成王戏言封赏、楚庄王不听政、齐桓公和管仲合谋伐莒谋未发而闻于国的例子,告诉我们作为一言九鼎的一国之君,自己的一言一行都会产生巨大影响,因此不可不慎。只有慎重对待才能说话不失误。

二曰:

人主之言,不可不慎。高宗,天子也,即位,谅闇三年不言。卿大夫恐惧,患之。高宗乃言曰:"以余一人正①四方,余唯恐言之不类也,兹故不言。"古之天子,其重言如此,故言无遗者。

成王与唐叔虞燕居,援梧叶以为珪,而授唐叔虞曰:"余以此封女。"叔虞喜,以告周公。周公以请曰:"天子其封虞邪?"成王曰:"余一人与虞戏也。"周公对曰:"臣闻之,天子无戏言。天子言,则史书之,工诵之,士称之。"于是遂封叔虞于晋。周公旦可谓善说矣,一称而令成王益重言,明爱弟之义,有②辅王室之固。

荆庄王立三年,不听而好讔(yǐn)。成公贾③入谏,王曰:"不穀禁谏者,今子谏,何故?"对曰:"臣非敢谏也,愿与君王讔也。"王曰:"胡不设④不穀矣?"对曰:"有鸟止于南方之阜,三年不动不飞不鸣,是何鸟也?"王射⑤之,曰:"有鸟止于南方之阜,其三年不动,将以定志意也;其不飞,将以长羽翼也;其不鸣,将以览民则也。是鸟虽无飞,飞将冲天;虽无鸣,鸣将骇人。贾出矣,不穀知之矣。"明日朝,所进者五人,所退者十人。群臣大说,荆国之众相贺也。故《诗》曰:"何其久也,必有以也。何其处也,必有与也。"其庄王之谓邪!成公贾之谳也,贤于太宰嚭之说也。太宰嚭之说,听乎夫差,而吴国为墟;成公贾之谳,喻乎荆王,而荆国以霸。

齐桓公与管仲谋伐莒,谋未发而闻于国,桓公怪之,曰:"与仲父谋伐莒,谋未发而闻于国,其故何也?"管仲曰:"国必有圣人也。"桓公曰:"嘻!日之役者,有执蹠癄而上视者,意者其是邪!"乃令复役,无得相代。少顷,东郭牙至。管仲曰:"此必是已。"乃令宾者延之而上,分级而立。管子曰:"子邪言伐莒者?"对曰:"然。"管仲曰:"我不言伐莒,子何故言伐莒?"对曰:"臣闻君子善谋,小人善意。臣窃意之也。"管仲曰:"我不言伐莒,子何以意之?"对曰:"臣闻君子有三色:显然⑥喜乐者,钟鼓之色也;湫然清静者,衰绖之色也;艴然充盈、手足矜者,兵革之色也。日者臣望君之在台上也,艴然充盈、手足矜者,此兵革之色也。君呿⑦而不唫⑧,所言者'莒'也;君举臂而指,所当者莒也。臣窃以虑诸侯之不服者,其惟莒乎!故臣言之。"凡耳之闻,以声也。今不闻其声,而以其容与臂,是东郭牙不以耳听而闻也。桓公、管仲虽善匿,弗能隐矣。故圣人听于无声,视于无形。詹何、田子方、老耽是也。

【字词注解】

① 正:匡扶,安定。

② 有:通"又"。

③ 成公贾:楚庄王之臣。

④ 设:行,施。

⑤ 射:猜度。

⑥ 显然:欢乐的样子。

⑦ 呿(qù):张口。

⑧ 唫(jìn):闭口。

【精彩解说】

第二：

君主说话，不可不慎重。殷高宗是天子，继位以后，守孝三年不说话。卿、大夫们都很恐惧，忧虑这事。殷高宗道："凭借我一个人的力量使四方得到稳定，我很担心我说的话不合适，因此才闭口不语的。"古代的天子对说话如此小心谨慎，所以他们说出的话没有失误的。

周成王和弟弟唐叔虞居住在一起，他摘下一片梧桐的叶子作为诸侯的印信，递给弟弟唐叔虞道："我以这个为证封你。"唐叔虞很开心，就把这件事情告诉了周公。周公向周成王请示道："您是不是已经分封过唐叔虞了？"周成王道："那是我们开的一个玩笑。"周公答道："臣听说天子没有开玩笑的话。天子的每一句话，都会被史官记录下来，乐工还要朗读它，士人要赞扬它。"就这样周成王把弟弟唐叔虞封为晋国的诸侯。周公可以说是善于劝说了，他的进谏使得周成王说话更加谨慎了，使爱护弟弟的情义彰明，又因为把弟弟唐叔虞封为晋国的君主而使国家更加稳固了。

楚庄王继位已经三年了，还是不务朝政，却喜欢隐语。成公贾上朝进谏，楚庄王道："我已经下命令所有的人都不许进谏，而今你来进谏，有什么原因吗？"成公贾道："臣不敢进谏，臣希望和陛下讲隐语。"楚庄王道："你何不对我讲隐语呢？"成公贾道："有一只鸟停留在南方的一座山上，在那里三年没有动也不叫，它是只什么鸟呢？"楚庄王猜测道："一只鸟停留在南方的山上，不动不叫。它之所以这样三年，是要以此安定意志；它之所以不飞翔，是想借此来生长自己的羽翼；它不叫出声，是为了观察民间的法度。这只鸟虽然不飞，但是一飞就会冲上天空；虽然不叫，但是一叫就会使人们惊恐。你出去吧，我已知其意了。"楚庄王第二天早朝时，提拔五人，罢免十人。臣子们见此情况很高兴，楚国的百姓相互庆贺。所以《诗经》上说："为什么这么久还不见行动呢，一定是有原因的。为什么安居不移呢，必定是有原因的。"这大概说的就是楚庄王吧！成公贾说的隐语，胜过太宰嚭劝说的言论。太宰嚭劝说的言论被夫差所用，从而导致了吴国的灭亡；成公贾讲的隐语，使楚王能理解他的意思，这也是楚国为什么称霸诸侯的缘由了。

齐桓公与管仲谋划攻打莒国，他们没有向外公布此事，但是国人都已经知道。齐桓公感到非常惊讶，就说："和您谋划的事情还没有公布就被全国上下知道了,这是什么原因呢?"管仲道:"国内一定有圣人吧。"齐桓公道:"呀!那天有个服役的人拿着耒向上望,大概就是此人吧!"于是就找那个服役的人再来服役,不得让其他人替换。过了一会儿,东郭牙到了。管仲道:"就是这个人把消息传出去的。"然后就命令礼宾官把他带过来,管仲和他各分宾主在台阶上站定。管仲道:"一定是你把我国要攻打莒国的消息传出去的吧?"东郭牙道:"没错。"管仲道:"我并没有说过此话,你怎么就传播要攻打莒国的消息呢?"东郭牙道:"鄙人听说君子善于筹划,小人善于猜测。我也是私底下猜测的。"管仲道:"我没有说过要攻打莒国的话,你是凭什么猜测的呢?"东郭牙道:"鄙人曾经听说过君子有三种神色:面有喜悦之色,这是欣赏钟鼓之类乐器时的神色;面带清冷安静之色,那是居丧时的神色;怒气冲冲、挥动手臂,是要用兵打仗的神色。那天我看到您在台上怒气冲冲,手足舞动,这就是要用兵打仗的神色。您张开嘴没有闭上,这说明您说的是'莒';您举起胳膊指点,指的方向正是莒国。我私下考虑,诸侯之中不肯臣服的只有莒国。因此,我就传出要攻打莒国的消息。"凡是耳朵能听到的就是声音,而今不根据声音而是依据人的表情和举动就能够知道他人的意图,这就是东郭牙不通过耳朵就能知道他人说的话啊。善于隐藏自己秘密的齐桓公、管仲,也难以遮掩了。因此,圣人能够做到在无声之中有所闻,能在无形之中看到事物。詹何、田子方、老子都是这样的人。

精　谕

〔题解〕

　　"精谕"意思是说人们的思想可以通过微妙精细的外表变化而表现出来。有时言语不能表达内心,但我们可以通过一个人的神情来判断了解他。圣人能体察这些做出正确决断,因此主张"至言去言,至为去为"。

三曰：

圣人相谕①不待言，有先言言者也。

海上之人有好蜻者，每居海上，从蜻游，蜻之至者百数而不止，前后左右尽蜻也，终日玩之而不去。其父告之曰："闻蜻皆从女居，取而来，吾将玩之。"明日之海上，而蜻无至者矣。

胜书说周公旦曰："廷小人众，徐言则不闻，疾言则人知之。徐言乎，疾言乎？"周公旦曰："徐言。"胜书曰："有事于此，而精言之而不明，勿言之而不成。精言乎，勿言乎？"周公旦曰："勿言。"故胜书能以不言说，而周公旦能以不言听。此之谓不言之听。不言之谋，不闻之事，殷虽恶周，不能疵矣。口㗱②不言，以精相告，纣虽多心，弗能知矣。目视于无形，耳听于无声，商闻虽众，弗能窥矣。同恶同好，志皆有欲，虽为天子，弗能离矣。

孔子见温伯雪子，不言而出。子贡曰："夫子之欲见温伯雪子好矣，今也见之而不言，其故何也？"孔子曰："若夫人③者，目击而道存矣，不可以容声矣。"故未见其人而知其志，见其人而心与志皆见，天符同也。圣人之相知，岂待言哉？

白公问于孔子曰："人可与微言④乎？"孔子不应。白公曰："若以石投水，奚若？"孔子曰："没人能取之。"白公曰："若以水投水，奚若？"孔子曰："淄、渑之合者，易牙尝而知之。"白公曰："然则人不可与微言乎？"孔子曰："胡为不可？唯知言之谓者为可耳。"白公弗得也。知谓则不以言矣。言者谓之属也。求鱼者濡，争兽者趋，非乐之也。故至言去言，至为无为。浅智者之所争则末矣。此白公之所以死于法室。

齐桓公合诸侯，卫人后至。公朝而与管仲谋伐卫，退朝而入，卫姬望见君，下堂再拜，请卫君之罪。公曰："吾于卫无故⑤，子曷为请？"对曰："妾望君之入也，足高气强，有伐国之志也。见妾而有动色，伐卫也。"明日君朝，揖管仲而进之。管仲曰："君舍卫乎？"公曰："仲父安识之？"管仲曰："君之揖朝也恭，而言也徐，见臣而有惭色，臣是以知之。"君曰："善。仲父治外，夫人治内，寡人知终不为诸侯笑矣。"桓公之所以匿者不言也，今管子乃以容貌音声，夫人乃以行步气志。桓公虽不言，若暗夜而烛燎也。

晋襄公使人于周曰："弊邑寡君寝疾，卜以守龟，曰：'三涂为祟。'弊邑寡君使下臣愿借途而祈福焉。"天子许之，朝，礼使者事毕，客出。苌弘谓刘康公曰："夫祈福于三涂，而受礼于天子，此柔嘉之事也，而客武色，殆有他事，愿公备之也。"刘康公乃儆戎车卒士以待之。晋果使祭事先，因令杨子将卒十二万而随之，涉于棘津，袭聊、阮、梁、蛮氏，灭三国焉。此形名不相当，圣人之所察也，苌弘则审矣。故言不足以断小事，唯知言之谓者可为。

【字词注解】

① 相谕：互相晓谕。
② 唱（wěn）：同"吻"，嘴唇。
③ 夫人：指那个人。
④ 微言：不明言，以暗喻示意。
⑤ 故：指战争之事。
⑥ 儆：使人警惕。

【精彩解说】

第三：

圣人之间相互表达是不需要任何语言的，在说话之前就已经把意思表达出来了。

在齐国的海边，有个人喜欢蜻蜓，每次他在海边的时候，都要和蜻蜓游玩，飞来的蜻蜓数不清有多少了，以至于此人的周围全是蜻蜓，整天和蜻蜓玩耍，蜻蜓也不飞走。这个人的父亲就对他说道："我听说你整天和蜻蜓嬉戏，今天把蜻蜓带过来，我也和它们玩。"第二天，这人到海边，可是没有一个蜻蜓飞来了。

胜书劝周公旦道："朝廷内小人不少，轻声说您就会听不到，大声说其他人就会知道。是轻声说呢，还是大声说呢？"周公旦道："轻声说。"胜书道："而今有这样一件事情，假如隐喻地把它说出来就不能说明白，不说就办不成这件事情。那么究竟隐喻地说，还是不说呢？"周公旦道："当然不说为好。"这么说来，胜书可以凭借不语来劝谏周公旦，周公旦可以凭借胜书的不语明白他的意思。这就叫作不出声就可以让人明白的没说出的和听不到的话。殷商虽然讨厌周，但不能挑出它的毛病。口不出声但能通过神色告诉对方，纣虽然多疑，也是没有办法得到周的计划。眼睛看到的东西是无形的，耳朵听到的东西是无声的，商朝打探消息的人再怎么多，还是无法窥探到周的计划。听话的人和说话的人好恶是一样的，心志和想法相同，即使是高贵为天子的人也不能阻断他们。

孔子拜访温伯雪子，什么也没有说就出来了。子贡道："您这么长时间以来一直想见他，如今见到了他却不说话，这是为什么呢？"孔子道："像他那样的人，看一眼就知道是个有道之人，因此不需要再说什么了。"所以，没有看到那个人就知道他的志向，见面以后他的内心与志向就都清楚明白了，这是因为彼此都与天道相合。圣贤的人不言自明，难道还需要说吗？

白公向孔子咨询道："可以跟人谈阴谋秘事吗？"孔子没有答复他。白公道："说隐秘的话就像把石头投入水中没有人知道，是这样吗？"孔子道："潜伏在水中的人会知道它的。"白公道："那就像把水倒入水中一样不让人知道呢？"孔子道："淄水、渑水混合在一起，易牙用口尝尝它们就能区分开了。"白公道："这么说是不可以和人密谈吧？"孔子回答："为什么不可以？只有懂得言语的真实含意的人才可以。"白公不解其意。明白了意思就不用语言表达了，因为语言是用来表达人的思想。相互争鱼的人会把衣服弄湿，追逐野兽的人需要奔跑，并不是他们喜欢弄湿衣服或奔跑。因此，高明的语言就是没有声音的语言，高明的作为就是无所作为。才智短浅的人所争的就是卑微的东西。这也是白公后来死于囚牢里的缘故。

齐桓公群会各路诸侯，卫国国君最后赶到。齐桓公就和管仲谋划要攻打卫国。退朝后，齐桓公进入内室，夫人卫姬见到他，在殿堂阶梯下拜了几拜，为卫国求情。齐桓公道："我并没有向卫国发起战争，你为什么请罪啊？"卫姬答道："我看见您进来的时候，迈着大步，气势汹汹，有袭击他国的举动。而且见到我就变了脸色，这不是攻打卫国的征兆吗？"第二天早朝，齐桓公向管仲拱手施礼请他进来。管仲道："您不攻打卫国了吧？"齐桓公道："仲父是怎么知道的呢？"管仲道："您在朝堂上很恭敬地行礼，说话也很轻声，而且看到我又露出愧疚的神色，我是以此为根据知道的。"齐桓公道："是啊。仲父主管宫外的事情，夫人操心宫内的事情，我已经明白怎么样不让诸侯耻笑了。"齐桓公掩藏自己的想法的办法就是不说话，可是如今管仲可以凭借观察他的表情就明白了什么意思，夫人凭借着他走路时的姿态、神情觉察到他的意思。即使齐桓公没有说话，但是他的心理活动就像黑夜里点燃的蜡烛一样使人看得明了。

晋襄公派使者到周说道："本国的君主卧病不起，用龟甲占卜，卜兆说：'是三涂山降下灾祸了。'本国君主就派我前来向贵国借条通往三涂山的道路，以求三涂山神的保护。"周天子允许了他的要求，升朝按礼节接待完使节，客人走了。苌弘对刘康公道："向三涂山神祈福，还在天子这里得到准许，这是友好和善的事情，但是使节却面露勇武的神色，也许还有其他没有说出来的事情吧，希望您做好防备。"于是，刘康公准备了兵、车、士、卒，做好了防备。果真，晋国在祭祀的时候，趁机命令杨子率领十二万士兵跟在后面，横渡棘津渡口，袭击了聊、阮、梁、蛮氏等偏远小国，消灭了其中三个国家。这是典型的实际情况和名称不相符，而圣人是能够觉察到这些的，苌弘正是看清楚了这些。所以，仅凭借别人的言辞是不能够轻易下结论的，只有明白了言辞后面的意思才能决定所做的事情。

离 谓

〔题解〕

"离谓"即言辞和思想相违背。本篇主要论述话语和意志背离会使人迷惑混乱，必定凶险，引起灾难。受迷惑者身在迷惑中却自以为清醒。社会到处充满流言和毁誉，分不清楚贤与不贤，这是乱国之俗。本篇列举邓析等人的事例，说明言行不一会失去人们的信任而遭受失败。

四曰：

言者以谕意也。言意相离，凶也。乱国之俗，甚多流言，而不顾其实，务以相毁，务以相誉，毁誉成党，众口熏天，贤不肖不分[1]。以此治国，贤主犹惑之也，又况乎不肖者乎？惑者之患，不自以为[2]惑，故惑惑之中有晓焉，冥冥之中有昭焉。亡国之主，不自以为惑，故与桀、纣、幽、厉皆也。然有亡者国,无二道矣。

郑国多相县以书者,子产令无县书,邓析致之。子产令无致书,邓析倚③之。令无穷,则邓析应之亦无穷矣。是可不可无辨也。可不可无辨,而以赏罚,其罚愈疾,其乱愈疾。此为国之禁也。故辩而不当理则伪,知而不当理则诈。诈伪之民,先王之所诛也。理也者,是非之宗也。

洧水甚大,郑之富人有溺者,人得其死者。富人请赎之,其人求金甚多。以告邓析,邓析曰:"安之。人必莫之卖矣。"得死者患之,以告邓析,邓析又答之曰:"安之。此必无所更买矣。"夫伤忠臣者有似于此也。夫无功不得民,则以其无功不得民伤之;有功得民,则又以其有功得民伤之。人主之无度者,无以知此,岂不悲哉?比干、苌弘以此死,箕子、商容以此穷,周公、召公以此疑,范蠡、子胥以此流,死生存亡安危,从此生矣。

子产治郑,邓析务难之,与民之有狱者约:大狱一衣,小狱襦④袴⑤。民之献衣襦袴而学讼者,不可胜数。以非为是,以是为非,是非无度,而可与不可日变。所欲胜因胜,所欲罪因罪。郑国大乱,民口谨⑥哗。子产患之,于是杀邓析而戮之,民心乃服,是非乃定,法律乃行。今世之人,多欲治其国,而莫之诛邓析之类,此所以欲治而愈乱也。

齐有事人者,所事有难而弗死也。遇故人于涂,故人曰:"固不死乎?"对曰:"然。凡事人,以为利也。死不利,故不死。"故人曰:"子尚可以见人乎?"对曰:"子以死为顾可以见人乎?"是者数传。不死于其君长,大不义也,其辞犹不可服,辞之不足以断事也明矣。夫辞者,意之表也。鉴其表而弃其意,悖。故古之人,得其意则舍其言矣。听言者以言观意也,听言而意不可知,其与桥⑦言无择。

齐人有淳于髡者,以从说魏王。魏王辩之,约车十乘,将使之荆。辞而行,有以横说魏王,魏王乃止其行。失从之意,又失横之事,夫其多能不若寡能,其有辩不若无辩。周鼎著倕而龁⑧其指,先王有以见大巧之不可为也。

——•【字词注解】

① 分:区别,分辨。
② 为:看作,当成。

③ 倚：偏颇，邪曲。
④ 襦（rú）：短衣。
⑤ 袴（kù）：胫衣，类似后来的裤子。
⑥ 讙（huān）：喧哗。
⑦ 桥：乖戾。
⑧ 齕（hé）：咬。

【精彩解说】

第四：

言辞是用来表达人的思想的。言辞和所要表达的思想不一致，这是很危险的。导致国家不安宁的习气，到处流传着不考虑事实的谣言，那些极力地彼此诽谤、彼此称颂的人，各自结为朋党，熙熙攘攘使得喧嚣的气势冲上了天，导致了贤能和不贤难于辨别。依据这样的方式来治理国家，就是贤明的君主也会感到困惑，何况是不贤明的君主呢？困惑之人的弊病，就是他并不认为自己有困惑不解之处，因此会在困惑当中还认为自己已经明白了事情的真相，在特别黑暗的时候还以为自己看见了光明。亡国的君主，并不认为自己有困惑不解之处，因此和夏桀、商纣、周幽王、周厉王全一样。这么看来，国家灭亡的君主走的都是这样一条道路。

在郑国有很多反对新法令的人，子产命令不许反对新法令，邓析就对新法令进行修饰。子产又命令不能对法令加以文饰，邓析就又改用别的方法曲解法律条文。子产的命令没有结束，邓析应付他的各种方法也就没有结束。这样一来，可行的和不可行的就很难区分了。难以区分，还用来实施奖赏惩罚，惩罚得越厉害，混乱无序就会更加厉害。这是治理国家应制止的。因此，辨别的内容不合适反而让道理会变得奸巧，聪敏智慧如果不符合事理那么就会变得狡诈。奸巧狡诈的人，正是先代贤王要惩罚的人。事理是辨别是非曲直的依据。

洧水水势很大，郑国有个富人在洧水淹死了，有个人得到了这个富人的尸体。富人的家人请求赎回尸体，于是得到尸体的那个人想要很多的钱。富人的家人就把此事告诉了邓析，邓析道："放心吧，没有人会卖尸体的。"这个人也忧心忡忡地把这件事情告诉了邓析，邓析道："放心吧，没有人再愿意买这具尸体了。"那些诋毁良臣的人和这种情况很相似。假如忠于君主的臣子没有功劳得不到百姓的拥护，陷害他们的人就用他们没有功劳得不到百姓的拥护来攻击他们；贤臣要是有了功劳得到了百姓的拥护，就会又拿他们有功劳并受到百姓的拥护来诋毁他们。君主没有什么评判的标准，就无法知道这种情况，难道这不是很悲哀的事情吗？比干、苌弘因为这而被误杀，箕子、商容因为这而处于困境，周公、召公因为这而被猜疑，范蠡、伍子胥因为这而漂流五湖、流尸于江。生死存亡、安危转化都是由此而产生的啊。

　　子产整顿郑国的时候，邓析千方百计地刁难他，他和掌管狱令的人约定：想要学习大的狱讼就要献上一件衣服，学习小的狱讼就要献上短袄和下衣。百姓当中为了学习狱讼送了很多东西。邓析就把错的当成对的，对的当成错的教给百姓，对错没有了什么标准，准行的与不准行的每天都在变化。想让人赢官司就能让人赢，想让人获罪就能让人获罪。这种做法导致了郑国上下混乱不堪，百姓人心惶惶。子产看到这种情况很忧虑，就命人把邓析处决了，这样才使百姓得到了安抚，是非曲直得到了确定，法令的实施也就顺利了。如今，很多人想要管好自己的国家，但是狠不下心杀掉像邓析这样的人，这也正是那些有心想治理好自己的国家而国家更加混乱的情况产生的缘由。

　　齐国有个侍奉人的人，被侍奉的人死了，但是他没有殉葬。当他在道上遇见了熟人，熟人道："你怎么不为你的主人殉葬呢？"这人道："一般来说侍奉人是为了某种利益。为了他人殉葬没有什么利益，因此我没有殉。"熟人道："这样你还能见人吗？"这人答道："难道为别人殉难反倒可以见人了吗？"像这种话他说过多次。此人没有为自己的主子殉葬，这是不道德的，可是他说话还十分有理。这么说仅靠言辞是不能够判断是非曲直的。思想的外在表现是言辞。欣赏他的外表却抛弃他的思想，真是糊涂。因此，古人懂得了人的思想就无须再听他的言语了。在听别人的话时要通过其言语观察其思想。只听其言不明其思想，就和乖曲之言无异了。

　　齐国有一个名叫淳于髡的人，在游说魏惠王的时候用了合纵的方法。魏惠王认为他口才出众，就为他准备了十辆马车，派他出使楚国。就在淳于髡即将出发的时候，他又用连横的方法劝服魏惠王，于是魏惠王又取消了派他到楚国的计划。合纵和连横的主意都落空了。这么说来，即使说淳于髡有合纵的才能又有连横的才能，还不如说他什么才能也没有。他能说会道不如他什么也不说。周鼎上雕刻着尧时期能匠倕的图像，但是让他咬断了手指，这是先王警示后人奸邪的行为是不可取的。

淫 辞

〔题解〕

本篇主要批驳淫辞诡辩。文中列举秦国与赵国的例子,列举唐鞅等例子,说明言辞过度和多余都会引起灾祸。言辞和思想背离君主就无法加以检验,就会给国家带来危害。言行不一致,事情就无法推行。所以,我们一定要准确无误地表达思想,才能让别人明白我们的思想。

五曰:

非辞无以相期①,从②辞则乱。乱辞之中又有辞焉,心之谓也。言不欺心,则近之矣。凡言者以谕心也。言心相离,而上无以参③之,则下多所言非所行也,所行非所言也。言行相诡④,不祥莫大焉。

空雒之遇,秦、赵相与约⑤,约曰:"自今以来,秦之所欲为,赵助之;赵之所欲为,秦助之。"居无几何,秦兴兵攻魏,赵欲救之。秦王不说⑥,使人让⑦赵王曰:"约曰:'秦之所欲为,赵助之;赵之所欲为,秦助之。'今秦欲攻魏,而赵因欲救之,此非约也。"赵王以告平原君,平原君以告公孙龙,公孙龙曰:"亦可以发使而让秦王曰:'赵欲救之,今秦王独不助赵,此非约也。'"

孔穿、公孙龙相与论于平原君所,深而辩,至于藏三耳,公孙龙言藏之三耳甚辩⑧。孔穿不应,少选⑨,辞而出。明日,孔穿朝,平原君谓孔穿曰:"昔者公孙龙之言甚辩。"孔穿曰:"然。几能令藏三耳矣。虽然,难,愿得有问于君:谓藏三耳甚难而实非也,谓藏两耳甚易而实是也。

不知君将从易而是者乎,将从难而非者乎?"平原君不应。明日,谓公孙龙曰:"公无与孔穿辩。"

荆柱国庄伯令其父视,曰"日在天";视其奚如,曰"正圆";视其时,曰"当今"。令谒者驾,曰"无马"。令涓人取冠,"进上"。问马齿,圉人曰"齿十二与牙三十"。人有任臣不亡者,臣亡,庄伯决之,任者无罪。

宋有澄子者,亡⑩缁衣。求之涂,见妇人衣缁衣,援而弗舍,欲取其衣,曰:"今者我亡缁衣。"妇人曰:"公虽亡缁衣,此实吾所自为也。"澄子曰:"子不如速与我衣。昔吾所亡者,纺缁也;今子之衣,禅(dān)缁也。以禅缁当纺缁,子岂不得⑪哉?"

宋王谓其相唐鞅曰:"寡人所杀戮者众矣,而群臣愈不畏,其故何也?"唐鞅对曰:"王之所罪,尽不善者也。罪不善,善者故为不畏。王欲群臣之畏也,不若无辨其善与不善而时罪之,若此则群臣畏矣。"居无几何,宋君杀唐鞅。唐鞅之对也,不若无对。

惠子为魏惠王为法。为法已成,以示诸民人,民人皆善之。献之惠王,惠王善之,以示翟翦,翟翦曰:"善也。"惠王曰:"可行邪?"翟翦曰:"不可。"惠王曰:"善而不可行,何故?"翟翦对曰:"今举大木者,前呼舆谞(xū),后亦应之,此其于举大木者善矣。岂无郑、卫之音哉?然不若此其宜也。夫国亦木之大者也。"

─•【字词注解】

① 期:会合。
② 从:通"纵",恣意。
③ 参:检验。
④ 诡:违背,违反。
⑤ 约:盟约。
⑥ 说:同"悦",高兴。
⑦ 让:责备,责怪。
⑧ 辩:巧辩。
⑨ 少选:一会儿。
⑩ 亡:丢失。
⑪ 得:便宜。

【精彩解说】

第五：

没有语言则人们就无法交流，恣意说话则会招来混乱。言辞之中又包含着言辞，这就是人的思想。言辞和思想不相背离，那么它们就互相靠近。一般来说，言辞就是来表达思想的。言辞和思想不一致，在上的人是没有什么办法检验的，这会导致在下的人言辞和行动不相符。言辞和行动不一致，就会导致极大的不祥。

空雄聚会的时候，秦国和赵国一同约定："从现在开始，秦国想做的事，赵国予以帮助；赵国想做的事，秦国予以帮助。"过了一段时间，秦国出兵袭击魏国，赵国打算帮助魏国解围。秦昭王十分不高兴，派使者责怪赵惠王道："盟约上说：'秦国想做的事，赵国予以帮助；赵国想做的事，秦国予以帮助。'如今，秦国想袭击魏国，而赵国不但不帮反而营救魏国，这不是违背了盟约了吗？"赵惠王就把这些话转给了平原君，平原君又把话转给了公孙龙。公孙龙道："赵王也可派使者责怪秦王说：'赵国想营救魏国，现在秦王却不帮助赵国，这也违背了盟约了吧。'"

孔穿、公孙龙在平原君面前一起辩论，他们的话深奥雄辩，正说到羊有三只耳时，公孙龙说羊有三只耳，说得很是巧妙。孔穿不语，过了一会儿就告辞回去了。第二天，孔穿早朝见到了平原君，平原君道："昨天公孙龙的辩法很是巧妙。"孔穿道："是的。几乎能让羊有三只耳。此说虽然很难立论，我想问您：说羊有三只耳不但很难立论而且和事实不相符，说羊有两只耳朵很容易而且事实的确如此。我不知道您是认同容易而正确的说法呢，还是认同困难而不正确的说法呢？"平原君无语。第二天，平原君对公孙龙说："你们两个从此不要再辩论了。"

楚国的柱国庄伯叫他的父亲观察太阳的早晚，父亲道："太阳在天上。"叫他观察天色怎么样，他道："太阳正圆。"叫他看看什么时辰，他说："就是现在。"让谒者通知赶马的人备车，他道："没有马。"叫涓人去拿帽子，涓人回答道："呈上去了。"庄伯询问马的年龄，圉人却说："马有门牙十二颗，槽牙十八颗，总共三十颗。"有人担保奴隶不会逃跑，结果奴隶却跑了。庄伯在判案的时候，担保人不负有任何责任。

宋国有个叫澄子的人，不小心丢了件黑色的衣服，就四处寻找。他见到一位妇人穿着件黑色的衣服，就拽着她不放，想要这件黑色的衣服，道："今天我丢了件黑色的衣服。"妇人道："你丢了件黑色的衣服，但是我穿的这件是我自己的。"澄子道："你现在就把衣服给我吧，昨天我丢了件黑色有夹里的衣服，而今你这件是黑色没有夹里的衣服。用你这件抵偿我那件不是便宜你了？"

宋康王对丞相唐鞅道："我杀了那么多的人，但是臣子还是不怕我，什么缘故呢？"唐鞅道："因为您惩罚的都不是好人啊。您要是惩罚的是坏人，那么好人就不害怕。您如果希望臣子们都害怕您，那么就不分好坏经常惩罚他们，这样臣子们就都害怕您了。"过了不长时间，唐鞅被宋康王杀了。这么说，唐鞅当初就不应该说那些话的。

惠子为魏惠王制定法令。制定好之后，就把这些法令条文呈给众人看，大家都说好。他就把这些法令条文呈送给魏惠王，魏惠王觉得法令不错，就把这些法令条文递给翟翦看，翟翦道："此法令是很好。"魏惠王道："依你看可否实施呢？"翟翦道："不行。"魏惠王道："好而不能实施，这是为何呢？"翟翦道："现在抬大木头的人在前面努力地喊着号子，在后面的人随着喊号子，这种行为对抬大木头的人来说是有利的。难道没有像郑、卫两地那美妙的音乐吗？可是不如号子合适。治理国家就好比抬大木头一样，自然有适合它的法令条文。"

拓展阅读

阮籍纵酒癫狂以自保

阮籍是魏晋交替时期的著名诗人。他幼年丧父，家境非常贫寒，但是他非常刻苦勤奋，最终成为有名的学者。阮籍心存济世之志，他对执政的司马氏集团极为不满，但又不敢明确地表示自己的主张，所以只采取不涉是非、明哲保身的态度，或者闭门读书，或者登山临水，或者酣醉不醒，或者缄口不言。

当时著名的文学家嵇康是他的好友，他对当时的统治者也极为不满。他们两个人的思想抱负相同，因此关系非常密切。

阮籍还有一些志趣相投的朋友，如山涛、向秀、刘伶、王戎及自己的侄子阮咸。他们经常聚在一起闲谈、狂饮、作诗、弹琴。因为阮籍和他们刚好是七个人，所以人称"竹林七贤"。在七人当中，阮籍大概是最哭笑无常的了，因此《晋书》上说他"当其得意，忽忘形骸"。

离俗览第七

离 俗

〔题解〕

"离俗"即远离世俗。作者认为以理义为本和远离世俗是高尚的,文中列举石户之农等人的事例赞扬了他们超凡脱俗的气节,又对舜、汤即帝位后注重利民、理义的做法表示肯定。

一曰:

世之所不足者,理义也;所有余者,妄苟也。民之情,贵所不足,贱所有余。故布衣、人臣之行,洁白清廉中绳①,愈穷愈荣,虽死,天下愈高之,所不足也。

然而以理义斫削,神农、黄帝犹有可非,微独舜、汤。飞兔、要袅,古之骏马也,材犹有短。故以绳墨取木,则宫室不成矣。

舜让其友石户之农,石户之农曰:"捲捲乎后之为人也!葆力之士也。"以舜之德为未至也,于是乎夫负妻戴,携子以入于海,去之终身不反。舜又让其友北人无择,北人无择曰:"异哉后之为人也!居于畎亩之中,而游入于尧之门。不若是而已,又欲以其辱行漫我,我羞之。"而自投于苍领之渊。

汤将伐桀,因卞随而谋,卞随辞曰:"非吾事也。"汤曰:"孰可?"卞随曰:"吾不知也。"汤又因务光而谋,务光曰:"非吾事也。"汤曰:"孰可?"务光曰:"吾不知也。"汤曰:"伊尹何如?"务光曰:"强力忍訽②,吾不知其他也。"汤遂与伊尹谋夏伐桀,克之。以让卞随,卞随辞曰:"后之伐桀也,谋乎我,必以我为贼③也;胜桀而让我，必以我为贪也。吾生乎乱世，而无道之人再来詢我，吾不忍数闻也。"乃自投于颍水而死。汤又让于务光曰："智者谋之，武者遂之，仁者居之，古之道也。吾子胡不位之？请相吾子。"务光辞曰："废上④，非义也；杀民，非仁也；人犯其难，我享其利，非廉也。吾闻之，非其义，不受其利；无道之世，不践其土。况于尊我乎？吾不忍久见也。"乃负石而沉于募水。

故如石户之农、北人无择、卞随、务光者，其视天下，若六合之外，人之所不能察。其视贵富也，苟可得已，则必不之赖。高节厉行，独乐其意，而物莫之害。不漫于利，不牵于势，而羞居浊世。惟此四士者之节。

若夫舜、汤，则苞裹覆容，缘不得已而动，因时而为，以爱利为本，以万民为义。譬之若钓者，鱼有小大，饵有宜适，羽有动静。

齐、晋相与战，平阿之余子亡戟得矛，却而去，不自快，谓路之人曰："亡戟得矛，可以归乎？"路之人曰："戟亦兵也，矛亦兵也，亡兵得兵，何为不可以归？"去行，心犹不自快，遇高唐之孤叔无孙，当其马前曰："今者战，亡戟得矛，可以归乎？"叔无孙曰："矛非戟也，戟非矛也，亡戟得矛，岂亢⑤责也哉？"平阿之余子曰："嘻！"还反战，趋尚及之，遂战而死。叔无孙曰："吾闻之，君子济人于患，必离⑥其难。"疾驱而从之，亦死而不反。令此将众，亦必不北矣；令此处人主之旁，亦必死义矣。今死矣而无大功，其任小故也。任小者，不知大也。今焉知天下之无平阿余子与叔无孙也？故人主之欲得廉士者，不可不务求。

齐庄公之时，有士曰宾卑聚。梦有壮子，白缟之冠，丹绩之袍（xuàn），东布之衣，新素履，墨剑室，从而叱之，唾其面。惕然而寤，徒梦也。终夜坐，不自快。明日，召其友而告之曰："吾少好勇，年六十而无所挫辱。今夜辱，吾将索其形，期得之则可，不得将死之。"每朝与其友俱立乎衢，三日不得，却而自殁。谓此当务则未也，虽然，其心之不辱也，有可以加⑦乎？

【字词注解】

① 中绳：做事符合法度。
② 詢：同"诟"，耻辱。
③ 贼：残暴。

④ 上：天子。

⑤ 亢：抵，当。

⑥ 离：通"罹"，遭遇，遭受。

⑦ 加：超过。

【精彩解说】

第一：

世上不足的东西，就是理义；有余的东西，就是胡作非为。这样算是人之常情吧，不足的东西被认为是贵的，有余的东西被认为是贱的。因此，百姓、臣子的德行要纯洁清廉，符合法度，越穷就会越荣耀，即使去世了，天下的百姓也会赞美他们的，就是因为百姓的德行不足。

但是如果用道义的准则来衡量，就是神农、黄帝还有可非难的地方，不只是舜、汤。古代的骏马飞兔、要褱，也有力气有限的时候。因此，假如用绳墨严格地测量所用的木材，那么房子是盖不起来的。

石户之农是舜的朋友，当舜把帝位让给他时，石户之农道："君主您真是个不知疲倦的人！不过只是个勤劳任力的人。"他认为舜的品德还不够完美，就背着东西，妻子头顶着东西，带着孩子到海边居住，他离开舜以后就再也没有回来。舜又把自己的帝位让给北人无择，北人无择说："君主的为人真是和其他人不同啊！以前在乡里居住，却去尧那里继承帝位。仅仅像这样也就罢了，还想用自己耻辱的行为侮辱我吗？我对此感到羞愧。"然后跳进了苍岭的深渊中。

汤打算讨伐桀，就和卞随商量，卞随推辞道："这和我没关系啊。"汤道："那找谁可以商量呢？"卞随道："不知道啊。"汤又去找务光商量，务光道："这和我没关系啊。"汤道："那找谁可以商量呢？"务光道："不知道啊。"汤道："伊尹怎么样呢？"务光道："此人会努力做事，能够忍受侮辱，其他的我就不了解了。"就这样汤和伊尹谋划着怎么讨伐夏桀，最后汤获得了胜利。汤把王位让给卞随，卞随推辞道："君主讨伐夏桀的时候，和我筹划，一定会认为我残忍；讨伐获得胜利后又打算把王位传给我，一定会认为我贪婪。我在乱世中出生，如今没有道德的人两次侮辱我，我不能屡次听到这样的话。"于是就跳入颍水而死。汤又打算把王位让给务光，道："有智慧的人谋划它，有勇气的人得到它，仁德的人享有它，这是自古不变的真理。您为什么不居王位呢？我情愿辅佐您。"务光推辞道：

"废桀，是不义的行为；战争害死了很多百姓，是不仁的行为；有人冒着生命危险取得战争的胜利，而我却坐享其成，是不廉洁的。我听人说过这样一句话，不符合义，就不能接受利益；没有道德的地方，就不能踏上它的土地。何况是尊重我呢？我实在不忍心看下去了。"然后，背着石头沉入募水了。

因此，像石户之农、北人无择、卞随、务光这些人，他们看待天下就像天外之物，这是普通人不能够理解的。他们看待富贵，即使能够得到，也不把它当作有利的东西。这些人情操高尚，品德坚贞，为自己能够独立坚持自己的想法而高兴，因为没有什么外物可以危害他们。他们不为眼前的利益所迷惑，不受制于权力，为居于这样混浊的社会感到耻辱。只有这四位贤士有这样的节操。

舜、汤这两位帝王是无所不包、无所不容，因为迫不得已才采取行动，顺着历史的大趋势有所作为，把爱和利当作根本，把千千万万的百姓的利益当作准则。就好比钓鱼的人，鱼有大有小，鱼饵则与此相应，鱼漂有动静，就要相机而行。

齐国和晋国相互开战，平阿邑的士卒丢失了戟，得到了矛，后退时，自己很不开心，向路过的人道："丢了戟，得到了矛，能回去吗？"路过的人道："这两样都是兵器，丢了一样兵器得到一样兵器为什么不能回去呢？"士卒就继续往回走，自己感觉还是不开心，遇到了高唐邑的守邑大夫叔无孙，就站在他的马前面道："今天丢了戟，得到了矛，能回去吗？"叔无孙道："戟不是矛，矛不是戟，丢失了戟得到了矛，怎能交代呢？"平阿邑的士卒道："唉！"返回去再战，快跑还来得及，他就跑回战场，继续作战，直到战死了。叔无孙道："我听人说过，君子让人遭到灾祸，自己一定和他们同患难。"就快速地骑马追他，也牺牲在了战场，没有回来。如果让这两个人统率部队，那么是不会出现战败而逃的；如果让他们守在君主的身边，那么他们是会为了道义而献身的。现在他们都死了，却没有什么大的功绩，是他们官职低的原因。职位低的人是不考虑做大事情的。而今怎知天下没有像平阿邑的士卒和叔无孙这样的人呢？因此，君主要想得到廉正的人，就要努力去寻找这样的人。

齐庄公在位的时候，有个士人名字叫宾卑聚。他做梦梦见一个强壮的人，戴着白绢做的帽子，系着红麻线做的帽带，穿着熟绢织的衣服和白色的鞋子，佩带着黑鞘宝剑，走到他的面前怒斥他，把唾沫吐到他的脸上。他被吓醒了，明白只是个梦。他坐了一个晚上再没有睡，心里很郁闷。第二天，叫来他的朋友告诉他道："我青年时就爱好勇武，现在我六十了，从来没有遭受过挫折侮辱。昨天夜里遭到了侮辱，我打算寻找这个人。如期找到还好，假如找不到，我定为此而死。"每天早晨他都和朋友站在街道的各个路口，三天过去了还是没有找到，回去后他就自刎了。他尽力找了，但是没有找到，可是他的内心还是不能忍受侮辱，这一点还有谁能够超过他呢？

高 义

〔题解〕

"高义"即推崇道义。本篇旨在论述"义"，即高尚的道德和情操。作者认为人的言行举止都应依"义"而行。文中列举孔子、墨子等人的事例，阐明了君子对待赏罚的态度，告诫人们要有高尚的道德。

【原文】

二曰：

君子之自行也，动必缘义，行必诚义，俗虽谓之穷，通也。行不诚义，动不缘义，俗虽谓之通，穷也。然则君子之穷通，有异乎俗者也。故当功以受赏，当罪以受罚。赏不当，虽与之必辞；罚诚当，虽赦之不外。度之于国，必利长久。长久之于主，必宜内反于心不惭然后动。

孔子见齐景公，景公致廪丘以为养。孔子辞不受，入谓弟子曰："吾闻君子当功以受禄。今说景公，景公未之行而赐之廪丘，其不知丘亦甚矣！"令弟子趣驾，辞而行。孔子，布衣也，官在鲁司寇，万乘难与比行，三王之佐不显焉，取舍不苟也夫！

子墨子游②公上过于越。公上过语墨子之义，越王说之，谓公上过曰："子之师苟肯至越，请以故吴之地阴江之浦书社三百以封夫子。"公上过往复于子墨子，子墨子曰："子之观越王也，能听吾言、用吾道乎？"公上过曰："殆未能也。"墨子曰："不唯越王不知翟之意，虽子亦不知翟之意。若越王听吾言、用吾道，翟度③身而衣，量腹而食，比于宾萌，未敢求仕。越王不听吾言、不用吾道，虽全越以与我，吾无所用之。越王不听吾言、不用吾道，而受其国，是以义④翟⑤也。义翟何必越，虽于中国⑥亦可。"凡人不可不熟论。秦之野人，以小利之故，弟兄相狱，亲戚相忍。今可得其国，恐亏其义而辞之，可谓能守行矣。其与秦之野人相去亦远矣。

荆人与吴人将战，荆师寡，吴师众。荆将军子囊曰："我与吴人战，必败。败王师，辱王名，亏壤土，忠臣不忍为也。"不复于王而遁。至于郊，使人复于王曰："臣请死。"王曰："将军之遁也，以其为利也。今诚利，将军何死？"子囊曰："遁者无罪，则后世之为王臣者，将皆依不利之名而效臣遁。若是，则荆国终为天下挠⑦。"遂伏剑而死。王曰："请成将军之义。"乃为之桐棺三寸，加斧锧（zhì）其上。人主之患，存而不知所以存，亡而不知所以亡。此存亡之所以数至也。郡、岐之广也，万国之顺也，从此生矣。荆之为四十二世矣，尝有乾谿、白公之乱矣，尝有郑襄、州侯之避矣，而今犹为万乘之大国，其时有臣如子囊与！子囊之节，非独厉⑧一世之人臣也。

荆昭王之时，有士焉曰石渚。其为人也，公直无私，王使为政。道有杀人者，石渚追之，则其父也。还车而反，立于廷曰："杀人者，仆之父也。以父行法，不忍；阿⑨有罪，废国法，不可。失法伏罪，人臣之义也。"于是乎伏斧锧，请死于王。王曰："追而不及，岂必伏罪哉！子复事矣。"石渚辞曰："不私其亲，不可谓孝子；事君枉法，不可谓忠臣。君令赦之，上之惠也；不敢废法，臣之行也。"不去斧锧，殁头乎王廷。正法枉必死，父犯法而不忍，王赦之而不肯，石渚之为人臣也，可谓忠且孝矣。

【字词注解】

① 趣：赶快。

② 游：动词，使……游说。

③ 度：衡量。

④ 义：道。

⑤ 粜：交易，卖。
⑥ 中国：中原各国。
⑦ 挠：挫，挫败。
⑧ 厉：磨砺，勉励。
⑨ 阿：偏袒，庇护。

── •【精彩解说】

第二：

君子会自觉地以实际行动遵循义，世俗的观念虽然认为行不通，但是君子认为行得通。行动不忠于义，举动不遵循义，世俗的观念认为行得通，但君子认为行不通。这么看来，君子的行得通和行不通，就和世俗认为的相反了。因此，有功就接受相应的奖赏，有罪就接受相应的惩罚。假如不应该受赏，赏给自己了也应该谢绝；假如应该受罚，赦免了也是躲不过惩罚的。以这个标准考虑国家大事，就会对国家有长远的利益。要对君主有长远的利益，君子要先内心反省不感到愧疚然后再行动。

孔子拜访齐景公，齐景公就把廪丘送给他当食邑。孔子推辞不愿意接受，回来后就对自己的学生道："我听说过君子有功才可接受俸禄的。而今我想说服齐景公接受我的主张，但是他没有实行，却把廪丘送给了我，这是太不了解我了！"让弟子们赶快套好车，离开了这个国家。孔子这时是平民，他曾在鲁国做过司寇，但是即使拥有万辆兵车的君主也无法和孔子相提并论，禹、汤、文、武的辅佐之臣虽显赫却无法与他相比，是因为他不舍义而苟生啊！

墨子派公上过去越国游说。公上过讲了墨子的想法，越王很高兴，对公上过道："假如您的老师愿意到越国来，寡人愿意把过去吴国的土地阴江沿岸三百社的地方封赏给他。"公上过回去把情况报告给墨子，墨子道："你认为越王会相信我的话，采用我的想法吗？"公上过道："可能性不大。"墨子道："越王不了解我的想法，你也没有领会啊！假如越王听从我的话，采用我的主张，我会量体裁衣，估量自己的食量吃饭，我会以客人自居，不敢谋求做官。假如越王不听从我的话，不采用我的主张，即使把整个越国给我，我也用不上它。越王不听从我的话，不采用我的主张，我却接受他的国家，这是在拿原则做交易。假如用这做交易，何必要去越国，中原哪个国家都是可以考虑的。"大凡对人要仔细考察。在秦国的乡下某地，一对兄弟为了一点儿小利,就互相状告,互相残害。而今墨子能得到越国的土地,但是担心会损害他的道义,所以他拒绝了,这可以说是墨子保持了道德情操。而秦国的那两个乡下人和他就不能比了。

楚国和吴国之间要开战,楚国军队人少,吴国军队人多。楚国的将军子囊道:"我国与吴国作战,必定战败。让君主的军队失败,让君主的名声受辱,使国家的土地受损失,忠臣不忍心这样做。"没有向楚王禀告就跑回来了。到了郊外,派人向楚王禀告说:"我请求被处死。"楚王说:"将军你跑回来,是认为这样做有利啊。现在确实有利,将军你为什么要死呢?"子囊说:"跑回来的如果不加惩处,那么后世当君主将领的人,都会借口作战不利而效法我逃跑。这样,那么楚国最终就会被天下的诸侯打败。"于是就用剑自杀而亡。楚王说:"让我成全将军的道义。"接着赐给他三寸厚的桐木棺材以表惩处,把斧子砧子放在他的棺材上以表示死刑。君主的祸患是,国家被保存住却不知道是什么原因保存住的,国家被丧失掉却不知道是什么原因丧失掉的。这就是保存住国家与丧失掉国家的情况会多次出现的原因。郢、岐的范围扩大,各个诸侯国的臣服,就是由此产生的。楚国自形成国家以后经历了四十二代,以前有灵王被迫在乾谿自杀,子西、子旗被白公胜杀死导致了楚都的混乱局面,楚王在郑袖、州侯的纵容下干了一些奸邪的事情,但是现在楚仍是个拥有万辆兵车的大国,也许这就是因为它有像子囊这样的臣子吧!子囊的行为不仅仅能激励一代臣子。

楚昭王在位的时候,有个贤士名字叫石渚,为人公正无私,他被楚昭王派去处理政务。他在路上遇见一个杀了人的人,就追赶上这个人,结果此人是他的父亲。他掉转车子返回,站在朝廷上道:"凶犯是我的父亲,杀死自己的父亲我不忍心;袒护罪犯,不顾国家的刑法这也是不行的。执行法律的时候没有执行好是应该受处罚的,此乃臣子的道义。"然后趴在斧锧上受死。楚昭王道:"没有追赶上杀人的人,怎么就一定要受处罚呢?你就重新担任这个职务吧。"石渚推辞道:"如果不爱自己的父亲,那是不孝的;为君主做事而违法,就不是忠臣。您下令赦免我,是您的恩惠;不敢废除刑法,这是我的操行。"就这样,他没有让别人把刑具去掉,就在朝廷上当场自杀了。依据国家公正的刑法,违反了法律是要处以死刑的。父亲犯法,儿子不忍心处死,君主赦免了自己,但自己为了道义不接受。石渚作为臣子,真是又忠又孝啊!

上 德

[题解]

"上德"即崇尚道德,也就是以德为上。本篇旨在论述德和义是治理天下和国家的根本,提倡德政。凡事都应注重德义,治理国家也如此。用德义治理国家,就能"不赏而民劝,不罚而邪止",宣扬了德义的威力。文中也指出"严罚厚赏,此衰世之政也"。

三曰:

为①天下及国,莫如以德,莫如行义。以德以义,不赏而民劝②,不罚而邪止。此神农、黄帝之政也。以德以义,则四海之大,江河之水,不能亢矣;太华之高,会稽之险,不能障矣;阖庐之教,孙、吴之兵,不能当矣。故古之王者,德回③乎天地,澹乎四海,东西南北,极日月之所烛。天覆地载,爱恶不臧。虚素以公,小民皆之,其之敌而不知其所以然,此之谓顺天。教变容改俗,而莫得其所受之,此之谓顺情。故古之人,身隐而功著,形息④而名彰,说通而化奋,利行乎天下,而民不识。岂必以严罚厚赏哉?严罚厚赏,此衰世之政也。

三苗不服,禹请攻之,舜曰:"以德可也。"行德三年,而三苗服。孔子闻之,曰:"通乎德之情,则孟门、太行不为险矣。故曰德之速,疾乎以邮⑤传命。"周明堂金在其后,有以见先德后武也。舜其犹此乎!其臧武通于周矣。

晋献公为丽姬远太子。太子申生居曲沃，公子重耳居蒲，公子夷吾居屈。丽姬谓太子曰："往昔君梦见姜氏。"太子祠而膳⁶于公，丽姬易之。公将尝膳，姬曰："所由远，请使人尝之。"尝人，人死；食狗，狗死。故诛太子。太子不肯自释，曰："君非丽姬，居不安，食不甘。"遂以剑死。公子夷吾自屈奔梁。公子重耳自蒲奔翟。去翟过卫，卫文公无礼焉。过五鹿，如齐，齐桓公死。去齐之曹，曹共公视其骈胁，使袒而捕池鱼。去曹过宋，宋襄公加礼焉。之郑，郑文公不敬，被瞻谏曰："臣闻贤主不穷穷。今晋公子之从者，皆贤者也。君不礼也，不如杀之。"郑君不听。去郑之荆，荆成王慢焉。去荆之秦，秦缪公入之。晋既定，兴师攻郑，求被瞻。被瞻谓郑君曰："不若以臣与之。"郑君曰："此孤之过也。"被瞻曰："杀臣以免国，臣愿之。"被瞻入晋军，文公将烹之，被瞻据镬而呼曰："三军之士皆听瞻也：自今以来，无有忠于其君，忠于其君者将烹。"文公谢焉，罢师，归之于郑。且被瞻忠于其君，而君免于晋患也；行义于郑，而见说⁷于文公也。故义之为利博矣。

墨者钜子孟胜，善荆之阳城君。阳城君令守于国，毁璜以为符，约曰："符合听之。"荆王薨，群臣攻吴起，兵于丧所，阳城君与焉。荆罪之，阳城君走。荆收其国。孟胜曰："受人之国，与之有符。今不见符，而力不能禁，不能死，不可。"其弟子徐弱谏孟胜曰："死而有益阳城君，死之可矣；无益也，而绝墨者于世，不可。"孟胜曰："不然。吾于阳城君也，非师则友也，非友则臣也。不死，自今以来，求严师必不于墨者矣，求贤友必不于墨者矣，求良臣必不于墨者矣。死之，所以行墨者之义，而继其业者也。我将属⁸钜子于宋之田襄子。田襄子，贤者也，何患墨者之绝世也？"徐弱曰："若夫子之言，弱请先死以除路。"还⁹殁头前于孟胜。因使二人传钜子于田襄子。孟胜死，弟子死之者百八十。三人以致令于田襄子，欲反死孟胜于荆，田襄子止之曰："孟子已传钜子于我矣，当听。"遂反死之。墨者以为不听钜子不察。严罚厚赏，不足以致此。今世之言治，多以严罚厚赏，此上世之若客也。

【字词注解】

① 为：治理。

② 劝：努力向善。

③ 回：运转。

④ 形息：身死。

⑤ 邮：古代传递文书、供应食宿车马的驿站。

⑥ 膳：奉献食物。

⑦ 说：同"悦"，喜欢。

⑧ 属：托付。

⑨ 还：转过身去。

【精彩解说】

第三：

治理天下和国家，莫过于用德，莫过于行义。用德行义，不用赏赐，百姓就会一心向善，不用刑罚，奸邪就会终止。这就是神农、黄帝的德政。用德行义，那么四海的广大，长江黄河的流水，都不能抵抗；华山的巍峨，会稽山的险峻，都不能阻拦；吴王阖庐的教化，孙武、吴起的士兵，都抵挡不住。因此，古代的帝王的德行驰骋在天地间、四海内、四方中，一直到日月所能照耀到的地方。他们的德行如天一样覆盖着万物，和地一样负载着万物，不根据自己的好恶隐藏自己的德行。他们说话平静质朴，做事公正，百姓就会模仿他们的德行，百姓和君主一起处事公正，但是自己还不知道为什么会这样，这称为顺乎天性。他们的言传身教改变了百姓的行为和习俗，百姓还不知道自己受了教化，这称为顺应人情。因此，古人自身隐没了，但是功绩显著；即使他们离开了人世，其名声却显扬。他们的主张畅通，教化大行，给百姓带来了好处，但是百姓还没有觉察到。哪里还用到丰厚的奖赏和严酷的刑罚啊？用丰厚的奖赏和严酷的刑罚，这是衰败国家用的政治手段。

三苗部落位于遥远的边疆不肯臣服，禹打算攻打它，舜道："用德政使他们臣服就行了。"于是实施德政三年后，三苗就臣服了。孔子听说了这件事，道："只要理解了德政的本质，那么孟门、太行山也不算是什么险峻的山了。因此，德政只要推行顺利，比用驿车传递命令还要快。"周代的朝堂把金属乐器和器物摆设在后面，这表示先用德来治理，然后再用武力。舜大概就是这么做的吧！他这种重道德轻武力的治理方法一直传至周代。

晋献公宠爱丽姬而逐渐地疏远了太子。太子申生在曲沃居住，公子重耳在蒲城居住，公子夷吾在屈邑居住。丽姬向太子道："前几天夜里君主梦见了您的母亲姜氏。"于是太子就去祭祀了自己的母亲，把食物供奉给了献公，丽姬就用有毒的食品偷换了膳食。献公打算品尝膳食，丽姬道："膳食是远方送来的，先让其他人品尝一下。"结果人吃人死，狗食狗亡。因此献公决定杀太子。太子不愿意自我辩护，道："假如君主离开了丽姬，那么君主睡觉会不安稳，吃饭也不香。"然后就自刎而死。公子夷吾从屈邑逃往梁国。公子重耳从蒲城逃到了翟。离开翟国，途经卫国，卫文公没有以礼相待。又过了五鹿，到了齐国，恰好齐桓公过世了，就离开齐国到了曹国。曹国君主很想看看他紧紧相连的肋骨，就命令他脱掉衣服下池子里捕鱼。然后他又离开了曹国到了宋国，宋襄公友好地接待了他。到了郑国，郑文公不尊重他，被瞻道："古人说过，贤明的君主不会永远处于困厄中的。而今晋公子的随行之人，都是贤德的人。您假如不能以礼待他，还不如杀了他。"郑国的君主没有听他的劝谏。重耳离开郑国到了楚国，楚王对他不友好。重耳于是离开楚国到了秦国，秦穆公把他送回了晋国。重耳继承了国君之位，发兵攻打郑国索求被瞻。被瞻道："不如把我交给晋国吧。"郑国的君主道："都怪我当初没有听您的劝啊。"被瞻道："假如杀死我能使国家保全，我愿意做。"被瞻来到了晋国的军队里，晋文公决定煮死他，被瞻抓住锅边大声喊道："晋国的士兵都听我劝，以后不能再给君主做事了，忠于自己的君主的人会被煮死的。"于是晋文公就向他道歉，撤回了军队，让被瞻安全地回到了郑国。被瞻对自己的君主很忠诚，因而使得自己的国君避免了晋国的危害。他在郑国遵从义办事，也受到晋文公的赞赏。由此看来，义带来的利益是很大的。

墨家学派的钜子孟胜与楚国的阳城君交往友好。阳城君派他守卫自己的食邑，并剖分开璜玉作为符信，和他约定道："只有符信相合后才能听从命令。"楚悼王过世，臣子们开始攻击吴起，双方在楚王停丧的地方开战，阳城君也参与了这件事情。楚国开始给这些臣子们定罪，阳城君逃跑了。楚国打算收回他的食邑。孟胜道："我接受了人家的食邑，以符信为凭证。如今没有见到符信，以我的力量又不能使楚国不收回食邑，我只能殉死了。"其弟子徐弱劝孟胜道："假如死了对阳城君有利是可以死的，如果对他没有什么好处的话，又导致墨家在社会上断绝，这怎么行呢？"孟胜道："事情不是这样的，我对于阳城君不是老师就是朋友，不是朋友就是臣子的关系。假如不为此而死的话，以后没有人会在墨家寻找严师了，也不会在墨家中寻找良友了，更不会在墨家学派中寻找良臣了。我正是为了这些而死的，这样才能实施墨家的道义，才能使墨家的事业继续发扬。我打算把钜子这个职位交付给宋国的田襄子。他是一位贤能的人，没有必要担忧墨家在社会上断绝。"徐弱道："就像您说的，我宁愿先死来扫清道路。"就在孟胜的面前自刎而死。孟胜派了两个人把钜子的职位传给了田襄子。孟胜死后，为他殉死的大约有一百八十人。孟胜的命令被那两个人传达给了田襄子，然后那两个人打算返回楚国为孟胜殉死。田襄子阻止他们道："如今孟胜把职位传给了我，你们应当听我的。"两个人还是回去为孟胜殉死了。墨家学派认为不听钜子的话是不遵守墨家的道义。严酷的刑罚、丰厚的奖赏是不能够达到这个程度的。如今社会上谈论如何治理天下时，普遍认为要严酷的刑罚、丰厚的奖赏，这是古代所不提倡的啊！

用　民

〔题解〕

"用民"即役使百姓。本篇旨在论述使用人民的方法，认为国家存亡的关键在于君主能否正确用民。用民需用一定的方法，需要"太上以义，其次以赏罚"。

四曰：

凡用民，太上以义，其次以赏罚。其义则不足死，赏罚则不足去就①，若是而能用其民者，古今无有。民无常用也，无常不用也，唯得其道为可。

阖庐之用兵也，不过三万。吴起之用兵也，不过五万。万乘之国，其为三万五万尚多，今外之则不可以拒敌，内之则不可以守国，其民非不可用也，不得所以用之也。不得所以用之，国虽大，势虽便，卒虽众，何益？古者多有天下而亡者矣，其民不为用也。用民之论，不可不熟②。

剑不徒断，车不自行，或使之也。夫种麦而得麦，种稷而得稷，人不怪也。用民亦有种，不审其种，而祈民之用，惑莫大焉。

当禹之时，天下万国，至于汤而三千余国，今无存者矣，皆不能用其民也。民之不用，赏罚不充也。汤、武因夏、商之民也，得所以用之也。管、商亦因齐、秦之民也，得所以用之也。民之用也有故，得其故，民无所不用。用民有纪有纲。壹引其纪，万目皆起；壹引其纲，万目皆张。为民纪纲者何也？欲也恶也。何欲何恶？欲荣利，恶辱害。辱害所以为罚充也，荣利所以为赏实也。赏罚皆有充实，则民无不用矣。

阖庐试其民于五湖，剑皆加于肩，地流血几不可止。勾践试其民于寝宫，民争入水火，死者千余矣，遽③击金而却之。赏罚有充也。莫邪不为勇者兴、惧者变，勇者以工，惧者以拙，能与不能也。

夙沙之民，自攻其君而归神农。密须之民，自缚其主而与文王。汤、武非徒能用其民也，又能用非己之民。能用非己之民，国虽小，卒虽少，功名犹可立。古昔多由布衣定一世者矣，皆能用非其有也。用非其有之心，不可察之本。三代之道无二，以信为管④。

宋人有取道者，其马不进，倒而投之鸂（xī）水。又复取道，其马不进，又到而投之鸂水。如此者三。虽造父之所以威马，不过此矣。不得造父之道，而徒得其威，无益于御。人主之不肖者，有似于此。不得其道，而徒多其威。威愈多，民愈不用。亡国之主，多以多威使其民矣。故威不可无有，而不足专恃。譬之若盐之于味，凡盐之用，有所托也。不适，则败托而不可食。威亦然，必有所托，然后可行。恶乎托？托于爱利。爱利之心谕⑤，威乃可行。威太甚则爱利之心息，爱利之心息，而徒疾行威，身必咎矣。此殷、夏之所以绝也。君，利势也，次官也。处次官，执利势，不可而不察于此。夫不禁而禁者，其唯深见此论邪。

【字词注解】

① 去就：行善除恶。

② 熟：了解。

③ 遽：速。

④ 管：枢要，准则。

⑤ 谕：知晓，这里是被知晓的意思。

【精彩解说】

第四：

凡是役使百姓，道义是最重要的方法，其次是使用赏罚。假如使用道义不能够使百姓献出生命，赏罚不能够使百姓弃恶从善，若还能继续役使百姓，从古到今是不曾有过的。百姓不能总是被役使，也不能总是不被役使，只要掌握了其中的道理就可以了。

阖庐用兵不超过三万，吴起用兵不超过五万。万乘之国拥有的兵力比三万五万还多，但是如今对外不能御敌，对内不能保国。它的人民是可以役使的，就是没有掌握好怎样役使人民的方法。这样国家即使地大物博，地势有利，士卒很多，又有什么好处呢？历史上有很多先拥有国家而后又失去国家的例子，是人民不被役使的缘故。因此，对役使百姓的道理，一定要详尽地了解。

一把宝剑不能够凭空砍断东西，车子没有人驾驶是不会自行行走的，正是因为有人役使它们。种下麦子收获麦子，种下谷子收获谷子，对于这些人们没觉得有什么奇怪的。役使人民也需要播下种子，不考察播下的种子，还要役使人民，这就是最大的糊涂啊。

在禹治理国家的时候，有上万个诸侯，到了汤治理天下的时候有三千个诸侯，如今这些诸侯国都已经不存在了，都是因为不能役使人民。不能役使人民，原因是没有充分实施赏罚制度。汤、武利用夏、商的人民，是因为他们掌握了怎样役使百姓的方法。管仲、商鞅凭借着齐、秦两国的人民，也是因为他们掌握了役使百姓的方法。役使是有方法的，掌握了其中的道理就能自由地役使百姓。使用百姓需要一定的纲纪。一引用它的纪，众人的眼睛都抬起注视；一引用它的纲，众人的眼睛都睁大了注视。这么说来，役使百姓的纪、纲是什么呢？应该是他们想要的和讨厌的。人民究竟想要什么，到底又讨厌什么？他们想要的是荣誉和利益，讨厌的是耻辱和灾难。耻辱和灾难是用来实施惩罚的，荣誉和利益是用来兑现奖赏的。赏罚假如实现了，百姓就能役使了。

阖庐在五湖地区试探百姓，剑刺到肩膀上，流血遍地，也不能阻止百姓前进。越王勾践在寝宫放火来试探百姓，百姓争先恐后地出入水火之中，死伤千余人，勾践赶快鸣钟制止百姓继续前进。这主要是赏罚实现了的缘故啊！莫邪这样的好剑不因使用它的人勇猛还是胆小而改变它的锋利程度，勇猛的人得到它会变得更加灵巧，胆小的人有了它会变得更加笨拙，这就是他们是否善于使用它的缘故。

夙沙国的人杀死他们的君主归顺了神农氏。密须国的人绑住他们的君主奉送给了周文王。汤、武不仅仅役使本国的百姓，而且还役使他国的百姓。能够役使他国的百姓，虽然国家小，士兵少，还是可以建功立业的。历史上有很多从普通人而一举成名夺得天下的，主要是他们能够役使他国的百姓归顺自己。心里想要役使不属于自己的百姓，一定要考察清楚根本。夏、商、周在用人方面的独一无二的方法，就是将诚信作为关键。

宋国有个人即将远行，但是他的马不前行，他就把马杀死扔到了溪水中。他又重新赶路，但是他的马仍然不肯前进，他又把马杀死扔到了溪水中。就这样反复了几次。即使是造父驯马的威严做法，也不过如此。这个宋国人没有造父驯马的技术，只有驯马的威严，这些对于驭马没有什么益处。不贤能的君主，就和这个宋国人相似。他们没有掌握怎样役使人民的方法，只会用严厉的刑罚。刑罚越多，人民越不容易被役使。亡国的那些君主，就是因为多用刑罚来役使人民。不可以没有刑罚，但是不能只用这一种方法。就好比盐和口味的关系，一般使用盐一定要有个度，假如用量不合适，味道就不好。使用刑罚也是一样的，一定要有个度，这样才可行。究竟依据什么呢？是爱和利。让君主的爱和利的心被人民知晓，刑罚才可以用。刑罚过于严苛就会导致爱和利的心消失。如果爱和利的心消失了，那么使用刑罚也是徒劳的，而且还会招来灾祸。殷、夏就是因为这才灭亡的。君主处在有利的高贵地位，能决定官吏的等级。君主处于决定官吏等级的这个位置上，有利有势，一定要小心谨慎、明察秋毫。即便不用刑罚就可起到禁止的作用，也许只有深刻地认识到这个道理才能实现吧。

适 威

〔题解〕

本篇论述要适度威严。治理国家仅仅依靠惩罚、杀戮,让民众就会对国家失去信任;君主善待百姓,百姓就会拥戴君主;君主为民除患造福,就能无敌于天下;君主的威严如果超过限度走到极端必然会失败。这些观点反映了作者的民本思想。

五曰:

先王之使其民,若御良马,轻任①新节,欲走不得,故致千里。善用其民者亦然。民日夜祈用而不可得,若得为上用,民之走之也,若决积水于千仞之溪,其谁能当之?

《周书》曰:"民,善之则畜也,不善则雠也。"有雠而众,不若无有。厉王,天子也,有雠而众,故流于彘,祸及子孙,微召公虎而绝无后嗣。今世之人主,多欲众②之,而不知善,此多其雠也。不善则不有。有必缘其心,爱之谓也。有其形不可谓有之。舜布衣而有天下,桀天子也而不得息③,由此生矣。有无之论,不可不熟。汤、武通于此论,故功名立。

古之君民者,仁义以治之,爱利以安之,忠信以导之,务除其灾,思致其福。故民之于上也,若玺之于涂也,抑之以方则方,抑之以圜则圜;若五种之于地也,必应其类,而蕃息于百倍。此五帝三王之所以无敌也。身已终矣,而后世化之如神,其人事审④也。

魏武侯之居中山也,问于李克曰:"吴之所以亡者何也?"李克对曰："骤⑤战而骤胜。"武侯曰："骤战而骤胜，国家之福也，其独以亡，何故？"对曰："骤战则民罢，骤胜则主骄。以骄主使罢民，然而国不亡者，天下少矣。骄则恣，恣则极物；罢则怨，怨则极虑。上下俱极，吴之亡犹晚。此夫差之所以自殁于干隧也。"

东野稷以御见庄公，进退中绳，左右旋中规。庄公曰："善。"以为造父不过也。使之钩百而少及焉。颜阖入见，庄公曰："子遇东野稷乎？"对曰："然，臣遇之。其马必败。"庄公曰："将何败？"少顷，东野之马败而至。庄公召颜阖而问之曰："子何以知其败也？"颜阖对曰："夫进退中绳，左右旋中规，造父之御，无以过焉。乡⑥臣遇之，犹求其马，臣是以知其败也。"

故乱国之使其民，不论人之性，不反人之情，烦为教而过不识，数为令而非不从，巨为危而罪不敢，重为任而罚不胜。民进则欲其赏，退则畏其罪。知其能力之不足也，则以为⑦继矣。以为继知，则上又从而罪之，是以罪召罪。上下之相雠也，由是起矣。

故礼烦则不庄，业烦则无功，令苛则不听，禁多则不行。桀、纣之禁，不可胜数，故民因而身为戮，极也，不能用威适。子阳极也好严，有过而折弓者，恐必死，遂应猘⑧狗而弑子阳，极也。周鼎有窃曲，状甚长，上下皆曲，以见极之败也。

【字词注解】

① 任：负担。
② 众：使众多。
③ 息：安定。
④ 审：仔细考察，详究。
⑤ 骤：屡次。
⑥ 乡：通"向"，刚才。
⑦ 为：通"伪"。
⑧ 猘：狗发疯。

──●【精彩解说】

第五：

先王役使本国的百姓，就像驾驭骏马一样，轻快上路，手中执鞭，马即使想乱跑也不行，所以才能到达千里的地方。善于役使百姓的人也是这样的。百姓日夜祈求被役使却不能，假如百姓被君主役使，就会为国家效命，就好比积水从万丈高的溪流中冲出来，没有人能够阻挡得住。

《周书》上道："百姓，如果善待他们，他们就为君主效力，否则就会变成君主的仇人。"仇人很多，就不如没有仇人好。周厉王有很多仇人，因此被流放到了彘地，还祸及后代，假如没有召公虎就会断了后代。现在的君主都希望自己的百姓众多，但是不知道怎样善待他们，这就是增加仇人的做法。对百姓不好，就得不到百姓的爱戴。得到百姓爱戴的原因在于内心的仁爱，光在形式上表现仁爱并不能真正拥有民心。舜是平民却拥有了天下，夏桀虽然是天子却不得安居其位，这些都是从是否得民心的道理产生出来的。得民心，得天下；失民心，失天下。这个道理一定要了解透彻。汤、武掌握了这个道理的精髓，才建立了功业。

历史上统治百姓的君主，采用仁义来治理百姓，用爱和利安定百姓，用忠和信教化百姓，竭尽全力地为百姓消灾灭害，谋求幸福。所以说，百姓和君主的关系，就好比把玺印按压在泥上一样，用方形的按压就成为方形，用圆形的按压就成为圆形的；就好比把五谷种到地里，收获的是相同的东西，并且数量是原来的百倍之多。这就是五帝三王称霸天下的原因。这些人虽然已经成为历史，但是后人把他们当神来供奉着，主要是他们洞悉人心、体贴民意、会役使百姓。

魏武侯在中山向李克问道："导致吴国被灭的原因是什么呢？"李克道："是屡战屡胜。"魏武侯道："屡战屡胜是一个国家的福气，但是为什么吴国因为这个而灭亡了呢？"李克道："屡战使国内的人民精疲力竭，屡胜导致了君主的骄横。用骄横的君主役使精疲力竭的百姓，不被消灭是很少见的。骄横就会导致君主放纵自己，放纵以后君主就会尽情享受自己所欲之物；精疲力竭的百姓就会怨恨，怨恨就会因此而生心机并且使用心机。这样君主享尽所欲之物而百姓用尽心机，吴国被消灭还算是比较晚的。这也是夫差在干隧自杀的原因了。"

东野稷为庄公表演驾驭马车的技术，他的马前后进退、左右旋转都符合规矩。庄公道："不错。"庄公认为造父驾车的技术都不如他。然后东野稷又让自己的马绕一百个圈子再回来。后来颜阖拜访庄公，庄公道："你碰见东野稷了吗？"颜阖道："见到了，他的马一定很累了。"过了一段时间，东野稷的马回来果然很累。庄公召回颜阖问道："你是如何知道他的马很累呢？"颜阖道："他的马前后进退、左右旋转都符合规矩，造父驾车的技术还不如他。刚才我遇见他，他还在苛求自己的马呢，所以我猜想他的马一定很累。"

所以国内混乱的君主役使百姓，不了解百姓的本来性情，不按人之常情。制定的法令太多，还责备百姓不好好地掌握；多次下达命令，还非难百姓无所适从；导致百姓面临巨大的危险，还对百姓不敢赴难加以惩罚；导致百姓负担繁重的任务，还对他们不能胜任而加以惩罚。百姓往前走是为了得到赏赐，后退是害怕受到惩罚。百姓明白自己能力不足的时候就会弄虚作假。一旦做出虚假的事情，君主觉察到了就会对他们加以处罚。这是因为害怕犯罪而犯罪。百姓和君主成为仇敌是因为这引起的。

礼节过多就会显得不庄重，事情烦琐就不能成功，法令苛刻就不会被听从，禁令太多就会行不通。桀、纣的禁令不可胜数，为此百姓推翻了他们，导致了他们被杀，这是因为他们过分到了极点。郑子阳好严厉，有个人犯了过错把弓折断了，害怕被杀死，于是趁追赶疯狗的机会把子阳杀了，这是子阳太过严厉的缘故。周代鼎有很多窈曲的花纹，上下很长而且还弯曲，就是用来表明过犹不及的害处。

拓展阅读

孙武练兵

春秋时期，著名的军事家孙武还没有出名的时候，带着自己写的《孙子兵法》去见吴王。

吴王将兵法看完，不禁啧啧称奇，但忽然产生一个念头：这兵法看起来头头是道，却不知是否实用呢？于是，吴王对孙武说："你的兵法我已经读过，实在是受益良多，但不知实行起来如何，可否用它小规模地演练一下？"

孙武回答说："可以。"

吴王想给孙武出个难题，便要求用宫女来演练。吴王下令将一百八十名宫女召到练兵场上，交给孙武去演练。

孙武把一百八十名宫女分为左右两队，并指定吴王最宠爱的两位美姬为左右队长，让她们带领宫女操练。

分派已定，孙武站在指挥台上，认真宣讲操练要领。他说："你们都知道自己的前心、后背和左右手吧？向前，就是要目视前方；向右，视右手；向左，视左手；向后，视后背。一切行动，都以鼓声为准。你们都听明白了吗？"

"听明白了。"宫女们回答。

孙武把一些军事的基本动作教给她们，并告诫她们要遵守军令，不可违背。不料孙武击鼓发令时，宫女们觉得好玩，一个个笑了起来。孙武以为自己话没说清楚，便重复一遍。等第二次再发令，宫女们还是嘻嘻哈哈，使得队形大乱。这次孙武生气了，便下令把队长拖去斩首，理由是队长领导无方。

吴王见孙武要杀掉自己的爱姬，连忙派人传话说："没有这两个美人侍候，寡人吃饭没有味道。寡人已经知道将军能用兵了，算了吧，请将军饶了她们。"

孙武毫不留情地说："君王既然命我训练她们，就必须依照军队的规定来办事。任何人违背了军令都要受罚，她们也不能例外。"孙武执意杀掉了两位队长，并任命两队的排头充当队长，继续练兵。

宫女们看到此人连吴王最宠爱的妃子都敢杀，无不心下骇然，训练时全神贯注，生怕有所疏漏而被斩首。这一次再击鼓，众人前后左右相当整齐，跪下站起也丝毫不乱，规矩得可用绳墨来测量，而且没有一个敢发出笑声。

此时孙武派人向吴王报告："士兵已经训练整齐，请大王检阅。"吴王因为失去爱姬，非常不高兴。孙武去见吴王，说："令行禁止、赏罚分明，这是兵家的常法和为将治军的通则。对士卒一定要严格要求，他们才会听从号令，打仗才能克敌制胜。"

听了孙武的解释，吴王消了气，并拜孙武为将军。在孙武的严格训练下，吴军的战斗能力有了明显提高。

恃君览第八

恃 君

[题解]

本篇主要讲述"君道"。作者认为君道很早产生,有其必然性和合理性。因为个人不能抵御各种自然灾害,人之所以成为万物之长,在于人能在聚居中互利共生。文中列举了在太古时代没有君主造成的祸患灾难,提出只有设立天子才能为天下苍生、为国家谋利益和幸福,同时告诫君主要一心为民谋利而不要过分谋个人私利。

一曰:

凡人之性,爪牙不足以自守卫,肌肤不足以捍寒暑,筋骨不足以从利辟害,勇敢不足以却猛禁悍。然且犹裁万物,制禽兽,服狡虫,寒暑燥湿弗能害,不唯先有其备,而以群聚邪!群之可聚也,相与利之也。利之出于群也,君道立也。故君道立则利出于群,而人备可完矣。

昔太古①尝无君矣,其民聚生群处,知母不知父,无亲戚②兄弟夫妻男女之别,无上下长幼之道,无进退揖让之礼,无衣服、履带、宫室、畜积之便,无器械、舟车、城郭、险阻之备。此无君之患。故君臣之义,不可不明也。

自上世以来,天下亡国多矣,而君道不废者,天下之利也。故废其非君,而立其行君道者。君道何如?利而物③利章。

非滨之东,夷秽之乡,大解、陵鱼、其、鹿野、摇山、扬岛、大人之居,多无君;扬、汉之南,百越之际,敝凯诸、夫风、余靡之地,缚娄、阳禺、骧（huān）兜之国，多无君；氐、羌、呼唐、离水之西，僰人、野人、篇笮之川，舟人、送龙、突人之乡，多无君；雁门之北，鹰隼、所鸷、须窥之国，饕餮、穷奇之地，叔逆之所，儋耳之居，多无君。此四方之无君者也。其民麋鹿禽兽，少者使长，长者畏壮，有力者贤，暴傲者尊，日夜相残，无时休息④，以尽其类。圣人深见此患也，故为天下长虑，莫如置天子也；为一国长虑，莫如置君也。置君非以阿君也，置天子非以阿天子也，置官长非以阿官长也。德衰世乱，然后天子利天下，国君利国，官长利官。此国所以递兴递废也，乱难之所以时作也。故忠臣廉士，内之则谏其君之过也，外之则死人臣之义也。

豫让欲杀赵襄子，灭须去眉，自刑以变其容，为乞人而往乞于其妻之所。其妻曰："状貌无似吾夫者，其音何类吾夫之甚也？"又吞炭以变其音。其友谓之曰："子之所道甚难而无功。谓子有志则然矣，谓子智则不然。以子之材而索⑤事襄子，襄子必近子。子得近而行所欲，此甚易而功必成。"豫让笑而应之曰："是先知报后知也，为故君贼新君矣，大乱君臣之义者无此，失吾所为为之矣。凡吾所为为此者，所以明君臣之义也，非从易也。"

柱厉叔事莒敖公，自以为不知，而去居于海上。夏日则食菱芡，冬日则食橡栗。莒敖公有难，柱厉叔辞其友而往死之。其友曰："子自以为不知故去，今又往死之，是知与不知无异别也。"柱厉叔曰："不然。自以为不知故去，今死而弗往死，是果知我也。吾将死之，以丑⑥后世人主之不知其臣者也，所以激君人者之行，而厉人主之节也。行激节厉，忠臣幸于得察。忠臣察则君道固矣。"

【字词注解】

① 太古：远古时代。
② 亲戚：指父母。
③ 物：通"勿"。
④ 休息：止息，停止。
⑤ 索：求。
⑥ 丑：惭愧。这里用如使动，使……惭愧。

【精彩解说】

第一：

就人的本质来说，手脚不能使自己安全，肌肤不能够抵御寒暑，筋骨不能够使人趋利避害，勇武不能够使人击退凶猛强悍之物。但是人还能够主宰万物，能够制服野兽毒虫，寒暑潮湿不能为害，这正是人们事先有所准备而群居的呀！人们群居是能够彼此获得利益的，所以君主的标准一旦确立，利益就会从群居中产生，而人事方面也就准备齐全了。

从前在远古时代是没有君主的，那个时候人们过着群居生活，只知道母亲而不知道父亲，没有父母、兄弟、夫妻、男女的区分，没有出现上下、老幼的统一标准，没有出现进退拱让的礼仪，没有衣服、鞋子、衣带、房子、积蓄等一些使人方便的东西，没有器械、车船、城郭、险隘。这是没有君主所导致的祸患。所以，君主和臣子一定要有所区分。

自上古时代，天下被灭亡的国家很多，但是君主的原则始终没有被废弃，这是因为对天下有利。所以，要坚决废掉那些没有按照君主原则办事情的人，拥护那些按君主原则办事情的人。什么是君主的原则呢？那就是利民而不利己的原则。

非滨以东，夷人居住的秽国，大解、陵鱼、其、鹿野、摇山、扬岛、大人等部族居住的地方，大都没有君主；扬州、汉水以南，百越人居住的地方，敝凯诸、夫风、余靡等部落，缚娄、阳禺、骧兜这些国家，大都没有君主；氐族、羌族、呼唐、离水以西，僰人、野人、篇笮川那里，舟人、送龙、突人等部落，大都没有君主；雁门以北，鹰隼、所鸷、须窥等国家，饕餮、穷奇等地方，叔逆、儋耳等部落，大都没有君主。生活在这四个地方的人们像麋鹿野兽一样，年少的人可役使年老的，年老的人害怕威猛的人，谁有气力就被认为是贤能的人，残暴骄横的人受到尊重，人们日夜相互残杀，从来没有停止过，想方设法灭掉自己的同类。圣人洞察了这样的灾祸，所以为了天下做出更长远的打算，那就是立天子；为了国家做出长远的打算，那就是立国君。立国君不是为了让国君谋求私利，立天子不是为了让天子谋求私利，立长官不是为了让长官谋求私利。假如天下大乱、道德沦丧，那么天子才会凭借天下谋求私利，国君借助国家谋求私利，长官借助官职谋求私利。这是一个国家消失后又兴起一个国家的缘由，也是混乱和灾难时常发生的原因。因此，忠臣和贤士，对内就要对自己的国君劝谏以便阻止国君的错误做法，对外就要勇于为维护臣子的道义而牺牲。

豫让打算刺杀赵襄子，就剃了胡须眉毛，自己把面容毁了，化装成乞丐去他妻子那里乞讨。他的妻子道："这个人长的一点儿也不像我的丈夫，但是声音怎么那么像呢？"然后豫让就食炭改变了自己的声音。他的朋友对他说道："您选择的这条路不仅艰难而且是没有结果的。您是个有志气的人这没有错，但是您不聪明。依您的才能去请求侍奉赵襄子，赵襄子必定亲近您。先接近赵襄子然后再做您想做的事情，这就容易得多了，而且成功的机会也大。"豫让笑着道："此种方法是为了先知遇自己的人去报复后知遇自己的人，是为了过去的主人而杀死新的主人，这就会导致君臣之间的关系更加混乱了，这不是我要行刺的目的。我的目标是为了彰明君臣之义，不是为了选择一条容易的路。"

柱厉叔在侍奉莒敖公的时候，认为自己不被知遇，所以就离开了莒敖公到海边居住。夏天食菱角芡实，冬天到了就吃栗子。莒敖公遇难，柱厉叔就告别了他的朋友打算为莒敖公殉死。他的朋友道："当年你认为自己不被知遇就离开了莒敖公，如今又要为他殉死，这知遇和不被知遇没什么区别了。"柱厉叔道："不对。我自认为没有被知遇，离开了他，而今他死了，我却不为他死，这说明他果真了解我是一个不忠不义的臣子。我打算为他而死，使后世当君主却不了解自己臣子的人感到惭愧，从而激励君主的品行，磨砺君主的节操。君主的品行得到激励，君主的节操被磨砺，忠臣就有幸能被了解。忠臣被了解了，那么君主的准则就能固守了。"

长 利

〔题解〕

"长利"即国家的长远利益。本篇旨在探讨长远利益的问题。文中通过列举伯成子高辞诸侯、周公受封于鲁等事例证明了谋求长远利益的重要性。同时，作者也批评了只图眼前利益和子孙利益而忽视长远利益的错误做法。

二曰：

天下之士也者，虑天下之长利，而固处之以身若也。利虽倍于今，而不便于后，弗为也；安虽长久，而以私其子孙，弗行也。由此观之，陈无宇之可丑亦重矣，其与伯成子高、周公旦、戎夷也，形虽同，取舍之殊，岂不远哉？

尧治天下，伯成子高立为诸侯。尧授舜，舜授禹，伯成子高辞诸侯而耕。禹往见之，则耕在野。禹趋就下风而问曰："尧理天下，吾子①立为诸侯。今至于我而辞之，故何也？"伯成子高曰："当尧之时，未赏而民劝②，未罚而民畏。民不知怨，不知说③，愉愉其如赤子。今赏罚甚数，而民争利且不服，德自此衰，利自此作，后世之乱自此始。夫子盍行乎？无虑吾农事！"协而耰，遂不顾。夫为诸侯，名显荣，实佚乐，继嗣皆得其泽，伯成子高不待问而知之，然而辞为诸侯者，以禁后世之乱也。

辛宽见鲁缪公曰："臣而今而后，知吾先君周公之不若太公望封之知也。昔者太公望封于营丘之渚，海阻山高，险固之地也。是故地日广，子孙弥隆。吾先君周公封于鲁，无山林溪谷之险，诸侯四面以达。是故地日削，子孙弥杀④。"辛宽出，南宫括入见。公曰："今者宽也非周公，其辞若是也。"南宫括对曰："宽少者，弗识也。君独不闻成王之定成周之说乎？其辞曰：'惟余一人，营居于成周。惟余一人，有善易得而见也，有不善易得而诛⑤也。'故曰善者得之，不善者失之，古之道也。夫贤者岂欲其子孙之阻山林之险以长为无道哉？小人哉宽也！"今使燕爵为鸿鹄凤皇虑，则必不得矣。其所求者，瓦之间隙，屋之翳薈⑥也，与一举则有千里之志，德不盛、义不大则不至其郊。愚庳之民，其为贤者虑，亦犹此也。固妄诽訾，岂不悲哉？

戎夷违⑦齐如鲁，天大寒而后门，与弟子一人宿于郭外。寒愈甚，谓其弟子曰："子与我衣，我活也；我与子衣，子活也。我，国士也，为天下惜死；子，不肖人也，不足爱⑧也。子与我子之衣。"弟子曰："夫不肖人也，又恶能与国士之衣哉？"戎夷太息叹曰："嗟乎！道其不济夫！"解衣与弟子，夜半而死。弟子遂活。谓戎夷其能必定一世，则未之识。若夫欲利人之心，不可以加矣。达乎分，仁爱之心识也，故能以必死见其义。

【字词注解】

① 吾子：对人的敬称。
② 劝：勉励向善。
③ 说：同"悦"。
④ 杀：衰弱。
⑤ 诛：责备。
⑥ 翳（yì）蔚：遮盖。
⑦ 违：离开。
⑧ 爱：舍不得。

【精彩解说】

第二：

凡是天下英雄豪杰，都会考虑天下的长远利益，并且自己还要以身作则。即使对当前有加倍的利处，但对后世有不利之处是不会去做的；即使能长久安定，但只为了自己的子孙后代的利益往往是不会去做的。因此，陈无宇的行为是太过火了，他和伯成子高、周公旦、戎夷相比，虽然都是形体相同的人，但是他们的得失取舍是不一样的，这不是有很大的差别吗？

尧治理天下的时候，伯成子高被立为诸侯。尧将帝位传给了舜，舜又让禹继承了帝位，伯成子高就辞掉了诸侯之位去耕地。禹去拜访他，他正好在耕种。禹迅速地走到他的下边道："尧治理天下的时候，把您立为诸侯。而今我继承了帝位您却辞去诸侯一职，是什么缘故呢？"伯成子高答道："尧治理天下的时候，不用奖赏人们就能够勉力向善，不采取什么惩罚措施人们就对做坏事产生畏惧。人们不明白什么是怨恨，更不知道什么是喜悦，就像小孩子一样欢愉。而今奖赏和惩罚不少，但是人们反而你争我抢，谁也不服从谁，道德由此衰微了，人们开始为自己谋取私利。请问您为什么还不走呢？不要打扰我种地了！"然后，面带着和悦之色继续耕种，没有回头看禹一眼。做诸侯很安逸而且又有名望，就连子孙后代都可以承受恩泽，这些事情伯成子高不是不明白，但他还是辞去了诸侯之位，这样做是为了制止后世的混乱啊。

辛宽拜见鲁穆公道："从现在开始，我明白了我们的先君周公在受封问题上还没有太公望明智。以前太公望尚被封到营丘一带海滨的地方，那边海阔山高，险峻固守。因此，他的领域一天比一天扩大，后代越来越兴旺。先君周公被封到鲁国，这里不存在山林的险峻，诸侯可以从四面八方袭击而来。所以，我们的领域越来越小，后代越来越衰败。"辛宽出去后，南宫括拜访鲁穆公。鲁穆公道："辛宽刚才责备周公，他是如此说的。"南宫括道："辛宽年幼无知，不懂得事理。您难道没有听说过周成王在建造成周时说的话吗？他道：'我营建并且居住在成周时，我行善的一方面容易被发现，不好的方面也容易受到谴责。'所以，行善事的人得到天下，行恶事的人失掉天下，这是亘古不变的道理。难道贤能的人想他的后代凭借山林地势的险峻长时期地做坏事吗？可见，辛宽是个小人啊！"如果让燕雀为鸿鹄凤凰谋划，那一定不会得当。它们所谋求的，只不过是瓦缝之间、屋檐之下罢了，哪里比得上鸿鹄凤凰一飞就有飞千里的志向。假如君主德行不高、道义不深就不会飞到他的地盘上。愚笨低俗的人为贤德的人筹划也是这样的。孤陋狂妄、妄自菲薄是非常可悲的事情。

戎夷离开齐国到达了鲁国，当时天气非常寒冷，等他到城门时已经关门了，他就跟一个学生露宿城外。越来越冷了，戎夷对学生道："我的衣服给你，你就能活；你的衣服给我，我就能活。我将来是国家有用的士人，为了天下着想不忍心死；你是个不贤德的人，没有必要爱惜自己的生命。把你的衣服给我吧。"学生道："不贤德的人又怎么会给贤德之人衣服呢？"戎夷道："哎！道义已经没有什么作用了！"然后把自己的衣服脱掉给了学生，自己半夜冻死了。这位学生终于活了下来。若说戎夷将来会使社会安定，这事没有人能够预测到。至于他想有利于他人，这点是不能够怀疑的。他明白生死的区别，他仁爱的心是非常诚恳的，所以他用必死的行为表达了自己的道义。

知 分

〔题解〕

"知分"即明白生与死的区别。本篇论述了明辨死生之分、据义行事的必要性。开篇便提出了文章的主旨："达士者，达乎死生之分。"告诉我们只有通达生死之分，才能依义行事。

三曰：

达士者，达乎死生之分。达乎死生之分，则利害存亡弗能惑矣。故晏子与崔杼盟而不变其义。延陵季子，吴人愿以为王而不肯。孙叔敖三为令尹而不喜，三去令尹而不忧。皆有所达也。有所达则物弗能惑。

荆有次非者，得宝剑于干遂。还反涉江，至于中流，有两蛟夹绕其船。次非谓舟人曰："子尝见两蛟绕船能两活者乎？"船人曰："未之见也。"次非攘臂祛衣，拔宝剑曰："此江中之腐肉朽骨也！弃剑以全己，余奚爱焉！"于是赴江刺蛟，杀之而复上船。舟中之人皆得活。荆王闻之，仕之执圭。孔子闻之曰："夫善哉！不以腐肉朽骨而弃剑者，其次非之谓乎！"

禹南省①，方济②乎江，黄龙负舟。舟中之人五色无主。禹仰视天而叹曰："吾受命于天，竭力以养人。生，性也；死，命也。余何忧于龙焉？"龙俯耳低尾而逝。则禹达乎死生之分、利害之经也。

凡人物者，阴阳之化也。阴阳者，造乎天而成者也。天固有衰嗛③废伏，有盛盈坌息④；人亦有困穷屈⑤匮，有充实达遂。此皆天之容物理也，而不得不然之数也。古圣人不以感私伤神，俞然而以待耳。

晏子与崔杼盟。其辞曰："不与⑥崔氏而与公孙氏者，受其不祥！"晏子俯而饮血，仰而呼天曰："不与公孙氏而与崔氏者，受此不祥！"崔杼不说，直兵造胸，句兵钩颈，谓晏子曰："子变子言，则齐国吾与子共之；子不变子言，则今是已！"晏子曰："崔子，子独不为夫《诗》乎？《诗》曰：'莫莫⑦葛藟（lěi），延于条枚。凯弟君子，求福不回⑧。'婴且可以回而求福乎？子惟⑨之矣！"崔杼曰："此贤者，不可杀也。"罢兵而去。晏子援绥而乘，其仆将驰，晏子抚其仆之手曰："安之！毋失节！疾不必生，徐不必死。鹿生于山，而命悬于厨。今婴之命有所悬⑩矣。"晏子可谓知命矣。命也者，不知所以然而然者也。人事智巧以举错者，不得与焉。故命也者，就之未得，去之未失。国士知其若此也，故以义为之决而安处之。

白圭问于邹公子夏后启曰："践绳之节，四上之志，三晋之事，此天下之豪英。以处于晋，而迭闻晋事，未尝闻践绳之节、四上之志。愿得而闻之。"夏后启曰:"鄙人也,焉足以问?"白圭曰:"愿公子之毋让也!"夏后启曰:"以为可为,故为之,为之,天下弗能禁矣;以为不可为,故释之,释之,天下弗能使矣。"白圭曰:"利弗能使乎?威弗能禁乎?"夏后启曰:"生不足以使之,则利曷足以使之矣?死不足以禁之,则害曷足以禁之矣?"白圭无以应。夏后启辞而出。

凡使贤不肖异:使不肖以赏罚,使贤以义。故贤主之使其下也必义,审赏罚,然后贤不肖尽为用矣。

【字词注解】

① 省:察看,检查。
② 济:过河。
③ 嗛(qiàn):通"歉",不足,匮缺。
④ 蚠(bèn)息:积累和繁殖。蚠,通"坌",坟起,聚积。
⑤ 屈(jué):竭尽。
⑥ 与:亲附。
⑦ 莫莫:繁茂的样子。
⑧ 回:邪曲,邪僻。
⑨ 惟:思,思考。
⑩ 悬:系,这里是掌握的意思。

【精彩解说】

第三:

通晓事理的人,通晓生死的区别。通晓生死的区别,那么利害和存亡就不能使他迷惑了。所以,晏子与崔杼盟誓,但是不改变自己的道义。吴国人打算让延陵季子做国君,但是他不愿意。孙叔敖几次当令尹但是并没有因为这个而高兴,几次不当令尹却不为这个而忧愁。这是因为他们都是通晓事理的人。能够做到通晓事理,外物就不会使他们迷惑了。

楚国人次非,在干隧得到一把宝剑。回来的时候渡长江,到达了江心,有两条蛟龙环绕着他所乘的这条船。次非问船夫:"你以前见过两条蛟龙环绕着船,而龙和船上的人都能够活命吗?"船夫道:"从来没有见过。"次非捋起袖子,伸出胳膊,撩起衣服,拔出宝剑道:"我至多不过成为江上的腐肉烂骨罢了!假如舍弃宝剑能够保全自己,那么我何必爱惜宝剑呢!"于是他跳进江里去刺杀蛟龙，杀死了蛟龙后又上了船。船里的人都活了下来。楚王听说这件事后，封了他执圭的爵位。孔子听说这事后道："好啊！不因为即将成为腐肉烂骨而丢弃宝剑，也许只有次非才能够做到！"

禹到南方视察，在坐船渡江的时候，一条硕大的黄龙把船举了起来。船上所有人都惊慌失色。禹长叹道："我受命于天，竭尽全力养育百姓。生与死是天注定的。我又对龙有什么害怕的呢？"然后，龙就俯下耳朵垂下尾巴游走了。这么说，禹是通晓了生死的区别和利害关系的人。

一切人和物，都是阴阳化育而来的。阴阳是由自然界造就而形成的。自然界本身就存在着衰亡、匮缺、毁弃、隐伏，本来有兴盛、充盈、聚集、生息；人也是一样的，有挫折、紧迫、穷困、匮乏，有充足、富有、高贵、成功。这是大自然包容万物的原则，是不得不如此的规律。历史上的圣人不因为感怀私念而费脑伤神，只是泰然自若地加以对待罢了。

晏子和崔杼盟约。崔杼道："不亲近崔氏而去亲近齐国公室，这是会遭殃的！"晏子低头喝了血，仰头向天呼号道："不亲近齐国公室而亲近崔氏，这是会遭殃的！"崔杼听了以后很不开心，用矛顶着晏子的胸部，用抓钩勾住他的脖子，对他道："你如果改变你刚才所说的话，那么我就和你一起享有齐国；如果你不收回刚才的话，那么我就会杀了你。"晏子道："崔氏，你是不是没有学过《诗经》呢？《诗经》上说：'密密麻麻的葛藤，爬上树干的枝头。贤德的君子，不以奸邪求得幸福。'我怎么能以奸邪来求得幸福呢？你好好想想我说的话吧！"崔杼道："此人是个贤德的君子，不能杀了他。"然后就撤兵离开了。晏子拉着车上的绳索上了车，他的车夫打算快马加鞭离开。晏子轻抚着车夫的手道："安稳点儿。不能够在这个时候失去了礼节啊！快了不一定能活，慢了不一定就会死的。鹿生长在山里，但是厨师掌握着它的命呢。如今我的命就掌握在别人的手里。"晏子可以说是懂得命了。命就是不知道为什么会这样但它就是这样的。依靠耍聪明乖巧来做事的人，是不会理解其中的奥妙的。所以命这东西，靠近它未必能得到，离开它未必能失去。国家的贤士都明白这个道理，所以就让义来做出决断，自己泰然处之就可以了。

白圭问邹公子夏后启道："正直之士的节操，平民百姓的志向，三家分晋的事情，这些都是天下最杰出的。因为我住在晋国，所以经常能够听到晋国的事情，从来没有听说过正直之士的节操、平民百姓的志向。渴望你能说一些。"夏后启道："我是一个陋鄙的人，不值得一问。"白圭道："希望你不要推辞。"夏后启道："认为能做，就去做了，天下谁都不能禁止他；

认为不能做，就不去做了，天下谁也不能驱使他。"白圭道："利益不能驱使他吗？威严不能禁止他吗？"夏后启道："就算生也不能驱使他，利益又怎么能驱使得了他呢？连死亡都不足以禁止他，祸害又怎么能禁止他呢？"白圭无话可答。夏后启就告辞走了。

役使贤德和不贤德人的方法是不一样的：役使不贤德的人用赏罚就可以了，役使贤德的人必须用道义。所以，贤明的君主一定要用道义役使自己的臣子，小心谨慎地使用赏罚制度，于是贤德的人或不贤德的人就都能够为自己所用了。

召 类

〔题解〕

"召类"即类同相召。本篇主要探讨如何做到"类同相召，气同则合，声比则应"。文中认为外患是由内乱导致的，国家内乱外患必定灭亡。因此，要阻止国家灭亡，把国家治理好，君主就要贤明仁爱。只有这样才能获得民心，臣子才能忠心效力君主，国家才能安定，外敌才不会入侵。

四曰：

类同相召，气同则合，声比①则应。故鼓宫而宫应，鼓角而角动。以龙致雨，以形逐影。祸福之所自来，众人以为命，焉不知其所由。故国乱非独乱，有②必召寇。独乱未必亡也，召寇则无以存矣。

凡兵③之用也，用于利，用于义。攻乱则服，服则攻者利；攻乱则义，义则攻者荣。荣且利，中主犹且为之，有况于贤主乎？故割地宝器戈剑，卑辞屈服，不足以止攻，唯治为足。治则为利者不攻矣，为名者不伐矣。凡人之攻伐也，非为利则固为名也。名实不得，国虽强大，则无为攻矣。

兵所自来者久矣。尧战于丹水之浦，以服南蛮；舜却苗民，更易其俗；禹攻曹、魏、屈骜、有扈，以行其教。三王以上，固皆用兵也。乱则用，治则止。治而攻之，不祥莫大焉；乱而弗讨，害民莫长焉。此治乱之化也，文武之所由起也。文者爱之征也，武者恶之表也。爱恶循义，文武有常，圣人之元也。譬之若寒暑之序，时至而事生之。圣人不能为时，而能以事适时。事适于时者，其功大。

士尹池为荆使于宋，司城子罕觞之。南家之墙犨④于前而不直，西家之潦⑤径其宫而不止。士尹池问其故，司城子罕曰："南家工人也，为鞔者也。吾将徙之，其父曰：'吾恃为鞔⑥以食三世矣，今徙之，是宋国之求鞔者不知吾处也，吾将不食。愿相国之忧吾不食也。'为是故，吾弗徙也。西家高，吾宫庳，潦之经吾宫也利，故弗禁也。"士尹池归荆，荆王适兴兵而攻宋，士尹池谏于荆王曰："宋不可攻也。其主贤，其相仁。贤者能得民，仁者能用人。荆国攻之，其无功而为天下笑乎！"故释⑦宋而攻郑。孔子闻之曰："夫修之于庙堂之上，而折冲⑧乎千里之外者，其司城子罕之谓乎！"宋在三大万乘之间，子罕之时，无所相侵，边境四益，相平公、元公、景公以终其身，其唯仁且节与？故仁节之为功大矣。故明堂茅茨蒿柱，土阶三等，以见节俭。

赵简子将袭卫，使史默往睹之，期以一月。六月而后反，赵简子曰："何其久也？"史默曰："谋利而得害，犹弗察也。今蘧伯玉为相，史䲡佐焉，孔子为客，子贡使令于君前，甚听。《易》曰：'涣其群，元吉。'涣者，贤也；群者，众也，元者吉之始也。'涣其群，元吉'者，其佐多贤也。"赵简子按兵而不动。

凡谋者，疑也。疑则从义断事。从义断事，则谋不亏。谋不亏，则名实从之。贤主之举也，岂必旗偾⑨将毙而乃知胜败哉？察其理而得失荣辱定矣。故三代之所贵，无若贤也。

【字词注解】

① 比：相近。
② 有：通"又"。
③ 兵：军队，此指发动战争。
④ 犨（chōu）：突出。

⑤ 潦：地面的积水、雨水。

⑥ 鞔（mán）：本指鞋帮，引申指鞋。

⑦ 释：舍弃。

⑧ 折冲：指击退敌军。

⑨ 偾：仆倒。

• 【精彩解说】

第四：

物质同类就能相互吸引，气味相同就能相互投合，声音相近就能相互应和。所以敲击宫音的乐器则其他的宫音的乐器就会同鸣，敲击角音的乐器其他的角音的乐器就会共振。龙能招来雨，凭借形状就能找到影子。祸福的到来，一般人会认为这就是命，从来不明白它们到来的原因。所以国家混乱不仅仅是内乱，还有外患。内乱不一定会导致国家灭亡，招致了外患那么国家就没有办法保存了。

但凡使用军队作战，应该用在对自己有利的时候，用在符合道义的时候。攻打内乱的国家就能使其臣服于自己，内乱国家臣服了，那么攻打的国家就会得到利益；攻打内乱的国家是符合道义的，符合了道义，那么攻打的国家就会荣耀。既有利益又荣耀，一般才能的君主尚且这样做，何况是贤能的君主呢？所以割让土地，献出宝物，送上宝剑，言辞谦卑，向人屈服，这些都不足以阻止其他国家的进攻，只有国家治理好了才能阻止他国的攻打。国家治理好了，那么想追求利益的其他国家不敢攻打了，追求名声的其他国家不敢讨伐了。通常攻打他国的国家，不是为了利益就是为了名声。两者都得不到，那想攻打他国的国家即使再强盛，也不会发动进攻了。

战争的产生已经有很长时间了。尧在丹水边上作战，是为了征服南蛮；舜击退了苗民，改变了他们的风俗；禹攻打了曹、魏、屈骜、有扈，为了推行他的教化。由三王往上，本就都用过兵。一个国家治理得好却攻打它，没有比这个更晦气的了。一个国家很混乱却不去讨伐它，对人们的残害没有比这个更大的了。依据治乱不同所采取的策略也是不同的，用文、用武就是从这个开始的。用文是喜爱的表现，用武是厌恶的表现。喜爱和厌恶都遵循着一定的原则，它们都是有常规的，这是圣人的根本。就好比寒暑的更替，时节到了就会做出反应。圣人不能改变时节，但是能使所做的事情顺应时节。做的事情顺应了时节，那么功效也就会越大。

士尹池作为楚国使者到了宋国，司城子罕宴请他。子罕南边的邻居家的墙向前突出却还没有拆除使它垂直，西边邻居家积水流过子罕家的院子却不加以制止。士尹池问他原因，司城子罕道："南边的邻居是做鞋的工匠。我让他搬家，他的父亲道：'我家靠做鞋谋生已经三代了，而今让我搬家，宋国那些要买鞋的不知道我的住处，我就吃不上饭了。希望相国能够怜悯我。'因为这个缘故，我就没有让他搬家。西边的邻居院子地势很高，我的院子地势低，积水流过我家的院子是非常容易的，所以我就没有加以制止。"士尹池回到了楚国，楚王打算发兵袭击宋国，士尹池劝谏道："不能袭击宋国。它的君主贤明，它的相国仁德。贤明的君主能够赢得民心，仁德的臣子能够使别人为他出力。楚国袭击它，也许不会成功，反而招来天下人的耻笑啊！"楚王因此放弃了袭击宋国的打算改去攻打郑国。孔子听说了这件事后道："在朝廷上修养自己的品德，能够胜敌于三千里之外，这也许就是司城子罕吧！"宋国地处三个拥有万乘兵车的大国之间，然而司城子罕做相的时候，宋国从来没有受到过侵犯，四方边界也很平安，他辅佐了平公、元公、景公一直到死，这就是他的仁德和节俭的作用啊。所以说仁德和节俭的功效真大。因此，天子理事的朝堂用茅草覆盖屋顶，用蒿秆做柱子，土台阶只有三层，用这些来表示节俭。

　　赵简子将要袭击卫国，派史默到卫国探查情况，约定一个月期限。过了六个月史默才回来，赵简子道："为什么去了这么久呢？"史默道："袭击卫国是为了给我国谋求利益，但是结果反而受其灾祸，这种情况您还不知道吧。而今蘧伯玉做卫国的相国，史鰌辅佐卫国，孔子又在卫国做宾客，子贡在卫君面前供差使，卫君非常信任他们。《周易》道：'涣其群，元吉。''涣'是贤德的意思，'群'是众多的意思，'元'是吉利开始的意思。这几个字合起来就是辅佐他的是很多贤德的人。"赵简子听后决定按兵不动。

　　但凡进行谋划，都是因为有疑惑。有疑惑，就要根据义的原则来决断事情。依据这个，那么谋划就不会失当。谋划不失当，名声和实力就会跟着到来。贤明的君主行事，难道一定弄得旗倒将死才明白胜败吗？明察事理，那么得失荣辱就可确定。所以，夏、商、周三代所尊崇的，无非就是贤德。

达 郁

[题解]

"达郁"指使郁结的东西通达。本篇主要论述君主要重视贤臣,善于听取意见。作者指出人的身心郁结就会生病,水木郁结就会腐烂发臭生虫,国家也是一样,国家郁结就会问题百出。一国之君德行不通达,则无法满足人民的愿望需求,就会造成百恶并起,灾难丛生。因此,君主应该重视贤臣,广纳谏言,排除国家的壅闭,实现上下的畅通。

五曰:

凡人三百六十节,九窍、五藏、六府。肌肤欲其比①也,血脉欲其通也,筋骨欲其固也,心志欲其和也,精气欲其行也。若此则病无所居,而恶无由生矣。病之留、恶之生也,精气郁也。故水郁则为污,树郁则为蠹,草郁则为蒉②。国亦有郁。主德不通,民欲不达,此国之郁也。国郁处久,则百恶并起,而万灾丛至矣。上下之相忍也,由此出矣。故圣王之贵豪士与忠臣也,为其敢直言而决郁塞也。

周厉王虐民,国人皆谤。召公③以告,曰:"民不堪命矣!"王使卫巫监谤者,得则杀之。国莫敢言,道路以目。王喜,以告召公,曰:"吾能弭④谤矣!"召公曰:"是障之也,非弭之也。防民之口,甚于防川。川壅而溃,败⑤人必多。夫民犹是也。是故治川者决之使导,治民者宣之使言。是故天子听政,使公卿列士正谏,好学博闻献诗,矇⑥箴,师⑦诵,庶人传语,近臣尽规,亲戚补察,而后王斟酌焉。是以下无遗善,上无过举。今王塞下之口，而遂上之过，恐为社稷忧。"王弗听也。三年，国人流王于彘。此郁之败也。郁者不阳也。周鼎著鼠，令马履之，为其不阳也。不阳者，亡国之俗也。

管仲觞⑧桓公。日暮矣，桓公乐之而征烛。管仲曰："臣卜其昼，未卜其夜。君可以出矣。"公不说，曰："仲父年老矣，寡人与仲父为乐将几之！请夜之⑨。"管仲曰："君过矣。夫厚于味者薄于德，沉于乐者反于忧。壮而怠则失时，老而解则无名。臣乃今将为君勉之，若何其沉于酒也！"管仲可谓能立行矣。凡行之堕也于乐，今乐而益饬；行之坏也于贵，今主欲留而不许。伸志行理，贵乐弗为变，以事其主。此桓公之所以霸也。

列精子高听行乎齐湣王，着束布衣、白缟冠、颡推之履，特会朝而祛步⑩堂下，谓其侍者曰："我何若？"侍者曰："公姣且丽。"列精子高因步而窥于井，粲然⑪恶丈夫之状也。喟然叹曰："侍者为吾听行于齐王也，夫何阿哉！又况于所听行乎？"万乘之主，人之阿之亦甚矣，而无所镜⑫，其残亡无日矣。孰当可而镜？其唯士乎！人皆知说镜之明己也，而恶士之明己也。镜之明己也功细，士之明己也功大。得其细，失其大，不知类耳。

赵简子曰："厥也爱我，铎也不爱我。厥之谏我也，必于无人之所；铎之谏我也，喜质⑬我于人中，必使我丑。"尹铎对曰："厥也爱君之丑也，而不爱君之过也；铎也爱君之过也，而不爱君之丑也。臣尝闻相人于师，敦颜而土色者忍丑。不质君于人中，恐君之不变也。"此简子之贤也。人主贤则人臣之言刻。简子不贤，铎也卒不居赵地，有况乎在简子之侧哉？

【字词注解】

① 比：细密，细腻。

② 蒉（kuài）：芜秽。

③ 召公：召穆公。

④ 弭：止。

⑤ 败：伤害。

⑥ 矇（méng）：盲人。

⑦ 师：乐官。

⑧ 觞:请人喝酒。
⑨ 夜之:夜里继续饮酒。
⑩ 袪步:撩起衣服走路。
⑪ 粲然:显明的样子。
⑫ 镜:用如动词,照。
⑬ 质:质正。

──•【精彩解说】

第五:

凡是人都有三百六十个骨节,有九窍、五脏、六腑。肌肤应该让它细腻,血脉应该让它畅通,筋骨应该让它强壮,心志应该让它平和,精气应该让它运行。这样,病痛就无处居留,而恶疾就无从产生了。病痛的居留,恶疾的产生,是因为精气闭结。因此,水闭结就会变得浑浊,树闭结就会生蛀虫,草闭结就会枯死。国家也有闭结。君主的德行不通达,百姓的欲望无法实现,这就是国家的闭结。国家的闭结存在的时间长了,那么各种邪恶就会一起产生,所有灾难也会一起出现了。高官与下民的相互残害,也会由此产生。所以圣明的君主尊重豪杰之士和忠臣,因为他们敢于直言进谏而解除国家的闭结。

周厉王虐待百姓,百姓就指责他。召公把这些情况告诉了周厉王,道:"百姓不能够忍受您的政令了!"周厉王派卫国的巫者监视敢于指责他的百姓,抓住以后就杀掉。国中没有人敢讲话,彼此在路上相遇只是用眼睛看看而已。周厉王很开心,就把这种情况告诉了召公,道:"我能消除百姓的指责了。"召公道:"这只是阻塞了百姓的嘴,但是并没有消除他们对您的怨恨。堵住百姓的嘴比不堵住他们的嘴还要祸患大。大河被堵住,一旦决口,伤害的人更多。百姓也是一样的。所以,治河的人疏通它使得它流畅,治理百姓的人应该使得百姓大胆说话。因此,天子处理国事,让公卿众士直言进谏,让好学之人进献讽谏的诗,让盲者进献讽谏的话,让乐师朗读讽谏的诗,让百姓把意见传上来,使得身边的近臣把进谏天子的话全都说出来,使同宗的亲属弥补天子的过失,监督天子的政事,然后天子能够酌情行事。所以,下边没有遗漏善言,上边没有失德举动。而今您堵住了下边的嘴,造成上边君主的过错,恐怕会导致国家社稷的忧患了。"周厉王没有听召公的劝谏。三年后,百姓把周厉王放逐到了彘。这就是闭结所导致的恶果。闭结就是失掉阳气。周鼎上雕刻着鼠形图画,让马踩着它,因为它不属于阳。失掉阳气,这是亡国的特征。

管仲宴请齐桓公。天已经黑了，齐桓公喝得正在兴头上，派人点上蜡烛继续喝。管仲道："白天招待您喝酒我占卜过，至于晚上喝酒我没有占卜过。您可以走了。"齐桓公不开心道："仲父年纪大了，我和您作乐还有多久呢？还是继续喝吧。"管仲道："您错了。贪图美味的人道德就微薄，沉醉于享乐的人最后要忧伤。壮年懈怠就会失去时机，老年就会失去功名。我从现在开始将努力为您做事，怎么能够沉醉于饮酒作乐中呢？"管仲可以说是能树立品行了。凡是品行堕落都在于过分享乐，而今虽然作乐但他态度更加端正；品行的败坏在于过分尊贵，而今桓公想留下饮酒，他却不同意。管仲申明了自己的意志，依据义理行事，不会因为尊贵和享乐就会改变，抱着这种态度侍奉他的君主。这也是桓公能够建立功业的原因。

　　齐湣王对列精子高言听计从，有一次列精子高穿着白色熟绢织的衣服，戴着没有染色的白绢做的帽子，穿着粗劣的鞋子，天刚亮就特意撩起自己的衣服在堂下走来走去，对他的侍者道："你看我的着装怎么样呢？"侍者道："您既英俊又潇洒。"列精子高然后走到井边看，明明是一个丑陋男人的样子。他叹息道："侍者是因为齐王对我言听计从，所以才对我这么阿谀奉承啊！更何况对于听信且实行我的主张的齐王呢？"拥有万乘大国的君主，人们对他就会更加阿谀奉承了，但是他自己是无法察觉自己的过错，如此来说，国家灭亡的时间不远了。谁又能够做他的镜子呢？也许只有贤士吧！人们都喜欢在镜子面前照出自己的真实模样，却讨厌贤士指出他们的缺点。镜子能够照出自己的模样，这个作用是很小的；贤士指出自己的不足，功绩是很大的。得到镜子而失去贤士，丢大得小，这是不知道类比啊。

　　赵简子道："赵厥对我好，尹铎对我不好。赵厥进谏的时候，一定在没有人的地方；尹铎进谏的时候，当着别人的面质问我，一定要使我出丑。"尹铎道："赵厥顾及您的颜面，而没有顾及您的过错；尹铎顾及您的过错，没有顾及您的颜面。我以前在老师那里听过相面，面色敦厚脸色发黄的人是能承受住出丑的。如果我不在别人面前纠正您，也许您是不会改正的。"这是赵简子的贤明之处，君主贤明就可以对臣子严厉深刻的劝谏之言仔细考虑。假如赵简子不贤明的话，那么尹铎连待在赵国也是不可能的，更何况是待在赵简子的身边呢？

拓展阅读

铫期淡泊名利

铫期是东汉初年的著名将军。他率部作战时，纪律严明，冲锋在前，为开创东汉王朝立下了汗马功劳。为此，东汉的光武帝刘秀封他为食邑五千户的安成侯，对他十分器重和信赖。

但是，铫期并没有躺在功劳簿上过日子，而是勤劳奉公，处处以国家的利益为重。平时，看到刘秀有什么不对，他都率直地当面劝阻，哪怕刘秀大怒，自己也毫不回避和迁就。在通常情况下，刘秀多是采纳铫期的意见，避免了不少错误。

铫期有两个儿子，一个名铫丹，一个名铫统。尽管铫期对他们很疼爱，可是在生活上对他们要求很严格，从不让儿子们倚借这侯门子弟的身份做出越轨的事。

铫期积劳成疾。老母亲望着病床上奄奄一息的儿子，又顾念到两个没成年的小孙子，便呜咽地跟铫期诉说，让他趁着还有口气的时候，跟刘秀提出由孩子承袭安成侯爵位的问题。

铫期睁开眼睛，缓慢而吃力地跟老母亲说："这些年来，我受到国家如此深厚的恩待，但是自己给国家做的事少得很。往常一想到这里，就觉得很羞惭。现在要死了，我正在抱恨今后不能再给国家出力了，哪里还能再为儿子们的荣华富贵伸手讨要，让儿子们去承袭什么侯位呢？"说着说着，他慢慢地闭上了眼睛。

一个人尤其是为官者，奉献一时、廉洁一时并不难，难的是坚持一辈子，一生保持廉洁奉公的作风。不计较个人得失，为了国家利益鞠躬尽瘁、死而后已的人，才堪称真正的伟人。

◎ 开春论第一 ◎

开 春

[题解]

本篇主要讲述成功的关键是"言尽理"。"理"就是节用爱人、明德慎罚等。通过惠施、封人子高等人的故事说明了"言尽理而得失利害定矣"的论断。

一曰：

开春始雷，则蛰虫动矣。时雨降，则草木育①矣。饮食居处适，则九窍百节千脉皆通利矣。王者厚其德，积众善，而凤皇圣人皆来至矣。共伯和修其行，好贤仁，而海内皆以来为稽矣。周厉之难，天子旷绝，而天下皆来谓矣。以此言物之相应也，故曰行也成②也。善说者亦然。言尽理而得失利害定矣，岂为一人言哉！

魏惠王死，葬有日③矣。天大雨雪，至于牛目。群臣多谏于太子者，曰："雪甚如此而行葬，民必甚疾之，官费又恐不给，请弛期更日。"太子曰："为人子者，以民劳与官费用之故，而不行先王之葬，不义也。子勿复言。"群臣皆莫敢谏，而以告犀首。犀首曰："吾未有以言之。是其唯惠公乎！请告惠公。"惠公曰："诺。"驾而见太子曰："葬有日矣？"太子曰："然。"惠公曰："昔王季历葬于涡山之尾，𰒄水④啮其墓，见棺之前和。文王曰：'嘻！先君必欲一见群臣百姓也夫！故使𰒄水见之。'于是出而为之张朝，百姓皆见之，三日而后更葬。此文王之义也。今葬有日矣，而雪甚，及牛目，难以行。太子为及日之故，得无⑤嫌于欲亟葬乎？愿太子易日。先王必欲少⑥留而抚社稷安黔首也，故使雨雪甚。

因弛期而更为日，此文王之义也。若此而不为，意者羞法文王也？"太子曰："甚善。敬弛期，更择葬日。"惠子不徒行说也，又令魏太子未葬其先君而因有⑦说⑧文王之义。说文王之义以示天下，岂小功也哉！

韩氏城⑨新城，期十五日而成。段乔为司空。有一县后二日，段乔执其吏而囚之。囚者之子走告封人子高曰："唯先生能活臣父之死，愿委之先生。"封人子高曰："诺。"乃见段乔。自扶⑩而上城。封人子高左右望曰："美哉城乎！一大功矣，子必有厚赏矣！自古及今，功若此其大也，而能无有罪戮者，未尝有也。"封人子高出，段乔使人夜解其吏之束缚也而出之。故曰封人子高为之言也，而匿己之为而为也；段乔听而行之也，匿己之行而行也。说之行若此其精也，封人子高可谓善说矣。

叔向之弟羊舌虎善栾盈。栾盈有罪于晋，晋诛羊舌虎，叔向为之奴而朡⑪。祈奚曰："吾闻小人得位，不争不祥；君子在忧，不救不祥。"乃往见范宣子而说也，曰："闻善为国者，赏不过而刑不慢。赏过则惧及淫人，刑慢则惧及君子。与其不幸而过，宁过而赏淫人，毋过而刑君子。故尧之刑也殛⑫鲧，于虞而用禹；周之刑也戮管、蔡，而相周公：不慢刑也。"宣子乃命吏出叔向。救人之患者，行危苦，不避烦辱，犹不能免；今祈奚论先王之德，而叔向得免焉。学岂可以已哉！类多若此。

【字词注解】

① 育：生长。
② 成：结果。
③ 有日：临近，埋葬魏惠王的日期快到了。
④ 銮（luán）水：渗漏入地下的水流。
⑤ 得无：恐怕。
⑥ 少：同"稍"。
⑦ 有：通"又"。
⑧ 说（yuè）：喜欢。
⑨ 城：修筑城墙。
⑩ 扶：攀缘。
⑪ 朡（zōng）：系缚。
⑫ 殛（jí）：杀。

【精彩解说】

第一：

仲春之月刚刚响起了雷声，蛰伏的动物开始苏醒了。应时的雨水也降临了，草木就生长了。饮食居处适当，那么九窍、筋骨、经脉就畅通无病了。治理天下的人增加自己的美德，积聚众多的善行，凤凰和圣人就会到来了。共伯和修养他的品行，喜好贤能仁德的人，海内的人就会归附而来。周厉王时的混乱导致了天子位置的废缺，天下的人都朝见共伯和。这表明了天下的事物是相互应和的，因此说任何行为举动都会有相应的结果。善说的人把道理说明白了，事物的得失利害也就确定了，他们的言论哪里是为了某个人而随便说的呢！

魏惠王过世了，葬期临近。正好赶上天降大雪，雪深得几乎到牛的眼睛了。臣子中有很多劝谏太子道："雪下得这么大，还要举行葬礼，百姓肯定会感到困难，国库的费用也会不够，请您考虑暂缓日期，改日再葬。"太子道："作为子女的，假如因为百姓劳苦、国库费用不足而暂缓先王葬期，这是很不义的事情。大家不要再说什么了。"所有的臣子都不敢再进谏了，就把这件事告诉了犀首。犀首道："我也没有劝他的办法。能劝谏的恐怕只有惠公吧！我去拜访惠公。"惠公道："好。"惠公驾车来到了太子那里，道："葬礼日期定了吗？"太子回答："是的。"惠公道："从前王季历葬在了涡山脚下，渗漏到地下的水浸泡了他的坟墓，露出了棺木的前面。文王道：'啊！先王一定是想见见臣子和百姓了吧！所以让渗漏到地下的水使得棺木露出来。'于是就把棺木挖了出来，为先王设置幕帐，举行了朝会，百姓都来见他，三天以后才改葬。这就是文王的义。如今葬期快到了，但是雪下得如此大，雪深得几乎到牛的眼睛了，很难出行。太子您为了赶上既定的葬期而坚持安葬，这恐怕有急于安葬的嫌疑吧？请考虑改期再葬。先王一定是想做些停留来安抚国家和百姓，因此雪才下得如此大。推迟葬期、改日再葬，这是文王的义。像这样的情况不改日再葬，您是不是想着把效仿文王当作耻辱呢？"太子道："您说得很好。我就采纳您的意见，推迟葬期，另选安葬的日子。"惠子不仅使自己的主张得到了实现，又使魏国太子从暂时不葬先王进而欣赏文王之义。欣赏文王的道义并且付诸行动昭示天下，哪里是小的功劳啊！

韩国修筑新的城墙，约定十五天完成。段乔做司空。有个县延误了两日，段乔逮捕了这个县的主管官吏，并且把他囚禁起来。被囚禁之人的儿子跑来告诉了封人子高，他说："现在只有您能够把我的父亲从死罪中解救出来，就拜托您了。"封人子高道："好的。"于是他就去拜访段乔，亲自攀登上城墙。封人子高左右看了又看道："好美的城墙啊！这真是一大功劳，您肯定会得到丰厚赏赐的！从古到今，功劳这么大而且又没有惩罚和杀掉一个人，还没有过。"封人子高离开后，段乔就派人在夜里解开那个被囚禁的官吏的绳索放他走了。因此说，封人子高为他人说情，隐藏了自己的想法而去说；段乔接受了别人的意见并实行，隐藏了自己的行为而去做。说服人的方法如此精妙，封人子高可谓是善于说服别人了。

叔向的弟弟羊舌虎和栾盈友好。栾盈得罪了晋国，晋国就杀了羊舌虎，叔向也因为这个被抓去做了官府的奴隶，戴上了刑具。祁奚道："我听说小人得到官位时，不劝谏是不善的；君子处于忧患的时候，不援救也是不善的。"于是去拜访范宣子，劝谏道："我听说会治理国家的人奖赏和惩罚从来都会做到适可而止。奖赏过度了就会赏赐给奸邪的人，刑罚执行得过度了就会祸及君子。假如不得已做得过分了，那么宁可赏赐过度了，也不要刑罚过度而祸及君子。因此，尧的刑罚杀死了鲧，到了舜的时候却起用鲧的儿子禹；周的刑罚杀死了管叔、蔡叔，但是任用了他们的兄弟周公为相：这是不怠慢刑罚。"范宣子于是命令官吏把叔向放了。救人于危难的人，冒着生命和困苦行事，不逃避麻烦和屈辱，但有的时候仍然不能够使人免于祸患；而今祁奚论述先王的德政，却使得叔向免于灾祸。学习怎么能停止啊！很多情况都类似。

察 贤

〔题解〕

"察贤"即察举贤能。本篇主要论述君主能功成名就在于得到贤士的帮助，这样就可以垂拱而治。文中通过宓子贱任人而治和巫马期任力而治的比较，表明了自己的观点，认为任力而治"中治犹未至"，是不足取的。

二曰：

今有良医于此，治十人而起^①九人，所以求之万也。故贤者之致功名也，比乎良医，而君人者不知疾求，岂不过哉？今夫塞者，勇力、时日、卜筮、祷祠无事焉，善者必胜。立功名亦然，要^②在得贤。魏文侯师卜子夏，友田子方，礼段干木，国治身逸。天下之贤主，岂必苦形愁虑哉！执其要而已矣。雪霜雨露时，则万物育矣，人民修矣，疾病妖厉去矣。故曰尧之容若委衣裘，以言少事也。

宓子贱治单父，弹鸣琴，身不下堂，而单父治。巫马期以星出，以星入，日夜不居^③，以身亲之，而单父亦治。巫马期问其故于宓子。宓子曰："我之谓任人，子之谓任力；任力者故劳，任人者故逸。"宓子则君子矣。逸四肢，全耳目，平心气，而百官以治，义矣，任其数而已矣。巫马期则不然，弊生事^④精，劳手足，烦教诏，虽治犹未至也。

【字词注解】

① 起：治愈。
② 要：关键。
③ 居：止息，休息。
④ 事：用，耗费。

【精彩解说】

第二：

而今这里有个良医，给十个人治病有九个人会被治愈，因此上门找他看病的人成千上万。所以贤能的人可以给君主求得功名利禄，就像良医一样，但是君主不知赶快去寻找，这难道不是错了吗？如今下棋的人，用不着凭借勇武、时机、占卜、祭祀，技巧高的人肯定会获胜。建立功名也是一样的，关键在于得到贤能之人的辅佐。魏文侯以卜子夏为师，和田子方交友，对段干木礼敬，国家呈现出太平盛世，自己也得到了安逸。天下贤明的君主，哪里一定要劳身费神啊！掌握治国要领就可以了。雪霜雨露逢时而来，万物才能生长，人们就会过得舒服，疾病、怪异和祸害就会远离。因此人们说到尧的仪表，就说他穿着宽大下垂的衣服,这是说他很少有政务。

宓子贱治理单父,静坐弹琴,不下厅堂,单父就被他治理得很好。巫马期治理单父,早出晚归,披星戴月,昼夜不息,亲自处理各种政务,单父也被他治理得很好。巫马期向宓子贱咨询其中的缘由。宓子贱道:"我的秘诀就是用人才,您的方法就是使用力气;使用力气的人当然辛苦了,使用人才的人当然安逸了。"宓子贱可以算是君子了。使身体安逸,耳目得到保全,心气平和,而官府的各种事务都被处理得很好,这是应该的,他只不过使用了正确的方法。巫马期没有这样做,损伤了生命,耗尽了力气,使得身体疲劳,教令烦琐,尽管治理得不错,但还是没有达到最高的境界。

期 贤

〔题解〕

本篇围绕"贤"来讨论。文中以明火照蝉作为比喻,表明君主"明其德",天下贤士就会归附。文中列举了卫有十士而赵简子不敢伐等故事,表明贤士可以安定国家、树立功名。

三曰:

今夫爝(yuè)蝉者,务在乎明其火、振其树而已。火不明,虽振其树,何益?明火不独在乎火,在于暗。当今之时,世暗甚矣,人主有能明其德者,天下之士,其归之也,若蝉之走①明火也。凡国不徒②安,名不徒显,必得贤士。

赵简子昼居,喟然太息曰:"异哉!吾欲伐卫十年矣,而卫不伐。"侍者曰:"以赵之大而伐卫之细③,君若不欲则可也;君若欲之,请令伐之。"简子曰:"不如而④言也。卫有士十人于吾所。吾乃且伐之,十人者其言不义也，而我伐之，是我为不义也。"故简子之时，卫以十人者按赵之兵，殁简子之身。卫可谓知用人矣，游十士而国家得安。简子可谓好从谏矣，听十士而无侵小夺弱之名。

魏文侯过段干木之闾而轼之，其仆曰："君胡为轼？"曰："此非段干木之闾欤？段干木盖贤者也，吾安敢不轼？且吾闻段干木未尝肯以己易寡人也，吾安敢骄之？段干木光⑤乎德，寡人光乎地；段干木富乎义，寡人富乎财。"其仆曰："然则君何不相之？"于是君请相之，段干木不肯受。则君乃致⑥禄百万，而时往馆之。于是国人皆喜，相与诵之曰："吾君好正，段干木之敬；吾君好忠，段干木之隆。"居无几何，秦兴兵欲攻魏，司马唐谏秦君曰："段干木贤者也，而魏礼之，天下莫不闻，无乃不可加兵⑦乎？"秦君以为然，乃按兵，辍不攻之。魏文侯可谓善用兵矣。尝闻君子之用兵，莫见其形，其功已成，其此之谓也。野人之用兵也，鼓声则似雷，号呼则动地，尘气充天，流矢如雨，扶伤舆死，履肠涉血，无罪之民，其死者量⑧于泽矣，而国之存亡、主之死生犹不可知也。其离仁义亦远矣！

──●【字词注解】

① 走：奔向。

② 徒：无缘无故。

③ 细：小。

④ 而：你。

⑤ 光：显耀。

⑥ 致：给予。

⑦ 加兵：用兵。

⑧ 量：满。

──●【精彩解说】

第三：

现在用火照蝉的人，要做的事情就是使火光明亮、摇动树枝而已。火光不明亮，就是摇动那些树枝又有什么用呢？火光的明亮不仅在于火光的本身，也在于黑暗的衬托。而今这个时代，世道黑暗到了极点，君主中如有彰明自己德行的，天下的贤士都归附他，好比蝉奔向了明亮的火光一样。一般来说国家没有无缘由的安宁，名声也不会无缘由的显赫，一定要得到贤士辅佐才能够做到。

赵简子白天闲坐，感慨叹息道："不寻常呀！我计划讨伐卫国已经十年了，而卫国始终没有被讨伐成。"侍奉的人道："强盛的赵国攻伐弱小的卫国，您就是不想行动而已啊；假如您决定攻打卫国，那么臣子愿去。"赵简子道："这件事情不是你想得那么简单。卫国有十个贤士在我这里。假若我去讨伐的话，这十个贤士就会认为我是个不义的人，如果我真的攻打了卫国，那么我就是做出了不义的事情。"所以，赵简子在位的时候，卫国的十位贤士阻止了他的计划，一直到赵简子去世。卫国应该说是懂得用人的，使十个贤人出游赵国从而获得了本国的安全。赵简子也算得上是愿意听取劝谏的人了，遵从了十位贤士的意见，而免除了侵略弱小国家的恶名。

魏文侯经过段干木居住的巷子，手扶轼木表示敬意，他的下属道："您为何扶轼呢？"他回道："这不是段干木住的地方吗？他是个贤能的人，我怎敢不扶轼以表尊敬呢？何况我听说段干木连以自己的德行与我交换君位都不肯，我怎么能够对他傲慢无礼呢？段干木在德行上得到显赫的名声，我只是在地位上显赫；他在道义上富有，我只是在财富上富有。"他的下属道："既然这样，您为何不让他做相国呢？"于是魏文侯请段干木做相国，段干木不肯接受。魏文侯给了他丰厚的俸禄，并且时常来探望他。百姓知道了都很高兴，相互传诵道："本国的君主喜欢公正，把段干木来尊敬；本国的君主喜爱忠诚，把段干木来推崇。"没过多久，秦国欲袭击魏国，司马唐进谏道："段干木是个贤能的人，魏国尊重他，天下没有人不知道的，恐怕不能对它动兵吧？"秦王考虑到司马唐说得有道理，于是按兵不动，停止去讨伐魏国。可以说魏文侯善于用兵呀。以前听说君子用兵，没有人看见军队的行动，大功就已经告成了，也许说的就是这种情况吧。鄙陋无知的人用兵，鼓声如雷，喊声惊天动地，尘土满天，箭飞如雨，扶救伤兵，抬运尸体，踩踏尸体，血流成河，无辜的百姓尸横遍野。尽管这样，国家、百姓的生死存亡还是无法预料。这种情况离仁义太远了啊！

爱 类

〔题解〕

"爱类"就是对自己的同类仁爱。本篇将仁解释为"仁乎其类",文中列举的神农亲耕、墨子御楚救宋等故事都是"爱类"的表现。虽然每个时代有不同特点,但在"当时之急,忧民之利,除民之害"的观点上是一致的。

五曰:

仁于他物,不仁于人,不得为仁。不仁于他物,独仁于人,犹若为仁。仁也者,仁乎其类者也。故仁人之于民也,可以便①之,无不行②也。神农之教曰:"士有当年而不耕者,则天下或受其饥矣;女有当年而不绩者,则天下或受其寒矣。"故身亲耕,妻亲绩,所以见③致民利也。贤人之不远海内之路,而时往来乎王公之朝,非以要利也,以民为务故也。人主有能以民为务者,则天下归之矣。王也者,非必坚甲利兵选卒练④士也,非必隳⑤人之城郭杀人之士民也。上世之王者众矣,而事皆不同,其当⑥世之急、忧民之利、除民之害同。

公输般为高云梯,欲以攻宋。墨子闻之,自鲁往,裂裳裹足,日夜不休,十日十夜而至于郢。见荆王曰:"臣北方之鄙人也,闻大王将攻宋,信有之乎?"王曰:"然。"墨子曰:"必得宋乃攻之乎?亡其⑦不得宋且不义犹攻之乎?"王曰:"必不得宋且有⑧不义,则曷为攻之?"墨子曰:

"甚善。臣以宋必不可得。"王曰："公输般，天下之巧工也，已为攻宋之械矣。"墨子曰："请令公输般试攻之，臣请试守之。"于是公输般设攻宋之械，墨子设守宋之备。公输般九攻之，墨子九却之，不能入。故荆辍不攻宋。墨子能以术御荆免宋之难者，此之谓也。

圣王通士，不出于利民者无有。昔上古龙门未开，吕梁未发，河出孟门，大溢逆流，无有丘陵沃衍、平原高阜⑨，尽皆灭之，名曰"鸿水"。禹于是疏河决江，为彭蠡之障，干东土，所活者千八百国。此禹之功也。勤劳为民，无苦乎禹者矣。

匡章谓惠子曰："公之学去尊，今又王⑩齐王，何其到⑪也？"惠子曰："今有人于此，欲必击其爱子之头，石可以代之——"匡章曰："公取之代乎？其不⑫与？""施取代之。子头，所重也；石，所轻也。击其所轻以免其所重，岂不可哉？"匡章曰："齐王之所以用兵而不休，攻击人而不止者，其故何也？"惠子曰："大者可以王，其次可以霸也。今可以王齐王而寿黔首之命，免民之死，是以石代爱子头也，何为不为？"民寒则欲火，暑则欲冰，燥则欲湿，湿则欲燥。寒暑燥湿相反，其于利民一也。利民岂一道哉？当其时而已矣。

【字词注解】

① 便：利。
② 行：为。
③ 见：显示。
④ 练：选择。
⑤ 隳（huī）：毁坏。
⑥ 当：承担。
⑦ 亡（wú）其：还是。
⑧ 有：通"又"。
⑨ 阜：高山。
⑩ 王：尊……为王。
⑪ 到：倒，相反。
⑫ 不（fǒu）：否。

【精彩解说】

第五：

对他物仁爱，对人不仁爱，这不能算是仁。对他物不仁爱，对人仁爱，这可称为仁。所谓仁，就是指对同类仁爱。因此，仁德的人对于百姓所做的，只要使百姓获得利益，就没有什么不可以做。神农教化道："壮年的男子不耕种，天下就会有人饿死；年轻的女子不绩麻，天下就会有人挨冻。"因此神农亲自下田耕种，他的妻子亲自绩麻，以此表示他们为了百姓的利益。贤能的人不担心海内路途遥远，经常来往于君主的朝廷，这不是为了谋求自己的私利，而是为了百姓的公利。君主假若以为百姓谋取利益为自己的主要职责，那么天下的人就会来归顺他。称霸天下，不一定要用坚利的盔甲、锐利的兵器，挑选精兵猛士，并不一定要毁坏别人的城郭，杀戮别人的臣民。历史上称王的人不少，但是情况各不相同，只是他们承担社会的危难、关心百姓的利益、消除百姓的灾祸是没有差别的。

公输般制造了高大的云梯，计划用它来攻打宋国。墨子听说后，就从鲁国出发，前往楚国。他把衣服撕裂用来裹脚，日夜不停地走，十天十夜才到达楚国的都城郢。他拜访了楚王，道："我是北方卑微的人，听说君主要攻打宋国，有没有这样的事情呢？"楚王道："是的。"墨子道："君主是不是特别想得到宋国所以才攻打它呢？还是为了即使得不到宋国就是落得个名声扫地也要攻打宋国呢？"楚王道："如果是这样的结局，为什么还要攻打宋国呢？"墨子道："好的！我认为您一定得不到宋国。"楚王道："公输般是天下难得的巧匠，已经做好了攻打宋国的武器。"墨子道："那就让公输般试着攻打，我试着防守。"于是公输般设置攻宋的器械，墨子设置守宋的设备。公输般进攻了几次，墨子就几次击退了他，攻不到城里去。因此，楚国停止了攻打宋国的计划。墨子能够防守抵御楚国从而使宋国获救，说的就是这件事情。

圣明的君主和通达的贤士，他们的言与行都是为了百姓的利益。在上古时代，龙门山还没有开凿，吕梁山还没有打通，黄河水漫过了孟门山，大水泛滥横流，无论丘陵、沃野、平原、高山，所有地方都被淹没了，百姓把这个称为"鸿水"。大禹疏通了黄河，疏导了长江，筑起了彭蠡湖的堤防，使得东方的洪水消退，拯救了一千八百多个国家。这就是大禹的功绩。勤勤恳恳为百姓服务，没有像大禹这样辛苦的了。

匡章对惠子道："您的学说主张废弃尊位，如今却尊齐王为王，为什么言行不一致呢？"惠子道："现在如果有一个人，必须要打自己爱子的头，而石头可以代替爱子的头——"匡章道："您是拿石头代替呢，还是不这样做呢？"惠子道："我当然会拿石头代替爱子的头。因为我看重的是爱子的头，而石头是我不在乎的东西。击打我所不在乎的而使我看重的免受痛苦，难道不可以吗？"匡章道："齐王用兵不休，攻占不止，这是为何呢？"惠子道："这样做如果收获大就可以称王，收获少也可以称霸。如今可以用尊齐王为王的方法来保全百姓，使他们健健康康，免于死亡，就是用石头代替爱子又有什么不可呢？"百姓寒冷了希望得到温暖，炎热了希望得到冰凉，干燥了希望得到潮湿，潮湿了希望得到干燥。寒冷与炎热、干燥和潮湿是相反相成的，但是它们在有利于百姓的方面是一样的。为百姓谋取利益岂止一种方法？只要适合就可以了。

贵　卒

〔题解〕

"贵卒"的意思是贵在迅捷。本篇对同一事例进行正反论述，说明在激烈的世间争战或对抗中，反应迅捷、随机应变是很重要的。

六曰：

力贵突①，智贵卒。得之同则速为上，胜之同则湿为下。所为贵骥者，为其一日千里也；旬日取之，与驽骀同。所为贵镞矢者，为其应声而至；终日而至，则与无至同。

吴起谓荆王曰："荆所有余者地也，所不足者民也。今君王以所不足益所有余，臣不得而为也。"于是令贵人往实②广虚之地。皆甚苦之。荆王死，贵人皆来。尸在堂上，贵人相与射吴起。吴起号呼曰："吾示子吾用兵也。"拔矢而走，伏尸插矢而疾言曰："群臣乱王！"吴起死矣，且荆国之法，丽兵于王尸者，尽加重罪，逮三族。吴起之智可谓捷矣。

齐襄公即位，憎公孙无知，收其禄。无知不说，杀襄公。公子纠走鲁，公子小白奔莒③。既而国杀无知，未有君，公子纠与公子小白皆归，俱至，争先入公家④。管仲扞弓射公子小白，中钩。鲍叔御公子小白僵。管子以为小白死，告公子纠曰："安⑤之，公子小白已死矣！"鲍叔因疾驱先入，故公子小白得以为君。鲍叔之智应射而令公子小白僵也，其智若镞矢也。

周武君使人刺伶悝于东周。伶悝僵，令其子速哭曰："以谁刺我父也？"刺者闻，以为死也。周以为不信，因厚罪之。

赵氏攻中山。中山之人多力者曰吾丘鸩（yù），衣铁甲操铁杖以战，而所击无不碎，所冲无不陷，以车投车，以人投人也。几至将所而后死。

―•【字词注解】

① 突：突发。
② 实：充实。
③ 莒：春秋时的一个诸侯国。
④ 公家：朝廷。
⑤ 安：从容。

―•【精彩解说】

第六：

用力贵在突发而致，用智慧贵在敏捷、快速。要得到同一物，速度快的人一定先得到；同样是战胜对手，拖延久的为下。人们看重骐骥，就在于它能够日行千里；假若十天可以到达，就与驽骀这样的劣马没有什么差别了。人们看重利箭，是因为它应声而致；假若需要一天的时间才能射到，就和射不到没有什么区别了。

吴起对楚王道："楚国最富裕的是土地，最不足的是百姓。而今陛下用不足的百姓作战来扩张有余的土地，我没有什么办法为您筹划啊。"于是楚王命令贵族们迁居去充实荒无人烟的地方。贵族们都深受其苦。楚王过世后，贵族们纷纷回来了。楚王的尸体停放在朝堂上，贵族们一起用箭射吴起。吴起高喊道："我让你们看看我是怎么用兵的。"就拔了箭趴在楚王的尸体上，一面把箭插入楚王的身体里，一面大声喊道："臣子们作乱射王尸！"吴起死了，而楚国的法令规定，凡是兵器接触到王尸的就要严厉惩罚，株连三族。吴起的智谋可算是敏捷了。

齐襄公继承了君位，因为讨厌公孙无知，就收回了他的禄位。公孙无知很不开心，就杀了齐襄公。公子纠逃到了鲁国，公子小白逃到了莒国。不久百姓杀死了公孙无知，齐国没有了国君，公子纠和公子小白就回来了，一起回国内，争先入朝廷。管仲拉弓射公子小白，结果射中了他的衣带钩。鲍叔牙让公子小白躺下装死。管仲以为他死了，告诉公子纠道："您可放心地走了，公子小白已经死了。"鲍叔牙就快马加鞭，抢先进入朝廷，所以公子小白才做了国君。鲍叔牙机智地应对了管仲的箭，让公子小白躺下装死，他用智谋就像利箭一样迅速啊！

周武君派人到东周刺杀伶悝。伶悝仰面躺着装死，让他的儿子赶快哭道："是谁刺杀了我的父亲？"刺杀的人听到哭声以为伶悝已经死了。周武君认为刺客不够忠诚，所以就对他实行了重罚。

赵国要袭击中山国。中山国有个力士名字叫吾丘鸠，穿着铁甲，拿着铁杖作战。他所击打的东西没有不破裂的，他所冲击的没有不陷落的，可以举起兵车投向敌人的兵车，能够举起人投向敌人。尽管几乎就要打到赵军主帅的指挥部了，但还是被杀死了。

拓展阅读

诸葛亮妙施空城计

蜀国丞相诸葛亮错用马谡失去街亭后，只有两千五百军士驻守在西城。这一天司马懿率军十五万直奔西城方向而来。

这时诸葛亮身边无大将只有文官，众官员听到这个消息大惊失色。

诸葛亮登上城头察看军情，只见远处尘土飞扬，魏军正冲西城而来。诸葛亮当机立断："把全城旌旗全隐藏起来，军士们各自守在城上巡哨的岗棚中，如有随便出入城门及高声讲话者，格杀勿论！四个城门全部打开，每个城门用二十个军兵打扮成百姓模样打扫街道。等魏兵到时不可妄动，一切听我安排。"

传令下去后，诸葛亮取来瑶琴，带着两个琴童来到城头上，焚香操琴演奏。魏兵的前哨一发现这个情况，就向司马懿报告。司马懿得知情况立刻停止进军，自己飞马向前观望。

来到城下，果然见诸葛亮在城楼上悠闲自得地焚香弹琴，左边站立的少年手捧宝剑，右边侍奉的少年手执麈尾。城门内外仅有二十余名百姓旁若无人，低头打扫。司马懿看后怀疑城中有重兵，冲进去一定会中埋伏，于是连忙指挥部队撤退。

诸葛亮见魏军远去，大笑起来。

众官员问他："司马懿是魏国名将，如今统率精兵来到这里，见了丞相慌忙撤退，这是为什么呢？"

诸葛亮说："司马懿料定我平生谨慎，从不冒险，见我们这样镇定，怀疑有重兵埋伏，所以退去。我并非在冒险，不得已才这样的啊！"

大家敬佩地说："丞相的计谋鬼神难预料啊。如果我们指挥必会弃城而走的。"

诸葛亮说："我们只有两千五百人，如果弃城而走，很快敌人就能追上，那时不就死路一条了吗？"

这是《三国演义》中的故事，告诉我们凡事小心谨慎，巧用智慧灵活变通。

慎行论第一

〔题解〕

本篇论述了疑似之迹不可不察的道理,作者用周幽王无寇击鼓而"失真寇"等事例论证了这个观点。身为君王同样也有局限性,也得求助于熟悉之人。万事万物义理复杂,人也各有所长,所以要时刻保持谦卑、认真、学习的态度。文中强调面对相似的东西要认真辨察,如果疏忽大意就容易使人迷惑产生严重后果。

一曰:

行不可不孰。不孰,如赴深豀^①,虽悔无及。君子计行虑义,小人计行其利,乃不利。有知不利之利者,则可与言理矣。

荆平王有臣曰费无忌,害^②太子建,欲去之^③。王为建取妻于秦而美,无忌劝王夺。王已夺之,而疏太子。无忌说^④王曰:"晋之霸也,近于诸夏;而荆僻也,故不能与争。不若大城城父而置太子焉,以求北方,王收南方,是得天下也。"王说,使太子居于城父。居一年,乃恶^⑤之曰:"建与连尹将以方城外反。"王曰:"已为我子^⑥矣,又尚奚求?"对曰:"以妻事怨,且自以为犹宋也。齐晋又辅之。将以害荆,其事已集矣。"王信之,使执连尹,太子建出奔。左尹郄宛,国人说之。无忌又欲杀之,谓令尹子常曰:"郄宛欲饮令尹酒。"又谓郄宛曰:"令尹欲饮酒于子之家。"郄宛曰:"我贱人也,不足以辱令尹。令尹必来辱,我且何以给待之?"无忌曰:"令尹好甲兵,子出而寘之门,令尹至,必观之已^⑦,

因以为酬。"及飨日，惟门左右而寘甲兵焉。无忌因谓令尹曰："吾几祸令尹。郄宛将杀令尹，甲在门矣。"令尹使人视之，信。遂攻郄宛，杀之。国人大怨，动作者莫不非令尹。沈尹戌谓令尹曰："夫无忌，荆之谗人也。亡夫太子建，杀连尹奢，屏王之耳目。今令尹又用之杀众不辜，以兴⑧大谤，患几⑨及令尹。"令尹子常曰："是吾罪也，敢不良图？"乃杀费无忌，尽灭其族，以说其国。动而不论其义，知害人而不知人害己也，以灭其族，费无忌之谓乎！

崔杼与庆封谋杀齐庄公。庄公死，更立景公，崔杼相之。庆封又欲杀崔杼而代之相⑩。于是椓崔杼之子，令之争后⑪。崔杼之子相与私哄。崔杼往见庆封而告之。庆封谓崔杼曰："且留，吾将兴甲以杀之。"因令卢满嫳兴甲以诛之。尽杀崔杼之妻子及枝属，烧其室屋，报崔杼曰："吾已诛之矣。"崔杼归，无归，因而自绞也。庆封相景公，景公苦之。庆封出猎，景公与陈无宇、公孙灶、公孙虿诛封。庆封以其属斗，不胜，走如鲁。齐人以为让⑫，又去鲁而如吴，王予之朱方。荆灵王闻之，率诸侯以攻吴，围朱方，拔之。得庆封，负之斧质，以徇⑬于诸侯军，因令其呼之曰："毋或如齐庆封，弑其君而弱其孤，以亡⑭其大夫。"乃杀之。黄帝之贵而死，尧舜之贤而死，孟贲之勇而死，人固皆死，若庆封者，可谓重死矣。身为僇，支属不可以见，行忮⑮之故也。

凡乱人之动也，其始相助，后必相恶。为义者则不然，始而相与，久而相信，卒而相亲，后世以为法程。

【字词注解】

① 谿：山谷。

② 害：嫉恨。

③ 去之：除掉他。

④ 说（shuì）：劝说。

⑤ 恶：中伤。

⑥ 子：太子。

⑦ 已：句末语气词。

⑧ 兴：兴起，发生。

⑨ 几：近。

⑩ 相：做国相。
⑪ 后：继承人。
⑫ 让：责备。
⑬ 徇：巡行示众。
⑭ 亡：通"盟"，盟誓。
⑮ 恎（zhì）：嫉恨。

【精彩解说】

第一：

人的行动一定要深思熟虑。假如不深思熟虑的话，就像奔赴深谷，后悔是来不及的。君子筹划行动，首先考虑的是道义；小人筹划行动，首先考虑的是私利，但是结局反而是不利的。只有懂得了不谋取私利就能够带来利益的人，才能够与他谈论事理。

楚平王的臣子费无忌，此人非常嫉恨太子建，计划除掉他。楚平王为太子迎娶了秦国的一个美女为妻，费无忌就纵容楚平王夺为己有。楚平王夺得了这个秦国的女子，就逐渐疏远了太子。费无忌劝谏楚平王道："晋国称雄，主要是因为它靠近中原各国；而楚国地处偏远，因此不能够和它争霸。不如大修城父的城池把太子派到那里去吧，以谋求北方诸国的尊奉，您就可以收复南方各国了，这样就能得到天下了。"楚平王听后很开心，就派太子住进了城父。一年过去后，费无忌又诋毁太子建道："太子建计划和连尹伍奢凭借方城以北的地区谋反。"楚平王道："我已经立他为太子了，还用得着谋求什么吗？"费无忌道："因为您夺走了他的妻子，所以他很嫉恨您，还自以为像宋国那样成为独立的小国。齐国、晋国都打算扶持他呢。太子即将要危害到楚国的利益，为谋反做好了充分的准备。"楚平王再次相信了费无忌，于是派人逮捕了连尹伍奢。太子建只好逃到国外。左尹郤宛备受百姓爱戴。费无忌又计划杀死他，于是就对令尹子常道："左尹郤宛打算请您喝酒。"又对左尹郤宛道："令尹子常想到您家与您喝酒。"左尹郤宛道："我的地位低下，不值得令尹子常光顾。如果令尹子常一定要屈尊光顾的话，我拿什么来招待他呢？"费无忌道："令尹子常喜爱盔甲兵器。他来了，您把这些摆放在门旁，他就会观赏，您就趁势把这些进献给他。"到了宴会这天，左尹郤宛就把门口两旁用帷幕遮起来，里面摆放着盔甲兵器。费无忌就对令尹子常道："我差点害了您。左尹郤宛打算杀了您，把盔甲兵器都在门口摆放好了。"令尹子常就派人去打探，果真如此，于是就派人把左尹郤宛杀了。百姓对这件事很愤慨，卿大夫们也纷纷议论令尹子常。沈尹戌对令尹子常道："费无忌是个逸言小人。他使计谋赶走了太子建，杀害了连尹伍奢，遮住了楚王的眼睛和耳朵。而今您又为此乱杀无辜，还招致了许多非议，祸患离您不远了。"令尹子常道："这些都是我的罪过啊，我怎么敢不好好想办法对待呢？"于是杀了费无忌，诛灭他的全族，从而安抚百姓。行动不讲道义，只知道害人而不明白他人也会害死自己，致使全族被诛灭，这指的就是费无忌吧。

齐国的大臣崔杼和庆封合谋杀了齐国的齐庄公。齐庄公死后，改立齐景公，崔杼做了他的相国。庆封计划杀死崔杼，自己做相国。于是他就挑拨崔杼的儿子们，让他们争做继承人。崔杼的儿子们为此相互搏斗起来。崔杼拜访庆封，就把此事告诉了庆封。庆封道："您先在这里等我一会儿，我派兵把他们杀死。"然后就派卢满嫳带兵诛杀他们。卢满嫳杀尽了崔杼的妻儿还有宗族的亲属，烧了他的住宅房屋，接着回来禀告崔杼道："我已经把他们全部杀了。"崔杼回去，已经无家可归，就自缢而死。庆封做了齐景公的相国，齐景公不堪忍受他。庆封外出打猎，齐景公打算趁着这个机会和自己的臣子陈无宇、公孙灶、公孙虿诛杀庆封。庆封率部下应战，但是没有获胜，就逃到鲁国。齐国为这件事指责鲁国，庆封又离开鲁国到达吴国，吴王就把朱方这块地盘给了他。楚灵王听说了这件事情，就率领军队袭击吴国，包围了朱方，攻占了它。抓获了庆封，让他背着斧质，在诸侯军队中游行示众，并且让他喊道："大家不要向齐国的庆封学习，杀了老国君，又瞧不起新国君，还强迫贤能的大夫发誓服从！"然后就杀了庆封。黄帝的地位高贵，终归是一死；尧、舜贤明，终归是一死；孟贲勇武，还是一死；人本来就有一死，但是像庆封这样却死了两次。不仅自己生命没有保住，而且连自己的亲属也难逃祸害，这也是他嫉恨他人的缘故。

作乱行事的人，刚开始彼此帮助，到后来必定彼此憎恨。遵行道义的人就不是这样的，他们开始时相互扶助，时间越长越相互信任，最后就彼此亲近，后人就把这个作为效法的准则。

无 义

〔题解〕

本篇批判了小人的见利忘义。文中列举了公孙鞅、郑平等人的事例,谴责了他们"欺交反主"的行为,最终为人所不齿,祸患累及子孙。

二曰:

先王之于论也极之矣。故义者,百事之始也,万利之本也,中智之所不及也。不及则不知,不知趋利。趋利固不可必①也。公孙鞅、郑平、续经、公孙竭是已。以义动则无旷事矣。人臣与人臣谋为奸,犹或与②之;又况乎人主与其臣谋为义,其孰不与者?非独其臣也,天下皆且与之。

公孙鞅之于秦,非父兄③也,非有故也,以能用也。欲堙之责,非攻无以。于是为秦将而攻魏。魏使公子卬(áng)将而当之。公孙鞅之居魏也,固善公子卬。使人谓公子卬曰:"凡所为游④而欲贵者,以公子之故也。今秦令鞅将,魏令公子当之,岂且忍相与战哉?公子言之公子之主,鞅请亦言之主,而皆罢军。"于是将归矣,使人谓公子曰:"归未有时相见,愿与公子坐而相去⑤别也。"公子曰:"诺。"魏吏争之曰:"不可。"公子不听,遂相与坐。公孙鞅因伏卒与车骑以取公子卬。秦孝公薨,惠王立,以此疑公孙鞅之行,欲加罪焉。公孙鞅以其私属与母归魏,襄疵不受,曰:"以君之反公子卬也,吾无道知君。"故士自行不可不审也。

郑平于秦王,臣也;其于应侯,交也。欺交反主,为利故也。方其为秦将也,天下所贵之无不以者,重也。重以得之,轻必失之。去秦将,入赵、魏,天下所贱之无不以也,所可羞无不以也。行方⑥可贱可羞,而无秦将之重，不穷奚待？

　　赵急求李欬。李言续经与之俱如卫，抵公孙与。公孙与见而与入。续经因告卫吏使捕之。续经以仕赵五大夫。人莫与同朝，子孙不可以交友。

　　公孙竭与⑦阴君之事，而反告之樗里相国，以仕秦五大夫。功非不大也，然而不得入三都，又况乎无此其功而有行乎！

【字词注解】

① 必：绝对相信、依赖。
② 与：赞同。
③ 父兄：宗亲。
④ 游：出游。
⑤ 去：离。
⑥ 方：比并。
⑦ 与：参与。

【精彩解说】

第二：

　　先王对事理的论述已经极为透彻了。义是万事万物的起始，是各种利益的根本，普通人是明白不了的。明白不了就不明白事理，不明白事理就会全心全意地追求私利。追求私利本来就是绝对不可靠的，公孙鞅、郑平、续经、公孙竭这些人的情形就是这样的。如果按照义行动，就不会做不成事情。臣子之间合谋做坏事，尚且没有人反对；更何况君主和臣子一起谋划施行道义，有谁会不同意呢？不仅臣子不反对，而且全天下的人都会拥护。

　　公孙鞅对于秦王来说，不是宗族也不是旧好，只是凭借着才能被秦王任用了。他要为秦国尽心尽责，除了攻打其他国家没有其他办法。于是为了秦国率领军队攻打魏国。魏国派公子卬带兵应战。以前公孙鞅在魏国的时候和公子卬有旧交。公孙鞅就派人对公子卬道："我之所以四处出游想得到尊贵，都是因为公子的原因。而今秦国让我率兵，而魏国又派您来应战，能忍心交战吗？您可否向您的君主进谏，我也向我的君主进谏，让双方各自撤兵吧。"等到双方都撤军，公孙鞅又派人到公子卬那里道："这一去可能再没有机会见面了，希望和公子小坐再各自离开。"公子卬道："可以。"魏国的军吏劝道："不能去。"公子卬没有听他们的话，还是和公孙鞅聚会了。公孙鞅乘机埋伏了兵卒马车，俘虏了公子卬。秦孝公过世后，惠王继承了帝位，因为这件事而怀疑公孙鞅的品行，想加罪于他。公孙鞅只好带着家眷逃到了魏国，魏国的臣子襄疵不愿意接受他，道："因为你曾经对公子卬背信弃义，所以我无法了解你。"这件事情说明士人应该对自己的言行小心谨慎。

郑平对于秦昭公是臣子，对于应侯来说是朋友。他欺骗朋友，背叛君主，是追求私利的缘故。当初他做秦国将军的时候，认为天下尊贵显耀的事没有一件不能做，这是因为他位高权重。因为位高权重得到的东西，一旦权位失去后也必然失去它们。郑平离开秦将的位子，进入赵、魏后，凡天下人认为卑贱的事情他没有不做的，凡天下人认为羞耻的事他没有不为的。做的所有事情都已降到可轻贱、可羞耻的地步，而没有秦将的位高权重，不潦倒还能怎样？

赵国四处紧密地搜捕李欬。李欬让续经跟随他到卫国投奔公孙与。公孙与不仅接见了他们而且还愿意接纳他们。续经就乘机向卫国的官吏告发，让他们逮捕了李欬。为此续经得到了赵国五大夫的爵位。没有人愿意和他一起上朝，他的子孙因为这而没有朋友。

公孙竭参与了阴君的事，但是反而向樗里相国告发，为此得到了秦国五大夫的爵位。公孙竭的功绩可算是很大了，但是进不去赵国、卫国、魏国的国都，更何况没有他这样的功绩却还做这种事情的人呢？

疑似

〔题解〕

本篇通过周幽王、黎丘丈人的事例说明"疑似之迹，不可不察"。作者认为面对相似事物不能辨别时，如果不去寻找熟悉情况的人，就是尧舜禹也做不到，也需要求助他人。

三曰：

使人大迷惑者，必物之相似也。玉人①之所患，患石之似玉者；相剑者之所患，患剑之似吴干者；贤主之所患，患人之博闻辩②言而似通者。亡国之主似智，亡国之臣似忠。相似之物，此愚者之所大惑，而圣人之所加虑也，故墨子见歧道而哭之。

周宅③酆、镐，近戎人。与诸侯约：为高葆祷于王路，置鼓其上，远近相闻；即戎寇至，传鼓相告，诸侯之兵皆至，救天子。戎寇当至，幽王击鼓，诸侯之兵皆至，褒姒大说，喜之。幽王欲褒姒之笑也，因数击鼓，诸侯之兵数至而无寇。至于后戎寇真至，幽王击鼓，诸侯兵不至，幽王之身乃死于丽山之下，为天下笑。此夫以无寇失真寇者也。贤者有小恶以致大恶，褒姒之败，乃令幽王好小说以致大灭。故形骸相离，三公九卿出走。此褒姒之所用死，而平王所以东徙也，秦襄、晋文之所以劳王劳而赐地也。

梁北有黎丘部，有奇鬼焉，喜效人之子侄昆弟之状。邑丈人有之市而醉归者，黎丘之鬼效其子之状，扶而道苦之。丈人归，酒醒，而诮④其子曰："吾为汝父也，岂谓不慈哉？我醉，汝道苦我，何故？"其子泣而触地曰："孽矣！无此事也。昔也往责⑤于东邑，人可问也。"其父信之，曰："嘻！是必夫奇鬼也！我固尝闻之矣。"明日端⑥复饮于市，欲遇而刺杀之。明旦之市而醉，其真子恐其父之不能反也，遂逝迎之。丈人望其真子，拔剑而刺之。丈人智惑于似其子者，而杀于真子。夫惑于似士者而失于真士，此黎丘丈人之智也。

疑似之迹，不可不察，察之必于其人也。舜为御，尧为左，禹为右，入于泽而问牧童，入于水而问渔师，奚故也？其知之审也。夫孪子之相似者，其母常识之，知之审也。

【字词注解】

① 玉人：治玉的人。

② 辩：能言，巧语。

③ 宅：居住，定都。

④ 诮：责备。

⑤ 责：通"债"，讨债。
⑥ 端：故意。

【精彩解说】

第三：

能使人非常迷惑的，必定是物与物之间非常相似。辨别玉的人担心的，是石头和玉石相似；相剑的人所担心的，是剑与吴钩干将剑相似；英明的君主所担心的，是博闻善辩似乎通达事理的人。亡国的君主看似贤明，亡国的大臣看似忠诚。相似的东西，让愚笨的人感到困惑，让圣人更加担忧，所以墨子碰到了岔路会号啕大哭。

周朝定都酆、镐，这两个地方邻近西戎。于是，周和诸侯约定：在大路上筑起高堡，上面放置大鼓，使远近都能听到鼓声；如果戎人入侵，就击鼓报警，彼此传告，各路诸侯兵马都要赶来救援周天子。有一次，戎人入侵，幽王击鼓报警，各路诸侯兵马纷纷赶来，幽王的宠姬褒姒看见，开心地大笑起来。后来，幽王想让褒姒高兴，就几次击鼓，弄得各路诸侯几次兴师动众赶到，却不见戎人。最后，戎人真的又打来了，幽王再次击鼓，诸侯兵马却不来了。结果，幽王兵败，死在骊山脚下，为天下人所耻笑。这是因为本来没有敌人来而胡乱击鼓导致真正敌人来了却没有人来救援。贤人会因小恶造成大的错误，褒姒败坏了国家的大事，为了博她一笑而导致整个国家的灭亡。因此，幽王身首异处，三公九卿纷纷逃窜。这也导致了褒姒的死，而平王为此迁都洛阳，秦襄公、晋文公能以勤王而被赏赐土地。

魏国的北部有个叫黎丘的乡，那里有个奇鬼，喜欢装扮成别人的儿子、侄子、兄长、弟弟的样子。乡里的一个老人到街市上喝醉回家，黎丘的鬼装扮成他的儿子，扶他却在路上折磨他。老人回到家，酒醒后就责骂他的儿子，说："我是你的父亲啊，难道说我对你不够好吗？我喝醉了，你在路上折磨我，这是为什么？"他的儿子哭着磕头说："冤枉啊！没有这样的事。昨天我去东乡向人讨债，这是可以问他的。"他的父亲相信他的话，说："呵！那就肯定是奇鬼啊！我本来听人说起过的。"老人第二天特意又到街市上喝酒，想碰上那鬼将它刺死。第二天早上老人前往街市，又喝醉了。他真的儿子担心父亲不能回家，就前去迎接他。老人看见儿子，拔出剑就刺他。老人的头脑竟被像他儿子的鬼弄糊涂了，因而杀了自己真正的儿子。那些被冒牌的贤士搞糊涂的人，错过了真的贤士，他们的头脑其实是和黎丘老人一样啊!

对于相似的现象,一定要查清楚它们的本质。要查清楚,就一定要找了解实际情况的人。即使圣人舜做马夫,尧为尊者,大禹当车右,进入草泽也要询问牧童,到了水泽也要问渔夫,什么缘故呢?因为这些人对情况了解得更清楚。孪生的孩子虽然长得很像,但是他们的母亲还是能够辨认出来,就是因为清楚了解他们的情况。

壹 行

〔题解〕

"壹行"就是让言行诚信专一的意思。作者认为无论个人还是国家都应始终坚持一定的准则,让人信赖才能成功。不能言而无信,要言行一致。文中也批评了反复无常的言语行为。

四曰:

先王所恶①,无恶于不可知。不可知,则君臣、父子、兄弟、朋友、夫妻之际败矣。十际皆败,乱莫大焉。凡人伦,以十际为安者也,释②十际则与麋鹿虎狼无以异,多勇者则为制耳矣。不可知,则知无安君、无乐亲矣,无荣兄、无亲友、无尊夫矣。

强大未必王也,而王必强大。王者之所借以成也何?借其威与其利。非强大则其威不威,其利不利。其威不威则不足以禁也,其利不利则不足以劝也,故贤主必使其威利无敌。故以禁则必止,以劝则必为。威利敌,而忧苦民、行可知者王;威利无敌,而以行不知者亡。小弱而不可知,则强大疑之矣。人之情不能爱其所疑,小弱而大不爱,则无以存。故不可知之道，王者行之，废；强大行之，危；小弱行之，灭。

今行者见大树，必解衣县冠倚剑而寝其下。大树非人之情亲知交也，而安之若此者，信也。陵上巨木，人以为期③，易知故也。又况于士乎？士义可知故也，则期④为必矣。又况强大之国？强大之国诚可知，则其王不难矣。

人之所乘船者，为其能浮而不能沉也。世之所以贤君子者，为其能行义而不能行邪辟也。

孔子卜，得贲。孔子曰："不吉。"子贡曰："夫贲亦好矣，何谓不吉乎？"孔子曰："夫白而白，黑而黑，夫贲又何好乎？"故贤者所恶于物，无恶于无处⑤。

夫天下之所以恶，莫恶于不可知也。夫不可知，盗不与期，贼不与谋。盗贼大奸也，而犹所得匹偶，又况于欲成大功乎？夫欲成大功，令天下皆轻劝而助之，必之士可知。

―●【字词注解】

① 恶：憎恨。
② 释：放弃，舍弃。
③ 期：约会。
④ 期：期待，盼望。
⑤ 处：审度，辩察。

―●【精彩解说】

第四：

先王所憎恨的莫过于言行不专一。言行不专一，君臣、父子、兄弟、朋友、夫妻之间的行为准则就会被败坏。十者的伦理被败坏，灾祸没有比这个更大的了。一般来说，人和人之间的关系，都是以这十者的行为准则来保持安定的，舍弃这十者的行为准则，就和麋鹿虎狼没有什么区别了，即便勇武的力士也会被人所制。言行不专一，就不会有安定君主的人了，没有取悦双亲的人了，就没有尊重兄长的人了，没有亲近朋友的人了，也没有遵从丈夫的人了。

国家强大未必称王于天下，但是能够称王于天下的国家肯定是强大的。称王于天下的贤君依靠什么成功呢？依靠的是他的威严和给百姓的利益。国家不强大就不能够树立权威禁令百姓，所给的利益也不足以鼓励百姓。因此，贤明的君主就必须使他的权威和给百姓的利益是谁也不能够比拟的。他禁止为恶，百姓就会为之而禁止作恶；他鼓励为善，百姓就会为之而行善。所施威严和所给利益相差不多，那么为百姓忧心且言行专一的就可以称王于天下；所施威严和所给利益不相当，言行不专一且朝令夕改的人就会灭亡。国家弱小而言行不专一，强大的国家就会猜忌它。人之常情，不会喜爱所猜忌的，国小力弱而大国又不喜欢，就没有赖以生存的条件。因此，言行不专一的做法，称王天下的国家实行了就会衰弱，强大的国家实行了就有危险，弱小的国家实行就会消亡。

如果走路的人看见了一棵大树，必定会解开衣带，挂起帽子，把宝剑靠着树，放心地在树下休息。大树并非人的亲朋好友，人们还这么放心它，主要是大树可以依靠。山陵上的大树，人们经常把它作为约会的地方，关键是它可信易知。更何况士人呢？士人的道义诚信专一，人们必定会对他加以期待。又何况是强大的国家呢？强大的国家如果能够确实言行专一，值得信赖，那么它称王天下就不难了。

人们之所以乘船，就是因为船能够漂浮于水面而不会下沉。世上的人尊敬君子，是因为他们能够秉行道义不走歪门邪道。

孔子占卜，占得贲。孔子道："不吉利啊！"子贡道："贲卦还算可以了，怎么就说它不吉利呢？"孔子道："白色的就是白色的，黑色的就是黑色的，而贲是杂色，有什么好呢？"因此贤能的人对于物，最讨厌的就在于它不专一。

天下人所讨厌的，就是不专一和不可信。假如一个人不专一又不可信，那么就是贼也不愿意和他盟约，强盗也不愿意和他同谋。贼和强盗都是很狡诈的人，尚且要找可以信赖的伙伴，更何况是想成就伟业的人呢？想要成就伟业，让天下人稍加鼓励就可以来帮助自己，那就一定要依赖士人的诚信专一。

求 人

〔题解〕

"求人"即寻找贤能的人。本篇主要论述君主求贤的态度,要求君主排除干扰,专心致志,放低姿态,不辞劳苦寻找贤人,不避远近,礼贤下士,唯才是举。在文章末尾,作者借助皋子和郑国的事例,说明了实现身心安定、国家长治久安必须依赖贤人的重要性。

五曰:

身定、国安、天下治,必贤人。古之有天下也者七十一圣,观于《春秋》,自鲁隐公以至哀公十有二世,其所以得之,所以失之,其术①一也:得贤人,国无不安,名无不荣;失贤人,国无不危,名无不辱。

先王之索贤人,无不以②也:极卑极贱,极远极劳。虞用宫之奇、吴用伍子胥之言,此二国者,虽至于今存可也。则是国可寿③也。有能益人之寿者,则人莫不愿之;今寿国有道,而君人者而不求,过矣。

尧传天下于舜,礼之诸侯,妻以二女,臣以十子,身请北面朝之:至卑也。伊尹,庖厨之臣也;傅说,殷之胥靡也,皆上相天子:至贱也。禹东至榑木之地,日出九津,青羌之野,攒树之所,㨉④天之山,鸟谷、青丘之乡,黑齿之国;南至交阯(zhǐ)、孙朴续樠(mán)之国,丹粟、漆树、沸水、漂漂、九阳之山,羽人、裸民之处,不死之乡;西至三危之国,巫山之下,饮露吸气之民,积金之山,其肱、一臂、三面之乡;北至人正之国,夏海之穷,衡山之上,犬戎之国,夸父之野,禹强之所,积水、积石之山。不有懈堕，忧其黔首，颜色黎黑，窍藏不通，步不相过，以求贤人，欲尽地利：至劳也。得陶、化益、真窥、横革、之交五人佐禹，故功绩铭乎金石，著于盘盂。

昔者尧朝许由于沛泽之中，曰："十日出而焦⑤火不息，不亦劳乎？夫子为天子，而天下已治矣，请属天下于夫子。"许由辞曰："为天下之不治与？而既已治矣。自为与？鹓𪃞巢于林，不过一枝；偃鼠饮于河，不过满腹。归已，君乎！恶用天下？"遂之箕山之下、颍水之阳，耕而食，终身无经天下之色。

故贤主之于贤者也，物莫之妨，戚爱习⑥故不以害之，故贤者聚焉。贤者所聚，天地不坏，鬼神不害，人事不谋，此五常之本事也。

皋子，众疑取国，召南宫虔、孔伯产而众口止。

晋人欲攻郑，令叔向聘焉，视其有人与无人。子产为之诗曰："子惠思我，褰⑦裳涉洧；子不我思，岂无他士！"叔向归曰："郑有人，子产在焉，不可攻也。秦、荆近，其诗有异心，不可攻也。"晋人乃辍攻郑。孔子曰："《诗》云：'无竞惟人。'子产一称而郑国免。"

【字词注解】

① 术：方法。
② 以：用。
③ 寿：长存。
④ 揖（mín）：抚。
⑤ 焦（jué）：通"爝"，火炬。
⑥ 习：近习，身边的人。
⑦ 褰（qiān）：把衣服提起来。

【精彩解说】

第五：

要使自己安身、国家稳定、天下太平，就一定要任用贤能的人。上古君临天下的有七十一位圣王，从《春秋》中可以看出，自鲁隐公到鲁哀公已经有十二代，君主之所以得到君位，之所以失去君位，其道理是一样的：求得贤人，国无不安，名无不显；失去贤人，国无不危，名无不败。

先王为了得到贤能的人，什么都愿意做：见到了贤人极其谦卑，愿意举用极其卑贱的人；为了求得贤人，跋山涉水，不辞辛苦。如果虞国听从宫之奇的进谏、吴王听从伍子胥的告诫，这两个国家即使延续到今天也是可能的。这么说，国家是可以长存的。若说有延长人的寿命的方法，没有人不愿意试试；而今有使国家长存的方法，做君主的不知道追求，这就是大错。

尧把天下传给了舜，在诸侯的面前礼敬他，还把自己的两个女儿嫁给了他，让自己的十个儿子做他的臣子，自己则面北拜他：把自己的位置降到了最低。伊尹是个在厨房服役的奴隶，傅说是殷商的刑徒，后来却做了天子的相国：这是举用最卑贱的人。大禹东行到扶桑，太阳升起的九津、东方的原野，到树木丛生的地方，到摩天的高山，鸟谷、青丘乡，到黑齿国；南行到交阯、孙朴续樠国，到生产丹粟、生长漆树、泉水喷涌的九阳山，到羽人、裸民国，不死国；西行到三危国，巫山下，吸风饮露的仙人居住的地方，积金山，奇肱、一臂、三面国；北到人正国，大海尽头，衡山上，犬戎国，夸父追日之国，禺强居住之所，积水、积石之山。大禹不敢怠慢，为百姓操劳，面目漆黑，身心疲惫，行路不稳，四处寻求贤能的人，一心使土地得到充分的利用：这真是辛劳到了极点。结果得到皋陶、化益、真窥、横革、之交这五个人为得力助手，所以使得其功绩铭刻于金石，铭记于盘盂。

以前尧到大泽去拜访许由道："十个太阳都出山了，火炬还是不肯熄灭，这不是徒劳吗？您来做天子，天下会治理得更太平，请让我把天下托付给您吧。"许由推辞道："您这么说的缘由是不是您在位的时候天下得不到好的治理呢？如今已经是天下大治了。是为了我自己吗？喁嗷在林中筑巢所占领的不过是一枝而已；鼹鼠到河里喝水，也不过是为了喝饱肚子而已。您还是回去吧！我哪里用得着天下呢？"然后就到了箕山脚下、颍水北岸，种田为生，始终没有治理天下的想法。

因此贤明的君主唯才是用，不会因为是自己的亲属、私爱、近习、故交而去任用他，这样贤人就会聚居到一起了。这些人聚居到一起，天下不会受到什么损害，鬼神不会降灾，他人无法算计，这就是五常的根基。

皋子被大家怀疑要窃国，他就把南宫虔、孔伯产等贤人招进来，于是大家就停止了非议。

晋国要攻打郑国，就派叔向到郑国访问，探查郑国有没有贤能的人。子产向他咏诗："如果你心里在思念我，就请提起衣服渡过洧水；假如你不思念我，难道我就没有其他人相随吗？"叔向回到了晋国，道："郑国有贤能的人，子产在位，不能够攻打啊！郑国与秦国、楚国临近，子产咏诗流露出其他的意思，不能攻打的。"晋国于是就停止了这个计划。孔子道："《诗经》有云：'国家的强盛在于有贤能的人辅佐。'子产只是诵读一首诗，却使得郑国免于一场灾难。"

察 传

〔题解〕

"察传"即审查谣言，就是对传言进行辨察来判断它的是非，这关系到国家的生死存亡。本篇提出了弄清传言是非的方法，就是根据情理加以判断，这样就能了解实际情况了。

六曰：

夫得言不可以不察。数传而白为黑，黑为白。故狗似玃（jué），玃似母猴，母猴似人，人之与狗则远矣。此愚者之所以大过也。

闻而审①，则为福矣；闻而不审，不若无闻矣。齐桓公闻管子于鲍叔，楚庄闻孙叔敖于沈尹筮，审之也，故国霸诸侯也。吴王闻越王勾践于太宰嚭，智伯闻赵襄子于张武，不审也，故国亡身死也。

凡闻言必熟论，其于人必验之以理。鲁哀公问于孔子曰："乐正夔一足，信乎？"孔子曰："昔者舜欲以乐传教于天下，乃令重黎举夔于草莽之中而进之，舜以为乐正。夔于是正六律，和五声，以通八风，而天下大服。重黎又欲益求人，舜曰：'夫乐，天地之精也，得失之节②也，故唯圣人为能和。乐之本也。夔能和之，以平天下，若夔者，一而足矣。'故曰'夔一足'，非'一足'也。"宋之丁氏，家无井而出溉汲[3]，常一人居外。及其家穿井，告人曰："吾穿井得一人。"有闻而传之者曰："丁氏穿井得一人。"国人道之，闻之于宋君。宋君令人问之于丁氏。丁氏对曰："得一人之使，非得一人于井中也。"求能之若此，不若无闻也。子夏之晋，过卫，有读史记者曰："晋师三豕涉河。"子夏曰："非也，是己亥也。夫'己'与'三'相近，'豕'与'亥'相似。"至于晋而问之，则曰"晋师己亥涉河"也。

辞多类非而是，多类是而非。是非之经，不可不分。此圣人之所慎也。然则何以慎？缘物之情及人之情以为所闻，则得之矣。

【字词注解】

① 审：审察。
② 节：关键。
③ 汲：打水。

【精彩解说】

第六：

传闻不可以不审察。经过辗转相传白的成了黑的，黑的成了白的。所以狗似玃，玃似猕猴，猕猴似人，人和狗的差别就很远了。这是愚人犯大错误的原因。

听到什么如果加以审察，就有好处；听到什么如果不加审察，不如不听。齐桓公从鲍叔牙那里得知管仲，楚庄王从沈尹筮那里得知孙叔敖，听到他们的情况加以审察，因此国家称霸于诸侯。吴王从太宰嚭那里听到了越王勾践的话，智伯从张武那里听到了赵襄子的事，没有经过审察便相信了，因此国家灭亡而自己也送了命。

凡是听到传闻，都必须深入审察，涉及人的传闻必须用常理检验。鲁哀公问孔子说："乐正夔只有一只脚，真的吗？"孔子说："从前舜想用音乐向天下老百姓传播教化，就让重黎从民间举荐了夔而且起用了他，舜任命他做乐正。夔于是校正六律，和谐五声，用来调和阴阳之气，因而天下归顺。重黎还想多找些像夔这样的人，舜说：'音乐是天地间的精华，国家治乱的关键。只有圣人才能做到使音乐和谐。和谐是音乐的根本。夔能调和音律，从而使天下安定，像夔这样的人一个就够了。'所以说'一个夔就足够了'，不是'夔只有一只足'。"宋国有个姓丁的人，家里没有水井，需要出门去打水，经常派一人在外专管打水。等到他家打了水井，他告诉别人说："我家打水井得到一个人。"有人听了就去传播："丁家挖井挖到了一个人。"都城的人纷纷传说这件事，被宋君听到了。宋君派人向姓丁的问明情况，姓丁的答道："得到一个人使用，并非在井内挖到了一个活人。"像这样听信传闻，不如不听。子夏到晋国去，经过卫国，有个读史书的人说："晋军三豕过黄河。"子夏说："不对，是己亥日过黄河。古文'己'字与'三'字字形相近，'豕'字和'亥'字相似。"到了晋国探问此事，果然是说"晋国军队在己亥那天渡过黄河"。

言辞有很多似是而非，似非而是的。是非的界限，不可不分辨清楚，这是圣人特别慎重对待的问题。那么怎样才能做到慎重呢？遵循事物的规律和人事的情理，用这种方法来审察所听到的传闻，就可以得到真实的情况了。

拓展阅读

宋濂苦学成才

宋濂，字景濂，号潜溪，明初著名政治家、文学家、史学家和思想家，被朱元璋誉为"开国文臣之首"。宋濂以散文创作闻名于世，和高启、刘基合称"明初诗文三大家"。

宋濂年幼的时候，家境十分贫苦，但他苦学不辍。他自己在《送东阳马生序》中讲："我小的时候非常好学，可是家里很穷，没有什么办法可以寻到书看，所以只能向有丰富藏书的人家去借阅，借来以后，就赶紧抄录下来，每天拼命地赶时间，计算着到了时间好还给人家。"正是这样，他才拥有了丰富的学识。

有一次天气特别寒冷，冰天雪地，北风狂呼，以至于砚台里的墨都冻上了。但是家里穷，哪里有火来取暖？手指冻得都无法屈伸，但他仍然苦学不敢有所松懈，借来的书坚持要抄好送回去。抄完了书，天色已晚，他只能冒着严寒，一路跑着去还书给人家，一点儿不敢超过约定的还书日期。因为他这么诚信，所以许多人都愿意把书借给他看。因此，他得以博览群书，增长见识，为以后成材奠定了基础。

面对贫困、饥饿、寒冷，宋濂不以为意，不以为苦，一心追求成就大业。

后来他觉得这样学习不是长久之计，于是就到学馆里拜师学习。一个人背着书箱从家里出来，走在深山峡谷之中。寒冬的大风吹得他东倒西歪。数尺深的大雪，把他的脚都冻裂了，鲜血直流，他也没有知觉。等到了学馆，他几乎冻死，四肢僵硬得不能动弹。学馆中的仆人拿着热水把他全身慢慢地擦热，用被子捂了很长时间以后，他才有了知觉，暖和过来。

为了求学，宋濂住在旅馆之中，一天只吃两顿饭，没有新鲜的菜和美味的鱼肉，生活十分艰苦。和他一起学习的同学们一个个身着华服，戴着镶有珠宝的帽子，腰间佩着玉环，左侧佩着宝刀，右侧戴着香袋，光彩夺目，像神仙下凡一样。但是宋濂不以为那是一种快乐，丝毫也没有羡慕他们，仍穿着朴素无华的衣服，从不觉低人一等，不卑不亢，照样刻苦学习。因为学习的过程中有让他快乐的东西，那就是知识。他根本没有把吃得不如人、住得不如人、穿得不如人这种表面上的苦当回事。

正因为宋濂能忍受穷苦，自得其乐，才能最终成就一番事业。他的那些同学一个个生活得很快乐，但有几人能名留青史呢？

贵直论第三

贵 直

[题解]

本篇论述君主要重视和尊敬直谏之士。臣子要直言不讳地对君主劝谏，君主也要听取逆耳之言。文中赞扬了狐援、烛过等人劝诫君主时表现出的耿介忠贞的精神，又列举齐湣王等事例说明对直谏之士态度不同会有不同的结果。

一曰：

贤主所贵莫如士。所以贵士，为其直言也。言直则枉①者见矣。人主之患，欲闻枉而恶直言。是障其源而欲其水也，水奚自至？是贱其所欲而贵其所恶也，所欲奚自来？

能意见齐宣王。宣王曰："寡人闻子好直，有之乎？"对曰："意恶能直？意闻好直之士，家不处乱国，身不见污君。身今得见王，而家宅乎齐，意恶能直？"宣王怒曰："野士也！"将罪之。能意曰："臣少而好事，长而行之，王胡不能与野士乎，将以彰其所好耶？"王乃舍之。若能意者，使谨乎论于主之侧，亦必不阿主。不阿，主之所得岂少哉？此贤主之所求，而不肖主之所恶也。

狐援说齐湣王曰："殷之鼎陈于周之廷，其社盖于周之屏，其干戚之音在人之游。亡国之音不得至于庙，亡国之社不得见于天，亡国之器陈于廷，所以为戒。王必勉之！其无使齐之大吕陈之廷，无使太公之社盖之屏，无使齐音充人之游。"齐王不受。狐援出而哭国三日，其辞曰："先出也，衣缔（chī）纻；后出也，满图圄。吾今见民之洋洋然②东走而不知所处。"齐王问吏曰："哭国之法若何？"吏曰："斮③。"王曰："行法！"吏陈斧质于东间，不欲杀之，而欲去之。狐援闻而蹶往过之。吏曰："哭国之法斮，先生之老欤？昏欤？"狐援曰："曷为昏哉？"于是乃言曰："有人自南方来，鲋入而鲵居，使人之朝为草而国为墟。殷有比干，吴有子胥，齐有狐援。已不用若言，又斮之东间，每斮者以吾参夫二子者乎！"狐援非乐斮也，国已乱矣，上已悖矣，哀社稷与民人，故出若言。出若言非平论也，将以救败也，固嫌于危。此触子之所以去之也，达子之所以死之也。

赵简子攻卫，附④郭。自将兵，及战，且远立，又居于屏蔽犀橹之下。鼓之而士不起。简子投枹而叹曰："呜呼！士之速弊一若此乎！"行人烛过免胄横戈而进曰："亦有君不能耳，士何弊之有？"简子艴然⑤作色曰："寡人之无使，而身自将是众也，子亲谓寡人之无能，有说则可，无说则死！"对曰："昔吾先君献公即位五年，兼国十九，用此士也。惠公即位二年，淫色暴慢，身好玉女，秦人袭我，逊⑥去绛七十，用此士也。文公即位二年，厎⑦之以勇，故三年而士尽果敢；城濮之战，五败荆人，围卫取曹，拔石社，定天子之位，成尊名于天下，用此士也。亦有君不能耳，士何弊之有？"简子乃去屏蔽犀橹，而立于矢石之所及，一鼓而士毕乘之。简子曰："与⑧吾得革车千乘也，不如闻行人烛过之一言。"行人烛过可谓能谏其君矣。战斗之上，枹鼓方用，赏不加厚，罚不加重，一言而士皆乐为其上死。

【字词注解】

① 枉：邪曲。
② 洋洋然：犹"茫茫然"，心神不定，无所依归的样子。
③ 斮（zhuó）：斩。
④ 附：逼近。
⑤ 艴（bó）然：盛怒的样子。
⑥ 逊：逃遁。
⑦ 厎（dǐ）：通"砥"，磨砺。
⑧ 与：与其。

【精彩解说】

第一：

英明的君主尊崇士人。之所以尊崇士人，是因为他们敢于直言进谏。言论正直，邪曲的逸言就会露出破绽。君主的缺陷在于喜欢听取邪曲的逸言而讨厌直言，这就是堵塞了水的源头还想得到水，水又从何而来呢？这是轻贱自己想得到的而尊崇自己所厌恶的，想要的又从何而来呢？

能意拜访齐宣王。齐宣王道："我听说你喜好正直，有这回事吗？"能意答道："我哪里能够做到正直呢？我听说过喜好正直的人，不会居住在政治混乱的国家，自己也不去拜访德行污浊的君主。而今我来见您，并且我居住在齐国，我怎么能够做到正直呢？"齐宣王愤怒地道："鄙野之人！"就打算治他的罪。能意道："我年轻的时候喜好直言进谏，成年以后一直这样做，您为什么不能听取鄙野之士的言论，来彰明他们的爱好呢？"齐宣王就赦免了他。像能意这样的人，如果让他谨慎地在君主的身边议论国事，肯定不会曲意奉承君主。不曲意奉承君主，那么君主得到的教益难道会少吗？这是贤明的君主所追求的，却是不贤明的君主所讨厌的。

狐援游说齐湣王道："殷朝的鼎陈列在周朝的朝廷上，殷朝的神社被周朝神社遮盖上庐棚，殷朝的宫廷音乐为人们游乐所用，灭亡国家的音乐不能进入宗庙，灭亡国家的神社不能见到天日，灭亡国家的重器被陈列在他国的朝廷上，这些都是为了警示后人。君主一定要努力啊！千万不要让齐国的大吕陈设在他国的朝廷上，不能使太公的神社被他国神社遮盖上庐棚，不要使齐国的音乐成了他国人们的游乐。"齐湣王没有接受他的进谏。狐援就离开了朝廷为国事痛哭三天，边哭边道："先离开的人还可以穿布衣，后离开的将身陷牢狱之灾。我即将看到百姓恐慌地向东逃跑，而不知道居住的地方。"齐湣王问狱官道："国家无事而为国事哭丧的人该处于什么刑罚呢？"狱官道："斩首。"齐湣王道："就依据法令执行！"狱官抱着刑具到了齐国国都的东门，他不想杀狐援，想把他吓跑。狐援听到这件事情跌跌撞撞地跑去问狱官。狱官道："国家无事而为国事哭丧是要杀头的，先生是老糊涂了啊？还是头脑发昏了？"狐援道："这哪里是头脑发昏呢？"然后接着说道："从南方来的人，像鲋鱼一样卑微地进来，住下后却像鲵鱼那样凶狠残暴，使得他国的朝政变为草莽，国家也变成废墟。殷商有比干，吴国有伍子胥，齐国有狐援。既不听我的这些话，又要把我在东门杀掉，这是要把我和比干、伍子胥并列吧！"狐援并不是乐意被斩头，国家已经混乱，君主已经不能够头脑清醒地考虑事情了，他在为国家即将消亡和百姓处于水深火热之中而痛苦，因此才说这些话的。这些话并不是持平之论，而是想以此挽救国家，所以必定听起来有些危言耸听的嫌疑。齐湣王不但没有接纳他的劝谏反而杀死忠臣，这就是触子离开齐国、达子为齐国殉难的原因。

　　赵简子攻打卫国，军队逼近卫国的城外。赵简子亲自率领士兵，但是到了交战的时候却远远地站在箭弩射不到的地方，又躲在屏障和盾牌的后面。赵简子击鼓，还是不能振奋士气。赵简子扔掉了鼓槌叹息道："哎！士兵都已经懒惰到这种地步了！"行人烛过摘掉头盔手执长矛劝谏道："这只是您有所不能罢了，士卒没有什么过错的。"赵简子听了很气恼，脸色大变道："我没有指派其他大将而是自己亲自上阵，你却说我无能，你能够把这件事解释清楚吗？不能够解释清楚就得死。"烛过道："从前我的先王即位五年内就兼并了十九个国家，他所用的就是这支军队。惠公即位两年整天沉迷于声色，残暴傲慢，喜爱美女，秦国攻打我国的时候，逃到了离国都七十里的地方，用的还是这支军队。文公即位两年用勇敢善战激励士兵，所以三年使士卒变得十分勇敢善战而且果断；在城濮之战，曾经五次打败了楚国人，包围了卫国，袭击了曹国，攻取了石社，使天子的位置得到了巩固，使自己的名声远扬海内外，用的还是这支军队。只有君主做不到的事情，士兵有什么不对呢？"然后赵简子就离开了屏障和盾牌，站在箭弩所能够射击到的地方，只击一次鼓士卒就全都登上了城墙。赵简子道："与其让我获得千辆兵车，还不如听行人烛过的肺腑之言。"行人烛过可以说做到了直谏君主。战斗时，击鼓正酣，不增加赏赐，不加重刑罚，只是说了一句话，就能够让士卒为了君主而死。

直 谏

〔题解〕

本篇也探讨了谏言的问题。作者认为进谏者都是无私勇敢的贤者。文中列举鲍叔牙等人的事例表明,君主如果能够明察,使自己"可与言极言",就能使国家长存,使自己身心安康。作者通过列举鲍叔牙等人的事例也为臣子树立了直言的榜样。

二曰:

言极则怒,怒则说者危。非贤者孰肯犯危?而非贤者也,将以要利矣;要利之人,犯危何益?故不肖主无贤者。无贤则不闻极言,不闻极言,则奸人比周①,百邪悉起。若此则无以存矣。凡国之存也,主之安也,必有以也。不知所以,虽存必亡,虽安必危。所以不可不论也。

齐桓公、管仲、鲍叔、宁戚相与饮。酒酣,桓公谓鲍叔曰:"何不起为寿?"鲍叔奉杯而进曰:"使公毋忘出奔在于莒也,使管仲毋忘束缚而在于鲁也,使宁戚毋忘其饭牛而居于车下。"桓公避席再拜曰:"寡人与大夫能皆毋忘夫子之言,则齐国之社稷幸于不殆矣!"当此时也,桓公可与言极言矣。可与言极言,故可与为霸。

荆文王得茹黄之狗、宛路之矰,以畋②于云梦,三月不反。得丹之姬,淫,期年不听朝。葆③申曰:"先王卜以臣为葆,吉。今王得茹黄之狗、宛路之矰,畋三月不反;得丹之姬,淫,期年不听朝。王之罪当笞。"王曰:"不穀免衣襁褓而齿于诸侯,愿请变更而无笞。"葆申曰:"臣承先王之令，不敢废也。王不受笞，是废先王之令也。臣宁抵罪于王，毋抵罪于先王。"王曰："敬诺。"引席，王伏。葆申束细荆五十，跪而加之于背，如此者再，谓王："起矣！"王曰："有笞之名一也，遂致之！"申曰："臣闻君子耻之，小人痛之。耻之不变，痛之何益？"葆申趣④出，自流于渊，请死罪。文王曰："此不穀之过也，葆申何罪？"王乃变更，召葆申，杀茹黄之狗，析⑤宛路之矰，放丹之姬。后荆国兼国三十九。令荆国广大至于此者，葆申之力也，极言之功也。

【字词注解】

① 比周：为私利而结合。
② 畋（tián）：打猎。
③ 葆：太保。
④ 趣（qū）：疾行，快步走。
⑤ 析：这里是折的意思。

【精彩解说】

第二：

臣子的言论如果毫不保留，不加隐讳，君主就会愤怒。君主只要发怒，那么游说的人就会有危险，除了贤士敢这样做之外还有谁敢这样做呢？假如不是贤士，而是为了谋求私利，那么谋求私利的人冒这种危险有什么好处呢？因此，不贤明的君主不会拥有贤士辅佐。没有贤士辅佐，君主就听不到毫无保留的劝谏，听不到毫无保留的善言，那么奸邪的人就会结党营私，很多邪恶的事情就会出现。像这样的国家是难以存在的。凡是国家能够存在，君主平安，都有一定原因。不知晓国家存亡和君主安危的原因，即使存在也必会灭亡，即使平安也必会危险。因此不可以不论说其原因。

齐桓公、管仲、鲍叔牙、宁戚在一起饮酒。饮到尽兴时，桓公对鲍叔牙说："为什么不起来敬酒祝寿？"鲍叔牙奉杯敬酒道："希望您不要忘记在莒奔逃，希望管仲不要忘记在鲁国被囚缚，希望宁戚不要忘记住在车下喂牛。"桓公离席对鲍叔牙拜了拜道："我和大家都不忘夫子的话，那么齐国就能有幸不灭亡了！"在这时候，可以和桓公畅所欲言。能够畅所欲言，所以可以称霸诸侯。

楚文王得到茹黄之狗和宛路之矰，带着它们到云梦泽打猎，三个月没有返回国都。得到丹阳的女子，纵情美色，一年没有上朝。太保申道："先王占卜任用我为太保，将会吉利。而今您得到茹黄之狗和宛路之矰，打猎三个月都不返回国都；得到丹阳的美女，纵情美色，一年没有上朝了。您因所犯的过错应该受到鞭打。"楚文王道："我自从出生就被列入诸侯，希望您换一种刑罚，不要鞭打我。"太保申道："微臣对先王的法令不敢触犯。您不接受鞭打，就是废弃了先王的法令。微臣宁愿获罪于您，也不敢触犯先王的法令。"楚文王道："遵命。"太保申就把席子拉过来，让楚文王趴在了上面。太保申将五十个细荆条捆绑在一起，跪着放在楚文王的背上，这样做了两次，对楚文王道："起来吧！"楚文王道："真鞭打和假鞭打的名声是一样的，索性真的打我一顿吧！"太保申道："我听说君子因为受鞭打而感到耻辱，小人因为受鞭打感到肉体的疼痛而悔改。受到耻辱仍然不悔改的，使他的皮肉感到疼痛又有什么好处呢？"太保申随即走出了王宫，自行流放于深渊之滨，请楚文王治自己死罪。楚文王道："这是我的过错，太保申又有什么过错呢？"楚文王于是改正自己的过错，召回了太保申，杀掉茹黄之狗，折断宛路之矰，把丹阳美女打发走了。后来楚国兼并了十九个国家。使得楚国的疆土得到了扩大，这些都是太保申之力，也是直言劝谏之功。

知　化

〔题解〕

"知化"就是要预见到事物发展变化及早采取有效措施。本篇列举吴王夫差国灭身亡的例子劝诫君主懂得"知化"，善于纳谏，听取直言。

三曰：

夫以勇事人者，以死也。未死而言死，不论①。以②虽知之，与勿知同。凡智之贵也，贵知化也。人主之惑者则不然：化未至则不知；化已至，虽知之，与勿知一贯③也。

事有可以过④者，有不可以过者。而身死国亡，则胡可以过？此贤主之所重，惑主之所轻也。所轻，国恶得不危？身恶得不困？危困之道，身死国亡，在于不先知化也。吴王夫差是也。子胥非不先知化也，谏而不听，故吴为丘墟，祸及阖庐。

吴王夫差将伐齐，子胥曰："不可。夫齐之与吴也，习俗不同，言语不通，我得其地不能处，得其民不得使。夫吴之与越也，接土邻境，壤交通属，习俗同，言语通，我得其地能处之，得其民能使之。越于我亦然。夫吴、越之势不两立。越之于吴也，譬若心腹之疾也，虽无作，其伤深而在内也。夫齐之于吴也，疥癣之病也，不苦其已⑤也，且其无伤也。今释越而伐齐，譬之犹惧虎而刺猏，虽胜之，其后患无央。"太宰嚭曰："不可。君王之令所以不行于上国者，齐、晋也。君王若伐齐而胜之，徙其兵以临晋，晋必听命矣。是君王一举而服两国也，君王之令必行于上国。"夫差以为然，不听子胥之言，而用太宰嚭之谋。子胥曰："天将亡吴矣，则使君王战而胜；天将不亡吴矣，则使君王战而不胜。"夫差不听。子胥两袪高蹶而出于廷，曰："嗟乎！吴朝必生荆棘矣！"夫差兴师伐齐，战于艾陵，大败齐师，反而诛子胥。子胥将死，曰："与！吾安得一目以视越人之入吴也？"乃自杀。夫差乃取其身而流之江，抉其目，著之东门，曰："女胡视越人之入我也？"居数年，越报吴，残其国，绝其世，灭其社稷，夷其宗庙，夫差身为擒。夫差将死，曰："死者如有知也，吾何面以见子胥于地下？"乃为幎（mì）以冒⑥面而死。夫患未至，则不可告也；患既至，虽知之无及矣。故夫差之知惭于子胥也，不若勿知。

【字词注解】

① 论：知道，了解。
② 以：通"已"。

③ 一贯：相同。
④ 过：错误。
⑤ 已：痊愈。
⑥ 冒：覆盖。

【精彩解说】

第三：

用勇武侍奉别人的人就是用生命在侍奉别人。勇士在没有死的时候谈论以死来侍奉别人，没有人会了解。等到勇士死了，人们就了解了，那个时候已经太晚了，与没有了解之前是没有什么差别的。大凡智者的可贵之处就在于可以事先察觉到事物的变化。糊涂的君主就不行：变化没有到来时，丝毫不察觉；等到变化已经到来时才察觉，这个和不察觉是没有什么区别的。

有些事情是可以犯错误的，有些是不能够犯错误的。关系到生死存亡的大事怎么能够犯错误呢？这是贤明的君主所重视的，是糊涂的君主所轻视的。如果把这点轻视了，国家怎能不处于危险中？自身又怎能不遭受困厄呢？行于危亡困厄之途，遭遇到生死存亡的大事，在于不能够事先察觉事物的变化。吴王夫差就是这样的。伍子胥并非没有察觉事物已经发生了变化。伍子胥进谏但夫差不纳谏，所以吴国被灭了，国土成为废墟，祸及先王阖庐。

吴王夫差想攻打齐国，伍子胥道："不行。齐国和吴国的风俗习惯不同，所讲的语言也不一样，我们即使得到了齐国的土地也不能让吴国的百姓去居住，得到他们的百姓也不能役使。吴国和越国，国境相接，田地交错，道路相连，风俗习惯也差不多一样，语言相通，我们得到它的土地能居住，得到它的百姓能役使。越国对于我国也是如此。吴国和越国势不两立。越国对于吴国就好像是心腹之疾，虽然现在还没有发作，但是伤害严重并且已经到了体内。齐国对于吴国就好像疥癣之疾，不用担心不能治愈，而且也没有什么伤害。而今放弃越国而去攻打齐国，就如同担心猛虎之患却去刺杀野猪一样，即使胜利了，也会后患无穷。"太宰嚭道："伍子胥的话不可行。君主的命令之所以不能够在中原各国执行，就是因为齐国和晋国。君主假如攻打齐国并且取得了胜利，接着移齐军兵临晋国的国境，晋国一定会俯首听命。君主这样就可以一举降服两国，君主的命令就会在中原各国得到执行了。"吴王夫差认为太宰嚭所说的有道理，就没有接纳伍子胥的话而采用太宰嚭的进谏。伍子胥道："假如上天要灭亡吴国就让君主打胜仗，假如上天不想让吴国灭亡就让君主打败仗。"吴王夫差还是不肯听取伍子胥的劝告。伍子胥两手举起衣服，脚抬得高高地从朝堂离开，道："唉！吴国的朝堂肯定会荆棘遍生啊！"夫差聚集军队讨伐齐国，在艾陵同齐国交战，大败齐军，回国以后诛杀伍子胥。伍子胥在临死的时候道："我怎么才能够留下一只眼睛看越国的军队进入吴国呢？"说完就自刎而死。夫差就把他的尸体投入长江了，挖掉他的一只眼睛挂到国都的东门上说道："您怎么能看到越军侵入我国呢？"过了几年，越国对吴国进行报复，攻破吴国的国都，灭绝吴国的世系，毁掉吴国的社稷，踏平吴国的宗庙，夫差也被俘虏了。夫差临死的时候道："假如死者有知，我有什么颜面在地下见伍子胥呢？"然后就把面巾覆盖到脸上死去。对于糊涂的君主来说，祸患还没有到来的时候就不要告诉他；祸患到来以后他虽然已经明白了，但是一切都来不及了。因此，夫差到死才知道愧对伍子胥，还不如不知道。

过　理

〔题解〕

本篇总结了亡国之君的经验教训，为当世君主提供借鉴。作者认为国家灭亡是因为君主思想行为不合礼义，违背常理，文中列举了一些暴君昏君的凶残昏乱的行为。

四曰：

亡国之主一贯。天时虽异，其事虽殊，所以亡同者，乐不适也。乐不适则不可以存。

糟丘酒池，肉圃为格，雕柱而桔诸侯，不适也。刑鬼侯之女而取其环，截涉者胫而视其髓，杀梅伯而遗文王其醢，不适也。文王貌受以告诸侯。作为琁室，筑为顷宫，剖孕妇而观其化，杀比干而视其心，不适也。孔子闻之曰："其窍通，则比干不死矣。"夏、商之所以亡也。

晋灵公无道，从上弹人，而观其避丸也。使宰人①臑②熊蹯③，不熟，杀之，命妇人载而过朝以示威，不适也。赵盾骤谏而不听，公恶之，乃使沮麛。沮麛见之不忍贼④，曰："不忘恭敬，民之主也。贼民之主，不忠；弃君之命，不信。一于此，不若死。"乃触廷槐而死。

齐湣王亡居卫，谓公玉丹曰："我何如主也？"玉丹对曰："王贤主也。臣闻古人有辞天下而无恨色者，臣闻其声，于王而见其实。王名称东帝，实辨天下。去国居卫，容貌充满，颜色发扬⑤，无重国之意。"王曰："甚善！丹知寡人。寡人自去国居卫也，带益三副矣。"

宋王筑为蘖帝，鸱夷血，高悬之，射著甲胄，从下，血坠流地。左右皆贺曰："王之贤过汤、武矣。汤、武胜人，今王胜天，贤不可以加矣。"宋王大说，饮酒。室中有呼万岁者，堂上尽应；堂上已应，堂下尽应；门外庭中闻之，莫敢不应。不适也。

——●【字词注解】

① 宰人：厨师。
② 臑（ér）：通"胹"，煮熟。
③ 蹯（fán）：野兽的足掌。
④ 贼：杀害。
⑤ 发扬：容光焕发。

——●【精彩解说】

第四：

亡国的君主都有相似的地方。天时虽然相异，行事虽然不同，但是亡国的缘由都是以不合乎礼义为乐。以不合乎礼义的事情为乐就不能存在。

将酒糟堆成了山，池中注满美酒，在林中设置烤肉用的架子，铸造铜柱来残害诸侯，这些就是不合乎礼义的事情。杀掉鬼侯的女儿摘取她佩戴的玉环，截断涉水过路的人的小腿来观察它的骨髓，杀害梅伯做成肉酱献给周文王，这些是不合乎礼义的事情。周文王表面上接受，暗地里却告诉诸侯。

修建用美玉装饰的屋子，建造高大巍峨的宫殿，剖开孕妇的肚子来观察未形成的胎儿，杀掉比干看他的心是否有七窍，这些事都是不合礼义的。孔子听说了纣王的暴行道："假如纣王的心窍相通，比干就不会死啊。"这些也是夏、商灭亡的缘由。

晋灵公不行君主的道义，在台上用弹弓射人，观看人们躲避弹丸的样子。他让厨师煮熊掌，没有煮熟，就把厨师给杀了，让妇人用车拉着走过朝廷以显示他的威严，这是不合礼义的事情。赵盾几次进谏，晋灵公就是不听。晋灵公就特别憎恨赵盾这个人，于是派沮麑杀掉他。沮麑看到赵盾，不忍心杀死他，就说："时刻不要忘记尊敬谨慎，他是百姓的主宰啊！杀掉百姓的主宰是对百姓的不忠，放弃君主的命令是对君主的不守信用。两者选一，不如我去死吧。"然后他就撞院子的槐树自杀了。

齐湣王逃亡居住在卫国，对公玉丹道："我是个怎样的君主呢？"公玉丹回答道："您是个贤明的君主。我听说古人有抛弃天下而没有怨恨之色，我以前只是耳闻其名，今天在您的身上亲眼见到了。您号称东帝，实际统治天下，离开齐国住在卫国，体貌丰盈，容光焕发，没有看重国家的想法。"齐湣王道："很好！公玉丹了解我呀，我自从离开齐国来到卫国，腰带长度增长了三倍。"

宋王修筑高台，用大口袋盛上血，给口袋穿上盔甲，戴上头盔，高高悬挂起来，站在下边射它，口袋落下来，血流满地。左右大臣祝贺道："陛下的贤明胜过了商汤和周武王。他们只能战胜人，而今您战胜了天下，您的贤明是没有人可以超越的。"宋王非常开心，于是设宴饮酒。室中的人都齐声喊万岁，整个堂上的人也随声应和；堂上的人应和，堂下的人也跟着应和；门外和院子里的人听到了，没有人不敢应和的。这是不合乎礼义的事情。

壅 塞

[题解]

本篇首先指出了亡国之君无法对其直谏,继而列举了四位壅塞的君主:他们各有缺点,都不肯听取直言,结果造成心志闭塞,言路不通,国破身亡。

五曰:

亡国之主不可以直言。不可以直言,则过无道闻,而善[①]无自至矣。无自至则壅。

秦缪公时,戎强大。秦缪公遗之女乐二八与良宰焉。戎王大喜,以其故数饮食,日夜不休。左右有言秦寇之至者,因扜弓而射之。秦寇果至,戎王醉而卧于樽下,卒生缚而擒之。未擒则不可知,已擒则又不知。虽善说者,犹若此何哉?

齐攻宋,宋王使人候齐寇之所至。使者还,曰:"齐寇近矣,国人恐矣。"左右皆谓宋王曰:"此所谓'肉自生虫'者也。以宋之强,齐兵之弱,恶能如此?"宋王因怒而诎杀之。又使人往视齐寇,使者报如前,宋王又怒诎杀之。如此者三,其后又使人往视。齐寇近矣,国人恐矣。使者遇其兄,曰:"国危甚矣,若将安适?"其弟曰:"为王视齐寇。不意其近而国人恐如此也。今又私患,乡之先视齐寇者,皆以寇之近也报而死。今也报其情,死;不报其情,又恐死。将若何?"其兄曰:"如报其情,有且先夫死者死,先夫亡者亡。"于是报于王曰:"殊不知齐寇之所在,国人甚安。"王大喜。左右皆曰："乡之死者宜矣。"王多赐之金。寇至，王自投车上，驰而走，此人得以富于他国。夫登山而视牛若羊，视羊若豚。牛之性不若羊，羊之性不若豚，所自视之势过也。而因怒于牛羊之小也，此狂夫之大者。狂而以行赏罚，此戴氏之所以绝也。

齐王欲以淳于髡傅②太子，髡辞曰："臣不肖，不足以当此大任也，王不若择国之长者而使之。"齐王曰："子无辞也。寡人岂责子之令太子必如寡人也哉？寡人固生而有之也。子为寡人令太子如尧乎？其如舜也？"凡说之行也，道不智听智，从自非受是也。今自以贤过于尧舜，彼且胡可以开说哉？说必不入，不闻存君。

齐宣王好射，说人之谓己能用强弓也。其尝所用不过三石，以示左右，左右皆试引之，中关③而止。皆曰："此不下九石，非王其孰能用是？"宣王之情，所用不过三石，而终身自以为用九石，岂不悲哉！非直士其孰能不阿主？世之直士，其寡不胜众，数也。故乱国之主，患存乎用三石为九石也。

【字词注解】

① 善：贤者。
② 傅：作动词，做……的老师。
③ 中关（wān）：弓拉一半。关，通"弯"，把弓拉满。

【精彩解说】

第五：

亡国的君主不可以直言相谏。臣子不直言进谏，君主就听不到自己的过失在什么地方，贤能的人也就没有办法到来。贤能的人不来，君主的耳目心志就会闭塞。

秦穆公在位的时候，戎人的势力很强大。秦穆公送给了戎王十六个能歌善舞的女子和手艺高超的厨师。戎王见了非常开心，所以就不分昼夜地享受。左右的大臣中有人说秦军到了，戎王就拉弓射他。秦军果然到了，戎王还酒醉躺倒在墩子下面，就被秦军俘虏了。在未被捉到的时候，戎王是不知道自己将会被抓，等到被抓住了，戎王还在睡梦中，还是不知道自己已经被捉了。即便是善于进谏的人对这样的君主又能有什么办法呢？

齐国攻打宋国，宋王派人侦察齐军到了什么地方。派去的人回来道："齐寇已经逼近了，百姓非常恐慌。"左右的大臣都对宋王道："这就是所说的肉会自己招来虫害。凭宋国的强大，齐军的弱小，哪里会这样呢？"宋王大怒，冤杀派去的这个人。宋王于是又派人前去察看情况，被派去之人回来呈报的依然与前一人一样。宋王非常恼怒，又将他冤杀了。这样的事情发生了多次，此后又派人前去侦察。齐军已经逼近了，百姓非常恐慌。派去的人碰见自己的哥哥，他的哥哥道："国家已经非常危险了，你还打算到哪里去呢？"弟弟道："我为君主去侦察齐军，没有想到齐军已经离得如此近，百姓如此恐慌。我私下里担心，前去侦察齐军动静的人，都是因为齐军逼近据实禀告而被处死。如今假如我如实禀告就是死，不回去禀告也是死，我应该怎么办呢？"他的哥哥道："假如如实禀告，你将比国破时死去和逃亡的人先死。"然后这个人就向宋王报告："根本就看不见齐军在什么地方，百姓都非常安宁。"宋王听了非常开心，左右的臣子们都道："先前禀告情况的人真该死啊！"宋王赏赐给这个人很多的钱财。齐军一到，宋王就自己飞奔到了车上赶着车飞快地跑了。这个人也迁居到了别的国家，生活非常富足。登上高山往下看牛就像羊一样，羊就像小猪一样。牛实际上不像羊一样小，羊实际上不像猪一样小，只是因为看它们的时候站的位置不同而已。因此对牛羊如此小而发怒，这是狂人中的头一等。在狂乱下实行赏罚，这就是戴氏灭亡的缘由。

齐王想任用淳于髡做太子的老师，淳于髡推辞道："我的德才浅薄不能够承担这样的重任，您还是选择国内德高望重的人吧。"齐王道："您就不要推辞了，我难道要求太子一定要比得上我吗？我的贤德是与生俱来的。您替我把太子教得像尧呢？还是像舜呢？"一般臣下的进谏得以执行都是因为君主自以为愚昧而去听他人的高明见解，以为自己的不对才去接受他人的建议。而今自认为比尧舜更聪明，其他人还怎么阐述自己的意见呢？听不进臣子的直言劝谏，不曾听说这样的君主还能够享有国家。

齐宣王喜欢射箭，喜欢被人说自己拉强弓。他所用的弓的力量不超过三石，给左右的侍从看，侍从都试着拉弓，弓半满就停止了。都道："这弓的力量不低于九石，除了您谁能够使用这样的弓呢？"齐宣王实际上所用的弓不超过三石，而终生认为自己用的弓的力量是九石，这难道不悲哀吗？除了正直的贤士，谁还能不阿附奉承君主呢？当世的贤士寡不敌众，这是势所必然的。所以，使国家陷于祸乱的君主的弊病在于使用三石的弓还以为是九石的弓。

原　乱

〔题解〕

"原乱"是推究祸乱根源的意思。本篇指出国家一旦动乱就会引起连锁反应，一时难以安定。那种认为祸乱可以很快平息的想法是不实际的。作者告诫君主要谨慎治国，不要轻易制造祸端。

六曰：

乱必有弟①。大乱五，小乱三，訽②乱三。故《诗》曰"毋过乱门"，所以远之也。虑福未及，虑祸之，所以儿之也。武王以武得之，以文③持之，倒戈弛弓，示天下不用兵，所以守之也。

晋献公立骊姬以为夫人，以奚齐为太子。里克率国人以攻杀之。荀息立其弟公子卓。已葬，里克又率国人攻杀之。于是晋无君。公子夷吾重赂秦以地而求入，秦缪公率师以纳之。晋人立以为君，是为惠公。惠公既定于晋，背秦德而不予地。秦缪公率师攻晋，晋惠公逆之，与秦人战于韩原。晋师大败，秦获惠公以归，囚之于灵台。十月，乃与晋成，归惠公而质太子圉。太子圉逃归也。惠公死，圉立为君，是为怀公。秦缪公怒其逃归也，起奉公子重耳以攻怀公，杀之于高梁，而立重耳，是为文公。文公施舍，振废滞，匡乏困，救灾患，禁淫慝，薄赋敛，宥罪戾，节器用，用民以时，败荆人于城濮，定襄王，释宋，出穀戍，外内皆服，而后晋乱止。

故献公听骊姬，近梁五、优施，杀太子申生，而大难随之者五，三君死，一君房，大臣卿士之死者以百数，离咎二十年。

自上世以来，乱未尝一。而乱人之患也，皆曰一而已，此事虑不同情也。事虑不同情者，心异也。故凡作乱之人，祸希不及身。

──●【字词注解】

① 弟：次序。
② 訽（tǎo）：同"讨"。
③ 文：礼乐教化。

──●【精彩解说】

第六：

祸乱一定按次序到来。大乱会有多次，此后还会有几次小乱，再经过几次讨伐，祸乱平息。因此，《诗经》说"不要经过乱者之门"，这是远离祸乱的方法。可以对福祥估计不足，但是要对灾祸谨慎考虑，这是保全自身的方法。周武王凭借武力夺取了天下，以文德教化治理了天下，倒置戈矛，放松弓弦，向天下表示不再用兵，这是保有天下的方法。

晋献公立骊姬为夫人，以奚齐为太子。大夫里克率领百姓杀死奚齐。奚齐死后，荀息立奚齐的弟弟公子卓为太子。晋献公安葬后，里克又率领百姓把公子卓杀死。此时晋国就没有了君主。公子夷吾以割让晋的土地作为厚礼送给秦穆公，请求秦穆公帮助他回晋国当君主。秦穆公率领军队把夷吾送入晋国，晋人立夷吾为君，这就是晋惠公。晋惠公在晋国安定后，背弃秦国，不给秦国土地。秦穆公率领军队攻打晋国。晋惠公率兵迎战，同秦军在韩原交战。晋军大败，秦国俘虏了晋惠公就回去了，将他囚禁在灵台。十月，与晋军讲和。秦国将晋惠公送回晋国，而以晋国的太子圉作为人质。太子圉逃回晋国。晋惠公死后，太子圉被立为君主，这就是晋怀公。秦穆公恼怒太子圉逃回晋国，就扶持公子重耳，帮助重耳进攻怀公，将怀公杀于高梁，立重耳为君，这就是晋文公。晋文公向百姓施恩布惠，起用那些被废黜的旧臣和长期得不到升迁的人，救济那些生活穷困的人，赈济遭受灾荒祸患的人，杜绝淫乱奸邪的人，减轻赋税，赦免罪犯，减少器具和财运，按时令役使百姓，在城濮大败楚军，使周襄王的地位得以稳固，使宋国的包围解除，使楚军撤离穀邑，国内外的人都很敬服他，从此晋国的祸乱得以停息。所以，晋献公听信骊姬的谗言，宠幸梁五和优施，逼太子申生自杀，随后大难五次来临，三位君主被杀，惠公被秦国俘虏，因为祸乱而死的大臣卿士数以百计，使国家遭受灾祸二十年。

从上古以来，祸乱从来没有只发生一次就停息的。而作乱的人的弊病就在于都认为祸乱只发生一次就会停息。这是想法和实际情况不一致。想法和实际情况不合是由于思想不符合实际。因此，凡是作乱的人，祸乱很少不殃及自身的。

拓展阅读

魏徵抗旨不遵

魏徵，字玄成，著名政治家、文学家和史学家，以直言进谏著称于世，死后被谥为文贞，位居凌烟阁二十四功臣之一。

魏徵是典型的正直诚实品格的代表人物。

他敢于直言讲真话，协助唐太宗开创了"贞观之治"的盛世。

一次，黄门侍郎突然来向魏徵宣诏，说是圣上有旨，要征集16岁至18岁身强力壮的男丁入伍。

魏徵觉得天下初定，由于连年的战争和灾荒，百姓中壮丁已很少，这样突然征兵，不利于国家的发展。

当他了解到这是宰相封德彝的主意时，就说："封德彝无视国家现状，征兵的主意不合时宜。"

他让黄门侍郎告诉唐太宗，这种事不合法令，他难以听从命令。

魏徵公然抗旨不遵，吓得黄门侍郎目瞪口呆，力劝他接旨，其他朝臣也都为他捏一把汗。

可魏徵依然故我，泰然自若，竟反剪双手在大厅里踱起步来。

这时，黄门官又传来第二道旨意，让魏徵速派人征点壮丁入伍。

魏徵仍然坚决不接旨，黄门官好心提醒他：万岁要动怒了。

魏徵却昂然回答："决不苟且从命。"

黄门侍郎无法，只得奉命叫他入宫见驾。

唐太宗认为魏徵太固执，责问他："征点壮丁入伍有何不可？为什么屡抗朕命？"

封德彝在一旁添油加醋、火上浇油地说："皇帝的命令都不执行，怎能治理国家？"

魏徵大义凛然地反驳说："难道大律不是君命？大律也是陛下亲自颁发的，倘若连陛下也违反大律，朝令夕改，怎能治理好国家！"唐太宗非常生气地问道："朕何事违律乱章？又何事朝令夕改？"魏徵正色道："陛下八月即位时，曾下诏全国免征免调一年，百姓闻诏皆欣喜若狂，欢呼皇恩浩荡。可至今不到四个月，陛下就开始宣旨征兵，这怎能取信于民？按国家大律上规定，21岁至59岁的男丁方可征调，封大人怎么知法违法，有辱君命？"唐太宗听了很受启发，下令停选壮丁入伍。全朝的文武官员对魏徵这种忠心耿耿、刚正不阿、正直诚实的品格非常敬佩，唐太宗也很赞赏他的"忠谏"，将他比喻为检查自己得失的一面镜子。

正直诚实是每一个人都应该具备的重要品格。无论在什么情况下，都要不阿谀逢迎，不讲假话、空话、套话、吹捧话。

不苟论第四

不 苟

[题解]

本篇讨论臣下应该持有的操守。在这里"不苟"有两个含义：一是笃行礼义；二是谨守职分，不越职做事。作者的论述受到了儒家、法家思想的影响。

一曰：

贤者之事①也，虽贵不苟为，虽听不自阿，必中理然后动，必当义然后举。此忠臣之行也，贤主之所说，而不肖主之所不说。非恶其声也。人主虽不肖，其说忠臣之声与贤主同，行其实则与贤主有异。异，故其功名祸福亦异。异，故子胥见说于阖闾，而恶乎夫差；比干生而恶于商，死而见说乎周。

武王至殷郊，系堕。五人御于前，莫肯之为，曰："吾所以事君者，非系也。"武王左释②白羽，右释黄钺，勉而自为系。孔子闻之曰："此五人者之所以为王者佐也，不肖主之所弗安也。"故天子有不胜细民者，天下有不胜千乘者。

秦缪公见戎由余，说而欲留之，由余不肯。缪公以告蹇叔。蹇叔曰："君以告内史廖。"内史廖对曰："戎人不达于五音与五味，君不若遗之。"缪公以女乐二八人与良宰遗之。戎王喜，迷惑大乱，饮酒昼夜不休。由余骤③谏而不听，因怒而归缪公也。蹇叔非不能为内史廖之所为也，其义不行也。缪公能令人臣时立其正义，故雪殽之耻，而西至河雍也。

秦缪公相百里奚。晋使叔虎、齐使东郭蹇如秦，公孙枝请见之。公曰："请见客，子之事欤？"对曰："非也。""相国使子乎？"对曰："不也。"公曰："然则子事非子之事也。秦国僻陋戎夷，事服其任，人事其事，犹惧为诸侯笑，今子为非子之事！退！将论而④罪。"公孙枝出，自敷于百里氏。百里奚请之⑤。公曰："此所闻于相国欤？枝无罪，奚请？有罪，奚请焉？"百里奚归，辞公孙枝。公孙枝徙，自敷于街。百里奚令吏行其罪。定分官，此古人之所以为法也。今缪公乡⑥之矣。其霸西戎，岂不宜哉？

晋文公将伐邺，赵衰言所以胜邺之术。文公用之，果胜。还，将行赏。衰曰："君将赏其本乎？赏其末乎？赏其末，则骑乘者存；赏其本，则臣闻之郤（xì）子虎。"文公召郤子虎曰："衰言所以胜邺，邺既胜，将赏之，曰：'盖闻之于子虎，请赏子虎。'"子虎曰："言之易，行之难，臣言之者也。"公曰："子无辞。"郤子虎不敢固辞，乃受矣。凡行赏欲其博也，博则多助。今虎非亲言者也，而赏犹及之，此疏远者之所以尽能竭智者也。晋文公亡久矣，归而因⑦大乱之余，犹能以霸，其由此欤？

【字词注解】

① 事：做事情。
② 释：放下。
③ 骤：屡次。
④ 而：你。
⑤ 请之：替他求情。
⑥ 乡：趋向。
⑦ 因：承袭。

【精彩解说】

第一：

贤能的人做事情，即使地位尊贵也不会胡作非为，即使被君主很信任也不会乘机阿谀奉承，谋取私利，而一定要合乎情理然后才行动，一定要符合道义然后再去做。这就是忠臣的品行，是贤明的君主所喜欢的，不贤的君主所不喜欢的。不贤的君主不是不喜欢贤臣的名声，他们即使不贤，但喜欢忠臣的名声，这与喜欢忠臣的贤明的君主是没有什么差别的，只是实际的行动和贤明的君主不同。实际行动不同，所以他们的功名利禄祸福也就不会一样。有差异，所以伍子胥被阖闾赏识，却为夫差所害；比干生前为商所害，死后却为周所赞赏。

周武王率领大军攻打商纣王，到了商朝国都的郊外，袜带掉了下来。当时周武王的五个大臣在身边侍奉，但是没有一个人愿意给他系上袜带，他们道："我们是来侍奉君主的，并不是为他系袜带的人。"周武王放下左手的白羽旗，放下右手的黄铜斧，自己很吃力地把袜带系好。后来孔子听说了这件事道："这正是那五个人成为武王得力助手的原因，这也是不贤的君主所不能容忍的。"因此，天子有时候不能胜过平民，占有天下者有时却不能胜过一个只有千辆兵车的国家。

秦穆公见到戎的大臣由余，非常欣赏他并且想留住他。但是由余不愿意。秦穆公就把自己的想法告诉了蹇叔。蹇叔道："君主就把这件事情告诉内史廖。"内史廖听了这件事道："戎人不知晓音乐和美味，君主不如把乐师和厨师送给他。"秦穆公就把十六个女乐和手艺高超的厨师送给了戎王。戎王非常开心，神魂颠倒，胡作非为，昼夜饮酒作乐。由余屡次进谏戎王不听，他一怒之下就归顺了秦穆公。蹇叔并不是不能做内史廖所做的事，而是他的操守不允许他这样做。秦穆公让臣子时时坚持自己应遵守的道义，所以才洗刷殽之战失败的耻辱，而把自己的疆域向西扩展到了雍州。

秦穆公任用百里奚为相国。这个时候，晋国派叔虎、齐国派大臣东郭蹇出使秦国，公孙枝请求接见他们。秦穆公道："接见客人这好像不是你分内的事情吧？"公孙枝答道："不是。"秦穆公又问："是不是相国让你来的呢？"公孙枝答道："不是。"秦穆公又问："这个样子，那么你就做些你不应做的事情了。秦国偏僻荒远，靠近戎人之地，每一件事都有专职做的人，人人恪守自己的职责，仍然担心被诸侯耻笑，但是如今你做不属于你分内的事情！退下吧！我打算治罪于你。"公孙枝退朝后，亲自到百里奚那里述说原委。百里奚就替他在秦穆公那里求情。秦穆公道："这种事情是您相国应该问的吗？公孙枝假如没有罪，您又何必为他求情呢？要是有罪的话，求情又有什么用呢？"百里奚回来后回绝了公孙枝。公孙枝就离开百里奚的住所，然后又到闹市中去陈述。百里奚就命官吏对公孙枝论罪处罚。确定官员的名分职守，这个是古人制定法令的依据。而今秦穆公已经朝这个方向努力了。他称霸西戎，难道不应该吗？

晋文公将要讨伐邺，大夫赵衰向晋文公提出战胜邺的方法。晋文公就采纳了他的建议，果然取得了胜利。讨伐邺后，打算赏赐赵衰。赵衰道："陛下是要赏赐根本呢？还是要赏赐末节呢？假如要赏赐末节，那么有参战的将士；假如赏赐根本，那么我的方法就是从郤子虎那里听来的。"文公就召见郤子虎道："赵衰提出了战胜邺国的办法，如今邺国已经被战胜，我打算赏赐他，他道：'我从子虎那里听来的，请赏赐子虎吧。'"子虎道："事情说起来易，但是执行起来就难了，而我只不过是说说的人。"文公道："您就不要推辞了。"子虎不敢坚决推辞，这才接受了赏赐。一般来说实行赏赐，范围越大越好，范围越大得到的帮助就越多。现在子虎并不是亲自向文公进谏的人，但是行赏的时候包括了他，这也是使离君主远的人能为君主竭尽全力献计的缘由。晋文公在外逃亡了很久，回来后又承接了大乱以后的局面，但还能够成就霸业，恐怕就是这个原因吧？

赞　能

〔题解〕

"赞能"是举任贤能之人的意思。作者认为没有什么比选拔贤能之人更有功绩的了，指出臣下的责任之一是要为君主推举贤能之人。君主只有得到贤能之人的辅政才能成就王霸之业。

二曰：

贤者善①人以人，中人以事，不肖者以财。得十良马，不若得一伯乐；得十良剑，不若得一欧冶；得地千里，不若得一圣人。舜得皋陶而舜授之，汤得伊尹而有夏民，文王得吕望而服②殷商。夫得圣人，岂有里数哉？

管子束缚在鲁，桓公欲相鲍叔。鲍叔曰："吾君欲霸王，则管夷吾在彼。臣弗若也。"桓公曰："夷吾，寡人之贼也，射我者也，不可。"鲍叔曰："夷吾，为其君射人者也。君若得而臣之，则彼亦将为君射人。"桓公不听，强相鲍叔。固辞让，而相桓公果听之。于是乎使人告鲁曰："管夷吾，寡人之雠也，愿得之而亲加手焉。"鲁君许诺，乃使吏鞔其拳，胶其目，盛之以鸱夷，置之车中。至齐境，桓公使人以朝车迎之。祓以爟火，衅以牺猳焉，生与之如国。命有司除庙筵几，而荐之曰："自孤之闻夷吾之言也，目益明，耳益聪，孤弗敢专，敢以告于先君。"因③顾而命管子曰："夷吾佐予！"管仲还走，再拜稽首，受令而出。管子治齐国，举事有功，桓公必先赏鲍叔，曰："使齐国得管子者，鲍叔也。"桓公可谓知行赏矣。凡行赏欲其本也，本则过无由生矣。

孙叔敖、沈尹茎④相与友。叔敖游于郢三年，声问不知，修行不闻。沈尹茎谓孙叔敖曰："说义以听，方术信行，能令人主上至于王，下至于霸，我不若子也。耦世接俗⑤，说义调均，以适主心，子不若我也。子何以不归耕乎？吾将为子游。"沈尹茎游于郢五年，荆王欲以为令尹，沈尹茎辞曰："期思之鄙人有孙叔敖者，圣人也。王必用之，臣不若也。"荆王于是使人以王舆迎叔敖，以为令尹，十二年而庄王霸。此沈尹茎之力也。功无大乎进贤。

—•【字词注解】

① 善：亲善。
② 服：征服。
③ 因：就。
④ 沈尹茎：与他篇的"沈尹筮""沈尹蒸""沈尹巫"等可能为一人。
⑤ 耦、接：都是合的意思。

•——【精彩解说】

第二：

贤德之人与人亲善是依据这个人的品德，普通人同人亲善是依据这个人的功业，不贤德的人同人亲善依据的是这个人的财富。得到十匹好马，不如得到一个善于相马的伯乐；得到十口宝剑，不如得到一个铸剑的欧冶；得到方圆千里的土地，不如得到一个贤能的人。舜得到了皋陶并任用他就使天下治理好了，商汤得到了伊尹就拥有了夏朝的百姓，周文王得到了吕望就收服了殷商。得到了贤能的人，所得到的土地哪里可以用里来计算呢？

管子被囚禁在鲁国，齐桓公计划任用鲍叔牙为相国。鲍叔牙道："君主假如想成就霸业，有管子在鲁国那里。我不如他。"齐桓公道："管子是我的仇敌，是用箭射我的人，怎么能任用他呢？"鲍叔牙道："他也是为了他的君主才用箭射您的，假如陛下得到他，任用他为大臣，那么他也会为您去射他人。"齐桓公不听，还是坚持任用鲍叔牙为相国。鲍叔牙坚决推辞，最后齐桓公还是采纳了鲍叔牙的劝谏。于是派人告诉鲁国道："管子是我的仇敌，希望能够得到他并且亲手杀了他。"鲁国君主答应了他的要求，然后就派官吏用皮革套住了管子的双手，并用胶粘住了他的眼睛，把他放在大皮口袋里，放到车上运到了齐国。到了齐国的边境，齐桓公派人用朝车迎接管子，点起火把祛除不祥，杀纯色公猪祭祀，恢复了管子的自由并把他带回了国都。齐桓公命令主管官吏把宗庙打扫干净，设置筵席，并且把管子引荐给了祖先，道："自从我听了管子的言论，眼睛就为之一亮，耳朵更加灵敏了。我要用他为相，但还是不敢擅自决定，冒昧地把这件事告诉先君。"齐桓公说完，然后就回过头来命令管子道："管子辅佐我！"管子退避了几步，向齐桓公再拜磕头，接受了命令，接着离开了宗庙。管子治理齐国，做事只要有功，齐桓公一定会先赏赐鲍叔牙，道："使齐国得到管子的人是鲍叔牙。"齐桓公可以说是懂得赏赐的人了。凡是赏赐，应该赏赐根本，赏赐了根本那么过失也就不会产生了。

孙叔敖和沈尹茎相互交好。孙叔敖在郢都出游三年，声名不为人所知，好的品行也不被人所知。沈尹茎对孙叔敖道："陈说道理能使人听从，所持方策可以施行，能够使君主上能称王天下，下可以称霸诸侯，这个方面我不如你。但是顺应社会，附和世俗，陈说道理，调和适中以顺应君主的意思，这个方面你不如我。你何不回去耕田隐居呢?我替你在这里奔走游说。"沈尹茎就在郢都里奔走游说了五年,楚王打算任用他为令尹。沈尹茎推辞道:"期思有个乡下人叫孙叔敖,是位贤能的人。请您一定任用他,我比不上他。"楚王就派人用王车把孙叔敖接来,任用他为令尹。过了十二年,楚庄王成就了霸业。这是沈尹茎的功劳。没有比唯才是举的功劳更大的了。

自 知

〔题解〕

"自知"即自己明白自己的过失。本篇列举了很多君主因为不自知而亡国亡身的事例,告诫君主要自知,虚心听取谏言。文中还指出臣子直言进谏时要讲求一定的方法,方法合适君主就能接受,君主的过失就能得到矫正。

原文

三曰:

欲知平直,则必准绳;欲知方圆,则必规矩;人主欲自知,则必直士。故天子立辅弼,设师保,所以举过也。夫人故不能自知,人主犹其。存亡安危,勿求于外,务在自知。

尧有欲谏之鼓,舜有诽谤之木,汤有司过之士,武王有戒慎之鼗①,犹恐不能自知。今贤非尧、舜、汤、武也,而有掩蔽之道,奚繇自知哉?荆成、齐庄不自知而杀,吴王、智伯不自知而亡,宋、中山不自知而灭,晋惠公、赵括不自知而虏,钻荼、庞涓、太子申不自知而死,败莫大于不自知。

范氏之亡也,百姓有得钟者。欲负而走,则钟大不可负。以椎毁之,钟况然有音。恐人闻之而夺己也,遽掩其耳。恶人闻之可也,恶己自闻之，悖矣。为人主而恶闻其过，非犹此也？恶人闻其过尚犹可。

魏文侯燕饮，皆令诸大夫论己。或言君之智也。至于任座，任座曰："君不肖君也。得中山不以封君之弟，而以封君之子，是以知君之不肖也。"文侯不说，知于颜色。任座趋而出。次及翟黄，翟黄曰："君贤君也。臣闻其主贤者，其臣之言直。今者任座之言直，是以知③君之贤也。"文侯喜曰："可反④欤？"翟黄对曰："奚为不可？臣闻忠臣毕其忠，而不敢远其死。座殆尚在于门。"翟黄往视之，任座在于门，以君令召之。任座入，文侯下阶而迎之，终座以为上客。文侯微⑤翟黄，则几失忠臣矣。上顺乎主心以显贤者，其唯翟黄乎？

【字词注解】

① 鼗（táo）：长柄的摇鼓，类似拨浪鼓。
② 况：击钟的声音。
③ 知：表现，显示。
④ 反：同"返"。
⑤ 微：没有。

【精彩解说】

第三：

要想知道平直，就一定要借助墨线；要想知道方圆，就一定要借助于圆规矩尺；君主要想了解自己的过错，就一定要任用正直之士。因此天子设立辅弼，设置师保，就是用来指出天子过错的。人本来就很难了解自己的过错，天子也是如此。国存身安不用到外部去寻求，关键在于了解自己的过错。

尧有供那些想进谏的人敲的鼓，舜有为了书写批评意见所立的木柱，商汤有主管纠正过错的官员，周武王有供告诫君主的人所用的鼗鼓。即便如此，他们还在担心自己有过错不知。现在的君主，比不上尧、舜、汤、武的贤明，却还有掩蔽视听的做法，这怎么还能够了解自己的过错呢？楚成王、齐庄公由于不了解自己的过错而被杀，吴王、智伯因为不了解自己的过错而被害，宋、中山因此而亡国，晋惠公、赵括因此而被俘虏，钻荼、庞涓、太子申因此导致兵败身死，所以不了解自己过错是最大的危害。

范氏出逃的时候，有人得到了他的一口钟。这个人想背着钟跑，但是钟太大了，没有办法背。然后他就想用木槌把钟敲碎带走。但是用木槌敲钟钟声就会响起。他担心别人听见钟声和他抢钟，急忙把自己的耳朵捂起来。不想让他人听到声音是可以的，不想让自己听到声音就是糊涂。做君主的不愿意听到自己的过错，和这个人有什么差别吗？不愿意让他人听见自己的过错尚可。

魏文侯宴饮，让在座的士大夫评论自己。有的人说君主很英明。轮到任座，他道："您是个不贤的君主。您得到中山国以后不封给您的弟弟，却把它封给了您的儿子，因此知道您不贤。"魏文侯听完后显露出不高兴的表情。任座快步走了出去。轮到了翟黄，他就道："您是个贤明的君主。我听说君主很贤明的话，其臣子的言语就很直率。而今任座言语很直率，由此显示您是个贤明的君主。"魏文侯听了很高兴，道："还能让他回来吗？"翟黄道："为什么不行呢？我听说忠臣尽忠，即使因此获死罪也不会远离君主，所以他大概还在门口。"翟黄就出去看任座，他当真还在门口，所以翟黄就以君主的命令召他进去。任座进来，魏文侯走下台阶去迎接他，而且终身把他奉为上宾。魏文侯要是没有翟黄，就会失去忠臣。对上能够顺应君主的心意使贤士得到应有的尊重，大概只有翟黄吧？

当 赏

〔题解〕

"当赏"即实行适当的奖赏。作者认为臣民能通过观察君主如何进行赏罚来了解君主。君主赏罚得当，臣民就能尽心效力。晋文公行赏时遵循"先德而后力"的原则，秦献公根据实际情况给予赏罚，作者对他们的赏罚做法给予了肯定。

四曰：

民无道知天，民以四时寒暑日月星辰之行知天。四时寒暑日月星辰之行当，则诸生有血气之类皆为得其处而安其产。人臣亦无道知主，人臣以赏罚爵禄之所加知主。主之赏罚爵禄之所加者宜，则亲疏远近贤不肖皆尽其力而以为用矣。

晋文公反国，赏从亡者，而陶狐不与。左右曰："君反国家，爵禄三出，而陶狐不与，敢问其说①。"文公曰："辅我以义，导我以礼者，吾以为上赏；教我以善，强我以贤者，吾以为次赏；拂吾所欲，数举吾过者，吾以为末赏。三者所以赏有功之臣也。若赏唐国之劳徒②，则陶狐将为首矣。"周内史兴闻之曰："晋公其霸乎！昔者圣王先德而后力，晋公其当之矣！"

秦小主夫人用奄变，群贤不说自匿，百姓郁怨非上。公子连亡在魏，闻之，欲入，因群臣与民从郑所之塞。右主然守塞，弗入，曰："臣有义，不两主，公子勉去矣！"公子连去，入翟，从③焉氏塞，菌改入之。夫人闻之，大骇，令吏兴卒。奉命曰："寇在边。"卒与吏其始发也，皆曰："往击寇。"中道，因变曰："非击寇也，迎主君也。"公子连因与卒俱来，至雍，围夫人，夫人自杀。公子连立，是为献公。怨右主然，而将重罪之；德菌改，而欲厚赏之。监突争之曰："不可。秦公子之在外者众，若此，则人臣争入亡公子矣，此不便主。"献公以为然，故复右主然之罪，而赐菌改官大夫，赐守塞者人米二十石。献公可谓能用赏罚矣。凡赏非以爱之也，罚非以恶之也，用观归④也。所归善，虽恶之，赏；所归不善，虽爱之，罚。此先王之所以治乱安危也。

【字词注解】

① 说：原因。

② 唐国之劳徒：指供劳役之人。

③ 从：走近。

④ 归：结果，结局，归宿。

——•【精彩解说】

第四：

人们没有途径了解上天，可凭借四季寒暑的变化、日月星辰的运行来了解上天。四季寒暑的变化、日月星辰的运行假如适当，那么一切有血气、有生命的生物，都可各得其所，各安其生。臣子也没有途径了解君主，他们依据君主对赏罚、爵禄的施与来了解君主。假如君主对这些事情都做得合理恰当，那么无论关系亲还是疏，离得近还是远，贤和不贤的人都能为君主服务了。

晋文公回到晋国以后，奖赏那些跟随他流亡的人，可是陶狐却没有份。左右侍从问道："陛下回到晋国后三次拿出爵禄赏赐臣子，可是陶狐都不在其中，这是什么缘故呢？"晋文公道："用道义辅佐我、用礼义劝导我的人，我就给他第一等的赏赐；用善言教导我、用贤德约束我的人，我就给他第二等的赏赐；违背我的意愿、屡次揭发我的过错的人，我给他末等赏赐。这三个等级的赏赐我是用来封赏有功的人的。假如赏赐晋国辛苦的役隶，那么我就把陶狐放在首位。"周朝内史兴听说了这件事情道："晋文公可以成就霸业了！从前的先王都把德行放在首位，把武力放在次要的地位，晋文公的做法与此相合啊！"

秦国小主出子的母亲任用奄变，众多贤士很不高兴，隐匿不出，百姓都怨恨指责君主。公子连此时正流亡到魏国，听说这些情况，打算乘这个机会入秦，取代小主为君。凭借百姓和臣子的帮助，他到达了郑所这个要塞。边境官吏右主然把守这个关口，不放他进去，道："我要坚守臣子的道义，不能够同时侍奉两个君主，请您快离开吧！"公子连就离开了郑所，进入了翟，前往焉氏这个关塞。守塞的菌改放他进去了。出子之母听到这件事情，很惊骇，就命令将帅兴兵抵抗。将士们接到命令后道："敌人在边境。"将士们刚出发的时候都道："去迎战敌人。"走到途中，乘机发动哗变，道："不是去迎战敌人，而是去迎接君主。"于是公子连就和军队一起回来了，到达了国都雍城，包围了出子之母，出子之母自刎而死。公子连被拥护做了君主，这就是秦献公。秦献公怨恨右主然，打算重重地惩罚他；秦献公很感激菌改，就重重地赏赐了他。大夫监突进谏道："不能这样。秦国的公子在外流亡的很多，假如都这样，那么臣子们就会争着放流亡的公子回来，这对您是不利的。"秦献公认为他说得有理,就赦免了右主然的罪而赏赐给菌改官大夫的爵位,赏赐守塞的士兵每人二十石米。秦献公是善于执行赏罚的人了。大凡赏赐一个人,并不是因为偏爱他;处罚一个人,并不是因为憎恨他。赏罚要根据一个人的行为所导致的结果来做决定。假如导致了好的结果,即使憎恨他也要赏赐;假如导致了坏的结果,即使偏爱他也要处罚。这是先王为什么能够治理混乱、使危难转化成安定的原因。

博 志

〔题解〕

"博志"当是"搏志"传写之讹。"搏志"就是对某种志向专一去做的意思。本篇主张要做大事,要去除干扰侵害自己的东西,达到"精而熟之"的境界。本篇告诉我们,无论做什么事都应排除干扰,专心致志,一心一意认真去做,这样才能有所成就,技艺才能出神入化、炉火纯青。

五曰:

先王有大务①,去其害之者,故所欲以必得,所恶以必除,此功名之所以立也。俗主则不然,有大务而不能去其害之者,此所以无能成也。夫去害务与不能去害务,此贤不肖之所以分也。

使獐疾走,马弗及至,已而得者,其时顾②也。骥一日千里,车轻也;以重载则不能数里,任③重也。贤者之举事也,不闻无功,然而名不大立、利不及世者,愚不肖为之任也。

冬与夏不能两刑,草与稼不能两成,新谷熟而陈谷亏,凡有角者无上齿,果实繁者木必庳,用智褊者无遂功,天之数也。故天子不处④全,不处极，不处盈。全则必缺，极则必反，盈则必亏。先王知物之不可两大，故择务，当⑤而处之。

孔、墨、宁越，皆布衣之士也，虑于天下，以为无若先王之术者，故日夜学之。有便于学者，无不为也；有不便于学者，无肯为也。盖闻孔丘、墨翟，昼日讽诵习业，夜亲见文王、周公旦而问焉。用志如此其精也，何事而不达？何为而不成？故曰："精而熟之，鬼将告之。"非鬼告之也，精而熟之也。今有宝剑良马于此，玩之不厌，视之无倦；宝行良道，一而弗复。欲身之安也，名之章⑥也，不亦难乎？

宁越，中牟之鄙人也。苦耕稼之劳，谓其友曰："何为而可以免此苦也？"其友曰："莫如学。学三十岁则可以达矣。"宁越曰："请以十五岁。人将休，吾将不敢休；人将卧，吾将不敢卧。"十五岁而周威公师之。矢之速也，而不过二里，止也；步之迟也，而百舍，不止也。今以宁越之材而久不止，其为诸侯师，岂不宜哉？

养由基、尹儒，皆文艺之人也。荆廷尝有神白猿，荆之善射者莫之能中，荆王请养由基射之。养由基矫⑦弓操矢而往，未之射而括中之矣，发之则猿应矢而下，则养由基有先中中之者矣。尹儒学御，三年而不得焉，苦痛之，夜梦受秋驾于其师。明日往朝其师，望而谓之曰："吾非爱道也，恐子之未可与也。今日将教子以秋驾。"尹儒反走，北面再拜曰："今昔臣梦受之。"先为其师言所梦，所梦固秋驾已。上二士者，可谓能学矣，可谓无害之矣，此其所以观后世已。

——•【字词注解】

①大务：重大的事情。

②顾：回头。

③任：负担。

④处：做。

⑤当：适宜。

⑥章：显。

⑦矫：举。

【精彩解说】

第五：

先王有了大事，就要排除干扰妨碍它的因素，所以他一定会得到他想要的，他所憎恨的也一定能够排除，这是他取得成功的原因。平庸的君主就不这样做，有了大事却不能够排除干扰妨碍它的因素，这也是他不成功的原因。所以能否排除掉干扰事情的因素，就是衡量君主是否贤明的原因。

假如獐奔跑得飞快，马也追不上它，但是很快獐就被捕获，这是因为它的性情多疑，时时回头张望。宝马日行千里，这是因为所拉的车很轻；假如装载的东西很多，它就会一天走不了几里，这是因为它的负担过重。贤能的人做大事，没有听说不成功的，可是其名声不显赫，利益没有惠及后世，这是因为愚昧不贤的人做了拖累。

冬夏两季不能够同时来临，野草和庄稼不能够一起生长，新粮成熟的时候旧谷就一定会有亏缺，一般来说长角的动物没有长上齿，果实繁多的树一定会很矮，心胸狭隘的人做事是不会成功的，这就是自然的法则。所以，天子做事不求完美，不走极端，也不会追求圆满。完美会出现缺损，极端会转向反面，圆满会变得亏缺。先王明白事物不可能方方面面都同时壮大，所以会选择适宜的事情来做。

孔子、墨翟、宁越都是普通出身的读书人，他们心怀天下，认为没有比先王之道更重要的事情，所以日夜学习。对学业有利，他们就会努力做到；对学业无益，他们就不去理会。据说孔子、墨翟白天背诵经典，夜里就亲眼见到了周文王和周公旦，还向他们请教。他们如此用心还有什么事情做不成呢？谚语云："精心学习，鬼将告之。"不是真的有鬼告诉他们什么，而是他们精心习熟所致。假如面前有宝马良剑，人们会不知疲倦地玩赏；但对于那些宝贵的学说和道理，只是赏识一下而不苦心钻研。这样还想自身平安，名声显赫，不是很难吗？

宁越是中牟之地的草野之民，他认为耕作很苦，就对他的朋友道："怎么才能免除这样的困苦呢？"他的朋友回答道："不如学习，学习三十年就可以有成就了。"宁越道："那我就用十五年的时间完成它。别人休息，我不休息；别人睡觉，我不睡觉。"他这样学习了十五年成为周威王的老师。箭的速度很快，但是它的射程不会超过二里，因为它飞一段路就会停下来；

人行走的速度很慢，但是可以到达几百里以外的地方，因为脚步不停。而今凭借宁越的才干，又加上专心致志的不懈努力，他成了诸侯的老师，难道不应该吗？

养由基、尹儒都是精通技艺的人。楚国曾有一只白色神猿，楚国善射的人没能射中它，楚王找来养由基去射它。养由基带着弓箭前往，在射击白猿之前养由基的心里已经射中了它，箭发出去白猿就应声倒地，这是因为养由基在心中就已经把白猿射中的缘故。尹儒学习驾车，学习了三年还是没有学会，他很苦恼，夜里做梦，梦见从老师那里学到了秋驾的技艺。第二天拜访老师，老师见到他道："我不是吝惜我的技艺而不愿意教你，而是担心你不能掌握。而今我就教你秋驾的方法。"尹儒翻身后退，向北再拜道："昨天我在梦中已经学到了。"就向他的老师讲述其梦，果真是秋驾的技艺。上面提到的两位士人，可以说是会学习的人了，可以说没有什么可以妨碍他们的东西了，这正是他们扬名后世的原因。

贵 当

〔题解〕

"贵当"是举措贵在恰当的意思。文章首先指出治国之本在于治身，治身之本在于顺应自然本性。文章中间的叙述要求贤主要善于因小事而就大务。文末以齐人疾耕得兽的故事表明求所欲要从根本出发，无论是治国还是治身都应从根本出发。

六曰：

名号大显，不可强求，必繇①其道。治物者，不于物于人。治人者，不于事于君。治君者，不于君于天子。治天子者，不于天子于欲。治欲者，不于欲于性。性者，万物之本也，不可长，不可短，因其固然而然之，此天地之数也。窥赤肉而乌鹊聚，狸处堂而众鼠散，衰绖陈而民知丧，竽瑟陈而民知乐。汤武修其行而天下从，桀纣慢其行而天下畔，岂待其言哉？君子审在己者而已矣。

荆有善相人者，所言无遗策，闻于国。庄王见而问焉。对曰："臣非能相人也，能观人之友也。观布衣也，其友皆孝悌纯谨畏令，如此者，其家必日益，身必日荣，此所谓吉人也。观事君者也，其友皆诚信有行好善，如此者，事君日益，官职日进，此所谓吉臣也。观人主也，其朝臣多贤，左右多忠，主有失，皆交争证谏，如此者，国日安，主日尊，天下日服，此所谓吉主也。臣非能相人也，能观人之友也。"庄王善之，于是疾②收士，日夜不懈，遂霸天下。故贤主之时见文艺之人也，非特具之而已也，所以就大务也。夫事无大小，固相与通。田猎驰骋弋射走狗，贤者非不为也，为之而智日得焉，不肖主为之而智日惑焉。志曰："骄惑之事，不亡奚待？"

齐人有好猎者，旷日持久而不得兽。入则愧其家室，出则愧其知友州里。惟其所以不得之故，则狗恶③也。欲得良狗，则家贫无以。于是还疾耕。疾耕则家富，家富则有以求良狗，狗良则数得兽矣，田猎之获常过人矣。非独猎也，百事也尽然。霸王有不先耕而成霸王者，古今无有。此贤者不肖之所以殊④也。贤不肖之所欲与人同，尧、桀、幽、厉皆然，所以为之异。故贤主察之，以为不可，弗为；以为可，故为之。为之必繇其道，物莫之能害，此功之所以相万也。

【字词注解】

①繇（yóu）：由，从，自。
②疾：极力。
③恶：不好，不善。
④殊：区别，不同。

──●【精彩解说】

第六：

名声显赫是不能够强求的，必然要经过恰当的途径。整治器物，不在于器物本身而在于人。治理百姓，不在于百姓本身而在于诸侯。管辖诸侯，不在于诸侯本身而在于天子。制约天子，不在于天子本身，根本在于节制欲望。节制欲望，不在于欲望的本身，而在于人的天性。天性，是万物的自然属性，它不可增益，也不能减损，只有依据它本身的规律发展，这就是自然法则。看见血肉乌鸦就会聚集；猫出现在厅堂上，老鼠自然就会逃跑；看见穿丧服的人出现，人们就明白有丧事；陈列出竽瑟等乐器，人们就明白有喜事。商汤、周武王注意修养自己的品行，天下就顺从了；夏桀王、商纣王没有重视自己的品行修养，结局落得众叛亲离。还用说什么吗？因此，君子只要注意详察自身的因素就好了。

楚国有个善于看相的人，他的判断很准确，在楚国名声很大。楚庄王就召见了他，并且询问这事。他答道："我并不能给人看相，但是我善于观察人们的朋友。观察平民，假如他身边的朋友友善孝顺，忠厚善良，敬畏王命，像这样的人，他的家一定会日渐富足，自身也会日渐荣耀，这就是所说的吉人。观察侍奉君主的臣子，假如他身边的朋友都是诚实可信的，品行端正，乐善好施，像这样的臣子，他就会一天比一天有进益，官职就会不断得到提升，这就是所说的吉臣。观察君主，假如他的臣子个个都很贤能，侍从都是忠良之人，君主有了过错，他们都争着进谏，像这样的君主，他的国家就会日渐安定，君主就会日益受到尊敬，天下就会日益归服，这就是所说的吉主。我不会给人看相，而是观察人们的朋友。"楚庄王认为他说得很有道理，于是就极力广收天下的贤士，坚持不懈，从而称霸天下。所以，贤明的君主就要经常召见擅长各种技艺的人，并不是拿他们充数，而是借助他们的力量成就大业。事情无论大小，根本的道理是彼此相通的。打猎驰骋、鹰飞犬逐，这些并不是贤明的君主不做的，而是做完之后思想上会有所增益；不贤的君主做了，他就会日渐沉迷。因此，上古书上道："做事骄慢昏惑，不灭亡还等什么？"

齐国有个爱好打猎的人，花了很长时间也没有猎到野兽。在家里他觉得愧对家人，在外面觉得愧对朋友邻居。他努力思考猎不到野兽的原因，发现是猎狗不好。他就打算得到一只好的猎狗，但是家里穷，没有钱买好狗。于是他回家努力耕作。努力耕作家里就富裕了，家里富裕了就会有钱买好的猎狗，猎狗好就能猎到很多野兽。因此他狩猎的收获常常比别人多。不仅仅是打猎，很多事情都是这样的。成就霸业的人不经过艰苦的努力就获得成就，古往今来都不曾有过。这就是君主贤与不贤的差别。贤与不贤的君主的欲望和常人是一样的，尧、桀、周幽王、周厉王都是这样，但是他们实际做法不同。因此，贤明的君主对待事情很谨慎，认为不能做就不去做，认为能做才去做。做的时候也依据恰当的方法和途径，因此外物才不妨害他，这也就是他的功绩远远胜过不贤的君主万倍的原因。

拓展阅读

孔子学琴

孔子，名丘，字仲尼，公元前551年出生在鲁国陬邑（今山东曲阜）一个破落贵族家庭。他的父亲叔梁纥曾是鲁国的一名武官。

孔子年幼丧父，家境清贫。15岁那年，他立志发愤读书，出人头地。

有一次，他向鲁国乐官师襄子学弹一支名曲，一连弹奏了十日也不换个别的曲子。师襄子建议他换支曲子，孔子说："我已经熟悉这支曲子了，但还没有领悟弹奏它的技巧。"

过了些时候，师襄子说："你已经掌握了弹奏这支乐曲的技巧，可以弹别的了。"孔子说："我还没有领悟它的用意。"

又过了一段日子，孔子仍在弹那支曲子，师襄子不耐烦地说："你已经了解它的用意，可换换曲子了。"

孔子说："我还没有领悟它描写的人物形象呢。"又过了一些时候，孔子终于停下不弹这支曲子了。他默然有所思，向远处眺望，说："我可能领悟到了！这人高大，皮肤很黑，眼睛向上看，好像要统一四方，这不就是周文王吗?"师襄子听了非常惊讶,说:"这支曲子就叫作《文王操》啊!"

经过多年的刻苦努力,孔子精通礼、乐、射、御、书、数六艺,成为一位知识渊博、才华出众的学者和哲人。鲁国丰富的文化典籍和深厚的礼乐传统,对孔子思想的成熟也产生了很大的促进作用。

似顺论第五

似 顺

〔题解〕

"似顺"就是事物表面似乎顺遂。本篇强调对事物的本质要有正确的认知。文中借助庄王伐陈等多个例子说明事物之间存在联系,只有从事物联系、发展、变化入手,深入分析,才能对事物有实际的认知。

一曰:

事多似倒而顺,多似顺而倒。有知顺之为倒、倒之为顺者,则可与言化①矣。至长反短,至短反长,天之道也。

荆庄王欲伐陈,使人视之。使者曰:"陈不可伐也。"庄王曰:"何故?"对曰:"城郭高,沟洫深,蓄积多也。"宁国曰:"陈可伐也。夫陈,小国也,而蓄积多,赋敛重也,则民怨上矣。城郭高,沟洫深,则民力罢矣。兴兵伐之,陈可取也。"庄王听之,遂取陈焉。

田成子之所以得有国至今者,有兄曰完子,仁且有勇。越人兴师诛田成子,曰:"奚故杀君而取国?"田成子患之。完子请率士大夫以逆②越师,请必战,战请必败,败请必死。田成子曰:"夫必与越战可也,战必败,败必死,寡人疑焉。"完子曰:"君之有国也,百姓怨上,贤良又有死之臣蒙耻。以完观之也,国已惧矣。今越人起师,臣与之战,战而败,贤良尽死,不死者不敢入于国。君与诸孤处于国,以臣观之,国必安矣。"完子行,田成子泣而遣之。夫死败,人之所恶也,而反以为安,岂一道哉?故人主之听者与士之学者,不可不博。

尹铎为晋阳，下，有请于赵简子。简子曰："往而夷夫垒。我将往，往而见垒，是见中行寅与范吉射也。"铎往而增之。简子上之晋阳，望见垒而怒曰："嘻！铎也欺我！"于是乃舍③于郊，将使人诛铎也。孙明进谏曰："以臣私④之，铎可赏也。铎之言固曰：见乐则淫侈，见忧则诤⑤治，此人之道也。今君见垒念忧患，而况群臣与民乎？夫便国而利于主，虽兼于罪，铎为之。夫顺令以取容者，众能之，而况铎欤？君其图之！"简子曰："微子之言，寡人几过。"于是乃以免难之赏赏尹铎。人主太上喜怒必循理，其次不循理，必数更，虽未至大贤，犹足以盖浊世矣。简子当此。世主之患，耻不知而矜自用⑥，好愎过而恶听谏，以至于危。耻无大乎危者。

【字词注解】

① 化：事情的变化。
② 逆：迎战。
③ 舍：住宿。
④ 私：私下考虑。
⑤ 诤：争着，竞相。
⑥ 自用：自以为是，顺着自己的意思行事。

【精彩解说】

第一：

有很多事情看起来违背常理，实际上却是合理的；有很多事情看似合理，实际上是不合理的。假如有人能够看出表面上看似合理的事情而实际上违背常理，表面上看似违背常理而实际上合理，那么就可和他谈论事物的发展变化。白昼时间到了最长的时候就要反过来变短，到了最短的时候反过来就会变长，这就是自然规律。

楚庄王计划攻打陈国，派人到陈国探察情况。派去的人回来报告道："陈国是不能攻打的。"楚庄王问道："这是为何？"这人答道："陈国的城墙很高，护城河很深，粮食和财物很多。"宁国道："陈国是可以攻打的。积蓄的财物虽然很多，可是它的赋税一定很繁重，这样陈国的百姓就会怨恨他们的君主。陈国是个小国，城墙高，护城河深，那么陈国的民力一定是疲乏的。起兵攻打陈国，陈国一定会被攻取的。"楚庄王听从了宁国的建议，于是就攻下了陈国。

田成子能够占有齐国到今天，是因为他有个叫完子的哥哥，完子有仁爱的心而且勇敢。越国起兵攻打田成子，道："为什么杀死君主夺走他的国家？"田成子对这件事情很担忧。完子请求率领士大夫前去应战，并且请求一定要和越国的军队交锋，交战一定还要失败，战败一定要死。田成子道："一定要和越国交战是可以的。交战一定要失败，失败一定要死，对这个我就不明白了。"完子道："您占有齐国，百姓怨恨您，贤良的人中又有敢死的大臣觉得蒙受耻辱。在我看来，国家已经令人担忧了。而今越国又起兵，我国与他们交战，失败后，随我出征的贤良的人全部战死了，即使没有死的人也不敢回来。您和他们的遗孤住在齐国，在我看来，国家一定安定了。"完子出发，田成子哭着为他送行。战死和战败是人们最讨厌的事，而完子却使齐国因此得到了安定，做事情难道只有一种方法吗？因此善于听取意见的君主和学习道术的士人，不能不广博地听取建议和学习。

尹铎管理晋阳，到新绛去向赵简子请示事情。赵简子道："去把那些军营的防护墙拆了。我要到晋阳去，假如去后见了那些防护墙就像看到了中行寅和范吉射。"尹铎回去反而把防护墙加高了。赵简子到了晋阳，望见防护墙愤怒道："哼！尹铎欺骗我！"于是就住在了晋阳城郊外，要派人去杀掉尹铎。孙明进谏道："我私下认为，尹铎应该受到赏赐。尹铎的意思本来是说：遇到享乐的事就肆意放纵，遇到忧患的事就会励精图治，这是人之常情。现在陛下看到了防护墙，就看到了忧患，又何况群臣和百姓呢？对于国家和君主有利的事，即使加倍获罪，尹铎都会去做。那些顺从您的命令而取悦您的事，就连一般的百姓都能做到，何况是尹铎呢？希望陛下好好考虑这件事情！"赵简子道："假如没有您的话，我几乎犯错误了。"然后就按照使君主免于危难的赏赐奖赏了尹铎。德行最高的君主无论喜怒一定依理而行；次一等的君主虽然有时不依理而行，但一定会经常改正。这样的君主虽说没有达到贤明的程度，也足以超越那些乱世的君主了。赵简子就属于这样的人。当今世上君主的弊病在于把不知当成了羞耻，把自行其是当成了荣耀，喜欢坚持错误而讨厌听取谏言，以至于陷于危险的境地。耻辱当中没有比使自己陷入危险更大的了。

别　类

〔题解〕

"别类"就是把一些事物按照特性和特征分别归入各种门类。本篇列举莘藟、万堇等事例表明每个事物都有自己的特殊性，都在发展变化之中。对不知别类、将事物进行笼统类推的错误做法，作者进行了批评，并指出学无止境，对不懂的事物首先要顺其自然而不是主观臆断。

二曰：

知不知，上①矣。过者之患，不知而自以为知。物多类然而不然，故亡国僇②民无已。夫草有莘有藟③，独食之则杀人，合而食之则益寿。万堇④不杀。漆淖水淖，合两淖则为蹇⑤，湿之则为干。金⑥柔锡柔，合两柔则为刚，燔⑦之则为淖。或湿而干，或燔而淖，类固不必⑧，可推知也？小方⑩，大方之类也；小马，大马之类也；小智，非大智之类也。

鲁人有公孙绰者，告人曰："我能起⑪死人。"人问其故，对曰："我固能治偏枯⑫，今吾倍所以为偏枯之药，则可以起死人矣。"物固有可以为小，不可以为大，可以为半，不可以为全者也。

相剑者曰："白所以为坚也，黄所以为牣也，黄白杂则坚且牣，良剑也。"难者⑬曰："白所以为不牣也，黄所以为不坚也，黄白杂则不坚且不牣也。又柔则锩，坚则折。剑折且锩，焉得为利剑？"剑之情未革⑭，而或以为良，或以为恶，说使之也。故有以聪明听说，则妄说者止；无以聪明听说，则尧、桀无别矣。此忠臣之所患也，贤者之所以废也。

义，小为之则小有福，大为之则大有福。于祸则不然，小有之不若其亡也。射招⑮者欲其中小也，射兽者欲其中大也。物固不必，安可推也？

高阳应将为室家，匠对曰："未可也。木尚生，加涂其上，必将挠。以生为室，今虽善，后将必败。"高阳应曰："缘子之言，则室不败也。木枯则益劲，涂干则益轻，以益劲任⑯益轻，则不败。"匠人无辞而对，受令而为之。室之始成也善，其后果败。高阳应好小察，而不通乎大理也。

骥、骜、绿耳背日而西走，至乎夕则日在其前矣。目固有不见也，智固有不知也，数⑰固有不及也。不知其说所以然而然，圣人因而兴制，不事心⑱焉。

【字词注解】

① 上：高明。

② 僇：通"戮"，杀戮。

③ 有莘有蘬：都是有毒的草。

④ 万堇（jǐn）：蝎子和紫堇。万，"虿（chài）"的古字，虿就是指蝎子，有毒。堇，紫堇，药草的名字，有毒。

⑤ 淖（nào）：本意为烂泥，这里指液体。

⑥ 蹇（jiǎn）：凝固，干硬。

⑦ 金：铜。

⑧ 燔（fán）：烧。

⑨ 必：固定不变的意思。

⑩ 方：方形。

⑪ 起：治活。

⑫ 偏枯：偏瘫，半身不遂。

⑬ 难者：诘责、反驳的人。

⑭ 革：改变。

⑮ 招：射箭的目标，箭靶。

⑯ 任：承担。

⑰ 数：道术。

⑱ 事心：用心，指凭借主观进行判断。

【精彩解说】

第二：

知道自己有不知道的，是高明的。有过错的人的祸患在于，明明自己不知道却自以为知道。很多事情好像如此其实并不如此，所以人看似聪明其实并不聪明，所以国家灭亡、百姓被屠戮的事情接连不断地发生。药草有莘有藟，如果单独服用一种就会致死，如果两种药草合在一起服用则会延年益寿。蝎子和紫堇都有毒，把它们配在一起服用却不会被毒死。漆是液体，水也是液体，两者相遇就会凝固，越是潮湿就干得越快。铜很柔软，锡也很柔软，两种柔软的金属熔合在一起就会变硬，用火焚烧就又会变为流动的液体。有的东西因为湿而变干，有的东西因为焚烧而变成液体，物类本来就不是固定不变的，怎么能够推知呢？小的方形，属于大方形这一类别的；小马，属于大马这一类别的；小聪明和大聪明却不是同一类别。

鲁国有个叫公孙绰的人，告诉别人道："我能够起死回生。"别人问他这是什么缘由，他道："我原本能治疗偏瘫，而今我加倍使用治疗偏瘫的药，那就能起死回生了。"有些事情本来只能在小处起作用，不能在大处起作用，只能在局部起作用，不能在全局上起作用。

相剑的人道："白色表示剑坚硬，黄色表示剑柔韧，黄白色间杂表示剑既坚硬又柔韧，这就是好剑。"反驳的人道："白色用来表示不柔韧，黄色用来表示不坚硬，黄白二色相杂就表示既不柔韧又不坚硬。并且刀刃柔韧容易卷刃，坚硬就容易折断。剑既容易折断又容易卷刃，怎么能够称得上是好剑呢？"剑的本质没有改变，但有的人认为是好剑，有的人认为不是好剑，这是人们解释的角度不同造成的。所以假如能凭借耳聪目明来听取分辨别人的议论，那么不负责任乱说的人就会住口；假如不凭借耳聪目明来听取分辨别人的议论，那么就连尧这样的圣君和桀这样的暴君也不会有区别。这正是忠臣所忧虑的地方和贤者不被任用的原因。

有道义的事，小做就有小福，大做就有大福。对于祸事就不是这样的，有小灾祸不如没有好。射箭的人希望射中最小的目标，射兽的人希望射中大的。事物本来就不是固定不变的，怎么能够推知呢？

高阳应打算盖房子，木匠对他说："而今不行，木料还没有干，上面加上泥，一定会被压弯的。用湿木料盖房子，现在虽然很好，日后会有坍塌的可能。"高阳应道:"根据您的说法,房子是不会坍塌的。木料越干越结实有力,泥越干越轻,用越来越结实有力的木料来承担越来越轻的泥巴,那就不会坍塌。"木匠无言以对,只好按照他的方法做。房子刚盖好还行,过了一段时间以后就倒塌了。高阳应喜欢在小的地方明察,却不懂大的道理。

骥、骜、绿耳等良马背对着太阳向西奔跑,到了傍晚太阳却在它们的前面。眼睛本来就有看不见的东西,人的智慧本就有不知道的事理,道术本来就有解释不了的东西。人们不知道事物为什么会这样,然而它确实是这样的。圣人顺应自然规律创立制度,而不是按照主观臆造。

有 度

〔题解〕

"有度"就是做事要有法度。本篇主要论述君道,告诉君主要有准则,要懂得清静无为的性命之情。只有这样,君主才能去除私心,接受谏言,才能知人善任,懂得施行仁义,从而达到"无为而无不为"的境地。

三曰:

贤主有度①而听,故不过。有度而以听,则不可欺矣,不可惶矣,不可恐矣,不可喜矣。以凡人之知,不昏乎其所已知,而昏乎其所未知,则人之易欺矣,可惶矣,可恐矣,可喜矣,知之不审②也。

客有问季子曰:"奚以知舜之能也?"季子曰:"尧固已治天下矣,舜言治天下而合己之符③,是以知其能也。""若④虽知之,奚道⑤知其不为私?"季子曰:"诸能治天下者,固必通乎性命之情者,当无私矣。"夏不衣裘,非爱⑥裘也,暖有余也。冬不用簟⑦,非爱簟也,清有余也。圣人之不为私也，非爱费也，节乎己也。节己，虽贪污之心犹若止，又况乎圣人？

许由非强也，有所乎通也。有所通则贪污之利外矣。孔墨之弟子徒属充满天下，皆以仁义之术教导于天下，然而无所行。教者术犹不能行，又况乎所教？是何也？仁义之术外⑧也。夫以外胜内⑨，匹夫徒步不能行，又况乎人主？唯通乎性命之情，而仁义之术自行矣。

先王不能尽知，执一而万物治。使人不能执一者，物感之也。故曰：通意之悖，解心之缪⑩，去德之累，通道之塞。贵富显严名利，六者悖意者也。容动色理气意，六者缪心者也。恶欲喜怒哀乐，六者累德者也。智能去就取舍，六者塞道者也。此四六者不荡乎胸中则正。正则静，静则清明，清明则虚，虚则无为而无不为也。

【字词注解】

① 度：法度。
② 审：详细，周密。
③ 符：道。
④ 若：代词，你。
⑤ 道：由，通过。
⑥ 爱：吝啬，舍不得。
⑦ 箑（shà）：扇子。
⑧ 外：外在的，不是本性所具有的。
⑨ 内：内在的，指私欲。
⑩ 缪（liáo）：缠绕。

【精彩解说】

第三：

贤明的君主坚持一定的法度标准，去倾听别人的话，所以他不会有过错。心里有法度标准去倾听别人的话，就不会受人欺骗，就不会惶惑，就不会惊恐不安，就不会喜形于色。普通人的智慧，不会对已经了解的事感到糊涂，而会对不了解的事感到糊涂。所以人容易受到欺骗，会心中惶惑，会感到惊恐不安，会喜形于色，这是了解得不清楚造成的。

有客人问季子道："依据什么说舜有才能？"季子道："尧本身就把天下治理好了，舜谈治理天下的方法符合尧的想法，因此知道他是有才能的。"这人又问道："你虽然知道他有才能，又凭什么知道他不会为自己谋取私利呢？"季子道："那些能够治理天下的人一定是通晓生命本性的人，应该是没有私心的。"夏天不穿兽皮做的衣服，不是吝惜用兽皮做衣服，是因为温暖有余。冬天不用扇子，不是爱惜扇子，是因为寒冷有余。圣人不谋求私利，不是吝惜财货，是因为能克制自己。能克制自己，即使有贪欲也能够抑制住，又何况圣人呢？

许由辞让天下，不是勉强做出来的，是因为他通晓生命的本性。对生命的本性有所通晓就会抛弃因为贪欲所导致的私利。孔子和墨子的徒弟遍布天下，都用仁义之道来教导世人，然而他们的思想没有人能够推行。孔子和墨子作为教导者尚不能使自己的思想得到推行，更何况被教导的弟子呢？这是什么缘由呢？因为仁义之道是外在的东西。用外在的东西克服内在的私欲，一般平民百姓尚且做不到，又何况君主呢？只要通晓生命的本性，仁义之道就可以自然而然推行了。

先王不是无所不知，他们坚守根本之道，于是天下万物稳定有序。世人不能够坚守根本之道的原因，是外物扰乱人心。所以说，要疏通思想上的惑乱，解除心灵上的纠结，去除德行上的拖累，疏通道义上的阻塞。高贵、富有、显达、威严、名声、钱财，这六样东西是惑乱思想的。容貌、举止、脸色、辞理、意气、情意，这六样东西是纠结心灵的。厌恶、情欲、欢喜、愤怒、悲哀、享乐，这六样东西是拖累德行的。智慧、才能、背离、屈就、选取、舍弃，这六样东西是阻塞道义的。这四类六种东西不在心中扰乱，那么思想就会纯正。思想纯正内心就会平静，内心平静就会清静明澈，清静明澈就会虚无，能够达到虚无的境界就会无为而又无所不为了。

分 职

[题解]

"分职"就是各司其职。本篇也讲君道,强调君臣应各司其职,为君要处于"无智、无能、无为"的位置,不能事必躬亲把臣子做的事都做了,这样便是越职而做,必然导致壅塞。

四曰:

先王用非其有如己有之,通乎君道者也。夫君也者,处虚素服而无智,故能使众智也。智反无能,故能使众能也。能执无为,故能使众为也。无智、无能、无为,此君之所执也。人主之所惑者则不然。以其智强① 智,以其能强能,以其为强为。此处人臣之职也。处人臣之职,而欲无壅塞,虽舜不能为。

武王之佐五人,武王之于五人者之事无能也,然而世皆曰:取天下者武王也。故武王取非其有如己有之,通乎君道也。通乎君道,则能令智者谋矣,能令勇者怒②矣,能令辩者语矣。

夫马者,伯乐相之,造父御之,贤主乘之,一日千里。无御相之劳而有其功③,则知所乘矣。

今召客者,酒酣,歌舞鼓瑟吹竽,明日不拜乐己者,而拜主人,主人使之也。先王之立功名有似于此。使众能与众贤,功名大立于世,不予佐④之者,而予其主,其主使之也。譬之若为宫室,必任巧匠,奚故?曰:匠不巧则宫室不善。夫国,重物也,其不善也岂特⑤宫室哉!巧匠为宫室,为圆必以规，为方必以矩，为平直必以准绳。功已就，不知规矩绳墨，而赏匠巧匠之。宫室已成，不知巧匠，而皆曰："善，此某君、某王之宫室也。"此不可不察也。人主之不通主道者则不然。自为人则不能，任贤者则恶之，与不肖者议之。此功名之所以伤，国家之所以危。

枣，棘之有；裘，狐之有也。食棘之枣，衣狐之皮，先王固用非其有而已有之。汤武一日而尽有夏商之民，尽有夏商之地，尽有夏商之财。以其民安，而天下莫敢之危；以其地封，而天下莫敢不说；以其财赏，而天下皆竞。无费乎郼与岐周，而天下称大仁，称大义，通乎用非其有。

白公胜得荆国，不能以其府库分人。七日，石乞曰："患至矣，不能分人则焚之，毋令人以害我。"白公又不能。九日，叶公入，乃发⑥太府之货予众，出高库之兵以赋民，因攻之。十有九日而白公死。国非其有也，而欲有之，可谓至贪矣。不能为人，又不能自为，可谓至愚矣。譬白公之啬，若枭⑦之爱其子也。

卫灵公天寒凿池，宛春谏曰："天寒起役，恐伤民。"公曰："天寒乎？"宛春曰："公衣狐裘，坐熊席，陬隅⑧有灶，是以不寒。今民衣弊不补，履决⑨不组⑩，君则不寒矣，民则寒矣。"公曰："善。"令罢役。左右以谏曰："君凿池，不知天之寒也，而春也知之。以春之知之也而令罢之，福将归于春也，而怨将归于君。"公曰："不然。夫春也，鲁国之匹夫也，而我举之，夫民未有见焉。今将令民以此见之。曰春也有善于寡人有也，春之善非寡人之善欤？"灵公之论宛春，可谓知君道矣。

君者固无任，而以职受任。工拙，下也；赏罚，法也。君奚事哉？若是则受赏者无德，而抵诛者无怨矣，人自反而已。此治之至也。

—•【字词注解】

① 强：勉强。

② 怒：奋发。

③ 功：功效，成效。

④ 佐：辅。

⑤ 特：只，仅仅。

⑥ 发：打开。

⑦ 枭：猫头鹰。

⑧ 陬（zōu）隅（yú）：角落。
⑨ 决：裂开。
⑩ 组：编织。

【精彩解说】

第四：

先王使用不是自己拥有的东西，就好像是在使用自己拥有的东西，这是因为他们通晓为君之道。君主应该处于虚无的位置，执守素朴，看起来没什么智慧，所以才能使用众人的智慧。君主的智慧回到无所能的境地，所以才能使用众人的能力。能执守无所作为的原则，所以才能使用众人有为的才能。这种无智、无能、无为是君主所执守的。君主中糊涂的人则不这么认为。他们硬凭自己有限的智慧强逞自己的聪明，硬凭自己有限的能力强逞能干，硬凭自己有限的作为强逞有所作为。这是使自己处于臣子的职位。使自己处于臣子的职位，又不想使耳目闭塞，即使是舜也做不到。

周武王的辅佐大臣有五个人，周武王对于这五个人的职事一样也做不来，但是世人都说取得天下的人是周武王。所以说周武王用不是他所有的东西就像自己所有的一样，是由于他通晓为君之道。通晓为君之道，就能让有智慧的人谋划，使勇武的人奋发，使善于言辞的人论说。

良马，是由伯乐识别它，是由造父驾驭它，是由贤明的君主乘坐它拉的车，可日行千里。没有识别和驾驭的辛苦却有日行千里的功效，这就是懂得乘马之道了。如今宴请客人，饮酒酣畅之时，倡优歌舞弹唱，第二天客人不拜谢使自己快乐的倡优而是拜谢主人，这是因为是主人让他们表演的。先王建立功业与此有相似之处。使用各位能人和贤人，在世上建立功业，人们不把功绩归功于辅佐的人，而是归功于君主，因为是君主让辅臣们这样做的。这就像盖房子，一定要用巧匠，什么原因呢？回答是：工匠不巧那么房子就盖不好。国家是极重要的东西，国家治理不好带来的危害何止是房子盖不好那么简单啊！巧匠建造房子的时候，取圆一定用圆规，取方一定用矩尺，取平取直一定用墨线。这些事做完后，主人不知道圆规、矩尺和墨线的功劳，而是赏赐巧匠。房子建造完后，人们不知道巧匠，都道："好房子，这是某君、某王的宫室。"这个道理不可不体察。那些不通晓为君之道的人就不这样了。自己做却做不了，任用有才能的人做又不放心，与不贤能的人一起议论，这是功名所以毁坏、国家所以颠覆的缘由。

　　酸枣是酸枣树上结的；皮衣是用狐皮做的。吃酸枣树上的酸枣，穿狐皮做的衣服。先王本来就要把不是自己所有的东西当作自己所有来使用。商汤、周武王在短短的时间内就完全占有了夏商的百姓，完全占有了夏商的土地，完全占有了夏商的资财。凭借百姓安定生活，天下没有人敢危害他们；凭借土地分封诸侯，天下没有谁敢表示不悦；凭借把财富赏赐给臣下，天下人都争相效力。没耗费自身一点儿东西，却被天下人称颂为大仁，称颂为大义，这是因为通晓了使用不是自身所有的东西这个道理。

　　白公胜犯上作乱控制了楚国，不舍得把府库的财物分给别人。第七天时，石乞道："祸患就要到了，不舍得分财物给别人就烧掉财物，不然他人会来危害我们。"白公胜又舍不得这样做。到第九天时，叶公攻入国都，发放太府的财富给民众，把兵器分发给百姓，用这些东西来进攻白公。第十九天时白公胜战败而死。国家不是自己的所有物，却想占有它，可以称得上最贪婪了。不能为别人谋利益，又不能为自己谋利益，这称得上最愚蠢了。给白公胜的吝啬打个比喻，就像猫头鹰疼爱自己的子女最后被子女吃掉一样。

　　卫灵公让百姓在天寒时挖池，大臣宛春进谏道："天寒时兴办土木工程，恐怕会损害百姓。"卫灵公道："天冷吗？"宛春道："您穿狐皮衣，坐着熊皮席，屋角又有火炉，因此不会觉得寒冷。而今百姓衣服破旧了得不到缝补，鞋子裂开了得不到修补，您是不觉得冷，百姓却觉得冷。"卫灵公道："说得好！"于是停止了工程。左右侍从道："您下令挖池，不知道冷，而宛春知道天冷。因为宛春知道天冷就下令停止工程，好处将归功于宛春，而怨恨归于您。"卫灵公道："不对。宛春只是鲁国一个百姓，我举用了他，百姓还不了解他。而今要让百姓通过这件事情了解他。而且宛春有善行就像我有善行一样，宛春的善行不就是我的善行吗？"卫灵公这样评价宛春，可以说称得上为君之道了。

　　国君本来就没有具体职责，而是依据臣下的职位分派给他们职责。职责内的事情做得好与坏，是臣下的事；赏赐与惩罚，由法律决定。君主又为什么一定要亲自去做呢？假如能够像这样做，那么赏赐的人不用感激谁，被处死的人也不用怨恨谁，人人都反躬自省就够了。这是治理国家最高明的做法。

处 方

[题解]

"处方"就是处在合适的位置。本篇主要论述臣道,指出国家治理先要确定上下尊卑等级秩序。作者反复强调定分的重要性,把它当作治国的根本,认为只有君臣、父子、夫妇各安其分,各司其职,社会才能安定祥和。

五曰:

凡为治必先定分①:君臣父子夫妇。君臣父子夫妇六者当位,则下不逾节②而上不苟为矣,少不悍辟而长不简慢矣。

金木异任③,水火殊事④,阴阳不同,其为民利一也。故异所以安同也,同所以危异也。同异之分,贵贱之别,长少之义,此先王之所慎,而治乱之纪⑤也。

今夫射者仪毫⑥而失墙,画者仪发而易貌,言审本也。本不审,虽尧舜不能以治。故凡乱也者,必始乎近而后及远,必始乎本而后及末。治亦然。故百里奚处乎虞而虞亡,处乎秦而秦霸;向挚处乎商而商灭,处乎周而周王。百里奚之处乎虞,智非愚也;向挚之处乎商,典非恶也:无其本也。其处于秦也,智非加益也;其处于周也,典非加善也:有其本也。其本也者,定分之谓也。

齐令章子将而与韩魏攻荆,荆令唐篾将而拒之。军相当⑦,六月而不战。齐令周最趣章子急战,其辞甚刻。章子对周最曰:"杀之免之,残其家,王能得此于臣。不可以战而战,可以战而不战,王不能得此于臣。"

与荆人夹沘水而军。章子令人视水可绝^⑧者，荆人射之，水不可得近。有刍水旁者，告齐候者曰："水浅深易知。荆人所盛守，尽其浅者也；所简守，皆其深者也。"候者载刍^⑨者，与见章子。章子甚喜，因练卒以夜奄^⑩荆人之所盛守，果杀唐蔑。章子可谓知将分矣。

韩昭釐侯出弋^⑪，靷偏缓。昭釐侯居车上，谓其仆："靷不偏缓乎？"其仆曰："然。"至，舍，昭釐侯射鸟，其右摄^⑫其一靷，适之。昭釐侯已射，驾而归。上车，选间，曰："乡者靷偏缓，今适，何也？"其右从后对曰："今者臣适之。"昭釐侯至，诘车令，各避舍。故擅为妄意之道，虽当，贤主不由也。

今有人于此，擅矫^⑬行则免国家，利轻重则若衡石，为方圜^⑭则若规矩，此则工矣巧矣，而不足法。法也者，众之所同也，贤不肖之所以其力也。谋出乎不可用，事出乎不可同，此为先王之所舍也。

【字词注解】

① 分：名分。

② 节：礼节，规矩。

③ 任：职责，用途。

④ 事：职事。

⑤ 纪：关键。

⑥ 毫：毫毛，比喻细微的事物。

⑦ 当：面对，对峙。

⑧ 绝：横渡。

⑨ 刍：割草。

⑩ 奄：通"掩"，突袭。

⑪ 弋：泛指射猎。

⑫ 摄：收束，结系。

⑬ 矫：假托。

⑭ 圜：同"圆"。

【精彩解说】

第五：

凡是治国一定要先定好名分：让君臣、父子、夫妇名副其实。君臣、父子、夫妇这六种类型的人各居其位，那么地位低下的人就不会逾越礼节和规矩，地位尊贵的人就不会随意任行，晚辈就不会凶悍邪僻，长者就不会怠惰轻慢了。

金和木的功用各有不同，水和火的用途也有区别，阴和阳的性质不同，但它们都是对百姓有利的东西，在这一点上它们都是相同的。所以说差异是用来保证同一的，同一是用来危害差异的。同一和差异的区分，尊贵和卑贱的区分，长辈和晚辈的伦理，这是先王慎重对待的，是国家太平或者混乱的关键。

而今那些射箭的人假如仔细观察细微的事物就会看不见墙壁，画画的人假如仔细观察毛发就会忽略人的容貌，也就是说要清楚根本。根本的东西不清，即使尧舜也不能治理好天下。所以凡是祸乱，一定是先从身边发生而后延及到远方的，一定是先从根本上产生而后延及到微末之处。治理国家也是这样。所以百里奚处在虞国而虞国灭亡，处在秦国而秦国称霸；向挚处于殷商而殷商灭亡，处于周国而周国称王天下。百里奚在虞国的时候，他的才智并不低下；向挚在殷商的时候，他所掌管的法典并非不好：是因为虞国、殷商没有治国之本。百里奚在秦国的时候，他的才智没有增加；向挚在周国的时候，国家法典没有得到完善：是因为秦、周有治国之本。治国之本，说的就是确定名分。

齐王命令章子率领军队同韩魏两国攻打楚国，楚王命令唐篾率兵应战。两军相互对峙，六个月没有交战。齐王命令周最催促章子迅速应战，言辞非常严厉。章子回答道："杀死我罢免我，杀死我的全家，这些事情齐王都能做得到。不可开战而开战，可开战而不开战，这些事情齐王在我这里不能够做到。"齐军与楚军在沘水两岸对峙。章子派人察看河水的可渡之处，楚军用箭射，齐军的侦察兵不能够靠近。有个在河边割草的人告诉齐国的侦察兵："河水的深浅很容易知道。楚军守兵多的地方，都是水浅的地方；守兵少的地方，都是水深的地方。"齐国侦察兵用车驮着割草的人，一起去见章子。章子非常高兴，然后带精兵乘夜色突袭楚军守兵多的地方，果然打败楚军杀了唐篾。章子称得上知道为将的职分了。

韩昭釐侯外出射猎，拉车边马的皮带有一侧松了。韩昭釐侯坐在车上，对车夫道："皮带不是有一侧松了吗？"车夫道："是的。"到了射猎的地方，车停了下来，韩昭釐侯就去射鸟了，车右把松了的皮带拉紧拴好，使皮带松紧适宜。韩昭釐侯射猎结束，驾车回去。上车后过了一会儿，道："刚才有一侧的皮带松了，现在又好了，怎么回事？"车右在他身后道："刚才我把它拴好了。"韩昭釐侯回朝后，就这件事情责问车令，车令和车右恐慌请罪。所以擅自做、任意做的事，即使正确，贤明的君主也不会应允。

假如有这样一个人，擅自假借君主的命令行事可使国家免于祸患，确定轻重可像衡器那样准确，画方画圆可以像用圆规、矩尺那样标准，这种人精巧是很精巧，但是不值得效法。所谓法，是众人共同遵守的东西，是使贤人与不贤之人都尽其能力的东西。计谋想出来但是不能采用，事情做出来但不能普遍推行，这是先王所舍弃的。

慎 小

〔题解〕

"慎小"就是要谨慎注意小事和小细节。本篇告诫君主要谨小慎微，防微杜渐。在小事上谨慎，才不会出错，不会产生灾祸，才会取信于民，才能在天下称贤。

六曰：

上尊下卑。卑则不得以小观上。尊则恣，恣则轻小物，轻小物则上无道①知下，下无道知上。上下不相知，则上非下，下怨上矣。人臣之情，不能为所怨；人主之情，不能爱所非。此上下大相失道也。故贤主谨小物以论②好恶。

巨防③容蝼，而漂邑杀人；突④泄一熛⑤，而焚宫⑥烧积；将失一令，而军破身死；主过一言，而国残⑦名辱，为后世笑。

卫献公戒孙林父、宁殖食。鸿集于囿，虞人以告，公如囿射鸿。二子待君，日晏⑧，公不来至。来，不释皮冠而见二子。二子不说，逐献公，立公于黚（qián）。

卫庄公立，欲逐石圃。登台以望，见戎州，而问之曰："是何为者也？"侍者曰："戎州也。"庄公曰："我姬姓也，戎人安敢居国？"使夺之宅，残其州。晋人适⑨攻卫，戎州人因与石圃杀庄公，立公子起。此小物不审也。人之情，不蹶⑩于山而蹶于垤⑪。

齐桓公即位，三年三言，而天下称贤，群臣皆说：去肉食之兽，去食粟之鸟，去丝罝⑫之网。

吴起治西河，欲谕其信于民，夜日置表⑬于南门之外，令于邑中曰："明日有人偾南门之外表者，仕长大夫。"明日日晏矣，莫有偾表者。民相谓曰："此必不信。"有一人曰："试往偾表，不得赏而已，何伤？"往偾表，来谒吴起。吴起自见而出，仕之长大夫。夜日又复立表，又令于邑中如前。邑人守门争表，表加植⑭，不得所赏。自是之后，民信吴起之赏罚。赏罚信乎民，何事而不成，岂独兵乎？

【字词注解】

① 道：途径。

② 论：表明。

③ 防：堤。

④ 突：烟囱。

⑤ 熛（biāo）：迸飞的火花。

⑥ 宫：房屋。

⑦ 残：毁坏。

⑧ 晏：晚。

⑨ 适：恰好。

⑩ 蹶：跌倒。

⑪ 垤（dié）：蚂蚁做窝时堆在穴口的小土堆。
⑫ 罝：捕兽的网。
⑬ 表：木柱。
⑭ 植：树立。

【精彩解说】

第六：

主上尊贵，臣下卑微。卑微就不能通过小事来观察和了解主上。尊贵就容易骄傲恣慢，骄傲恣慢就容易忽视小事，忽视小事，那么主上就没有途径来了解臣下，臣下也没有途径来了解主上。主上、臣下互相不了解，那么就会导致主上责怪臣下，臣下怨恨主上。就臣子的常情说，不能为自己所怨恨的君主效力；就君主的常情来说，也不能喜爱自己所责怪的臣下。这样，主上和臣下就大大地违背了君臣的道义。所以贤明的君主对待小事谨小慎微以表明自己的爱憎。

大堤中隐藏着一只蝼蛄，就会引起水灾，冲毁城邑淹死百姓；烟囱里露出了一个火星，就会烧掉房屋和聚集之物；将军下错一道命令，就会招致兵败身亡；君主说错一句话，就会导致国破命丧，被后世讥笑。

卫献王约好孙林父、宁殖一起吃饭。这个时候有大雁群集于宛囿当中，主管宛囿的官吏把这件事禀告给了卫献公，卫献公就去宛囿射雁。孙林父、宁殖两个人等待卫献公回来，天都很晚了，卫献公还没有回来。等到回来后，不摘猎帽就接见了他们两个人。孙林父和宁殖很不开心，把卫献公赶出了卫国，立公子黚为国君。

卫庄公被立为君主后，打算驱逐石圃。他登上高台远望，看到了戎人聚居的城邑戎州，然后就对身边的侍从道："这是什么人居住的地方？"侍从道："这是戎人聚居的地方。"卫庄公道："我和周天子同姓姬，戎人怎么敢住在我的国家？"然后就派人抢夺戎人的住宅，毁坏他们的城邑。这时恰好晋国攻打卫国，戎州人乘机与石圃一起杀死卫庄公，立公子起为国君。这就是在小事上不谨慎造成的。人之常情就是这样，不会被高山绊住脚却被小土堆绊倒了。

齐桓公即位后，三年只说了三句话，而天下百姓都称他贤明，群臣都非常高兴，这三句话是：去掉苑囿中吃肉的野兽，去掉宫中吃粮食的雀鸟，去掉用蚕丝编织的捕兽的网。

吴起治理西河，想要向百姓表明自己的信用，派人前一天在城南门外竖起一根木柱，对全城百姓下令道："明天谁把南门我立下的木柱扳倒，就让谁做长大夫。"第二天一直到天黑，都没有人去扳倒木柱。百姓纷纷议论道："这话一定不是真的。"有个人道："我去扳扳试一试，顶多得不到赏赐而已，有什么妨害呢？"然后就去扳倒了木柱，并禀告了吴起。吴起亲自出来接见，让他做长大夫。当夜又树立了一根木柱，又对全城百姓下了同前一次一样的命令。全城的百姓都争着扳这个木柱，木柱埋得比前一次深得多，没有人得到赏赐。从此后，百姓相信了吴起的赏罚。在赏罚上取信于百姓了，还有什么做不成的事情，岂止是用兵呢？

拓展阅读

王充饱读群书

王充，字仲任，会稽上虞（今属浙江绍兴）人，唯物主义哲学家、思想家和文学批评家。他反对"天人感应"，主张"自然无为""神灭无鬼""今胜于古"的思想。

王充是东汉人，年轻时曾在地方上做过几任小吏，因不愿趋炎附势而被免职回家。他把功名利禄看得很淡，归家后一边教书一边广泛阅读，著书立说。尽管他贫无一亩之田，贱无斗石之粟，却始终居贫而志不倦。他在门窗墙壁上挂满了笔，闭门潜思，写成了多部击中时弊的大作，但流传至今的只有《论衡》一书。

《论衡》内容极其丰富，渗透了对汉儒迷信神秘思想的批判和对朴素唯物主义的阐述，充满了精辟的哲理，是我国古代最负盛名的唯物主义思想作品。此书的写成同王充从小刻苦勤奋、广读博览、勤于思索是分不开的。

王充很小的时候就失去了父亲，这使他立志干一番事业以慰藉九泉下的父亲和含辛茹苦的母亲。王充从六岁开始学习，仅用两年时间就通读了《尚书》《论语》，后来又被送到洛阳的太学。这是当时的最高学府，也是一所贵族学校，里面多半都是挥金如土的公卿显门子弟，可王充从不因自己家境贫寒、衣着不整而自卑。他在当时著名的史学大家班彪的影响下，埋头书堆，遍览了太学的藏书。即使这样他仍感到不足，就利用别人玩耍、逛街的时间带上一些干粮匆匆地赶到书肆浏览群书。洛阳城当时有许多规模较大的书肆，王充都逐一到过，只要见到喜欢的书，他定会想尽办法读完；他常常在书肆一开门就进去，直到闭店才出来。开始时有几家书肆的老板觉得这个学生只看不买，耽搁了生意，索性将他拒之门外；但后来得知这位太学生是因为家境不好，才想出这个办法阅读太学里见不到的书时，深为他那刻苦精神感动。此后，他们都主动为王充大开方便之门，每当王充来书肆看书时，为他在书肆的一角放上一只小凳子，中午还给他准备一杯水。

就这样，洛阳城中的许多大书肆都成了王充的特别图书馆。在这里，他饱读了"异端"之论，博通众流百家之言，打破了过去腐儒们死抠经书、唯守章句的学风，为他能写出《论衡》这类充满哲理的论著奠定了基础。

士容论第六

士 容

〔题解〕

"士容"指人的仪容风范。本篇通过捕鼠之狗、田骈论客等事例赞扬了士人高远、谨慎、朴素的品格。

一曰：

士不偏①不党，柔而坚，虚而实。其状朗然②不儇③，若失其一。傲小物而志属④于大，似无勇而未可恐狼，执固横敢而不可辱害。临患涉难而处义不越，南面称寡而不以侈大。今日君民而欲服海外，节物甚高而细利弗赖。耳目遗俗而可与定世，富贵弗就而贫贱弗竭⑤。德行尊理而羞用巧卫，宽裕不訾而中心甚厉⑥，难动以物而必不妄折。此国士之容也。

齐有善相狗者，其邻假以买取鼠之狗。期年乃得之，曰："是良狗也。"其邻畜之数年而不取鼠，以告相者。相者曰："此良狗也。其志在獐麋豕鹿，不在鼠。欲其取鼠也则桎之。"其邻桎其后足，狗乃取鼠。夫骥骜之气，鸿鹄之志，有谕乎人心者，诚也。人亦然，诚有之则神应乎人矣，言岂足以谕之哉？此谓不言之言也。

客有见田骈者，被服中法，进退中度，趋翔⑦闲雅，辞令逊敏。田骈听之毕而辞之。客出，田骈送之以目。弟子谓田骈曰："客士欤？"田骈曰："殆乎非士也。今者客所弇敛，士所术施也；士所弇敛，客所术施也。客殆乎非士也。"故火烛⑧一隅，则室偏无光。骨节蚤⑨成，空窍哭历⑩，身必不长。众无谋方，乞谨视见，多故不良。志必不公，不能立功。好得恶予，国虽大不为王，祸灾日至。故君子之容，纯乎其若钟山之玉，桔⑪乎其若陵上之木；淳淳乎慎谨畏化，而不肯自足；乾乾乎取舍不佗⑫，而心甚素朴。

唐尚敌年为史，其故人谓唐尚愿之，以谓唐尚。唐尚曰："吾非不得为史也，羞而不为也。"其故人不信也。及魏围邯郸，唐尚说惠王而解之围，以与伯阳，其故人乃信其羞为史也。居有间，其故人为其兄请，唐尚曰："卫君死，吾将汝兄以代之。"其故人反兴再拜而信之。夫可信而不信，不可信而信，此愚者之患也。知人情不能自遗，以此为君，虽有天下何益？故败莫大于愚。愚之患，在必自用。自用则戆⑬陋之人从而贺之。有国若此，不若无有。古之与贤从此生矣。非恶其子孙也，非徼⑭而矜其名也，反⑮其实也。

【字词注解】

① 偏：偏私。

② 朗然：清澈明亮，这里指心地光明的样子。

③ 儇（xuān）：乖巧。

④ 属：聚集，集中。

⑤ 揭（qiè）：离去。

⑥ 厉：飞扬，这里是高远的意思。

⑦ 趋翔：同"趋跄"，步履有节奏。

⑧ 烛：照耀。

⑨ 蚤：通"早"。

⑩ 罙历：空疏，不细密。

⑪ 桔：挺直。

⑫ 佗（tuó）：简易，轻忽。

⑬ 戆（zhuàng）：刚直而愚蠢。

⑭ 徼：求。

⑮ 反：根据。

【精彩解说】

第一：

士人不偏私不结党，柔弱而刚强，虚无而实在。他们的样子看上去光明磊落而不刁钻滑巧，好像忘记了自己的存在。他们能藐视琐碎小事而志向远大，看似不勇敢却不可受到恐吓威胁，执着勇悍而不可受到侮辱损害。遭遇患难能守义不失，南面称王而不骄傲恣慢。一旦君临天下就想要把海外收服，做事情高瞻远瞩而不热衷于细小的利益。视听超越世俗使社会安定，不追求富贵也不摈弃贫贱。德行尊重理义而羞于使用奸巧诈伪，胸怀宽广，不诋毁别人而心志高远，难以用外物打动他，一定不会屈身变节。这些就是国士的仪容风范。

齐国有个擅长相狗的人，邻居委托他买一条捕鼠的狗。他用了整整一年时间才买到，对邻居说："这是一条出色的狗啊！"他的邻居喂养了好几年，狗却不捕鼠，邻居就把这种情况告诉了相狗的人。相狗的人说："这是一条出色的狗。它的志向在猎取獐麋猪鹿，不在捕鼠。想让它捕鼠就要把它的腿束缚起来。"邻居拴住了狗的后腿，狗这才捕鼠。骥骜的气质，鸿鹄的心志，能够使人们知晓，是因为这种气质和心志确实存在。人也是如此，确实具备了它们，精神就能使别人感知了，言语哪能完全使人相信呢？这叫作不言之言啊！

有个前来拜见田骈的客人，服饰合于法式，进退合于礼仪，举止娴静文雅，言辞恭顺敏捷。田骈刚听他说完，便谢绝了他。客人离去的时候，田骈一直注视着他。弟子们对田骈说："来客是位士吧？"田骈说："恐怕不是士。刚才来客掩蔽隐藏的地方，正是士申说施行的地方，而士掩蔽隐藏的地方，也正是来客申说施行的地方。来客恐怕不是个士啊！"所以说，火光只照一个角落，就有半间房屋没有光亮。骨骼过早长成，质地就疏松不实，身材一定长不高大。常人不谋求道义，只拘谨于外部仪表，就会巧诈多端。心志如果不正，就不能建立功业。喜好聚敛而不愿施舍，国家再大也不能统一天下，灾祸就会天天发生。所以，君子的仪容风范像昆仑山的玉石一样美好，像高山上的大树一样挺拔。他们行为朴实，言行谨慎，敬畏教令，而不敢骄傲自满；他们孜孜不倦，取舍严肃不苟，而心地非常淳朴。

唐尚的同龄人有的做了史官，他的旧友以为他也希望这样，就把消息告诉了唐尚。唐尚说："我并不是没有机会做史官，而是感到羞耻不去做。"

他的旧友并不相信。到了魏国围困邯郸的时候，唐尚通过劝说魏惠王解了邯郸之围，赵国就把伯阳邑给了唐尚。他的旧友这才相信他真的羞于做史官。过了一些日子，这个旧友又为自己的哥哥请求官职。唐尚说："等卫国君主死了，我让你哥哥代替他。"他的旧友起身离席，退后几步再拜，竟然信以为真。这个人对可信的不相信，对不可信的反倒相信，这是蠢人的弊病。知道别人贪求私利，自己却不能去掉这种欲望，靠这个做君主，即使据有天下，又有什么益处？所以没有比愚蠢更能坏事的了。愚蠢的弊病，在于私心自用。私心自用，憨直无知的人就会都跑来祝贺他。像这样据有国家，就不如没有。古代让贤的事情就是由此产生。让贤的人并不是憎恶自己的子孙，并不是追求和夸耀这个名声，而是基于实际情况才这样做的。

务 大

〔题解〕

"务大"即做大事。本篇主要鼓励人们致力于大事，将个人荣辱系于国家安危上，不要只图个人安乐。要树立远大目标，努力为目标奋斗，即使远大目标没有实现，也能有所收获。

二曰：

尝试观于上志，三王之佐，其名无不荣者，其实无不安者，功大故也。俗主之佐，其欲名实也与三王之佐同，其名无不辱者，其实无不危者，无功故也。皆患其身不贵于其国也，而不患其主之不贵于天下也，此所以欲荣而逾辱也，欲安而逾危也。

孔子曰："燕爵①争善处于一屋之下，母子相哺也，区区②焉相乐也，自以为安矣。灶突决，上栋焚，燕爵颜色不变，是何也？不知祸之将及之也，不亦愚乎？为人臣而免于燕爵之智者寡矣。夫为人臣者，进其爵禄富贵，父子兄弟相与比周③于一国，区区焉相乐也，而以危其社稷，其为灶突近矣，而终不知也，其与燕爵之智不异。"故曰：天下大乱，无有安国；一国尽乱，无有安家；一家尽乱，无有安身。此之谓也。故细之安必待大，大之安必待小。细大④贱贵交相为赞，然后皆得其所乐。

薄疑说卫嗣君以王术，嗣君应之曰："所有者千乘也，愿以受教。"薄疑对曰："乌获举千钧，又况一斤？"杜赫以安天下说周昭文君，昭文君谓杜赫曰："愿学所以安周。"杜赫对曰："臣之所言者不可，则不能安周矣；臣之所言者可，则周自安矣。"此所谓以弗安而安者也。

郑君问于被瞻曰："闻先生之义，不死君，不亡君，信有之乎？"被瞻对曰："有之。夫言不听，道不行，则固不事君也。若言听道行，又何死亡哉？"故被瞻之不死亡也，贤乎其死亡者也。

昔有舜欲服海外而不成，既足以成帝矣。禹欲帝而不成，既足以王海内矣。汤武欲继禹而不成，既足以王通达矣。五伯欲继汤武而不成，既足以为诸侯长矣。孔墨欲行大道于世而不成，既足以成显荣矣。夫大义之不成，既有成已，故务事大。

—●【字词注解】

① 爵：通"雀"。

② 区区：怡然自得的样子。

③ 比周：结党营私。

④ 细大：局部与全局。

—●【精彩解说】

第二：

我曾经试着详察上古典籍的记载，三王的辅政大臣们，其声誉没有不荣耀的，其地位也没有不安稳的，这是因为他们功劳都很大。平庸君主的辅政大臣们，其想得到名誉地位的心情与三王的辅政大臣想得到名誉地位的心情是一样的，可是他们的名声没有不蒙受耻辱的，他们的地位没有不陷入危险的，这是因为他们没有功劳。他们都担心自身不能在自己的国家显贵，却不担心他们的君主不显贵于天下，这是他们希望得到荣耀反而更加耻辱，希望得到安稳反而更加危险的原因。

孔子说："燕雀争相在屋檐下的好地方筑巢，母鸟喂养着小鸟，怡然自得地一起嬉戏，自以为很安全了。即使烟囱破裂，屋上的房梁燃烧起来，燕雀仍然面不改色，这是什么缘故呢？是因为它们不知道灾祸将延及自身，这不是很愚蠢吗？做臣子的，能够避免燕雀这种见识的人太少了。那些做臣子的人，增益他们的爵禄富贵，父子兄弟一起在国中结党营私，怡然自得地一起游乐，以此危害国家。他们离烟囱很近了，但始终察觉不到，这同燕雀的见识没有什么区别。"所以说：天下大乱，就没有安定的国家；国家大乱，就没有安定的家室；家室大乱，就没有安定的个人。这些话说的就是上述情况。所以，局部的安定一定要靠全局的安定，全局的安定也一定要靠局部的安定。局部和全局、卑贱和尊贵相辅相成，然后才能各得其乐。

薄疑用统一天下的方略游说卫嗣君，卫嗣君对他说："我拥有的只是个有着千辆兵车的小国，希望就此听取您的指教。"薄疑回答说："假如能像乌获那样力举千钧，那么又何况一斤呢？"杜赫用安定天下的方法游说周昭文君，周昭文君对杜赫说："我希望学习安定周国的方法。"杜赫回答说："我所说的如果您做不到，那么周国也就不能安定；我所说的您做到了，那么周国自然就会安定了。"这就是所谓不去安定它而使它自然得以安定。

郑君问被瞻说："听说您的主张是不为君主而死，不为君主出亡，真的有这样的话吗？"被瞻说："有。如果言论不被听从，主张不被实行，那么这本来就不算侍奉君主。如果言论被听从，主张被实行，君主自然身安，又哪里用为他去死、为他出亡呢？"所以，被瞻不为君主去死、出亡，胜过那些为君主去死、出亡的人。

从前舜想收服海外而没成功，但已足以成就帝业。禹想成就帝业而没成功，但已足以统一海内。商汤、周武想继续禹的事业而没成功，但已足以统一人力舟车所能到达的地区。五霸想继续商汤、周武的事业而没成功，但已足以做诸侯之长。孔丘、墨翟想在天下实行大道而没成功，但已足以成为显荣之人。做大事即使不能成功，还是会有所成就，所以一定要致力于做大事。

〔题解〕

"上农"即推崇农业。本篇主要论述农业生产的重要性,也提出了一些农业政策。作者认为重农能获得地产之利,使农民养成纯朴的性情,便于使用,利于稳定,能实现富国强兵。从这一认识出发,作者提出了许多关于农业生产的政策,主要强调重本抑末,不违背农时,保证农业生产。

三曰:

古先圣王之所以导其民者,先务于农。民农非徒为地利也,贵其志也。民农则朴,朴则易用,易用则边境安,主位尊。民农则重,重则少私义,少私义则公法立,力专一。民农则其产复,其产复则重徙,重徙则死其处而无二虑。民舍本而事末则不令,不令则不可以守,不可以战。民舍本而事末则其产约,其产约则轻迁徙,轻迁徙则国家有患皆有远志,无有居心。民舍本而事末则好智,好智则多诈,多诈则巧法令①,以是为非,以非为是。

后稷曰:"所以务耕织者,以为本教也。"是故天子亲率诸侯耕帝籍田,大夫士皆有功业。是故当时之务,农不见于国,以教民尊地产也。后妃率九嫔蚕于郊,桑于公田,是以春秋冬夏皆有麻枲②丝茧之功,以力妇教③也。是故丈夫不织而衣,妇人不耕而食,男女贸功以长生,此圣人之制也。故敬时爱日,非老不休,非疾不息,非死不舍。

上田④夫食九人，下田夫食五人，可以益，不可以损。一人治之，十人食之，六畜皆在其中矣。此大任地⑤之道也。

故当时之务，不兴土功，不作师徒。庶人不冠弁、娶妻、嫁女、享祀，不酒醴聚众；农不上闻，不敢私籍⑥于庸⑦。为害于时也。然后制野禁。苟非同姓，农不出御，女不外嫁，以安农也。

野禁有五：地未辟易⑧，不操麻，不出粪；齿年未长，不敢为园圃；量力不足，不敢渠地而耕；农不敢行贾，不敢为异事。为害于时也。

然后制四时之禁：山不敢伐材下木，泽人不敢灰僇，缳⑨网罝罦⑩不敢出于门，眾⑪罟不敢入于渊，泽非舟虞不敢缘名。为害其时也。若民不力田，墨⑫乃家畜。国家难治，三疑乃极。是谓背本反则，失毁其国。

凡民自七尺以上，属诸三官：农攻⑬粟，工攻器，贾攻货。时事不共，是谓大凶。夺之以土功，是谓稽⑭，不绝忧唯，必丧其秕⑮。夺之以水事，是谓籥⑯，丧以继乐，四邻来虚。夺之以兵事，是谓厉，祸因胥岁，不举铚⑰艾。数夺民时，大饥乃来。野有寝耒⑱，或谈或歌，旦则有昏，丧粟甚多。皆知其末，莫知其本真。

【字词注解】

① 巧法令：玩弄法令。

② 枲（xǐ）：麻的雄株。

③ 妇教：对妇女进行教化。

④ 上田：上等的田地。

⑤ 任地：使用土地。

⑥ 籍：通"藉"，借。

⑦ 庸：同"傭"，雇工。

⑧ 辟易：整治。

⑨ 缳（huán）：罗网。

⑩ 罦（fú）：捕鸟网。

⑪ 眾（gū）罟（gǔ）：都是捕鱼的网。

⑫ 墨：通"没"。

⑬ 攻：从事。

⑭ 稽：迟延，指延误农时。

⑮ 秕（bǐ）：空的不饱满的籽粒。
⑯ 瀹（yuè）：通"渝"，浸渍。
⑰ 銍（zhì）：收割用的短镰。
⑱ 寝耒：闲置不用的农具。

【精彩解说】

第三：

上古的圣王之所以能教化百姓，是因为他们致力于把农业当作第一要务。让百姓从事农业生产，并不仅仅为了开发土地资源，还为了提高他们的思想修养。百姓从事农业生产，心底就会淳朴，心底淳朴就容易被役使，容易被役使那么边境就会安定，君主的地位就会尊贵。百姓从事农业生产，行为就会稳重，行为稳重就会减少私下发表议论，私下议论少则公正的法度就会确立，百姓的精力就专注在农事上了。百姓从事农业生产，那么他的财产就会丰厚，财产丰厚就不轻易迁徙，不轻易迁徙就会一生死守所居之处不会再有二心。百姓舍弃农业而从事工商就会不听从命令，不听从命令就不能依靠他们防守，不能依靠他们攻战。百姓舍弃农业从事工商，家产就简单，家产简单就会随意迁徙，随意迁徙则国家遭遇患难就会都想远走高飞，没有安居之心。百姓舍弃农业从事工商，就会喜好耍弄智谋，喜好耍弄智谋则其行为就诡诈多端，行为诡诈多端就会在法令上耍机巧，把对的说成错的，把错的说成对的。

后稷说："之所以要致力于耕织，是把它作为教化的根本。"因此天子亲自率领诸侯耕种籍田，大夫、士也都有各自的职事。正当农事大忙的时候，农民不得在都邑出现，以此教育他们重视田地里的生产。后妃率领九嫔到郊外养蚕，到公田采桑，因而一年四季都有绩麻缫丝等事情要做，以此来致力于对妇女的教化。所以男子不织布却有衣穿，妇女不种田却有饭吃，男女交换劳动所得以维持生活，这是圣人的法度。所以，要慎守农时，爱惜光阴，不到年老不得停止劳作，不患病不得休息，不到死那天不得舍弃农事。

种上等田地则每个农夫要供养九个人，种下等田地则每个农夫要供养五个人，供养的人数只能增加，不能减少。总之，一个人种田，要供十个人消费，饲养的各种家畜都包括在这一农夫的劳动之内，可以折合计算。这是充分利用土地的方法。

所以，正当农事大忙的时候，不要大兴土木，不要进行战争。平民如果不是加冠、娶妻、嫁女、祭祀，就不得摆酒聚会；农民如果不是名字通于官府，就不得私自雇人代耕。因为这些事都妨害农时。然后要规定关于乡野的禁令。如果不是因为同姓的缘故，男子就不得从外地娶妻，女子也不得出嫁到外地，以便使农民安居一地。

乡野的禁令有五条：土地尚未整治，不得绩麻，不得扫除污秽；未上年纪，不得从事园圃中的劳动；估计力量不够，不得扩大耕地；农民不得经商，不得去做其他的事情。因为这些事都妨害农时。

还要规定各个季节的禁令：不到适当季节，不得在山中伐木取材，不得在水泽地区烧灰割草，不得将捕取鸟兽的罗网带出门外，不得将渔网下水，不是主管舟船的官员不得借口行船。因为这些事都妨害农时。如果百姓不尽力于农耕，就没收他们的家产。因为不这样做，农、工、商就会互相仿效，国家难于治理就会达到极点。这就叫作背离根本，违反法则，就会导致国家的毁灭。

凡民众身高达到七尺以上，就分别归属于农、工、商三种职业：农民生产粮食，工匠制作器物，商人经营货物。举措与农时不相适应，这叫作不祥之至。以大兴土木侵夺农时，叫作延误，百姓就会忧思不断，田里一定连秕谷也收不到。以治理水患侵夺农时，叫作浸渍，悲伤就会继欢乐之后来到，四方邻国就会来侵害。用进行战争侵夺农时，叫作虐害，灾祸就会终年不断，根本不用开镰收割。屡次侵夺百姓农时，严重的饥荒就会发生。田中到处是闲置的农具，农民有的闲谈，有的唱歌，早上看是如此，到傍晚仍照旧，人人无心劳动，损失的粮食必定很多。人们看到了这种现象，却没有谁知道重农这个根本。

任 地

〔题解〕

"任地"就是利用土地。本篇总结了农业技术和农业生产经验,说明当时非常重视耕作技术。文中从土质改造、灌溉等十个问题出发,详细论述了使用土地的过程,提出了耕作的原则,强调了精耕细作、掌握农时的重要性。

四曰:

后稷曰:子能以窒①为突乎?子能藏其恶而揖之以阴②乎?子能使吾土靖③而甽④浴土乎?子能使保湿安地而处乎?子能使藿夷毋淫乎?子能使子之野尽为泠风⑤乎?子能使藁⑥数节而茎坚乎?子能使穗大而坚均⑧乎?子能使粟圆⑨而薄糠乎?子能使米多沃而食之强乎?无之若何?

凡耕之大方⑩:力⑪者欲柔,柔者欲力;息者欲劳,劳者欲息;棘⑫者欲肥,肥者欲棘;急者欲缓,缓者欲急;湿者欲燥,燥者欲湿。

上田弃亩,下田弃甽。五耕五耨⑬,必审以尽。其深殖之度,阴土必得。大草不生,又无螟蜮。今兹⑭美禾,来兹美麦。

是以六尺之耜,所以成亩也;其博⑮八寸,所以成甽也。耨柄尺,此其度也;其耨六寸,所以间稼⑯也。地可使肥,又可使棘:人肥必以泽,使苗坚而地隙;人耨必以旱,使地肥而土缓。

草諯(zhuān)大月。冬至后五旬七日,菖始生。菖者,百草之先生者也。于是始耕。孟夏之昔,杀三叶而获大麦。日至,苦菜死而资生,而树麻与菽。

此告民地宝尽死。凡草生藏，日中⑰出，豨首生而麦无叶，而从事于蓄藏。此告民究也。五时见生而树生，见死而获死。天下时，地生财，不与民谋。

有年瘗土⑱，无年瘗土。无失民时，无使之治下。知贫富利器，皆时至而作，渴时而止。是以老弱之力可尽起，其用日半，其功可使倍。

不知事者，时未至而逆之，时既往而慕之，当时而薄之，使其民而郄⑲之。民既郄，乃以良时慕，此从事之下也。操事则苦。不知高下，民乃逾处⑳。种穄㉑禾不为穄，种重禾不为重，是以粟少而失功。

【字词注解】

① 窐（wā）：同"洼"，低洼。

② 阴：湿润，此指湿润的土。

③ 靖：安定，此指土壤状况适宜。

④ 甽（quǎn）：同"畎"，田间的水沟。

⑤ 泠（líng）风：和风。

⑥ 稾（gǎo）：谷物的茎秆。

⑦ 数：密。

⑧ 坚均：坚实均匀。

⑨ 粟圜：指籽粒饱满。

⑩ 大方：大道，大原则。

⑪ 力：土性刚强。

⑫ 棘：贫瘠的土地。

⑬ 耨：一种用来耘田锄草的短柄锄头，此指锄地。

⑭ 兹：年。

⑮ 博：耜面的宽度。

⑯ 间稼：间苗。

⑰ 日中：秋分。

⑱ 瘗（yì）土：祭祀土神。

⑲ 郄：延迟。

⑳ 逾处：苟且偷安。逾，通"偷"，苟且，懈怠。
㉑ 穋（lù）：种得晚、熟得早的谷物。

【精彩解说】

第四：

后稷说：你能把洼地改造成高地吗？你能把劣土除掉而代之以湿润的土吗？你能使土地状况合宜并用垄沟排水吗？你能使种子播得深浅适度并在土里保持湿润吗？你能使田里的杂草不滋长蔓延吗？你能使你的田地吹遍和风吗？你能使谷物节多而茎秆坚挺吗？你能使庄稼穗大而且坚实均匀吗？你能使籽粒饱满麸皮又薄吗？你能使谷米油性大吃着有嚼劲吗？这些应该怎样做到呢？

耕作的大原则是：刚硬的土地要使它柔和些，柔和的土地要使它刚硬些；休闲的土地要频种，频种的土地要休耕；贫瘠的土地要使它肥沃，过肥的土地要使它贫瘠些；坚实的土地要使它疏松些，疏松的土地要使它坚实些；过湿的土地要使它干燥些，干燥的土地要使它湿润些。

在高处的田地中不要把庄稼种在田垄上，在低洼的田地中不要把庄稼种在垄沟里。播种之前耕五次，播种之后锄五次，一定要做得仔细彻底。耕种的深度，以见到湿土为准。这样，田里就不生杂草，又没有各种害虫。今年种谷子就收好谷子，明年种麦子就收好麦子。

耜的长度是六尺，是为了用来测定田垄的宽窄；它的刃宽八寸，是为了用来挖出标准的垄沟。锄的柄长一尺，这是作物行距的标准；它的刃宽六寸，这是为了便于间苗。可以使土地肥沃，也可以使土地贫瘠：耕地一定要趁湿润时，这样可使土中有空隙，苗根扎得牢固；锄地一定要在旱时，这样可使地表疏松，保持土壤肥力。

草类到十月就要枯萎。冬至以后五十七天，菖蒲开始萌生。菖蒲是百草中最先萌生的。这时开始耕地。四月下旬，荠、葶苈、蒫蓂枯死，这时就要收获大麦。夏至，苦菜枯死，蒺藜长出，这时就要种植麻和豆。这是告诉人们种地的宝贵时节已到尽头。秋分，猪首生出，谷子黄熟叶枯，这时就要进行收打蓄藏。这是告诉人们一年的农事已毕。百草的生死可作农事活动的依据。一年四季，见到某种草萌生，就要种植应在这时萌生的农作物；见到某种草枯死，就要收获正当这时成熟的农作物。上天降四时，土地生财富，这是自然之道，不同百姓商量的。

丰收的时候要祭祀土地神，歉收的时候也要祭祀土地神。不要让百姓丧失农时，不要让他们做愚蠢的事情。要使百姓了解致富的道路，做到时令到了就立刻去行动，时令结束了就停止劳动。这样的话就连老弱的力量都可以完全调动起来，起到事半功倍的效果。

不了解农事的人，农时还没到就提前行动，等农时过去了又思念不已，而正当农时又一点儿也不在意，使百姓延误了农时。已经把百姓的农时延误了，事情过后又因此对大好的时光思念不已，这是管理农事最愚蠢笨拙的方法。这样做就会把事情办坏。管理农事的人不知道怎么做是高明的，怎么做是愚蠢笨拙的，于是百姓就会苟且偷安。种早庄稼的不像个种早庄稼的，种晚庄稼的不像个种晚庄稼的，因此收获的粮食很少，没什么成效。

审 时

〔题解〕

"审时"即详察时令，适应天时。本篇主要论述耕作要顺应天时。文中对禾、黍、稻等农作物的得失情况作了详细描述，得出了顺应天时则庄稼丰收高产，不顺应天时则庄稼病弱低产的生产经验，表现了古代劳动人民的农业生产经验的丰富。

六曰：

凡农之道，厚①之为宝。斩木不时，不折必穗；稼就而不获，必遇天菑（zāi）。夫稼，为之者人也，生之者地也，养之者天也。是以人稼之容足，耨之容耨，据②之容手。此之谓耕道。

是以得时之禾，长秱③长穗，大本而茎杀④，疏䅣⑤而穗大，其粟圆而薄糠，其米多沃而食之强。如此者不风⑥。先时者，茎叶带芒以短衡，穗钜⑦而芳⑧夺⑨，秮米而不香。后时者，茎叶带芒而末衡，穗阅⑩而青零，多秕而不满。

得时之黍，芒茎而徼下⑪，穗芒以长，抟⑫米而薄糠，舂之易，而食之不噮⑬而香。如此者不饴⑭。先时者，大本而华，茎杀而不遂，叶藁短穗。后时者，小茎而麻长，短穗而厚糠，小米钳⑮而不香。

得时之稻，大本而茎葆，长秱疏䅣，穗如马尾，大粒无芒，抟米而薄糠，舂之易而食之香。如此者不益⑯。先时者，大本而茎叶格对，短秱短穗，多秕厚糠，薄米多芒。后时者，纤茎而不滋，厚糠多秕，辟辟米，不得恃定熟，卬天而死。

得时之麻，必芒以长，疏节而色阳，小本而茎坚，厚枲⑰以均，后熟多荣，日夜分复生。如此者不蝗。

得时之菽，长茎而短足，其荚二七以为族，多枝数节，竞⑱叶蕃⑲实。大菽则圆，小菽则抟以芳，称之重，食之息以香。如此者不虫。先时者，必长以蔓，浮叶疏节，小荚不实。后时者，短茎疏节，本虚不实。

得时之麦，秱长而颈黑，二七以为行，而服薄糕⑳而赤色，称之重，食之致香以息，使人肌泽且有力。如此者不蚼蛆㉑。先时者，暑雨未至，胕动㉒蚼蛆而多疾，其次羊以节。后时者，弱苗而穗苍狼，薄色而美芒。

是故得时之稼兴，失时之稼约㉓。茎相若，称之，得时者重，粟之多。量粟相若而舂之，得时者多米。量米相若而食之，得时者忍饥。是故得时之稼，其臭香，其味甘，其气章。百日食之，耳目聪明，心意睿智，四卫变强，殀㉔气不入，身无苛㉕殃。黄帝曰："四时之不正也，正五谷而已矣。"

•【字词注解】

① 厚：重视。

② 据：握。

③ 秱（tóng）：禾梗的总称。

④ 杀：指有节制，不徒长。

⑤ 穖（jǐ）：组成总穗的小穗。

⑥ 不风：不容易受风灾。

⑦ 钜：大。

⑧ 芳：通"房"，草木结果实的子房。

⑨ 夺：脱失。

⑩ 阅：通"锐"，指穗端尖细。

⑪ 徼下：这里指根部不分叉。

⑫ 抟：圆。

⑬ 嚵（yuán）：过分甜美。

⑭ 饴：通"餲"，食物经久而变味。

⑮ 钳：当作"黔"，黄黑色。

⑯ 益：通"嗌"，咽喉堵塞。

⑰ 枲（xǐ）：麻的纤维。

⑱ 竟：盛。

⑲ 蕃：多。

⑳ 稃（zhuó）：禾皮。

㉑ 蚼（qú）蛆：一种危害禾稼的虫子。

㉒ 胕动：当作"痡动"，指生病。痡（fù），病。

㉓ 约：衰败。

㉔ 殈（xiōng）：凶恶。

㉕ 苛：当作"疴"。疴，病。

【精彩解说】

第六：

大凡农作的原则，以笃守天时最为重要。伐木不顺应天时，木材不是折断就是弯曲。庄稼熟了不及时收获，一定会遭到天灾。庄稼，种它的是人，生它的是地，养它的是天。所以播种要使田间放得下脚，锄地要使田间伸得进锄，收摘要使田间插得进手。这叫作耕作之道。

因此，种得适时的谷子，穗的总梗长，穗子也长，根部发达，秸秆较矮，小穗串疏落而大，颗粒圆而皮薄，米有油性，吃着有嚼头。这样的谷子，籽粒不因刮风而散落。种得过早的谷子，秸秆和叶子上布满细毛，穗子总梗短，穗子大但子房脱落，米容易变味，又没有香气。种得过晚的谷子，秸秆和叶子上布满细毛，总梗短，谷穗尖而颜色发青，秕子多，籽粒不饱满。

种得适时的黍子，秸秆布满细毛，底部不分叉，穗生芒刺而长米粒圆而外皮薄，舂起来容易，吃起来香而不腻。这样的黍子，做出饭来不易变味。种得过早的黍子，根部发达，植株阔大，秸秆低矮而不条畅，叶子肥厚，穗子短小。种得过晚的黍子，茎秆又细又小，穗子短，糠皮厚，米粒小而颜色发黑，又没有香气。

种得适时的稻子，根部发达，茎秆丛生，禾穗的总梗长，小穗串稀，穗子像马尾，籽粒大，稻芒少，米粒圆，糠皮薄，舂起来容易，吃起来香。这样的稻子，吃着适口。种得过早的稻子，根部发达，秸秆和叶子挤在一起，总梗和穗子短，秕子多，糠皮厚，籽粒少而稻芒多。种得过晚的稻子，秸秆细又不分蘖，糠皮厚，秕子多，籽粒不实，等不到成熟，就仰首朝天枯死。

种得适时的麻，必定带有细毛而且较长，茎节稀疏，色泽鲜亮，根部小但茎秆坚实，纤维又厚又均匀，成熟晚的开花多，到了秋分麻籽累累。这样的麻不招蝗虫。

种得适时的豆子，分枝长而总干短，豆荚二七成为一簇，分枝多，举节密，叶子繁茂，籽实盛多，大豆籽粒滚圆，小豆籽粒鼓胀，而且有香气，称起来重，吃起来有嚼头而且很香。这样的豆子不受虫害。种得过早的豆子，一定长得过长而且爬蔓，叶子虚弱，茎节稀疏，豆荚小又不长粒。种得过晚的豆子，分枝短，茎节稀，根子弱，不长粒。

种得适时的小麦，总梗长，穗子深绿，麦粒二七排成一行，麦壳薄，麦粒颜色发红，称起来重，吃起来特别香而且有嚼头，使人肌肤润泽而且有力。这样的麦子不生蛐蛆。种得过早的麦子，夏雨没到就发生病虫害，麦粒又瘦又小。种得太晚的麦子，麦苗弱，穗子发青，颜色暗，只是麦芒长得好。

所以，适时种植的庄稼就高产，不适时种植的庄稼就低产。种法不同，茎秆的数量一样，称一称，适时种植的分量就重；脱了粒，适时种植的收获粮食就多。同样数量的粮食，舂出米来，适时种植的出米就多。同样数量的米，把饭做出来，适时种植的吃了就禁得住饿。所以，适时种植的庄稼，它的气味香，味道美，嚼劲大。吃上这种好米一百天，就能耳朵灵敏，眼睛明亮，神清气爽，四肢强壮健康，邪气不侵，不受灾也不患病。黄帝说："四时之气不正的时候，只要吃上纯正的五谷就可以了。"

拓展阅读

神农尝百草

神农是五帝之一，出生在烈山的一个山洞里。传说他身体透明，头上长有两角，牛头人身。因为他重视火德，火又是炎热的，故称"炎帝"。

神农长大后，看到人们为了找到一点儿食物，要走很远的路，还要冒着生命危险去捕捉野兽，不小心就会受伤，于是他就经常琢磨：为什么人只能吃肉，只能采摘少数的植物充饥呢？这满山遍野的花花草草，各种果子，还有哪些是能吃的呢？能不能把植物种在家门口呢？

有一年春天，他偶然发现一颗掉落在泥土里的果核长出了新芽，他高兴坏了。经过几年的观察和试验，他终于发现了植物生长的规律，于是，他找来谷物的种子，发明了农具，开始教大家种庄稼，自此农业就渐渐发展起来了。人们有了稳定的食物来源，炎帝也因此被称为"神农"。

可大自然的植物太多了，人们无法分清哪些能吃哪些不能吃，如果吃到有毒的食物，人们一点儿办法都没有，只能眼睁睁地看着病人难受甚至死掉。神农暗暗焦急，他决定四处游历，亲自尝遍所有的植物，观测吃下植物后身体的反应，这样别人就知道该怎么做了。

神农带着几个随从，从家乡随州烈山出发，一路往西北走去，来到一座大山里。大山真是植物的天堂，红的、白的、绿的、黄的，五彩缤纷。神农欢喜极了，领着随从在这里住了下来。

每天，神农都会采集各种果实、嫩叶、茎根等，一样一样亲口品尝，有的味道甜甜的很好吃，有的又苦又涩，有的看着很漂亮，吃下去却会拉肚子……神农把这些都一一记录下来。神农花了七七四十九天，把这片大山都走遍了，尝出了稻（俗称水稻、大米）、黍（shǔ，俗称黄米）、稷（jì，又称粟，俗称小米）、麦（俗称小麦）、菽（shū，俗称大豆）能充饥，就叫随从把种子带回去，让人们种植，这就是后来的五谷。

神农尝百草的时候，经常吃到有毒的植物。有一次，神农发现一株开着黄色小花的植物。它的叶子还会一张一缩，奇怪极了。他便采下叶子放进嘴里，谁知这个草有剧毒，来不及解毒毒性就发作了。

神农死后，人们非常伤心难过，就把那株草取名为"断肠草"。人们为了纪念他的恩德和功绩，就奉他为药王神，并建药王庙，世代祭祀。

中华传统文化国粹经典文库书目

第一辑			
序号	书名	作者 / 编者	导读者
1	三国演义	[明] 罗贯中 / 著	郑铁生
2	水浒传	[明] 施耐庵 / 著	宁稼雨 石 麟
3	西游记	[明] 吴承恩 / 著	孟昭连
4	红楼梦	[清] 曹雪芹 高 鹗 / 著	郑铁生
5	镜花缘	[清] 李汝珍 / 著	欧阳健
6	白话聊斋	[清] 蒲松龄 / 著	王晓华
7	阅微草堂笔记	[清] 纪 昀 / 著	吴 波
8	西厢记	[元] 王实甫 / 著	周传家
9	世说新语	[南朝宋] 刘义庆 等 / 著	侯忠义
10	山海经	[汉] 刘 歆 / 编	马文大
11	道德经	[春秋] 老 子 / 著	王 蒙
12	四库全书	[清] 纪 昀 等 / 编	林 骅
13	唐诗三百首	立 人 / 编	徐 刚
14	元曲三百首	立 人 / 编	查洪德
15	宋词三百首	立 人 / 编	韩小蕙
16	中华成语典故	立 人 / 编	陈世旭
17	中华寓言故事	立 人 / 编	陈世旭
18	颜氏家训	[南北朝] 颜之推 / 著	孙钦善
19	治家格言	[清] 朱伯庐 / 著	李硕儒
20	了凡四训	[明] 袁了凡 / 著	俞 前
21	增广贤文	立 人 / 编	孙立仁
22	牡丹亭	[明] 汤显祖 / 著	周传家
23	随园诗话	[清] 袁 枚 / 著	潘务正
24	人间词话	王国维 / 著	陈世旭
25	楚 辞	[战国] 屈 原 等 / 著	石 厉
26	吴越春秋	[东汉] 赵 晔 / 著	田秉锷
27	菜根谭	[明] 洪应明 / 著	俞 前
28	小窗幽记	[明] 陈继儒 等 / 著	陈喜儒
29	围炉夜话	[清] 王永彬 / 著	陈喜儒
30	浮生六记	[清] 沈 复 / 著	王晓华
31	传习录	[明] 王阳明 / 著	王建新
32	说文解字	[东汉] 许 慎 / 著	冯 蒸
第二辑			
序号	书名	作者 / 编者	导读者
1	史 记	[西汉] 司马迁 / 著	关四平
2	资治通鉴	[北宋] 司马光 / 编	张秋升
3	春秋左传	[春秋] 左丘明 / 著	石定果
4	战国策	[西汉] 刘 向 / 编	李瑞兰
5	汉 书	[东汉] 班 固 / 著	关四平
6	三国志	[晋] 陈 寿 / 著	郑铁生
7	古文观止	[清] 吴楚材 吴调侯 / 编	牛 倩
8	论 语	[春秋] 孔 子 等 / 著	石 厉
9	孟 子	[战国] 孟 子 / 著	邵永海

中华传统文化国粹经典文库书目

序号	书名	作者/编者	导读者
10	庄子	[战国]庄子/著	尚学峰
11	荀子	[战国]荀子/著	尚学峰
12	管子	[春秋]管子等/著	官铎
13	墨子	[战国]墨子等/著	陈鹏程
14	韩非子	[战国]韩非/著	邵永海
15	列子	[战国]列子/著	陈鹏程
16	鬼谷子	[战国]鬼谷子/著	张世林
17	淮南子	[西汉]刘安等/著	张秋升
18	诸子百家	立人/编	张弦生
19	孔子家语	孔子门人/编	薄克礼
20	吕氏春秋	[战国]吕不韦/主编	田秉锷
21	礼记·尚书	[西汉]戴圣/著	冯蒸
22	三言二拍	[明]冯梦龙 凌濛初/著	宁宗一
23	隋唐演义	[清]褚人获/著	欧阳健
24	聊斋志异	[清]蒲松龄/著	林骅
25	儒林外史	[清]吴敬梓/著	吴波
26	东周列国志	[明]冯梦龙/著	侯忠义
27	弟子规·千家诗	[清]李毓秀/著 [南宋]谢枋得 [明]王相/编	乔芤林
28	孙子兵法·三十六计	[春秋]孙武/著	李海涛
29	容斋随笔	[南宋]洪迈/著	李硕儒
30	纳兰词	[清]纳兰性德/著	李硕儒
31	豪放词·婉约词	立人/编	韩小蕙
32	唐宋散文八大家	立人/编	卓然

第三辑

序号	书名	作者/编者	导读者
1	中华上下五千年	立人/编	林海清
2	二十五史	立人/编	林海清
3	四书五经	立人/编	张弦生
4	智囊全集	[明]冯梦龙/编	周传家
5	贞观政要	[唐]吴兢/著	张弦生
6	诗经	[春秋]孔子/编	石厉
7	孝经	[春秋]孔子/著	田秉锷
8	挺经	[清]曾国藩/著	王建新
9	易经	立人/编	李树果
10	冰鉴	[清]曾国藩/著	陈喜儒
11	糊涂经	立人/编	周传家
12	周易全书	立人/编	郑铁生
13	黄帝内经	立人/编	廉玉麟
14	本草纲目	[明]李时珍/著	廉玉麟
15	三字经·百家姓·千字文	[南宋]王应麟 [南北朝]周兴嗣/著	乔芤林
16	大学·中庸	[春秋]曾子 [战国]子思/著	牛倩
17	曾国藩家书	[清]曾国藩/著	武道房
18	唐诗·宋词·元曲	立人/编	卓然
	未完待续……